东方·剑桥 世界历史文库
Orient & Cambridge World History Library

A Concise History of Bolivia

玻利维亚史

赫伯特·S. 克莱恩 著 董小川 译

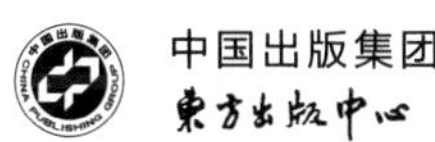

图书在版编目(CIP)数据

玻利维亚史/(美)克莱恩著;董小川译. —上海:东方出版中心,2016.6
(东方·剑桥世界历史文库)
ISBN 978-7-5473-0814-1

Ⅰ.①玻… Ⅱ.①克… ②董… Ⅲ.①玻利维亚—历史 Ⅳ.①K779

中国版本图书馆 CIP 数据核字(2015)第 147350 号

上海市版权局著作权合同登记:图字 09-2015-626 号

This is a simplified Chinese edition of the following title published by Cambridge University Press:
A Concise History of Bolivia (ISBN 978-1-107-00568-6 [Hardback]/ISBN 978-0-521-18372-7 [Paperback]) by Herbert S. Klein, first published by 2003.

责任编辑:赵　明
技术编辑:徐儒静
装帧设计:罗　洪

玻利维亚史

出版发行:东方出版中心
地　　址:上海市仙霞路 345 号
电　　话:(021)62417400
邮政编码:200336
经　　销:全国新华书店
印　　刷:常熟新骅印刷有限公司
开　　本:640×960 毫米　1/16
字　　数:322 千字
印　　张:23.5
版　　次:2016 年 6 月第 1 版第 1 次印刷
ISBN 978-7-5473-0814-1
定　　价:53.00 元

东方出版中心邮购部　电话:(021)52069798

目录 Contents

第二版序言

这是我所撰写的第五个版本的《玻利维亚史》，一直面临着当代史分期问题。正如早些时候读者所注意的那样，长时间以来，我总是在后1952年时期玻利维亚史的研究中改变历史分期。问题的关键在于，玻利维亚史研究的历史学家和社会学家们都在继续改变自己的看法。因此，我把2002年选举作为最后两章的分界线，是依据玻利维亚评论家们一直在强调的预料中的一个新政治体制出现时的政治意义。必须承认，历史分期跟社会和经济发展趋势没有任何联系，这种歧义很可能在将来得到解决。同时我也承认，我对发生在当代玻利维亚社会和政体中的纷杂变换的发展趋势做出了自己的判断，而未来的历史学家们将从另外的视角对这段历史做出不同的判断。问题很清楚，当代的那些政治、经济和社会变迁将导致难以预料的发展。同时，一些读者很可能觉得，对过去8年来玻利维亚所发生的一切马上做出判断还为时过早。我要说明的是，从我的年龄说，我已经没有机会看到玻利维亚将要发生的变故。但是，我对玻利维亚的痴迷使我出版了这个最后版本的《玻利维亚史》，因为我觉得，基于我的学识和吸引我花费了自己大部分学术生涯的、在玻利维亚的漫长经历，我能够为读者提供一些观察视角，即便在变化过程的初始阶段。

从上一个版本的《玻利维亚史》出版到现在已经8年了，新一代的社会科学家已经出现，新的研究机构已经建立，并对当代的变迁做出了重要的文字分析。近年来，伴随着“西班牙人与印第安人混血儿(cholo)”这个词的慢慢弃用，该词现在被认为是一个带有种族歧视色彩的词汇，而更为通用的术语是梅斯蒂索人(mestizo)，玻利维亚社会内的社会概念也已经发生了微妙的变化。我要强调的是，玻利维亚人对梅斯蒂索这个概念的认识与绝大多数拉丁美洲国家的一般认识是有区别的。在玻利维亚，梅斯蒂索更接近于对某人土著生涯的认同，而不是对某人保持在服饰和其他认同标志的西方文化及其色彩，即便其初始语言就是西班牙语。同样，“土著(indigena)”这个概念已经用于判断哪些人认同自己是属于美洲的印第安人，即便他们是梅斯蒂索人。虽然我在本书的后几章采用了这个新概念，但在1980年以前部分还是保留了原来的概念，因为用当代新概念说明那时的玻利维亚历史是不合适的。

除非特别说明，我所使用的统计数据均来自玻利维亚政府资源，包括人口统计局(INE)，社会和政治经济分析部(UDAPE)，玻利维亚中央银行(BCB)以及相关政府部门。其他拉丁美洲国家统计数据是由联合国及其拉丁美洲研究机构提供的，其中包括拉丁美洲经济委员会(CEPAL)和拉丁美洲人口中心(CELADE)。在承诺完成这个新版本的时候我曾经得到约瑟·亚历杭德罗·佩雷斯·卡西亚斯(José Alejandro Peres Cajias)的帮助，此外，我的许多朋友、同事和过去的一些学生在此前的版本出版过程中都曾经给予我支持与建议。

加州，门罗公园

2015年3月

序　言

玻利维亚人的历史变迁是人类历史中最复杂、最扑朔迷离的内 xi
容之一。在拉丁美洲各个共和国中,玻利维亚的印第安人口最多,直到今天,那里只说西班牙语的仍然是少数人。美洲印第安人的克丘亚语(Quechua)和艾玛拉语(Aymara)仍然具有统治地位,甚至还有人讲前印加乌鲁语(Uru)。因此,玻利维亚并不那样简单地是其最后占领者的殖民地,同时它还是一个可以追溯到几个世纪以前的多文化和多种族的混合体。作为一个充分适应了人类定居地中最高纬度的社会,玻利维亚人已经建立了自己不断变化和充满活力的多种族社会。

从广大民众看,玻利维亚的文化是一种前哥伦布文明和后征服者政权形式与体制相混合的文化。西班牙政府体制被移植到前西班牙殖民地时代早已存在的亲缘组织当中;在经济上,那些分散的定居点则被转变成核心村庄;原来存在的各种地方和国家宗教被融入一种新的具有当地色彩的天主教之中,这种天主教中掺杂着众多的地中海流行宗教的标志和神秘。传统的物品交流体制与高度发展的市场经济和平共处,小麦与前哥伦布文明时代的藜(quinua)和古柯(coca)等需求竞相增长。在克丘亚语和艾玛拉语中,从西班牙语借用来的词汇成为其重要组成部分,同时,在城镇居民中,可以明显见到前哥伦布文明信仰体制与现代西方信仰形式混合在一起的状况。

但是，对玻利维亚的这种双重社会的描述并不意味着玻利维亚
xii 仅仅是一个农民在困难环境中形成了一种新文化现象的实验室。因为，自16世纪西班牙征服以来，玻利维亚就是一个以西方资本家为统治阶级、印第安人为被剥削阶级的社会。榨取农民和工人血汗的政府以传统的方式由新的讲西班牙语的“白人”和西方式的社会精英所把持。同时，带有遗传色彩的特点，玻利维亚的“白人”看起来与其印第安人祖先同出一辙，但其经济、社会和文化则与西欧社会阶级模式十分相似。欧洲人在玻利维亚搞的教育是欧洲式的教育，甚至他们的宗教活动也与当地农民的天主教有所区别，因为“白人”生活在上层并剥削农民。

然而，社会精英本身也逐渐变得混杂了。在那样一个多种族的社会里，在经历了几个世纪的历史变迁之后，具有混杂背景的新一代人群成长起来几乎是顺理成章的事了。因此，如同拉丁美洲绝大多数多种族国家一样，玻利维亚确认种族的依据是社会而不是基因或遗传特征。讲西班牙语的上层阶级西装革履，享受着外来的美味佳肴，他们都是“白人”，当地农民称他们为“绅士后代(gente decente)”。城镇下层和中产阶级、农村的自由农也穿西装，讲西班牙语，同时还讲某一种当地语言，这些人就是梅斯蒂索人，玻利维亚把他们叫做“科罗(cholos)”。那些只讲印第安语和食用传统安第斯食品的人是印第安人。除非他们放弃传统生活方式和语言并融入民族社会当中，也就是成为科罗或白人，印第安人是不能进入权力机构的。因此，很多处于边缘社会的、有抱负的、有能力的玻利维亚农民只能长期供养白人和科罗阶级。甚至那些只说传统单一印第安语言的农民也有贫富之分，个人地位的高低通常具有继承性，当地土生土长的人与外来移民之间也是一样。虽然这种两分法在不同时代也有变化，特别是在引进了普及教育政策和实行有效的政治民主以后，尽管与其他拉美国家相比玻利维亚的科罗阶级的权势越来越大，但玻利维亚始终还是一个具有严重种族主义色彩的国家。

从政治发展来看，玻利维亚曾经是一个典型的多种族社会，但却由 xiii
一个种族长期垄断统治权。事实上，对印第安民众的剥削是否在王权时代比共和时期更好一些的问题是存在争议的。在19—20世纪地方政治中，白人精英曾经为使权力掌控在白人集团手中并避免落入科罗和印第安人手里而做了大量努力，因此他们建立的有限的议会共和制中只有少数白人精英成为权力掌控者。但是，如同拉丁美洲其他国家体制一样，现代经济变迁在19世纪后半期对玻利维亚产生巨大冲击，迫使那些关系密切的政治同盟者发生分裂，社会精英们也被迫把权力分散到中产阶级和城市工人阶级当中。但由于民主倾向不断加强，这个偏袒式的权力分配过程最后还是流产了。从这一点看，玻利维亚的政治演进明显与一般拉丁美洲国家那种广大普通工人和中产阶级革命运动横扫整个前政治体制的情况有所不同，这主要表现在1952年民族革命中。在玻利维亚，1952年革命后确立的社会、经济和政治形式并没有摧毁原有的双重社会体制，没有从根本上减少剥削，甚至在没有根除美洲原有文化和语言的情况下为与现代西方社会同化打开了大门。最后，尽管印第安人获得了政治权力，也分到了土地，出口物品也全民化了，但由于这种政治、经济和社会变迁过于猛烈，玻利维亚在最近几十年的变迁中蒙受军政府统治阴影的同时，却以一种与其他拉丁美洲国家不同的路径发展着。

就其经济发展来说，玻利维亚显示出一种与众不同的特点。从世界范围看，玻利维亚几乎是一个典型的经济开放型国家。自16世纪到现今，玻利维亚长期以矿物和初级产品为主，并随着世界市场的需求而变化。这样，玻利维亚国民经济完全依靠根据国际市场供求
关系而进行的初级产品出口。玻利维亚人口少且居住分散，其人口 xiv
密度在拉丁美洲国家中是最低的。除了在世界危机或国际联合行动等最为特别的情况下，玻利维亚的工业几乎停滞不前。因此，这个国家与世界上其他发展中国家不同，因为玻利维亚已经被牢牢地束缚在相对发达的经济当中。

尽管形成了这种对外依附关系，玻利维亚对本国资源还是具有明

显的国家控制特点，特别是在民族革命时期。玻利维亚的工矿企业基本都是由白人和科罗阶级所控制，直到最近几十年，基本上没有外国企业的大规模参与。当然，玻利维亚并没有摆脱邻国和来自世界其他国家势力的经济阴谋活动，但那里人民的创造精神可以使自己的国家避免外来干涉，基本上实现自给自足。

从其令人眼花缭乱的历史演进和当代剧烈变化的过程可以看出，玻利维亚还是一个贫穷和相对落后的国家，从人类生存角度说，玻利维亚还是一个拉丁美洲没有开垦的处女地之一。即使是在今天，玻利维亚的 800 万人口的生活尽管得到了很大改善，但还是世界上死亡率最高、寿命最短、西半球人均国民收入最低的国家之一。但是，在最近的几十年间，玻利维亚也发生了很大的变化，例如，它的国民教育已经基本普及，按照拉丁美洲标准，玻利维亚的文盲率已经下降到一个很低的程度。

尽管玻利维亚在很多方面与众不同，但从其作为一个多种族殖民地社会发展到当代作为一个饱经社会和政治变故的民族国家(nation)而存在，玻利维亚还是以其独特的方式构成了人类共同历史中不可分割的一部分。玻利维亚的历史变迁是西方模式与前哥伦布文明传统、阶级组织与双重社会体制、贫穷与剥削、强劲的独立愿望与社会创造性相互作用的结果。所有这些问题都是我将在本书下面要探讨的内容。

为了考察玻利维亚史，我阅读、研究和参与调查这一主题花费了将
xv 近 40 年的时间。由于没有生活在那个文化氛围当中，使我难以了解其历史的细节，但愿这种距离不会造成我对这一主题有任何曲解。同样，作为发达工业国家中的一员，我力图尽最大可能地不把我自己的道德和思想判断标准带进研究当中，尽量保证研究的客观性。

从 20 世纪 50 年代晚期开始，我曾经作为一个“玻利维亚人(Bolivianist)”接受了长期教育，得到了许多建议、教导和众多学者与朋友的长期支持。其中，比尔纳多·布兰科-冈萨雷斯(Bernaedo Blanco-Gonzalez)和德丽莎·希斯韦特(Teresa Gisbert)在正规的课程教学中

将我引导到这一主题研究当中来。贡纳尔·门多萨(Gunnar Mendoza)和阿尔贝托·克雷斯波(Alberto Crespo)在我1959年到达玻利维亚后对我的研究进行了指导。安东尼·米特里(Antonio Mitre)是我的一个学生和挚友,曾经对我的一些观点提出意见。我还要感谢西尔维娅·瑞维拉(Silvia Rivera)、夏维尔·阿尔伯(Xavier Albó)、约瑟普·巴尔纳达斯(Josep Barnadas)、菲利普·布莱尔(Philip Blair)、特雷瑟·保尤瑟-卡萨哥涅(Thérése Bouysse-Cassagne)、特里斯坦·普拉特(Tristan Platt)、特里·塞哥涅斯(Terry Saignes)、克伦·斯伯丁(Karen Spalding)、恩里克·坦德特尔(Enrique Tandeter)、弥敦道·瓦赫特尔(Nathan Wachtel)等对我的研究成果提出了大量建议、批评和支持。作为我的良师和挚友,马塞罗·卡尔马哥纳尼(Marcello Carmagnani)和尼古拉·桑切斯(Nicholás Sánchez-Albornoz)曾经对本书的形成做出了无法估价的贡献。斯坦利·恩格曼(Stanley Engerman)、哈里特·克莱因(Harriet Manelis Klein)、理查德·沃尔曼(Richard Worman)、玛丽亚·里加·科埃略·普拉多(Maria Ligia Coelho Prado)花费了大量时间阅读本书的书稿并提出了宝贵的意见。

在本书修订过程中,我继续得到众多朋友和学者的支持和批评意见,其中包括里卡多·戈多伊(Ricardo Godoy)、欧文·格雷莎波(Erwin Greishaber)和埃里克·兰格(Eric Langer)。我还要感谢我过去的学生布鲁克·拉尔森(Brooke Larson)、克拉拉·洛佩兹(Clara López)、马努尔·特雷拉斯(Manual Contreras)、玛丽·莫尼(Mary Money)、安·索洛斯基(Ann Zulawski),他们从一开始就与我共同为本书劳作并提出了自己的看法。马尤尔·孔特雷拉斯(Mauel Contreras)还特别帮助我对有关玻利维亚最新的一些社会和经济统计数据进行了整理,并对我的一些认识进行了建设性的考证。另外,克拉拉·洛佩斯·贝尔特兰(Clara López Beltrán)曾经为我提供了历史研究的最新信息。最后,朱迪·斯基拂涅(Judith Schiffner)对本书写作的整个过程提供了宝贵的经验。

在当今这个电子资料丰富的新时代，玻利维亚政府的一些部门为
xvi 我提供了大量十分难得的社会和政府数据，其中包括玻利维亚中央银行(Banco Central de Bolivia)、玻利维亚国家统计署(The Instituto Nacional de Estadistica)、玻利维亚国民议会(The Bolivian National Congress)以及联合国和世界银行，对此我深表谢意。我还要感谢《年鉴》杂志(Journal Annales)允许我复印了一系列地图。最后，我要说明的是，我在书中使用了最普通的美洲印第安人克丘亚语和艾玛拉语，这些语言是在不断变化中的；书中还使用了西班牙语中“酋长(cacique)”这个概念来说明印第安人贵族，这在玻利维亚文学中是很常见的，而没有使用秘鲁研究克丘亚语的同一概念，那里是用“库拉卡(kuraka)”这个词。

加里福尼亚门罗公园(Menlo Park California)

2001年8月

第一章　地理环境与前哥伦布时代的文明

玻利维亚这个国家是在极其复杂和不寻常的地貌环境中演化和发 1
展起来的。虽然位于热带地区，但事实上玻利维亚所处地理位置的纬度之高只有少数位于喜马拉雅山麓的国家可以与其相比。从人类早期定居开始直到当今，许多人曾经在海拔 5 000 英尺以上的地区生活，其中绝大多数人口和最发达的文化都是在海拔 1.2 万英尺或以上地区发现的。对人类生存来说，尽管高纬度地区环境比较恶劣，土地比较贫瘠，气候比较寒冷和干燥，但那里的生活并不一定就比低纬度地区更艰难。高纬度地理生态环境下植物生长和动物驯养特征甚至对人类生理都产生了重大影响，因为生活在高纬度地区的人们要被迫适应严重缺氧和空气稀薄的地理生态环境。

虽然玻利维亚领土中有大约 2/3 位于热带和亚热带低纬度地区，但是，自最远古时代开始一直到今天，从西部太平洋岸边的阿塔卡马沙漠地区(Atacama)到东部广袤的低纬度地区以及洪水泛滥形成的亚马孙河盆地(Amazonian)和皮克马约河盆地(Pilcomayo)都有人居住。但是，在玻利维亚总体地貌中，居住在高纬度和山谷里的人还是少数(见地图 1－1)。

尽管低纬度地区土地比较肥沃，比较适合生存，但是，直到近代，除
了少数远离发达文明中心的半游牧牧民之外，人们在低纬度地区却难 2

巴　西
秘　鲁
潘　多
拉巴斯
贝　尼
圣克鲁斯
奥鲁罗
波托西
丘基萨卡
塔里哈
智　利
阿　根　廷
巴拉圭
阿克雷
阿克雷河
阿隆索港
马代拉河
茹鲁埃纳河
科比加
贝尼
马莫雷河
公波雷河
特立尼达
的的喀喀湖
永加斯
拉巴斯
公丘
维阿查
科恰班巴
科恰班巴
克扎里
圣克鲁斯
塔克纳
阿里卡
西科迪勒拉山脉
奥鲁罗
尤恩西亚
波波湖
苏克雷
波托西
卡米里
乌尤尼
伊基克
太平洋
比亚古
塔里哈
蒙特斯镇
亚奎瓦
皮特兰图塔湖
拉古纳丘基萨卡
博克隆
纳纳瓦
康塞普西翁
科维哈
安托法拉加斯塔
皮克马约河
朱尤伊
萨尔塔
巴拉圭河
首都
首府
城镇
国界
省界
国际铁路
英里
公里
0
250
400
8°s
12°s
16°s
18°s
20°s
24°s
68°w
64°w
60°w

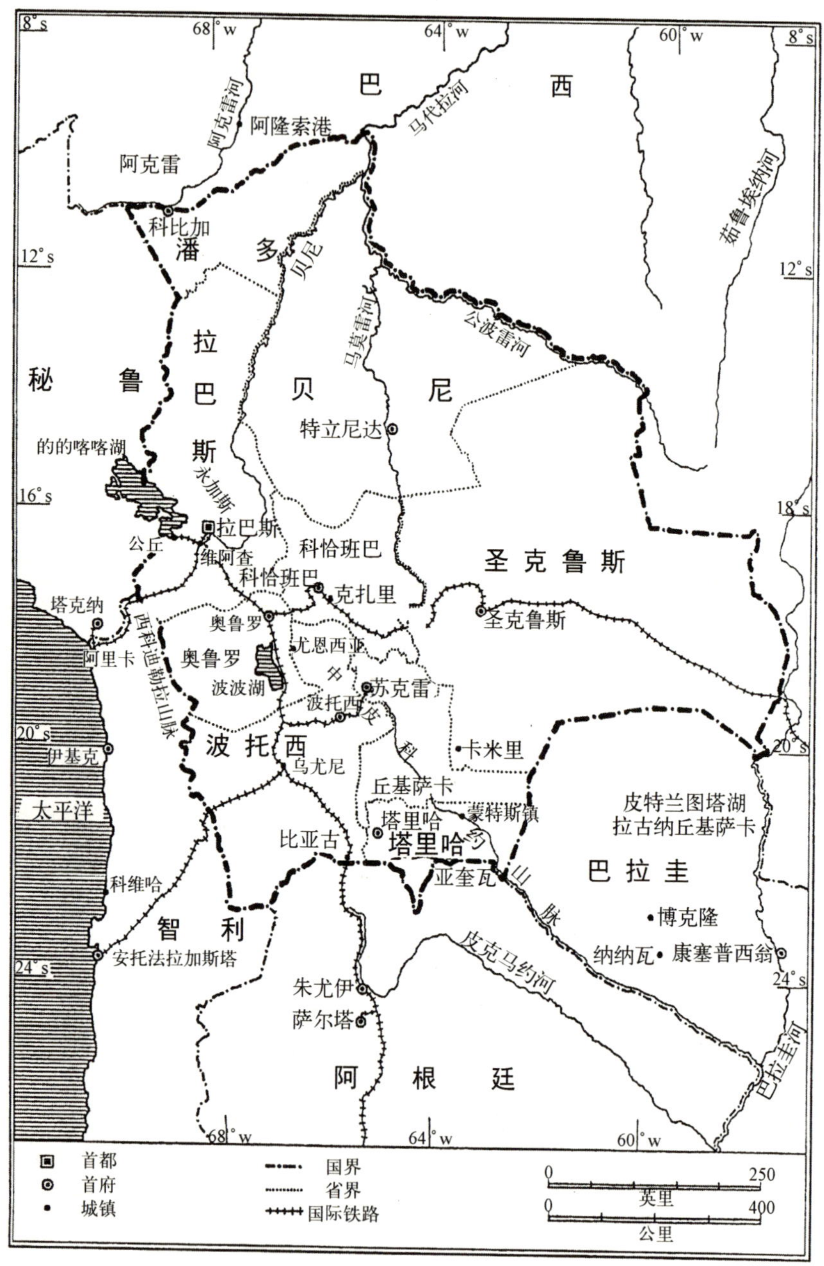

图1－1　玻利维亚地图

以得到所需要的一切。恰恰相反,在靠近海岸和秘鲁中部的高原地区却人口密集,文化发达。因此,尽管那里农作物和生活条件有限,但却拥有广阔的适合放牧的地区,那里蕴藏着大量可开采的矿物使玻利维 3
亚高纬度地区成为人们定居的中心地点。

西班牙人称玻利维亚高纬度地区为“高原(altiplano,即英语中的high plateau)”,由位于相当高纬度的无数的“台地(tableland)”所组成(见地图1-2)。从的的喀喀湖北边开始一直到平均海拔1.3万英尺的南部,这些高地延伸500英里。在赤道以南大约9度的地方,安第斯

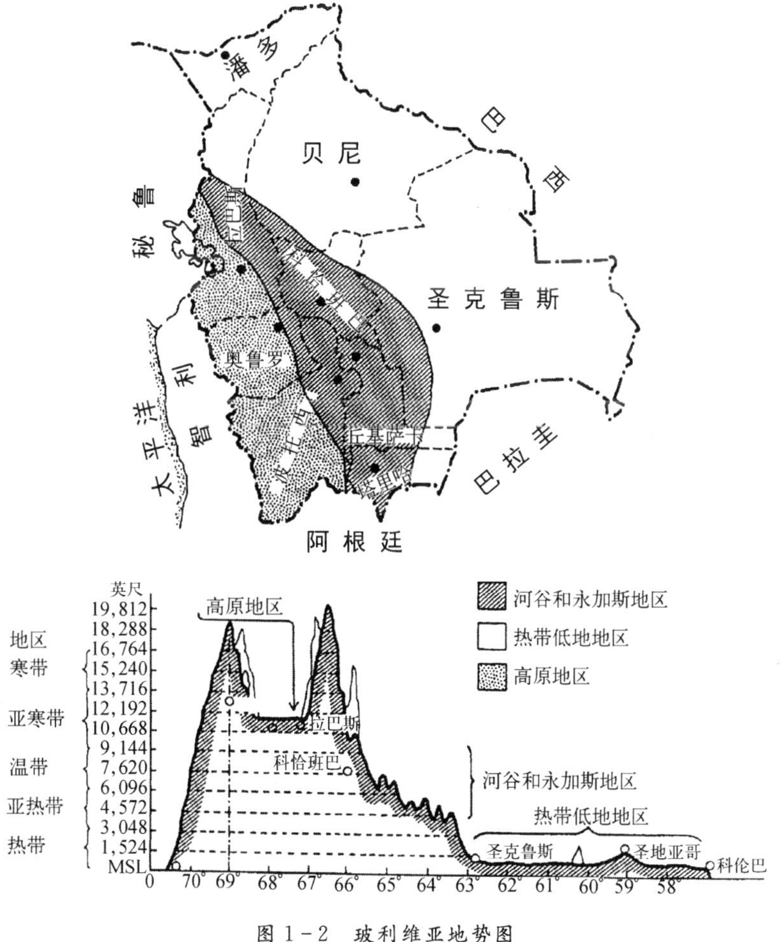

图1-2　玻利维亚地势图

4 山山口造成了两条不同的山脉地区，一个大约100英里的逐渐宽阔的高原从其开端几英里的地方穿越中心地带。该高原是一个呈巨大的椭圆形的区域，上面有一个巨大的湖泊，它成为安第斯山脉纬度最高、也是最大的高原，其周围就是世界上最长的安第斯山脉。这个大约方圆5万英里的高原中有2/3在现代玻利维亚境内。而那几个少有的地区则集中在中心地带很小的范围内，一开始大约100英里左右。

这种山地环境造就了该高原完全与众不同的特点：其西段被称为“西部科迪勒拉(Cordillera Occidental，或者翻译为‘西山’)”，那是一个十分狭窄、界限分明的平均大约1.65万英尺高的高原，其最高点在2.1万英尺以上。该高原上有几条河谷或适合居住的地区，从自然形成的陡峭山谷使该高原难以到达海岸和临近海岸的阿塔卡马沙漠。虽然该高原是由火山爆发和自然侵蚀所形成，但却拥有一些值得开采的稀有金属矿藏。紧挨着该高原的东坡有一片严重的盐碱平地，乌尤尼盐湖(Uyuni)的盐碱地面积比的的喀喀湖还要大。因此，西部科迪勒拉就像一个坚固的屏障使人们很难跨越过去来到海岸边。但是，在其北角和南角，科迪勒拉却打开了通往海边的道路，这将玻利维亚北部和西南部地区与海岸相连。西部山区这种地貌很难吸引人到高原或附近的地区居住，因此，高原的西半部只有零星的居民点。

被称为“皇家科迪勒拉(Cordillera Real)”，“中心科迪勒拉(Central Cordillera)”或“东部科迪勒拉(Oriental Cordillera)”的安第斯山脉东段则完全不同，那里比西部要宽敞和开阔得多。皇家科迪勒拉(Royal Cordillera，此处Royal应该与前面的Real是同一个意思，所以我们把Real也翻译为皇家。——译者注)在海拔1.4万英尺以下到几百英尺的地区拥有大片富饶的平原与河谷。由于那里拥有大量河谷，人们很容易进入东部丘陵和低纬度地区，通常，那里被称为“山区(montaña)”。

河谷和皇家科迪勒拉平原的地貌相当复杂，但可以从纬度和宽度
进行粗略分析。比较高的平原地带叫做“低普纳河谷(subpuna
valleys)”，尽管气候比较干燥，但那里的绝大部分地方环境宜人、水源
5 充足，平均海拔在8 200英尺上下。从该高原较高地区很容易进入低

普纳河谷宽广的平原，其中，位于波托西地区西部和塔里哈地区的科恰班巴(Cochabamba)和丘基萨卡(Chuquisaca)河谷人口密集。这些位于中纬度的宽广河谷地区正是当年西班牙殖民者和后来殖民者居住和生产的主要地带。科恰班巴河谷最突出的例证是那里在前哥伦布文明时期原始玉米种植者和西班牙征服后时代的小麦生产者。那里还是当地语言叫做“芝卡(chica)”的一种从玉米中提炼出来的酒精饮料的主要生产地。由于这些谷物产品十分重要，低普纳河谷与邻近的高纬度产品一直交往密切。同时，在西班牙征服后，这里的黄牛产品也大有发展，该高原地区还成为从西班牙引进的羊的生产中心。

在亚普纳河谷下方，或者说在该高原底部是科迪勒拉中心部分的陡峭河谷地区，通常被叫做“永加斯(Yungas)”。这些河谷在高原的 3 200—8 200 英尺的范围内，由于亚马孙季风而形成了那里相当湿润的气候，因此很适于热带和亚热带农作物的生长。更为重要的是，永加斯河谷位于高原城市拉巴斯(La Paz)附近，当时被称为“北拉巴斯”和“南拉巴斯”，是为拉里卡加(Larecaja)、莫尼卡斯(Muñecas)和因奎西维(Inquisivi)地区。从历史角度看，这些河谷是玻利维亚玉米和古柯生产中心，而高原上并不能种植这两种十分需要的基本产品。在西班牙征服后，这些河谷还是柑橘、水果和咖啡生产地，成为高纬度地区生活的重要补充地。另外，当地还有一些亚热带河谷，其中主要有在科恰班巴省和圣克鲁斯省(Santa Cruz)发现的相对分开的河谷，那些地方也出产永加斯河谷那样的玉米作物，但基本上很少有人定居，直到 20 世纪才被人们所认可。

在进入亚马孙平原和查科(Chaco)低纬度地区之前，东科迪勒拉转而进入一片丘陵地带，当地称为“山区”，此后进入一个海岸平原。这里又分为两个不同地区：其北部是莫佐平原(Llanos de Mojos)，有时又被称为北部潮湿平原或者贝尼平原(Beni)。这些热带大草原通常在每年 12 月至第二年 4 月雨季期间洪水泛滥。该平原的中心是里奥马 6
莫雷(Rio Mamore)，那里是亚马孙盆地的组成部分。在莫佐平原的南部是名为“丘基塔诺高原(Macizo Chuquitano)”的高地，该名源于当地旧有的楚奎塔斯省。比较高一些的地区既有莫佐平原的环境特点，也是碳氢化合物储藏的重要地区。再往南则是干燥平原，或者叫查科平原(Llanos de Chaco)。从圣克鲁斯向南延伸则进入巴西、阿根廷和巴拉圭境内，向北则是干燥的查科沙平原，那里有皮克马约河盆地，遍地灌木丛，构成了玻利维亚国家领土的绝大部分，但全国人口中只有1/5居住在那里。

由于难以承受和剧烈的气候变化，直到现代这些低地才得到开发和开垦。但是，早在殖民地时代，在靠近东部山区圣克鲁斯和拉巴斯附近的一些低地的古柯生产和黄牛驯养得到了发展，同时，在19世纪晚期，那里的野生橡胶商业化生产也已经开始出现了。进入20世纪以后，那里开始建设铁路和公路，蔗糖、棉花、大豆等农业产品开始与古柯等商品一样得到生产，石油和天然气发掘开采工作也开展起来。在这种情况下，黄牛驯养成为莫佐平原和贝尼平原北部平原地区的主要产业。即使有了这些发展，低地区域居住人口也还仅占全国人口的1/3。

综观玻利维亚人口定居的历史，在高原及其邻近的东部河谷地区是人们活动的最初地带，高原则成为活动的中心地区。尽管高原是生活中心，人口密集，但那里还没有成为整个地区最受欢迎的定居地。高原的西半部矿藏很少，土地瘠薄，气候极为干燥；但是，高原的东半部却土地肥沃，矿藏储藏丰富，的的喀喀湖给当地带来了温暖湿润的气候。的的喀喀湖方圆3 500英里，对当地气候产生了重大影响，但其湿润而又温暖的气候却对高原的其他地方没有任何意义。在的的喀喀湖周围
7 地区，农业种植和牧业生产成为当地人们的基本职业，由此带来了大量食品剩余。这种情况使当地形成了更为复杂的文化体制。由的的喀喀湖周围的山麓隔离开来而形成了许多平原地带，那里成为人们定居的好去处，当地语言称之为“盆地(cuencas)”，那些盆地向南一直延伸到后来变成拉巴斯的大河谷地区，该城市距离的的喀喀湖仅56英里。由于被德萨瓜德罗河(Desaguadero River)所环绕，湖边盆地的土壤和湿度都是最适合定居的地方，那里被当地人称为“耶稣日查(Jesus de Machaca)”之一。与的的喀喀湖并驾齐驱的还有波波湖(Poopó)，前者

在北部,后者在南部。波波湖周围也有两个主要盆地,一个叫奥鲁罗(Oruro),另一个叫乌尤尼(Uyuni)。奥鲁罗盆地比较适合人类居住,但乌尤尼盆地是玻利维亚最干旱的地区,那里成为该国最大的非居住盐碱地区。

安第斯文明形成时期的主要产品成为高原地区的主要生产活动。在的的喀喀湖地区,土豆种植十分普遍,并且对来自欧洲的人口产生重大影响,同时,藜和大量有营养的根茎植物也很受欢迎。经过冷冻和脱水处理后,这些根茎食品成为玻利维亚人餐桌上的美味佳肴。

高原地区还驯养各种美洲骆驼,其中包括无峰驼、羊驼和骆马等。这些美洲骆驼被用来驮重物、剪毛、吃肉、积攒肥料,甚至用来取暖,成为安第斯生态和经济生活中不可或缺的成分。尽管驯养这些动物的活动是从艾玛拉诸王国(Aymara kingdoms)时代才达到充分发展的,但从最远古时代开始,人们就在该高原地区发现了这些与人类生计密切相关的动物。因此,在前印加艾玛拉文明中,他们的动物驯养对人们的生活十分重要,那里也成为人们定居和饲养动物的重要空间。

作为一个天然的和人工建造的美好牧场,在西班牙人征服那里之后,高原也成为欧洲人驯养羊的家园。与其他动物驯养不同,羊与美洲骆驼十分相近,至今仍然是美洲驯养经济中的重要组成部分。因此,大
量的动物驯养和根茎作物的种植成为高原地区印第安人的主要生活和 8
生产方式,他们从中得到充足的食物和赖以生存的方法,并拥有一定的剩余用来与其他人交换来自己需要而又不能生产的鱼、水果调味品、玉米和古柯等。

高原地区还拥有丰富的矿藏资源,从前哥伦布时代到现代,那里的采矿业一直十分兴隆,这证明那里是世界上最主要的矿业地区。对高原地区来说,矿业几乎如同原始农业一样不可或缺。哥伦布高原的东部地区不但土地肥沃,而且矿藏丰富,已经探明的玻利维亚矿物蕴藏中大约 80% 都在东部。其中最突出的地方当地称之为“锡带(faja estanifera)”,玻利维亚绝大多数矿藏都是在皇家科迪勒拉及与之相连平原和上河谷地区,从的的喀喀湖东北经由科迪勒拉东部山区,一直到

玻利维亚南部与阿根廷交界的地方。从北部到南部,玻利维亚的矿藏带可以分为这样几个部分:从南秘鲁到穆鲁拉塔(Murulata)一线是最古老的地质带,那里金矿储藏丰富,从前哥伦布时代以来就一直在开采,另外,那里还有钨和其他矿藏。从穆鲁拉塔南部到奥鲁罗地区,储藏有更多的钨,而且是锡的第一个重要储藏地。但是后来发现了第三个重要的锡产地,从奥鲁罗向南经由波托西(Potosí)一直到南部边界。那里之所以以“多金属省(poli-metal)”而著称,就是因为盛产锡和白银,当地不但成为玻利维亚锡和白银储藏最丰富的地方,而且还有一些稀有金属,很多在玻利维亚是绝无仅有的,如铅、铋、锌和锑等。这个地区之外的唯一矿藏是东部高原的铜,在阿塔卡马沙漠(Atacama Desert)的西科迪勒拉还储藏有大量的硝酸盐和铜。科恰班巴河谷拥有大量非铁金属矿藏。在山麓东部则储藏有大量天然气和石油,铁金属在该地区只有铁一种。玻利维亚所缺乏的碳酸化合物和矿物是煤、
9 铝土矿、铬、铂和宝石。这些不同寻常的矿物在前哥伦布时代只得到较少开采,但自从欧洲人来到玻利维亚后,矿物开采则使玻利维亚在世界经济中具有重要的地位。更为重要的是,从16世纪以前开始,即便矿物开采比较少,但金属已经成为高原人自己贸易和与秘鲁海岸文明间交往的重要因素,正是这种独特的高原生态满足了人们生活和生产的需要,玻利维亚早期人类才能显示出他们最伟大的独创性。

安第斯经济中矿物、根茎作物和美洲骆驼产品的非凡重要性使高原地区成为被征服前玻利维亚人生产生活的最初地区,这种生产和生活方式一直流传到现代。但是,就人类的创造力而言,高原环境的利用还是很有限的。正是这个原因,致使高地人口总是与河谷、低地的人保持联系,以获取自己所需要的但却不能生产的食品等。这种被称为“垂直生态联系”的方式,包括完全不同经济特征的地区间产品交换,从有人类以来就成为人类生存的基本特征。从可知的历史时代开始,玻利维亚高原地区的殖民主义者就已经侵入所有的东部河谷地区,甚至远到西部太平洋海岸地区。在高原,地区间贸易成为全部发达文化的标志。根茎植物、肉类和各种驼毛制品贸易成为高原人从低地得到古柯、

鱼、玉米、水果和豆类等重要生活必需品的主要途径。经过几百年的扩展和变迁，最后欧洲人的到来，高原人一直保持着这种经济联系，并与各种试图切断这种地区资源贸易联系的做法进行斗争。事实上，也正是从那个时代开始，各种生态联合体在玻利维亚农业社会确立了社会和经济组织中的统治地位。

从这一点来看，并与其他一些现象联系起来说，高原地区最后定将成为玻利维亚民族与整个安第斯地区共有的特征，这种特征正是在南部形成的。在高地的中心和南部，即今天的秘鲁，同样的地貌以同样的联系方式而存在，特别是在的的喀喀湖以北地区更为明显。进一步说， 10
整个安第斯地区具有共同的文化史。

尽管高原地区所遗留下来的历史遗迹比安第斯太平洋沿岸的要少，但早期人类到达安第斯地区的时间可以追溯到 1.2 万年前。在公元前 2 500 年以前，不论是高原地区还是海岸地区，基本上都是以渔猎和植物采集为主要生活方式。在海岸地区，人口主要以海产品为生，而在高原地区，人们则以捕捉野兽为主要生活来源。从最后一个冰河时期(公元前 8 000 年)结束以后，那里开始了初步的植物种植和动物饲养。农业和渔猎最后成为此后大约 6 000 年的主要生活方式。到了公元前 4 000 年，安第斯美洲骆驼的驯养成为高原地区的主要生产活动；到公元前 3 200 年，已经在该地区见到陶器；在公元前 2 500 年海岸地区的墓葬中已经发现了棉纺织品。

此后，秘鲁高原地区的定居乡村农业成为当地的主要生存特点。永久居住地的建立，人口密度的增加，多元化社区政府等复杂的社会组织的形成，当时已经司空见惯了。在接下来的 1 000 年中，不论是高原还是海岸地区，都经历了定居农业生活不断发展的过程。已经开始出现中心城镇，宗教仪式活动中心的建立表明，那里已经出现了为纯农业生产者服务的非食品生产专业人员。

尽管为什么流动的村庄园艺家将自己的剩余奉献给非食品生产集团还没有被充分理解，但安第斯文化的史料表明，那只是最初的技术行为或宗教行为，其结果导致了复杂的社区内政府的形成。并不牢固的仪式中心孤立地存在于农业定居点，复杂的移民体系的建立跨越多个河谷和主要湖泊周围，这都加强了其内部联系。

安第斯文化发展的下一个主要特征是金属使用的扩大，金属冶炼
11 技术的发展成为建立更大国家和更稠密人口居住区的有利证据。铜器的使用至少从公元前 2 000 年就已经开始了，在高原地区，在奥鲁罗附近发掘的瓦卡拉尼文化(wankarani)中的铜器大约是在公元前 1 200—前 1 000 年间。

大约在公元前 800 年左右，查文(Chavin)文化发展起来。研究表明，这一文化成为该地区最早、最发达的文化，并使整个安第斯山地区都发生了巨大变化。这一文化的主体在中心高原和与之相连的海岸河谷地区，从中可以看出一个主要文化影响的扩大会波及很大的区域。纺织品和金制品的广泛使用以及发达的陶器生产技术和城镇化的出现都成为这个时期的明显标志。当地主要仪式中心通常沿海岸和高原修建，几乎所有的河谷和高原都成为永久居住点。在所有这些发展中，玻利维亚南部的高原地带似乎是金属制品，特别是纯金银制品最集中的地方，尽管其他地方也有类似发现，也有一些合金制品。虽然查文文化并没有抵达的的喀喀湖等南部地区，邻近的和后来以帕拉卡斯(Paracas)闻名的文化确实影响了南部海岸和高原地区，但影响程度还不得而知。

在大约公元前 100 年左右，查文文化从安第斯地区消失了，代之而起的是具有浓厚河谷和排水地区地方色彩的文化。在海岸地区出现了莫切(Moche)文化和纳兹卡(Nazca)文化。在高原地区的库斯科(Cuzco)附近形成了瓦鲁(Waru)文化，其中心位于的的喀喀湖以南名为提阿胡纳科(Tiahuanaco)的小镇。这些文化见证了所有已知秘鲁技术的充分发展和当地动植物驯养与栽培技术的存在。在玻利维亚高原地带，铜与锡合金、青铜制品都有所发现。虽然在南部高原的发展更加充分，但青铜器在安第斯地区的战争和农业生产中还没有广泛使用，这与欧亚大陆的情况形成鲜明差别。

可行而又重要的提阿胡纳科文化中心的发展代表了玻利维亚历史

的主要变迁。提阿胡纳科地处高原地区的的喀喀湖以南大约 30 英里，海拔高度 13 120 英尺，自大约公元 100 年开始，在这个发达的宗教定居点发现了大量陶器和金属制品。但是，只是到了公元 600 年以后，它的影响才扩展到其他地方。从大约公元 7 世纪到 13 世纪，安第斯历史 12
中比较独特的位置和整个秘鲁南部地区中提阿胡纳科文化的统治地位具有重要意义。因为它不同寻常的艺术风格和设计独特的陶器影响了整个高原地区和绝大部分海岸地区，人们刚开始的时候曾经认为，提阿胡纳科帝国是从被西班牙征服后才开始的。但是，提阿胡纳科的所有重要城市中不完整的定居点建筑都是一种宗教风格已经得到证实。有些学者假定提阿胡纳科文化的影响纯粹是宗教性的，但位于阿亚库乔(Ayacucho)地区的类似于公元 700—1 100 年的瓦鲁那样的世俗王国影响更为重要。新的提阿胡纳科“宗教”中心发掘证明，那些中心呈方型特点，其祭坛呈矩形，四周用砂石和玄武岩镶嵌，称做“卡拉萨萨亚(Kalasasayas)”。这种情况表明，对提阿胡纳科很可能还存在第三种解释：提阿胡纳科的宗教和(或者)商业殖民地分布在高原、河谷和海岸所有地区，其影响直接扩展开来。

在高原地区，这个时期正是强化农业与扩大山地梯田种植时代，的的喀喀湖的流动的花园、高原洪水河谷的凸地，以及复杂的灌溉工程等等，构成了当地一道美丽的风景线。这种情况表明，的的喀喀湖文明是与高原地带经济、社会变迁速度不可分割的，它也证明提阿胡纳科文明中的水文技术甚至比安第斯文明还要发达，但是，该文明在公元 1 000 年以后曾经快速发展，但在 1 200 年以后由于气候干燥对农业产生巨大影响，因此很快衰落下去了。

随着提阿胡纳科文明的衰落和瓦鲁帝国的崩溃，此后大约 300 多年里在安第斯地区出现了一些区域性国家和帝国，其中最有特点的是秘鲁海岸北部的奇穆(Chimu)文化，其巨大的市镇中心在尚尚(Chan-Chan)。在高原的的喀喀湖周围，最重要的社会群体是库斯科北部的“尚卡联盟(Chanka)”和南部高原上的的喀喀湖岸边讲艾玛拉语的一些王国。

13 那些艾玛拉王国的发展标志着玻利维亚历史时代的开始，也就是说，玻利维亚有记载的历史正是从这个时期开始的(见图1-3)。正是艾玛拉人从12世纪末开始统治玻利维亚高原地区，一直延续到16世纪西班牙殖民者侵入。从西班牙和梅索蒂斯口头传统说法的记载和考古记录来看，问题很清楚，那些艾玛拉王国是从提阿胡纳科文明时期发展而来的，而且发生了巨大的进步。在沿湖岸形成的宽敞城镇中心区内，从前那些常见的风格独特的陶器和装饰、典型的山区梯田，现在由建筑在山丘之上和湖岸后面的一些堡垒城镇所取代，当地人称之为“普卡拉(pucara)”。在所有的社区都拥有了更多的美洲骆驼驯养文化的

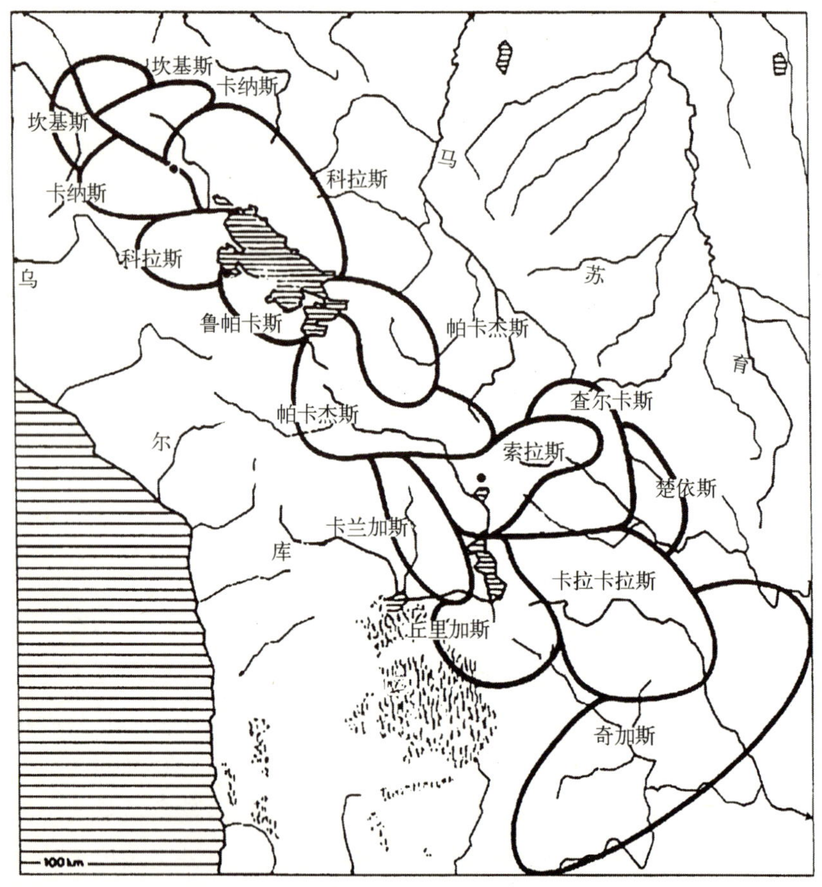

图1-3　15世纪的艾玛拉诸王国

发展,更多的土著宗教出现了,其中“楚尔巴斯(chulpas)”最为典型,一 14
些地方性的婚丧嫁娶殿堂也开始出现了。

好战而又具有挑衅性格的讲艾玛拉语的人很可能带有秘鲁人极其偏爱分区组织的特点。现代有人估计,讲艾玛拉语的人至少分成 7 个主要“国家(nation)”,每一个国家又分成两个王国。其中,有人曾经提到的两个最大国家,鲁巴卡(Lupaca)和科罗(Colla),都有其“乌尔库苏育(Urcusuyu)”和“乌马苏育(Umasuyu)”政府,都有自己的“国王”和所控制的领土。语言和地理特征表明,每个乌尔库苏育都有自己的分区,他们在的的喀喀湖西岸和西南岸建立了自己的堡垒中心,并在太平洋沿岸建立了自己的殖民地族群,同时,每个乌马苏育都在东部高原地带,并在东部河谷和山区有自己的殖民地。

艾玛拉诸王国从库斯科以南扩展到今天玻利维亚北部高原地区。这个地区的中心在高原的高地居住区,各个国家的分区多多少少都是沿着西北-东南轴心与的的喀喀湖相交。在这些国家中,最强大的是在湖边中心地带的国家,那里可以看做是艾玛拉人的核心地带。在它们中间,科罗和鲁巴斯控制着的的喀喀湖岸边的大部分地区,从卡纳斯(Canas)向北则是艾玛拉各王国的最重要的地区。

正如人们所熟知的印加文化中的社会那样,史前艾玛拉各王国也是一个个极其复杂的混合型阶级结构。当时就已经存在艾柳阶级(Ayllus,克丘亚语,意思是白人占领之前印第安人居住在某个地区一定数目的家庭组织),或者亲属集团,每一个艾柳又分成上层和下层两部分,上层叫做“哈楠萨亚(hanansaya)”,下层叫做“尤仁萨亚(urinsaya)”,所有人要么属于前者,要么属于后者。但是,在所有一个特定的王国中,贵族都与哈楠萨亚相关联,平民则与尤仁萨亚不可分割。虽然艾柳阶级成员都是印第安人,但其公共权利却表明了一种商业合作式的结构,艾玛拉也有其地区主管,叫做“卡西克(caciques)”。
卡西克控制土地,从自己统治的艾柳成员中榨取自由劳动力。同时,卡 15
西克还有自己的助手,叫做“基拉卡塔(jilakatas)”,这些人很可能曾经是某一分区的领袖。

因此，在各个“国王”之间还有一些地方贵族，地方长老组成的集团拥有自己的财产，并拥有土地和独立艾柳的继承权。但人们还不知道这些权力是完全依靠皇家赏赐还是自己获得的，因此，有人认为这就是当地最初的阶级结构。当时也存在一些手工业人群和特殊行业工人，这些人很可能不属于任何艾柳阶级，而是单独依附于贵族。在印加文化时期，还有一些人被称做“亚纳科纳(yanaconas)”，这些人明显要么为仆人，要么为奴隶。

另外，在高原核心地区复杂的社会政治和经济结构中，在不同生态区的卡西克和艾柳阶级都有其自己的殖民地居民，这些居民叫做“米提马克(mitimaq)”，是为卡西克和艾柳阶级而劳作的人，这些高原居民紧密地与本地区内的不同生态经济联系在一起，成为高原地区人口的核心部分。在河谷和亚热带地区，每一个艾柳阶级和每一个国家及其贵族都有一些这样的居民为其耕作。来自太平洋海岸村庄的这类居民通常用鱼、盐、古物、古柯来与高地的肉类、薯类、昆诺阿藜以及毛类产品进行交换；而来自永加斯和亚普纳(Subpuna)河谷的人则用水果与高地进行交换。在比较遥远的地区，很多米提马克与当地非艾玛拉人友好相处。在东部的许多山崖河谷地区，社会机构、社区和财产都很复杂，卡西克有自己的私人地产，高原艾柳和地方集团中的土著艾柳也都有自己的殖民社区。因此，居住在村庄里的奴隶与自由劳动力是相互合作的，甚至这些河谷和低地地区的独立国家间也和平共处。

这一曾经与海岛相连接的微观生态系统中的垂直联系体制是建立在不同产品生产基础之上的，并形成了一种非市场经济的亲属、交换和劳力责任的复杂关系，使高原地区保持着一种强有力的、具有经济特征的有效社会。这种紧密相连的关系使殖民地为核心的社会交往得到有效安排，甚至在卡拉巴亚(Carabaya)和其他东部河谷地带的金银矿产
16 殖民地也被生活在高地地区的人们所把持，这就形成了艾玛拉人在安第斯的主要黄金生产者和领头的牧主。在16—17世纪，尽管出现了印加人和西班牙人的入侵，但那些王国还被认为是相当富有的省份。

但是，艾玛拉并不是高原上的唯一人群。与这些人和平共处的还

有大量的乌鲁人和讲普奎纳语(Puquina)的人,通常这些人都被称为乌鲁人。尽管他们生活在艾玛拉人中间,并与艾玛拉结成了双重艾柳阶级,但乌鲁人从来没有土地和牧场。他们没有控制范围广大的政治组织,工作也主要是为艾玛拉人捕鱼和耕作。但他们是否是臣服和被艾玛拉人征服的人则无从考证。乌鲁的普奎纳语是秘鲁征服前高原地区的 3 种主要语言之一,另两种语言是克丘亚语和艾玛拉语。到了西班牙征服时期,尽管他们还保持有太平洋沿岸和东部河谷地区的零散殖民地,但乌鲁已经成为高原王国中以小集团生活的贫穷人群。更为重要的是,如果不是从政治和经济角度而是从文化角度来看,艾玛拉给予乌鲁人的地位似乎表明,乌鲁很可能先于艾玛拉,很可能是更早期和更发达文明所遗留下来的人群。曾经有人强调说,乌鲁人才是提阿胡纳科文明时代的人。不论如何,到了西班牙统治时期,尽管数量相当多,乌鲁人还都很贫穷,因此绝大多数乌鲁人都逃避西班牙人的租税。

由于好战、经济实力强,又占据了高原从东到西的绝大部分地区,到 14 世纪晚期,艾玛拉人已经成为玻利维亚和秘鲁南部重要地区的统治势力。但是,到了这个时期,随着安第斯地区人口和财富的不断增加,一些新产生的帝国组织势力不可避免地试图夺取和占领这个地区。同时,很多强大的国家在秘鲁海岸地区蜂拥而起,高原已经成为后提阿胡纳科文明时代扩张国家的中心。在 14 世纪末期,大量艾玛拉王国发现其面临着正在崛起的的喀喀湖以北库斯科地区讲克丘亚语的新国家的挑战。在 15 世纪初期,中心高原地区相互竞争的各个国家已经分 17
裂成不同的集团,库斯科地区讲克丘亚语的国家的出现只不过是一股更强大势力而已。到了 15 世纪中期,已经被称为印加人的克丘亚人扩张主义者以其统治者的名义进入高原北部地区,并逐渐向南进入的的喀喀湖地区。在 15 世纪 60 年代,他们的影响已经扩展到艾玛拉诸王国中间,当时,由于他们自己内部长期以来就存在的矛盾,艾玛拉诸王国已经无力抵御印加人的进攻。艾玛拉诸王国具有好战的特点,本应该成为印加人强有力的竞争者,但是,到了 60 年代末,其内部矛盾的弱点导致他们逐渐失去了艾玛拉王国的独立地位。

15世纪后半期印加人的突然到来略微改变了当地艾玛拉诸王国的社会、经济和政治组织。由于当地保留了原有的统治者,他们还继续通过贡赋获取剩余产品,印加人基本上没有打乱艾玛拉诸王国的生活结构。这个富饶的地区很快组成了自己的省,叫做科罗苏尤(Kollasuyo),这是后来当地4个帝国之一。尽管如此,统一行动也不是那么一帆风顺的。1470年,在的的喀喀湖地区的王国发生了反对印加人的暴动,结果是那些保持独立的王国被征服,讲克丘亚语的米提马克建立了全部属于他们自己的殖民地,其中主要是在科恰班巴河谷地区。事实上,那次暴动以及后来的战争对玻利维亚15世纪到现今的语言构成都具有决定性意义。

在艾玛拉人中间,鲁帕卡(Lupaqa)和科罗斯(Collas)是主要保持自治的地区。即使这样,他们现在也被紧密地与印加帝国联系在一起,例如道路、供应、要塞、新的城镇中心以及遍布玻利维亚高原与河谷地区的军事殖民者等等。如同印加的其他3个帝国一样,科罗苏尤帝国也需要纳贡,向库斯科送圣物,允许其年轻的贵族去接受该城市统治者的教育。科罗苏尤帝国的艾玛拉保有自己的语言和自治的社会、经济
18 乃至政治结构,这是维持其在前印加时代就拥有的财富和权力以及他们强烈的种族认同感的需要。甚至在西班牙征服以后,他们谨慎地支持加强“克丘亚化”,也还是无法脱离艾玛拉文化。

到了印加完全控制了艾玛拉诸王国以后,高原文化地区的联盟、较小的亚普纳河谷和永加斯集团已经全部被纳入其帝国组织的基本框架当中。但是,直到80多年以后西班牙结束了印加组织,那种具有很强连带关系的经济、社会和政治体制才慢慢地被接受。由于印加帝国覆灭的时候正是它刚刚开始走向成熟的时期,这使人们很难解释15世纪末16世纪初印加社会准确的特征。

正如西班牙官方记载所叙述的那样,印加国家是一个独裁但具有乐善好施特征的组织,这种特点是建立在平等和正义原则基础之上的。印加人是不能有私人财产的,国家把安第斯地区农民供奉产品中的2/3作为物品和服务分配给人们。农民被按照不同等级每十年一次地组织

成为不同的小组，有十年、百年等，最后，帝国本身分为 3 个基本同质的地区，由一个完全建立在印加统治者家族集团基础上的国家结构来进行管理。印加的国家宗教强调民众道德，这种观念被融合到所有以前就存在的宗教当中，并成为保证绝大多数普通民众意见一致的工具。

尽管帝国统治者很可能已经意识到他们的社会需要粘合力和建立和谐关系，但事实上对各种不同类型的人快速征服的结果还是造成了国家是一个相对同质的社会。道路网络得到充分建设，供应系统十分巨大，完全可以储存所有地区必要时使用的物品，并保证非农业手工业者和职业军人的生活。但是，在更大的非市场体制中，确实有一些私有财产因素存在。也就是说，自愿投降印加的那些贵族还保留着原有的地产和劳动者，如同完全不一样的印加贵族那样，他们也可以获得私有土地，使用亚纳科纳(仆人或奴隶)，或者无地的国家奴仆。同样，尽管
已经被合并到更大的印加帝国省份，但过去存在的那些国家还保存着 19
许多前印加时代的政府形式。印加帝国将宗教物品迁移到库斯科，但强有力的克丘亚当地精英并没有改变农民群众对地方宗教的供奉，印加也无法改变地方语言。更为重要的是，如同艾玛拉一样，被征服前的高原殖民者及其依附者在很大程度上与印加貌合神离，只要印加帝国还没有威胁到他们原有的权力，原有的社会和政治结构并没有受到严重挑战。

因此，印加帝国实际上在政治结构、宗教信仰、语言，乃至境内的私有财产方面都是多样化的。尽管它本身自我感知并不那么完全和谐一致，但印加帝国在 16 世纪以前美洲人所建立的国家中还是一个强大的、有凝聚力的国家，很可能在国家和经济结构上也是最复杂的。它的精巧技能和农业工程在美洲也是最突出的一个。从厄瓜多尔到玻利维亚南部边界，错综复杂的道路建设使人们和各种动物都可以轻易地从帝国各个地方来到库斯科这个中心城市。成千上万公顷新开垦的安第斯山脉地区复杂错落的梯田成为农业耕地，这也成为一道靓丽的风景线，各种物品供应储藏库不断增加，那里所储藏的优质布料和不易腐烂的食品可以满足全国的需求。因此，在没有市场经济的情况下，印加帝

国行使着商品供应、社会服务等主要分配者的功能,这在当时直到现在也是绝无仅有的。最后,印加帝国超乎寻常的经济和社会组织凝聚力为社会和经济正义提供了不一般的管理措施,正如西班牙人所记载的那样,印加帝国通过细心选择劳动方案来尽量减轻不堪重负的劳动条件,尽管这只是一个短期行为,但却得到国家以提供保障来补偿工人家庭的充分保证。因此,当时号召农民成为“米达(mitas)”,他们或者被迫去矿山当劳工,从事工程项目劳动,或者在军队中服役,或者在短时期内为某些私人服务,这些工作都能够得到一定的补偿。

如此有效的国家管理推动印加帝国成为一个无可匹敌的强大军事
20 政权。它可以动员大量民众参军打仗,并有能力长期供养众多的军人,同时又不影响农业生产的正常进行。印加人有能力以其人数、装备和耐力御敌于国门之外,在它所存在的不到100年的时间里,印加帝国横扫了周围的一切,轻易占领了海岸和高原地区,事实上,当时的所有国家都是以定居农民为基本社会成员的。最后,几乎没有一个国家能够抵御帕克斯印加(Pax Incaica,印加帝国统治下的和平),许多国家都自愿加入到这个强有力的新帝国当中来。在西班牙殖民者到来以前,这里是世界历史上所能见到的最伟大的人类组织之一。

但印加的扩张还是有限的,这种限定主要是由于社会和经济组织而非军事能力。尽管他们充分利用了自己的殖民者和军队,但印加帝国没有制服不是建立在农民农业的基础之上的文化的能力。这在科拉苏尤地区表现得十分突出,该地区包括玻利维亚。在这里,印加帝国已经成功地征服了艾玛拉人和他们的乌鲁依附者以及居住在同一地区的与高原人相关的更小的人群,也就是亚普纳河谷文化和永加斯文化。虽然有证据表明那里的人们与普奎纳、艾玛拉和克丘亚人说不同的语言,但这些河谷地区的人是比较容易归类于印加国家的,在印加时代和克丘亚征服后时代,他们的土著语言都已经失传并被克丘亚语所取代。问题很清楚,在前艾玛拉统治地区,克丘亚在整个玻利维亚地区主要语言转变上对艾玛拉统治区域以变地方语言为克丘亚语言为主。

在山区的这种高原体制占统治地位之外则是低地平原体制。低地

的特点是比较复杂的，其中有狩猎与采集相结合、河谷农业经济等生活
方式，甚至还有多村庄相联合以抵御高原人侵犯的国家形式。虽然印
加人试图夺取这个地区，但却没有成功，该地区的人阻止了高原文化的
渗透与控制。总体来说，在被西班牙征服以后按西班牙人的说法为“奇
里瓜诺斯(Chiriguanos)”的这些低地人组成了与莫佐平原洪水地带那
些最初是“西里奥诺式(Siriono-rype)”的狩猎者和采集者而后来又发 21
展成为老于世故的居民完全不同的人群。后来，该地区最发达的人群
很可能在西班牙征服时代消失了。但不论如何，他们所遗留下来的证
据表明，在玻利维亚北部低地洪水平原地区维持一年一度农业生活方
式的他们曾经修建了大量堤道。他们建设这种宽阔的堤道有些甚至达
到数百英里长，也就是说，居住在莫佐平原的印第安人成功地解决了每
年洪水泛滥的问题，并在这种人工建立的高地生活区保持了相对较高
密度的人口增长和比较复杂的政府体制。

该地区如此强有力的建设不但有效阻止了外来人口侵入亚马孙河与皮克马约河盆地的东北和西南地区，甚至连后来的西班牙人也没有完全征服这个地区。事实上，有些低地部落直到 20 世纪还保持着一种与世隔绝的生活。总体来说，那些低地部落直到现代还惊人地保留着自己的语言和文化。

在西南，印第安人成功地阻止了印加人进入智利海岸平原地区。尽管其发展已经比较成熟，但这些被称为“阿劳坎人(Araucanians)”或者“马普切人(Maupuches)”的印第安人还生活在比较松散的社会组织结构当中。然而，他们却拥有相当有效的军事组织。尽管遭到印加人的多次进攻，他们都成功地阻止了高原对西南海岸地区的渗透。但是，即便是这样，这里还是比东部低地地区更容易被外来势力所攻击，因为这两个地区之间保持着良好的贸易和交往关系。

只有再直接往南，在东西两山(科迪勒拉)再次趋于合并的安第斯山山丘地带，也就是今天阿根廷西北地区，才成为高原人征服和渗透的主要地区。克丘亚军事殖民者成功地进入了这片土地并在阿根廷平原北部地区完全定居下来，并且没有遭到早期印加人的骚扰，也没有被西

班牙人所征服。

但外来侵略势力并不是完全被阻止住了。印加帝国在西班牙征服时代曾经找到了那里的边界,非常有意思的是,那些所谓的边界正是大
22 部分西班牙殖民时代扩张的边界。对于安第斯山脉地区发达而又复杂的国家组织来说,他们永久依靠的就是稳定而又可以实现的税收农民阶级的存在。因此,以安第斯文化为根基的这种农民组织是紧密地与通常所说的"艾柳阶级"这个亲族社会组织联系在一起的。由于土地资源丰富,美洲社会劳动力向来是一个重要问题,稳定性和生产力因素成为那些非食品生产阶级得以生存的基本条件。

因此,安第斯山文化就是建立在这种农民组织基础之上并紧密地与通常所说的"艾柳阶级"这个亲族社会组织联系在一起,艾柳成为其社会成员组织劳动和分配土地的核心人群。与此同时,在艾柳阶级之外还有一些其他阶级存在,其中绝大多数是平民、贵族和某个艾柳成员的统治者。与当代被称为"社区(comunidades,即征服后被西班牙人组织起来并称为艾柳的自由社区)"的印第安农民组织不同,这种前哥伦布艾柳是一种亲族集团,并不限定在一个居住区内。艾柳在各种生态区都有其成员,但也有其中心居住区,而且并不局限在一个地方。虽然土地权永远属于艾柳,但为了保证其每个成员都能够拥有土地,他们居住的范围十分广泛,分散在从海岸到高原再到东部那些河谷的广大地区。这种相对不成体系的定居状况印证了安第斯文化中的人们生活在不同的生态环境当中。这种情况与地中海农民那种集聚村庄的生活方式形成了鲜明的对照,但地中海的那种方式又是与西班牙文化特点有区别的。艾柳的生活方式与考古学家所证实的被征服后出现的那种密切合作的农民组织形式也有很大区别。

在16世纪前几十年间,在安第斯西南高原地区出现了高度发展的社会和国家组织,这种社会国家组织是建立在密集而又复杂的村庄农业体系基础之上的。在印加控制时期,当地有大约300万印第安人(当时整个西班牙国内才仅有700万人口),其中1/3居住在科罗苏尤省西
23 南地区。在这里,多种多样的社会里讲各种各样的语言,他们混合在一

起形成了一种互为补充的多样化非市场社会,不同生态环境里的人们相互间交换自己不能生产而又需要的产品。这里还是世界上矿藏最为丰富的地区之一,当时世界上农业社会人口最为稠密的地区之一。正因为具有这些条件,安第斯南部地区毫无疑问地变成了西班牙美洲殖民活动最重要的中心地区之一。同时,一旦与西欧海外扩张帝国联系在一起,玻利维亚高原地区必将成为一个新的食品和矿产供应地,这也必将对整个世界经济产生重大冲击。

第二章　殖民地社会的建立

24 在 15—16 世纪，伊比利亚半岛是欧洲全球扩张活动的领头羊。葡萄牙通过其在非洲和亚洲海外贸易航路的开辟首创了欧洲统治世界的先河。几乎与此同时，西班牙，更确切地说应该是西班牙境内的卡斯蒂利亚王国(Castilian kingdom)，也开始了在西半球广大领土的殖民扩张和定居活动。与非洲和亚洲不同，在 15 世纪以前，美洲还没有被纳入到欧洲视野范围当中，欧洲人对美洲几乎一无所知。征服美洲活动开始以后，西班牙人为欧洲人在欧洲以外定居和发展开辟了新的空间，并使欧洲人以其种族优越感开始影响世界。因此，伴随着葡萄牙在全球性海洋地区的征服，卡斯蒂利亚王国对美洲土地的征服打破了世界经济大国之间的平衡，使欧洲登上了顶峰并最终获得了工业霸权地位。因此，15 世纪晚期和 16 世纪初期的美洲殖民征服极大地改变和提高了欧洲在世界历史上的地位，并开辟了一个新的历史时代。

最初，欧洲人眼中的美洲仅仅是一块有待开发的、充满愚蠢人群的为欧洲人利益而存在的空地。但事实上美洲也是一个当代社会科学所说的有待改变的、欧洲人自己的“认知地图”。美洲并不适合现代早期基督教欧洲的世界观，因为那里总体来说处于地中海文化传统和基督
25 教亚文化洞察力之外。《圣经》对美洲只字未提，在欧洲民众的基督教信仰和其他古老宗教中也从来没有美洲这个概念。最初，欧洲人忽略

了他们自己历史现实之外的世界的存在，只是在 3 世纪以后，美洲的存在才开始对欧洲文化概念中的传统信仰和现实中的一些概念产生一定的影响。更为重要的是一些美洲植物和动物逐渐被引进欧洲地区，并对欧洲、非洲和亚洲社会经济产生了重大影响。

在欧洲各个相互竞争的民族国家当中，是否能够实现对美洲各个帝国的占领取决于其实力的大小。新大陆为欧洲国家提供了重要的新市场，同时，欧洲各国之间的斗争也需要强大的海军力量。卡斯蒂利亚王国成为第一个占领美洲帝国的欧洲国家，并拥有了美洲绝大多数领土、资源和人民，使这个新的西班牙国家在实力上超过了直到 17 世纪才打开国门的其他欧洲竞争者。在将近一个半世纪的时间里，西班牙在欧洲具有统治地位，就在欧洲对世界其他地区建立经济霸权地位的同时，西班牙使美洲发生了与其他地方不同的变化。

这个在美洲获取大量欧洲无法得到的资源的西班牙国家在当时是最现代和欧洲大陆最新形成的国家，因此，它能够广泛利用私人势力在美洲征服和定居过程中以很快的速度完成对新占领的领土进行集中控制并在欧洲进行统治。正如所知的其前身印加帝国那样，他们拥有管理和组织能力，西班牙人的智慧使他们最后能够驱使欧洲私人公司参与到其美洲殖民地政府当中，西班牙人还建立了世界历史上第一个跨洲大帝国并维持 4 个世纪之久。

因此，西班牙征服美洲不但意味着一个整体世界市场的形成，同时也形成了世界上最大的帝国。直到 18 世纪，欧洲其他国家才拥有了与西班牙竞争的实力。这个大帝国从火地岛到普吉特海峡，从东面的西西里海峡到西面的菲律宾。但是，尽管这个巨大的美洲殖民大帝国是西班牙获取具有决定欧洲政治意义的重要资源，但那并不是西班牙国 26
家的唯一资源。即使没有美洲，16 世纪的西班牙也是欧洲最富有的国家之一，其财富来自繁荣的国际羊毛贸易和大量的传统地中海谷物出口。西班牙还拥有重要的矿产和众多商业化了的人口。因此，它能够动员足够的国内资源，其中包括来自美洲的资源，用来建立欧洲最强大的陆军和海军。依靠这支无可匹敌的军队，西班牙不但在东地中海成功阻止了土耳其的扩张，而且征服了南意大利和西西里的绝大部分地区，并在低地国家荷兰建立了重要的殖民地区。西班牙还在事实上插手了德意志境内诸国和法国地区的政治纷争，甚至还卷入了英格兰的王朝斗争。

因此，不论是在西班牙境内还是在欧洲其他国家的范围内，都具有西班牙社会施展扩张能力和生活不稳定人员的私人机遇。西班牙本身就是一个极具扩张野心的国家，军队和各个商业部门都在拓展自己的空间。因此，距离遥远、更加危险的美洲吸引着西班牙非农业人口中最边缘化的、最愿冒险的人。其中贫困的徒工和手工业工人、贫穷士绅的私生子、甚至非常有成就的大土地所有者的长子乃至次子都参与到美洲征服的行动中来。塞维利亚商人家庭的年轻后生纷纷离开家乡来到美洲，甚至最贫困的律师和公证人在无法维持自己身份地位的情况下也参加到远征的队伍中。简而言之，西班牙社会具有上升潜力的底层阶级都离开欧洲来到美洲。但是，西班牙的上层和中等贵族在西班牙欧洲本土就已经心满意足了，根本无须远渡重洋去美洲冒险，但广大农民却因贫穷而不得不采取远洋谋生的下策。

这种背景足以说明，西班牙人在他们的美洲帝国建立的那种极具特点的社会结构。最初，美洲殖民地根本没有西班牙那样的农民，新大陆的农业劳动力只能以印第安农民来代替。同时，殖民地社会没有相
27 互竞争的成型的社会和阶级组织，人力资源缺乏，所有去美洲的人的社会地位都比在西班牙时有了明显的提升。对其中的某些个人来说，他们在美洲的成功实际上使他们有可能回到西班牙。尽管去美洲干一番成功的事业然后重返欧洲家园不但在西班牙，而且在欧洲其他国家都已经流传开来，成为一种古典式的神话，但事实上成功的西属美洲人发现很难在西班牙社会立足。因此，除了皮萨罗(Pizarro)和科尔特斯(Cortés)等极少数殖民者腰缠万贯回到西班牙并成为最为显赫的人物之外，其他人都发现西班牙贵族拒绝与他们平起平坐，其巨额财富根本无法在西班牙买到他们在美洲那样高的社会地位。因此，许多著名的殖民者在回欧洲做简短的旅行之后就回到美洲。这种情况在所有社会

阶层中都存在，例如，一些在欧洲没有出徒的徒工来到美洲后很快就变成了富有的强势手工业者，但他们却无法将自己的这种身份带回欧洲。只有那些在去美洲之前就已经具有头衔或者在移民前就已经与官方建立了联系的人才能够花钱在西班牙买到在美洲那样高的社会地位。过去那些贫困的律师和公证人在美洲之行后回到西班牙可以买到一个满意的业务，而且他们一般都很快就这么做了。另外，还有一些贫穷的年轻后生很快变成了富裕的美洲商人，回到欧洲时已经将原来那些贫穷的亲戚远远甩在后面了。但是，真正在美洲发了财并回到欧洲去过美好生活的殖民者寥寥无几，因为对那些移民美洲的人来说重返欧洲家园是十分困难的。

这些因素导致西班牙美洲殖民地从一开始就建立了永久性的西班牙人或者叫克里奥尔人(Creole)社会。这一社会在很大程度上也是比西班牙本土不稳定得多的社会。在第一代殖民者还维持自己社会地位的同时，他们的子女并不受任何社会地位的限制，甚至在财富和地位发生变化的情况下也是这样。到了下一代人，先生和女士(Don，Doña)的尊称已经不再之前那样十分小心地仅用于那些精英人物身上，而是变成了所有西班牙人的普遍称呼，不论是在欧洲出生还是美洲出生，都没有区别。西班牙固有的行会结构无法在美洲实行，熟练工人的工会成为只要愿意都可以参加的、相对开放的组织。

但这种开放性并不意味着克里奥尔人的西属美洲变成了一个无阶 28
级社会。事实上，克里奥尔人十分艰难地确立起阶级阵线，并很快吸收了不平等地分配最佳财源的方式。因此，一种阶级结构迅速形成，而且从殖民地一建立就已经出现。那种按照最初士兵的经济投资严格区分等级被多次战争中的表现所打破，新头衔也开始被那种非市场体系中作为自由土地转让者和亲属、由于联姻而取得的土地、资源和资本拥有者所采用，并尽可能使之符合自己的身份和地位。但是，对此怀有嫉妒心理的西班牙王室从来没有允许他们在西班牙建立那样固有的阶级关系。同样，直到殖民地时代结束，西班牙所固有的赏赐和长子继承制在美洲殖民地几乎没有实行，因此，那里的上层阶级不得不在一种不论男女平等参加的、广泛公开的分开继承的体制中保持自己的地位。也就是说,要在美洲考察任何一个阶级都可以看到其清晰的界限。当然,那里的社会比西班牙大都市具有更大的不稳定性。

正如西属拉美社会精英比西班牙大都市的精英更加不稳定一样,西属拉美社会精英的政治权力也远不及西班牙的。由于西班牙王室不承认他们对西属拉美社会的控制权,他们不得不与王室官僚代理人共同管理欧洲并不知晓其范围的拉美社会事务。王室官僚对这些精英的影响了如指掌,但即使倾其全部家当他们也不能如同在欧洲本土那样控制或左右政府。但是,在某一个地区他们却完全可以超过其在欧洲的同类人。至于与印第安人之间的权力关系,所有西班牙人都可以行使更多的权力,比其在西班牙的同类人控制农民的权力还要大。由于前来美洲的西班牙人对自己的殖民活动进行辩解和文化差别的存在,不论什么阶级和背景,他们在美洲都会得到在欧洲闻所未闻的统治地位。

西班牙美洲社会的建立受到征服者本身大都市社会政治结构背景和征服过程特点的巨大影响,因为西属美洲大帝国基本上是个被征服
29 的产物,安第斯地区尤其如此。在这个大帝国的人口中,除了极少数白人和他们所使用的黑人奴隶外,余下的全都是美洲印第安人。各种不同的人的地位是完全不一样的,印第安人当时还被认为是孤立的和压抑的群氓,其社会地位甚至比最贫穷和最无知的殖民者还要低。

最初,来到安第斯山地区的西班牙人仅仅是一伙更强大的外来征服者,与印加征服者没有巨大差别。正是由于这个原因,加之前不久印加征服者和境内非克丘亚集团之间的对立还没有化解,西班牙人推翻印加帝国没有费吹灰之力。由于西班牙人表示承认当地的阶级结构,认可那里传统的印第安贵族,并答应给予在征服战争过程中支持过西班牙人的所有社会集团以各种形式的社会特权,所以许多印第安人加入了西班牙阵营。在 16 世纪 30 年代西班牙征服的第一阶段,当地并没有出现后来的那种种族歧视和阶级压迫。

如同征服现在分为玻利维亚和秘鲁的那个地区一样,西班牙人征服秘鲁也是采取了上述策略,接下来他们又用同样方式征服了墨西哥。

拥有金属武器、火枪和大量马匹的几百名西班牙殖民者战胜了数以千计的印第安人。同时,西班牙人有效地利用了难以驾驭的非克丘亚印第安人,印加人领袖瓦斯卡尔(Huascar)和阿塔瓦尔帕(Atahualpa)兄弟之间权力争夺的战争也同样有利于西班牙人。最初,他们坚信自己是印加领导人,西班牙人只不过是雇佣军而已,一旦他们满意地得到令人垂涎的金银财宝以后就将重返故里。对那些被印加所征服的前独立国家和部落,西班牙人则宣布自己是他们的解放者,同时,对印加著名内战中失败的瓦斯卡尔一方,西班牙人则承诺将主持正义并将对他们在战争中的一切损失进行补偿。

西班牙人正是机敏地使用上述策略有效地孤立了当时在内战中取胜的阿塔瓦尔帕及其“基多(Quito)职业军队”,使之与厄瓜多尔南部所有部落不能形成联盟,从而得到了十分需要的情报、供给和印第安军队的人员补充。当基多职业军队被消灭和阿塔瓦尔帕身亡以后,西班牙人就扶持曾经被打败的瓦斯卡尔集团来建立自己控制的印加傀儡政权。后来,当这些印加领导人发动暴动时,西班牙人则得到了那些领导人所拥有的亚纳科纳(yanacona)仆人和反印加势力的支持,那些人帮 30
助西班牙人平息了印加人的各种叛乱活动。正是在印第安人的帮助下,加之西班牙人杰出的军事策略,在那场血腥惨烈的征服战争中除个别情况外西班牙人几乎无人伤亡。相反,西班牙人之间的争斗所导致的伤亡远比与印第安人之间争夺的死伤人数多。最后,不论当地印加胜利者们期望出现怎样的结果,尽管新派来的西班牙军队和移民日益增多但却无法避免西班牙人所进行的长达一个世纪之久的征服和殖民战争要以几百名士兵的生命为代价。

西班牙人不断加剧地残酷剥夺印第安上层和普通农民的剩余产品,这种统治方式终于导致大量印第安人加入到哪怕是温和的反西班牙阵线中。这种排外情绪是不可避免的,西班牙人在美洲造成了罄竹难书的罪恶,不论他们的根本意图是什么,殖民者遭到反抗的下场已成定数。但是,相比之下西班牙人太强大了,印第安人反抗力量太弱小了,他们根本没有将西班牙人赶回老家的实力。从 16 世纪 30 年代开始的由印加人领导的暴动斗争最后基本上都以失败而告终。

在西班牙征服秘鲁的历史中,的的喀喀湖以南高原地区的暴动与联盟上演了一幕极为错综复杂的悲剧。1537 年 4 月,支持曼科印加(Manco Inca)傀儡政权的大叛乱给各种艾玛拉集团带来了好处,因此他们开始选择中立的态度。最初,他们曾经支持过西班牙人,那是因为他们曾与在内战中失败的瓦斯卡尔集团联盟,但西班牙人却抛弃了该集团的领导人,这导致艾玛拉人重新考虑自己的选择。在暴动的印加人围困库斯科城的时候,很多高原地区都派出了自己的军队帮助叛军,其中鲁巴卡是支持者中最为突出的一个。但是,科罗却固守支持西班牙人的态度,最后导致印加-鲁巴卡联合进攻科罗的局面发生。

在 1538 年保卫科罗的战斗中,弗兰西斯科·皮萨罗(Francisco Pizarro)领导的主要远征军来到丘基托(Chuquito)和里奥迪萨瓜德罗(the Rio Desaguardero)抵抗印加叛军和鲁巴卡人的进攻。最后的结
31 果不出意外,西班牙人全胜收兵。在平原开阔地的战斗中,叛军被西班牙人大量的骑兵所击败。在这个高原与平原的接合部,皮萨罗决定留下他的弟兄们,让他们在那里把玻利维亚高原与河谷地区全面殖民地化,自己则返回库斯科。从殖民征服开始,西班牙人用了大约 6 年的时间将的的喀喀湖及其以南的安第斯地区纳入自己的统治之下。

1532 年西班牙人来到并最后征服秘鲁的时候,高原和的的喀喀湖以南的河谷地区并不知晓欧洲人的到来。一个富有农民、牧群、羊毛和传统印第安食品的地区最初既没有军队也没有西班牙人所寻求的金银财宝。艾玛拉各个王国和克丘亚殖民地的城镇中心都很小,而且比库斯科都落后。在印加内战过程中,这个地区非常忠诚于瓦斯卡尔集团,因此,该地区最初把西班牙人的到来看成是对敌斗争的胜利,所以表示欢迎。正因为这种忠诚,该地区没有反西班牙人的基多职业军队,西班牙人也没有遭到任何攻击。

当然,在 1538 年之前,西班牙的远征行动还是几次通过该地区。第一次是由迭戈·阿尔马格罗(Diego de Almargo)领导的军队,这是一个反对皮萨罗并与之竞争的西班牙人。1535 年,他在去南方的途中

路过该地区，当时同行的还有忠实于瓦斯卡尔的印加军队，那支军队由曼科印加的兄弟普拉帕印加(Pullapa Inca)领导，后者与艾玛拉各个王国关系非同一般。远征军迅速平安地通过了奥迪萨瓜德罗河边的高原西角，然后向南来到波波湖，跨越安第斯山脉，并南下进入智利。但是，阿尔马哥及其随从的注意力首先是智利，然后是与皮萨罗家族之间为争夺库斯科而展开的长期残酷的内战。因此，这使皮萨罗在1538年初先于阿尔马哥到达具有决定意义的的喀喀湖南部的定居区，那里就是西班牙人所说的查尔卡斯地区(Charcas)，或者叫上秘鲁(Upper Peru)。

1538年的晚些时候，皮萨罗的两个兄弟，赫尔南多(Hernando)和冈萨罗(Gonzalo)，进入南部高原地区并建立了几个重要的定居中心。首要的一个是位于高原南角亚普纳河谷非常适合居住的丘基萨卡 32
(Chuquisaca，即现在的苏克雷[Sucre]，以独立运动著名领导人苏克雷的名字命名)；另一个是在波卡的一个小矿区城市，位于丘奎萨卡以东。随着这两个西班牙社区的建立，西班牙人在征服了卡加马卡印加(Cajamarca)大约5年以后，查尔卡斯地区的定居活动终于开始了。在西班牙人忙于在下秘鲁定居和控制、同时在发生内讧、主要注意力集中在南部地区的时候，上秘鲁这个地区直到1545年才引起西班牙人的关注。那年，波科(Porco)的矿工在附近地区发现了南美大陆矿脉最好的银矿，那就是后来著名的波托西(Potosí)。因此，在最后一次秘鲁西班牙内战的那块高地，冈萨罗·皮萨罗就是在那里曾经试图违抗王室任命的殖民地总督的命令，当时称之为“(塞罗里约[the Cerro Rico]，即富有之山[rich mountain])”，在发现矿藏之后马上进行开采。冈萨罗·皮萨罗在下秘鲁刚被打败，利马行政当局就派一支新的远征军进入查尔卡斯地区。这支远征军在1548年在艾玛拉的心脏地区修建了极其重要的拉巴斯城，从而形成了丘基萨卡-波托西-库斯科通道。拉巴斯很快变成重要的商业中心和船运交通枢纽，并成为一个主要农产品经销市场。

但是，丘基萨卡成为新的查尔卡斯地区不断拓展边界的城镇。恰恰相反的是，波托西和拉巴斯则转而在本地区发展，丘基萨卡也因此而成为在图库曼(Tucuman)周围的阿根廷东北地区一系列主要远征活动的可靠基地。事实上，在此后的几十年间，丘基萨卡一直试图把图库曼和阿根廷北部的一些城镇变成自己的卫星城。在最终失去了对智利圣地亚哥(Santiago de Chile)的行政控制权之后，上秘鲁再也没有把阿根廷北部地区变成一个经济独立地区，而是与高原矿业经济紧密地联系在一起了。

与此同时，由皮萨罗支持的从北向南的扩张活动遇到了来自拉普拉塔河(Rio de la Plata)地区远东部的另一支西班牙殖民者的同样扩张活动。在16世纪30年代中期，西班牙人最终在巴拉圭河(Paraguay River)岸边的亚松森(Asunción)港口定居下来，那些决定在西部内陆核心地区可以发财致富的业主们则先行开始了在查科地区的开发活动。1537
33 年，一伙巴拉圭人成功地跨越了查科地区，到16世纪40年代，他们已经在安第斯山脚下的丘基托和莫佐地区建立了永久性的村落。利马和库斯科的业主们马上进行了反击，巴拉圭殖民者最后被迫接受低地作为自己边界的要求。在16世纪50年代晚期几经征讨并在圣克鲁斯(Santa Cruz)地区定居下来后，巴拉圭殖民军队于1561年在圣克鲁斯山(Santa Cruz de la Sierra，按照商务印书馆《外国地名译名手册》，Santa Cruz Santa 和 Cruz de la Sierra 都翻译为圣克鲁斯，本书译者为了区别之，特将后者翻译为圣克鲁斯山，依据是 Sierra 一词在西班牙语中为山脉的意思。——译者注)定居下来。

到了16世纪60年代，查尔卡斯边界的外围地区都已经建立起定居点。巴拉圭人还开辟了一条通往低地区域的道路，以保证那些力量薄弱的具有战略地位的城镇与东部的联系。但是，在这个到处都是充满敌意的半游牧印第安人的地区，既没有金属矿藏，也很少有定居的农业开垦者，西班牙人也不在此定居。奇里瓜诺(Chiriguano)、多巴(Toba)和查科地区的其他人以及低地区域的印第安人马上适应了与西班牙人的战斗，许多人成为马背上的游牧部落，他们成功杀死了许多西班牙士兵。同样充满敌意的东部和西南部印第安人边区时不时地向西扩展,那里的半游牧印第安人经常骚扰这个与图库曼地区连接的重要南部枢纽,从这个枢纽地区可以直接到达拉塔拉普拉塔河地区的大西洋各个港口。大查科(Gran Chaco)低地平原地区是一个极为重要的边界,必须加强教会的传教活动并修筑永久性的设施来防止当地部落的侵扰。因此,甚至一直到殖民地时代结束,那里都是由西班牙人单独直接控制。

因此,在定居的查尔卡斯地区内,最初的定位就是南北走向的。由于波托西是矿业中心,并成为西班牙人来到查尔卡斯地区的主要原因之一,开矿所需要的马匹和设备供应使阿根廷东北部的一些城镇发展起来。同时,丘基萨卡也成为波托西行政管理的首府和农产品的主要供应地。拉巴斯也成为波托西通往阿雷基帕(Arequipa)的中间枢纽,库斯科和利马作为西班牙人回西班牙的通道,也成为为矿业提供劳动力和物品的主要供应中心。

查尔卡斯地区还是一个拥有充足印第安人劳动力的地区,这在拉丁美洲的其他地方是少见的。在秘鲁,库斯科和拉巴斯地区是印第安
农业人口最稠密的地方,西班牙人很明白这是获取财富的宝贵资源。 34
因此,他们把土地交给印第安农民耕种,试图继续实行印加帝国的间接统治方式。所以,艾柳阶级得以保留,地方贵族卡西克(克丘亚语称之为“库拉卡[Kurakas]”)的权力也得到认可。作为回报,西班牙人则得到了过去属于印加政府的物品和劳动力,但国家宗教却只能是西班牙的天主教。印第安农民社区被分成不同区域,这些地区实行“委托监护制(encomiendas)”或者叫“担保人”制度。这些劳动力的所有者当时叫“监护者(encomendero)”,必须是西班牙人,他负责向印第安人传教和归化印第安人等事宜,因此他被授予对当地印第安人劳动力和产品的支配权。这种授予权是16世纪在秘鲁获取财富的唯一最重要来源。因此,这种委托管理制在当地造就了一批西班牙贵族,那些贵族除了名字不同外,其他全都一样。担保人实际上成为他们所控制地区的行政长官,他们手中拥有大量劳动力。虽然当时剥削体制十分重要,但取得对以前存在的印第安社会和政府的控制权是那些监护者的最起码

要求。

到了17世纪50年代,查尔卡斯已经有82个这种监护者,其中21个监护者每人拥有1 000名以上的印第安人。但上秘鲁地区的这种监护者数量与阿雷基帕-库斯科地区相比则是小巫见大巫,那里在同时期有292个监护者,但拥有印第安人超过1 000人的却只有14个监护者。因此,尽管人数不多,但查尔卡斯的监护者却比秘鲁南部的监护者更富有,权力更大。阿雷基帕-库斯科地区的监护者平均有大约400个印第安人,而上秘鲁地区的监护者所拥有的印第安人数量与之相比则翻了一番,甚至在800人以上。同时,上秘鲁地区的监护者上层是新形成的集团,至少在各种西班牙人的内战中站在反皮萨罗集团一边,到16世纪60年代,他们当中的绝大多数人都从利马总督那里得到授予
35 权。但这大概是监护者数量的最高点了,因为到这个时期,一半以上的监护者已经是第二代承受者了,西班牙王室已经成功地把大约20个监护者纳入自己的名下。

虽然查尔卡斯的农业生活按照西班牙人定居原则进行了很好的重新组织,以回到科尔特斯(Cortés 科尔特斯既是一个西班牙殖民者的名字,后来也被命名为一个地名。——译者注)和墨西哥征服者所实行的那种模式上,但有效的矿业劳动力使用很是一个新问题。因此,在秘鲁,一套全新的制度得以确立,其目的就是要为矿区提供印第安人劳动力。为此目标,西班牙人竭尽全力使用各种劳动力,包括奴隶、自由工人,最后终于建立了以大量印第安城镇人口为主的矿工制度。但是,要在农村地区使这种用工制度系统化并解决治理问题,必须对当地法律和习俗进行彻底改造。事实上,这个重要的任务由著名秘鲁总督弗拉兰西斯科·托雷多(Francisco Toledo)完成了,该总督在1572—1576年间任职期间访问了上秘鲁地区。

托雷多所实行的改革是西班牙帝国在上秘鲁地区社会和经济组织建设的一个重要转折点,因为托雷多解决了当地农村社会和经济组织中最棘手的问题。西班牙人曾经试图尽可能多地保留当地人口和管理机构,以便用最小的投入换取最大的利益。但是,他们从欧洲带来的疾

病在传染给印第安人之后，不但使低地印第安人人数锐减，而且严重影响了高原地区人口的增长。到16世纪70年代，有数据表明，整个秘鲁地区人口急剧下降，而且疾病还在继续流行。因此，委托人再也不能像从前那样得到报偿了。

此外，西班牙王室已经通知托雷多，王室反对建立以监护者为基础的西班牙殖民地当地贵族的主张，并寻求迫使那些精英放弃全部权力机构，将殖民地的印第安城镇转为王室所有，并成为忠实于王室的村庄。但即使这样，托雷多还是无法解决如何维持农村人口的问题，因为印第安人口在遭受长期压榨后明显减少。对托雷多来说，唯一的解决方案是对当地以安第斯生活为基础的社会和经济结构进行重新组建。在这种情况下，他决定“减少”进入永久性固定村庄的印第安人，同时把 36
保留下来的艾柳人转移到核心社区。很明显，他所使用的是地中海农业社区的模式。但是，在美洲高原地区的社区是由大量艾柳阶级所组成的，他们在各种不同的生态区域都有自己的殖民者。托雷多的目的是明确的，那就是要迫使那些高原艾柳阶级与其殖民者分离开来，同时使他们成为在社区定居下来并经营自己固定不变的土地，这就使西班牙人更容易对他们进行管理和税收。因此，这种“土著社区(comunidad indígena，或者叫农村印第安人社区)”是从托雷多任总督时期开始出现的。同时，尽管他很快建立了大量的“新城镇(reducciónes，这个西班牙文的原意是削减和减少的意思，但原书并没有用town这个词，而接下来有一句“或者叫新城镇”的话，因此，译者从上下文连贯起来看认为，托雷多应该是建立了另外一种印第安人居住区，名字叫reduccióne，也就是新城镇。——译者注)”，他的土著社区改革措施在当地至少实行了100多年并得到了巩固。到底托雷多的那些“削减城镇”操作得怎么样，从下面的一些数字就可以明了。在上秘鲁的许多区域中，有5个很具典型性，在那里，有900个社区内12.9万名印第安人被削减到44个城镇(pueblo)中。此前，印第安人最为集中的村庄中平均每个村庄只有142人，托雷多削减政策所建立的城镇每个有2 900人。但是，托雷多所建立的那些“削减城镇”被大量废弃，许多低地与河谷的社区从来没有与其高原核心艾柳阶级完全成功分离开来,因为印第安人反对毁灭他们习以为常的多生态内部区域体系。尽管如此,托雷多所建立的社区最终还是在安第斯山地区占据了统治地位。

在其他地区,托雷多则取得了更快的成功。他打破了委托人的权限,限定其授予权只能下传到第三代,从而为西班牙王室收回了对印第安人口的控制权。除此之外,他还把印第安人交付的贡品明确分配开来,要么交给王室,要么交给少数几个尚存的监护者,低地地区的印第安人社区因此只能以货币而不是物品的方式来交付他们的绝大部分贡品。由于实行统一的收税标准,对印第安人的税收结构也规范化了,税收数额的变化不是依据纳税人所缴物品的市场价格的变化,而是依据印第安人的实际交付能力,贡品的数额根据印第安人所拥有的土地数量和质量来确定。

37 这种税收结果关系最终成为迫使印第安人进入西班牙人经济体系当中的主要手段。由于印第安人只有在西班牙市场上变卖了物品或者出卖劳动力之后才能得到货币,因此,印第安人要么将自己的物品拿到市场上去出卖,要么在市场上打工来挣钱交税。后来,他们既卖物品又打工。小麦和一些特殊生产的衣物等适合城镇市场的产品和传统产品被带到新建的西班牙人居住的城市中心去出卖。同样,西班牙农民、商人和手工业者所需要的收割、海运等劳动力则由自由社区的印第安人来充当,那些印第安人就是靠出卖劳动力来挣钱的。虽然传统的印第安物品交换市场在安第斯地区并没有衰落,特别是在混合生态地区,但大量印第安人口被迫涌入西班牙人开辟的货币市场。因此,以货币方式交付王室税收的规定使查尔卡斯地区形成了两种市场并存的局面。

托雷多在上秘鲁重建了农村社会结构的同时,他还拥有对矿业经济发号施令的权力。从 1545 年一直到 16 世纪 60 年代,波托西开采出空前多的白银,很快变成了世界上唯一最富有的矿业资源。但是白银开采的这种发展是以破坏性开采矿藏表面的方式进行的,这种矿石含银量高,且用前哥伦布传统方式比较容易冶炼。然而,在表面矿藏开采完毕并只能向深处开采时,银矿石的纯度开始下降,冶炼成本开始增加，产量自然开始减少。因此，当 16 世纪 70 年代托雷多来到高原地区时，那里的工业已经发生了全面危机：在产量不断下降的同时，王室还表现了对这些宝贵资源的极大关注。

托雷多在波托西银矿开采问题上采取了多项措施。首先，在 1572 年，他引进了汞合金技术，利用水银合金可以将混杂在其他矿物质中的白银提炼出来，从而解决了从含量比较低的银矿中提炼白银的问题。这种做法导致印第安人无法控制提炼工作，有 6 000 多个直通式印第安人熔炉被西班牙人控制的几百个以水为动力的大冶炼车间所取代。 38
为了保证波托西矿区所需的水银供应，托雷多还在下秘鲁的万卡韦利卡(Huancavelica)建立了王室水银矿区，那里因此而成为高原矿区水银的专门供应地。

为了使政府控制工业生产和解决那里传统的吸毒、逃税问题，托雷多还在波托西建立了王室造币厂，并要求该城市所有的银矿和冶炼厂将其成品送到王室造币厂。正是这个造币厂使西班牙王室提取了产品中的 1/5 作为效忠王室的供奉和矿区税收。此外，到这个时候水银已经成为白银冶炼的基本需求，西班牙王室则对水银生产实行了垄断。这种垄断不但使王室获得巨大收益，而且使王室实际上控制了白银生产，有效地解决了逃税的问题。由于王室对所有水银买卖实行注册制度，那些熔炉拥有者，或者叫所谓的“阿佐古罗斯(azogueros)”很难把没有纳税的或者没有造成货币的白银运出去，因为水银与白银矿的比价是相对固定的。这样，所有的白银冶炼者加在一起的总产量到底有多少无人知晓。

托雷多还建立了矿区基本法规。他重申了王室宣布的对所有土层开采权拥有者实行的基本标准，并要求矿主将其收入的 1/5 作为使用王室地产的税收上缴。此外，全部王室地产使用声明、使用范围的标杆以及其他一些技术性事务都归托雷多掌控。由于矿区拥有权问题极其复杂，建立合法规则就显得十分重要。与美洲新大陆其他地方不同，巨大的波托西矿区白银储藏很集中，结果导致许多矿区一个挨着一个地建立起来。在某一个白银矿脉之中，任何一个矿主都无法占有其全部矿藏,只能是几个相对较大的矿主分享,因此,常常出现许多矿主在同一个矿脉内用不同的标杆隔开自己与其他人的开采区域。到 1585 年,在塞罗里奥山(Cerro Rio mountain)就有大约 612 个这样各自开采银矿的矿主,每个矿主都有自己的竖井采矿矿区。这种明确的规定方式基本上避免了为争夺矿脉拥有权而发生的武装冲突。

最后,也是最重要的,托雷多还为矿主们解决了劳动力问题。那种
39 竖井采矿矿区是十分昂贵的企业,在整个生产过程中的劳动力费用也是最大的开销。建立和维持一个标准的竖井采矿矿区的花费相当于修建一个大教堂的费用。另外,矿石冶炼过程中砂轮摩擦冷却需要大量的水,修建水坝成为一个很复杂的系统工程。当时已经人工修建了约 20 个湖泊,总开销估计超过 200 万比索。有证据表明,在 16 世纪 70 年代,支付矿区自由劳动力工资的开销之大使矿主们几乎没有任何剩余去维持矿区进行西班牙王室所希望的那种生产规模。由于他已经重新组织了当地农村社区,并使那里的税收结构标准化,托雷多只好采取进一步措施,决定采取前哥伦布时代的强迫(corvee)劳役制度,即所谓的“米达(mita)”,在波托西为矿区获取强迫性的劳动力。

在高原地区,从波托西到库斯科的大约 16 个矿区是使用米达的地区。在那里,1/7 的成年男性被迫不到 6 年就必须到矿区劳作一年。适合这种条件的年劳动力大约有 1.35 万人,这些人被分成 3 组,每组有 4 000 多人。这些劳动组每 3 周或者不到 3 周轮换一次,以保证劳动力供应,同时使工人有一定的休息时间。矿主负责向米达制工人支付很少的工资,当时他们把这种工资叫“米达尤(mitayos)”,那点钱还不足以使工人们糊口。实际上,米达尤社区应该为工人提供食品,同时负责维持那些没有米达尤收入的家庭的生计,并支付去往矿区的路费。但事实上所有食品和古柯消费等绝大部分由工人自己承担。因此,由西班牙王室提供给矿主的那些矿山劳动力中一半以上乃至 2/3 的花费少得可怜,这就极大地刺激了矿主的生产积极性。虽然米达制在万卡韦利卡矿区提取水银工作中也实行,但这种强制性劳动西班牙王室并没有在其他地方实行。墨西哥的矿区就是以自由劳动力进行生产,一

个世纪后在波托西北部开工的奥鲁罗(Oruro)白银矿区,矿主们也只允许使用自由劳动力,甚至在波托西矿区,大部分矿主也都使用自由劳动力。但是,米达制和汞齐化法使波托西又兴盛了一个世纪,这是基本 40
没有问题的。随着托雷多的改革性生产在16世纪70年代再次掀起高潮,白银生产在16世纪70年代与17世纪50年代期间达到了前所未有的水平。

在解决了农村组织和矿区再组织等问题之后,托雷多转而去着手解决西班牙人在该地区定居的问题。当时,上秘鲁地区的边界已经得到巩固,但其内地却有许多有待西班牙人开垦的处女地。因此,托雷多掀起了新一轮的西班牙人定居高潮。在由托雷多推动建立的那些新城镇中,唯一最重要的是1571年建立的科恰班巴(Cochabamba)。该城市坐落在宽广的低普纳一系列河谷的中央,同时也是控制河谷克丘亚印第安人的中心城市。接着,该城市又很快成为上秘鲁主要小麦和古物产地,在此后的一个世纪经济增长中,还与波托西市场紧密地联系在一起。托雷多还在1574年将安第斯南部地区与塔里哈市(Tarija)较好地连接在一起。如同科恰班巴一样,塔里哈市也坐落在宽广的低普纳一系列河谷中,那里拥有大量印第安农民。最后,为了巩固东部边界以对抗奇里瓜诺人,托雷多在1575年又鼓励在托米纳(Tomona)镇定居。

随着边界地区定居点和内地城镇的不断建立,白银业的发展,以及旧有的印第安人农业市场与西班牙人建立的新市场有效地连接在一起,上秘鲁成为新西班牙美洲帝国中最为富有的地区之一。那里定居的大量印第安人成为不可多得的劳动力,那里的宝贵的矿藏很快成为美洲白银的主要来源,尽管在当时的全世界还数不上。因此,西班牙王室在那里建立了有效的半自治的政府,以控制该地区的局势,并确保那里在自己的掌控之下。

当时,利马和库斯科一直想把南部高原纳入自己的控制。事实上,西班牙人在秘鲁境内进行内战期间所发生的所有叛乱表明,上秘鲁地区虽然作为一个独立地区不难管理,但却存在相当危险的因素。因此,利马统治当局不情愿地同意建立一个在最高总督当局领导下的分离而

41 又有权力的政府，这样的政府本应该建立在的的喀喀湖以南地区。这一决定在1558年导致了一个独立的"检审庭(Audiencia)"的建立，或者叫听证会，这个检审庭就建立在丘基萨卡市内。查尔卡斯的听证会是西班牙美洲殖民地少数几个检审庭之一，当时既是法律判决机构，也有行政权力。检审庭的庭长本身就是法官，因此也是该地区的主要行政和管理官员。

为了控制居住在西部城镇中的大量人口，检审庭建立了很类似于征服美洲以前西班牙本土政府的体制。城市政府是由城市公民选举产生的，当时叫韦西诺(vecinos，这个西班牙语翻译过来为"邻居"，看来本书作者所指的正是那些居住很邻近的城市居民。——译者注)，城市政府的权限相当大。在最初一些年间，当城市向周边农村扩展后，他们都成为最早的土地头衔的授予者。他们不但控制着当地市场，并拥有地方法律裁判权和警察机关领导权。在每一个城镇还有西班牙王室官府，官府的行政官员叫做"科雷吉(corregidor)"，到17世纪早期，那里共有4个西班牙科雷吉。还有一系列的财务官员，他们的工作就是负责税收和生产。按照当时西班牙的标准，这些地方政府责任重大，同时也是地方精英利益和需求的代表。

当时，90%以上的人口居住在农村地区，但只有10%左右的人是单一语言的印第安农民。因此，西班牙当局设计了一套复杂的间接统治方式，托雷多在他的改革中是把地方自治权交给新集聚的或"削减"的城镇，结果地方社区的长者们组成了政府。在正常情况下，社区政府由该社区当地人(originarios)选举产生，地方行政管理官员则由地方全体艾柳的代表组成，他们负责管理社区，调节地方土地区域纠纷，地方案件判决，税收，通常还与酋长和印第安贵族有联系。这种政府还负责当地社区的教会事务，资助圣徒节日活动。尽管是按照西班牙方式选举出来的，但绝大多数社区政府很可能还是沿用西班牙征服前当地的做法，也就是选举当地最有经验、最成功的男性长者来作为他们的代
42 表。这些男人十分保守，作为最年长和社区最有责任的成员，西班牙王室将社区一切事务，从地方治安到收取租税和矿区劳工管理，全都交给

他们负责。只要社区成员认为这些长者对社区的索求是有理由的，这种由主要长者组成的地方政府（当时称为吉拉卡塔，jilakata）将成为维护社会稳定的防波堤。但是，一旦那些领导人被认为他们的索求超出了职权范围，那些同样年长但没有在位的人就将发动起那些最危险的敌人起来反对他们，因为他们有能力发动整个社区支持他们。在托雷多以后的那段时间里所发生的无数次印第安人暴动一直延续到20世纪中期，没有一次是无组织的个人行为，而全都是由其长者领导的社区集体行动。当然，这种暴动通常都是发生在不同寻常的社区，而没有影响到邻近的其他社区。

此外，这些社区政府从一开始就不但是行政管理和领导机构，而且是当地社区资源再分配的执行者，长期如此。面对敌视和恶劣环境，从生态和经济开发角度出发，这些社区无法解决始成员之间的严重差别所带来的问题，因此，一个精心制订的“仪式（ritual impoverization）”在许多社区开始实行，那些社区中更为成功或者比较幸运的成员所节省下来的钱财被强行分配给其他人。只有那些成功的农民才能够被选举进入地方行政和宗教的高地位机构当中，并由他们组成当地社区政府。在任期间，他们必须拿出许多钱财和时间来从事政府工作。特别是他们在宗教方面的职责，即所谓的“职位（cargos）”，或者叫责任，社区领导人必须花费相当大一部分个人积蓄来资助当地的宗教节日活动。作为他们的时间、食品、酒类和钱财支出的回报，那些成功的长者将得到荣誉和地方权力。但是，如此多的支出常常大量减少了他们的终生积蓄，通过整个程序的执行，他们的收入也下降到社区一般成员的水平。这种规定有效地避免了社区成员在本社区内具有对其他成员的统治地 43
位，防止了某些人积累大量财富，这种情况将会威胁整个社区财产的公有特点和统一。地方宗教和“推动程序”都是理想化的形式，并没有在所有地方和任何时候都能行得通。我们很快就会发现，这种制度并没有阻止居住在社区里非土地拥有者印第安人集团的形成。但对土地拥有者来说，当他们经营得好的时候，则有效地阻碍了那种公共集团毁坏正常市场机制的运行。

在西班牙殖民地时代的大部分时间里，农村地区还存在一种叫做卡西克的印第安人贵族集团，他们的角色与印加帝国时代几乎一模一样。那些印第安人贵族通常掌控好几个村庄，在各个社区里拥有自己的私人地产，甚至拥有支配社区劳动力和资源的权力。同时，那些卡西克要负责保护地方宗教和社区成员的风俗习惯，并成为西班牙殖民当局眼中正规的印第安人代表，他们还负责调节当地农民与吉拉卡塔、西班牙殖民当局之间所发生的摩擦。这些人的地位实际上是比较尴尬的，因为不但土地所有者库拉卡和雇佣劳动力的主人，而且这些地方政府的官员本身都必须按照西班牙殖民当局的要求确保当地税收的完成和米达职责的实现。当然，他可以依靠吉拉卡塔在当地社区完成这些任务，但他本人、他的土地和他的产品永远不会来自税收和劳动力的派遣。西班牙殖民当局承认他们的后代继承其贵族身份，可以以先生和女士相称，并给他们许多其他特权，使他们与印第安农民具有十分巨大的差别。但是经过西班牙 3 个世纪的殖民统治之后，在西班牙人的强行勒索下，当地印第安贵族的社会地位不断下降，其中居住在农村的许多印第安贵族下降到农民身份，如果他们逃亡到城市里，则成为中产阶级或者上层阶级。虽然安第斯地区的印第安贵族比美洲其他地区的印第安贵族存在的时间要长得多，但是在 1780 年图帕克·阿玛鲁(Tupac Amaru)的印第安人大暴动和自治问题的推动下，他们还是被扫地出门了，因为卡西克在那场暴动和保皇主义领导人中都充当了重要角色。

44 尽管仅仅是间接统治，西班牙人最终还是控制了地方政府。在这种情况下，西班牙人将全部农村地区如同城市地区一样分散交给西班牙王室官员控制之下的监护者来管理，这种监护者当时叫做“印第安监护者(corregidores de indios)”。这些工资不高的官员负责在不同地区收取税款和征集劳动力，并以此维持当地官府的生存，同时强迫他们管辖下的印第安居民购买他们进口到农村地区的货物。将西班牙商品强行出卖给印第安人证明，这些腰缠万贯和腐败的官员已经成为当地印第安人继续憎恨的对象。

最后，为了确保美洲的非基督教徒印第安人忠于西班牙王室，王室强行在上秘鲁地区建立天主教教会。1538 年，第一批西班牙人在美洲定居的同时，一些世俗神职人员和神甫为满足远征者的需求也来到美洲并开始了对印第安人的皈依活动。这些世俗神职人员队伍中很快加入了正规的传教神甫，他们来自美洲的不同教派，其中有天主教主要流派、方济会派、奥古斯丁派、摩西派，16 世纪中期以后又增加了耶稣会派。所有教派的传教活动都归库斯科负责，但利马为总负责地。但这种制度在 1552 年发生了变化，当时在该地区建立了第一个主教区，叫做拉普拉塔主教区，主教住在丘基萨卡，10 年后那里成为王室听证会的所在地。统治教会机构的建立对于上秘鲁独立中心的形成具有至关重要的意义。

与此同时，整个秘鲁教会都参与到皈依天主教的活动中来，并从
1561 年开始召开一系列全秘鲁教会会议，这些活动的结果是引导所有
正规的和世俗的神职人员都加入到皈依天主教活动的行列中。1561
年的第一届教会会议命令将天主教基本原则指导手册翻译成克丘亚
语，1582—1583 年的第三届教会会议最终命令在艾玛拉以及其他地区
发行一整套天主教教会资料。1584 年，在利马出版了第一套天主教著
作，到了 17 世纪前 10 年，由耶稣会成员鲁多维科·贝托尼（Ludovico
Bertonio）和迭戈·托雷斯·鲁维奥（Diego de Torres Rubio）发表的全
艾玛拉语法和指南已经问世。这几乎是在克丘亚语天主教基本原则指
导手册、语法和指南出版整整一代人之后才实现的，同时也是由许多不
同传教神甫来完成的。克丘亚语甚至在查尔卡斯也占有绝对统治地 45
位，因此，皈依艾玛拉语的活动后来才开始是完全可以理解的。但这意
味着克丘亚语早已经成为通用语，这是由传教团推动而形成的，甚至在
传统的高原地区和河谷地带也是这样。这种对下秘鲁地区克丘亚语天
主教皈依活动的较早关注说明了在西班牙征服后全部非艾玛拉语或者
非克丘亚语语言在亚普纳河谷地区消失的原因，同时由传教团带来的
克丘亚语所取代。

在其他方面，教会也在积极渗透到艾玛拉人中。到 1582 年，拉普

拉塔主教已经授权科恰班巴的卡西克为纪念圣母而在西班牙征服前的传统的的喀喀湖艾玛拉宗教中心地区建立了天主教兄弟会。科恰班巴修建了圣母殿堂，同时在卡拉布科(Carabuco)也修建了这种殿堂，这些殿堂成为皈依天主教活动的突出象征。库帕卡巴纳(Copacabana)的圣母殿堂成为该地区毫无争议的中心宗教象征。但是，这种天主教外表并不意味着当地传统宗教已经消失，或者说皈依天主教活动在印第安人中间已经取得了普遍成功。在大多数地区的私人监护者在 16 世纪晚期以前一直反对教会神职人员直接与印第安人接触，甚至在查尔卡斯这样的教会命令已经十分有效的省份也没有几个神甫，每个“削减城镇”和比较早的定居点只有一座教堂，绝大多数印第安人甚至连神甫都没有见过。因此，传统信仰，特别是与家庭和工作相关的信仰，在很大程度上还保留着，这也是当地吉拉卡塔和卡西克保护行为的表现。但是，天主教还是感觉到自己在西班牙美洲殖民地已经具有国家宗教和维持社会稳定的工具。这在很大程度上是因为在 16 世纪末期以前反天主教的暴动已经在逐渐减少，而且到了 16 世纪末，所有的暴动象征明显都是高举着天主教的旗号反对西班牙。过去暴动的宗教象征都是当地的信仰，或者是社区宗教圣物(这种圣物为克丘亚人所特有——通常都是石头制成的，克丘亚语叫做“胡阿卡[huaca]”)，而现在深色的
46 库帕卡巴纳圣母则成为领导艾玛拉和克丘亚人反对白人压迫者的旗帜。

在 16 世纪晚期和 17 世纪初期，主教乡村访问(visitas)和调查活动通常与当地种植和收获活动相关联，或者与加强家庭、亲属和地方艾柳阶级关系密切相关，这些活动表明，当地宗教信仰和宗教活动基本上没有什么大的变化，仍然占统治地位，所不同的是那些活动在这个时期通常都是由当地的天主教教会来主持进行的。尽管那些更为虔诚的高级神甫还是想诋毁地方宗教信仰，但他们人数太少，而且地方宗教仅仅是间接地发挥作用，只要它没有构成对全国范围的和基督教的合法社会地位，地方宗教存在也无妨。

如同忠于西班牙王室政府一样，正规的天主教会通过组织新的教

区和宗教生活区域对地区经济和社会负责。西班牙国王和教皇都承认拉巴斯地区是艾玛拉高原文明的中心，1605 年，他们批准在拉巴斯建立了一个新的主教区，同年，整个低地边界区域又在圣克鲁斯建立一个分主教区。对于传教团工作来说，对艾玛拉和克丘亚农民的传教活动很快失去了浪漫色彩，位于东部低地区域的莫佐地区、圣克鲁斯附近和大查科以南地区，全都成为各种传教团前往活动的目标，特别是在 17 世纪十分明显。圣克鲁斯成为主教区，其地位的提升推动了这种活动的发展。为了完成殖民地的组织工作，1609 年在丘基萨卡也建立了主教区，那里的主教成为查尔卡斯教会的大主教。丘基萨卡行政和宗教中心地位的优势以 1624 年一所大学在该城市的建立而拔得头筹。因此，查尔卡斯具有各种优势来自己培养神甫，到了 1681 年，该学校已经成为神学中心，同时可以授予合法学位，直到西班牙殖民统治结束，那里都是整个拉普拉塔河地区和南部地区的主要合法学校。

因此，西班牙殖民当局在上秘鲁定居农民地区的统治以其国家机
构和国家教会的方式很快得到巩固。西班牙人建立的 6 个主要具有战 47
略意义的城镇，包括拉普拉塔、丘基萨卡、波托西、科恰班巴、圣克鲁斯
和塔里哈(Tarija)，控制着大片内地和不同生态与经济地区。一些稳
固的边界城镇也已经建立起来，在东部低地区域，一个传教区也建立起
来，有效地防止了半游牧印第安人进入居民定居区域，最后，一个间接
统治的复杂体制开始实行以控制印第安人。但所有这些构思都是在查
尔卡斯或上秘鲁地区，基本上是作为双重社会、经济和政治体制而存在
的。那些讲西班牙语的西方白人社会精英，又以其出身和财富多寡而
分成半岛人和美洲出身的西班牙人，半岛人居于最上层，在他们下面则
是人数众多的依靠剥削印第安农民生活的当地白人自治群体。这些人
又以其在征服美洲过程中的表现而分为农民和贵族两类。事实上，征
服的过程和征服者本人的特点逐渐淡化了这些差别，进而确立了一种
复杂的混合型阶级、等级和集团关系，不论是在农村印第安人社会还是
西班牙统治的城市中心都是如此。

从西班牙人一到美洲开始，欧洲人就带来了高原地区印第安人闻

所未闻的疾病。建立在剥夺大约100万当地印第安农民基础上的剥削者们不久就发现,到15世纪末,他们才仅仅压榨了那里一半儿人口,仅仅得到一半儿的税收。西班牙人征服后的每一代印第安人都不断蒙受着西班牙人从欧洲带来的传染病,大约每20年一个轮回,直到17世纪,这种疾病传染的问题才得到解决。此外,来到查尔卡斯地区的大约2万名西班牙人绝大多数是男性,留在欧洲的家庭使他们与西班牙保持着密切联系。这些西班牙人还带来了几乎与他们的数量相等的黑人奴隶。这种情况导致了两个新人种的诞生:一个是黑白混血儿,叫做穆拉特人(mulattos);另一个是印欧混血儿,叫做梅斯蒂索人(mestizos,安第斯语言称其为科罗)。这样,由于传染病而导致的印第安人口下降在某种程度上得到了两种混血儿群体的补充。

这种稳固且难以改变的社会结构并不是西班牙国王创建的,而是西
48 班牙在美洲的殖民者造成的。如同人口的种族性在逐渐变化一样,那里的整体社会结构也在缓慢变化之中。整个经济和社会秩序都是建立在印第安人男性为主的基础之上的,从18岁到50岁之间的印第安男性成为当地拥有土地的艾柳阶级的基本成员,即当地人(originarios)。那些当地印第安人是查尔卡斯地区经济的主要生产者。这种当地印第安人是租税纳贡的主要承担者,在西班牙征服后西班牙王室直接收取租税和纳贡,当地印第安人也成为米达制租税的唯一提供者。此外,当地人还是他们自己卡西克阶级的主要奉养者,卡西克阶级在西班牙征服后继续收取纳贡和当地教会租税。由于西班牙人最初是从印加人那里继承下来的土地和劳动力供应,因此对当地人的税收并不过量,在每个社区,最初的印第安人数量都可以满足这种税收的需要。

但是,印第安人口的下降导致了当地人剩余产品大量减少,可提供给西班牙人的纳贡也难以维持了。但是,在两个世纪的印第安人口下降的情况下,西班牙人对当地人的压迫还在继续。这种做法的结果导致大量社区被废弃,众多印第安人脱离了当地人社会地位。在原有社区废弃的情况下,托雷多及其继承者们建立新社区的政策很快取得成效,印第安农民的数量快速增长起来。那些作为移民来到老社区或者

新社区的后来者被称为“外来人(forasteros)”有时也被称为“补充者(agregados)”,只有很少一部分土地所有权,或者根本没有土地权,仅仅是作为无地劳工而居住在土著人当中。由于身份的变化,他们很可能完全失去土地,但却摆脱了纳税和米达劳役。一直到 18 世纪初期,这些外来人才开始纳税。

这种外来人人口和经济状况在那些不是自由居住的社区而是居住在西班牙人地产里的印第安人新群体中也发生了。随着监护者地位的下降和西班牙王室强行撤销这种制度,富有的美洲西班牙人开始直接从农业生产中寻求收入。由于印第安人口不断减少和社区重建工作的 49
不断继续,许多传统地区的土地成为西班牙人私有财产的可利用来源。这些土地很快被富有的西班牙人和新成长起来的叫做“大地产者(hacendados)”的阶级所获取。最初,他们是从印第安仆人中获取劳动力,这种仆人叫做“亚纳科纳(yanaconas)”,但西班牙人很快发现,许多当地人更愿意到西班牙人地产来劳动以换取土地使用权。另外,西班牙人并不打算摧毁艾柳阶级结构,这种阶级结构在社区和大庄园仍在发挥其功能。虽然亚纳科纳这个概念从印加时代就已经存在,但最初仅仅是指那些与艾柳阶级没有亲属关系或者没有土地的人,印加人将这些人作为仆人或者相当于奴隶的人给贵族和其他官员使用,但到了 16 世纪末,这个概念则转变成为仅仅指无地劳工了。早期征服者很可能也使用前印加的亚纳科纳,但这种新的亚纳科纳阶级主要来自与传统社区断绝关系的劳动力。

虽然大庄园在 16 世纪下半叶得到快速发展,但在 17 世纪下半叶自由社区巩固了自己的地位后,大庄园的发展受到了限制。这是西班牙美洲大庄园制度的第一个发展时代。当时,大庄园在高原的所有地区和主要亚普纳河谷地区都建立起来,但在查尔卡斯地区,大庄园仅仅利用了大约 1/3 的印第安人劳动力。农村的自由社区和大土地所有者制度还是那里社会组织的主体形式,还使用着当地 2/3 的印第安农民劳动力。但是,与被西班牙人征服前的同质化了的艾柳阶级不同,17 世纪的印第安人自由社区里有两个不同的阶级,最初的土地所有者以

及他们的家庭和后来的基本上没有土地权的外来人，他们在这里是当
地人使用的自由劳动力，以此换取土地使用权。与此同时，社区还是在
其成员的共同控制之下，因此，外来人即使获得了永久土地权，也还是
二等公民，事实上他们构成了绝大多数自由社区的重要的少数人群。
但这种比较复杂的阶级结构并不是固定不变的。许多当地人在有生之
50 年就放弃了自己的权利，进而成为其他社区西班牙人或者外来人使用
的亚纳科纳。同样，亚纳科纳也能相对比较容易地取得外来人地位。
只有进入当地人的地位是比较困难的，联姻或许是那些不是出生在本
地的人取得当地人地位的好方式。

农村地区的这种变化和阶级变革是伴随着地区内和从农村到城镇移民而发生的。那些在波托西作为米达制度下劳动力的印第安当地人通常觉得很难或者不愿意重新回到最初的社区，因此他们中的许多人成为自由劳动力，当时叫做“敏加诺(minganos)”，这些人主要在矿区劳动。许多当地印第安人还决心共同放弃农村生活而迁移到西班牙人城镇去居住。这种数以千计的城镇很快充满了印第安人，他们成为城镇劳动力的主力军，并成为城镇工人阶级的主体。这些新来的城镇印第安人既说自己的土著语言，也说西班牙语，他们通常都放弃了自己传统的生活习俗，开始身着欧洲制服，食用西班牙式的食品，如面包等。尽管他们是纯种的印第安人，但这些人变成了城镇里的科罗。因此，印第安人、科罗和白人种族的认定很快就不再有生理含义，而变成了一种文化的或者“社会等级”的概念，这种概念是由其所说语言、服饰和食品消费特点所决定的。西班牙混血儿中的社会精英(the miscegenational Spannish elite)也没有避免这种分化。由于非法同居和私通行为已经很普遍，具有多血统背景的私生子作为一代人已经进入到社会上层，那些西班牙化的卡西克也成为当地大土地所有者阶级的成员。

玻利维亚社会变迁的步伐受到诸如印第安人口下降、米达制的剥削等消极因素的重大影响。但是，托雷多的那些改革以后整个地区经济还是发生了极大的发展。16 世纪第一个矿区诞生以后，矿藏开采在 16 世纪 50 年代已经举世瞩目，18 世纪 70 年代—17 世纪 50 年代大规

模的白银出口成为玻利维亚矿藏开采业巨大繁荣的表现。在此期间，波托西一个地方所生产的白银就占西属美洲总产量的一半。波托西对欧洲的冲击以及对欧洲与亚洲贸易的影响令人大为震惊。对欧洲来
说，波托西白银导致了物价长期上涨；同样，在与亚洲的贸易中，欧洲也 51
最终增加了其亚洲货物的进口，因为欧洲必须弥补支付波托西白银所带来的贸易逆差。

对查尔卡斯来说，波托西在 16 世纪的发展比欧洲的发展还要令人不安。波托西位于上秘鲁地区的中心地带，那里干旱的气候、贫困的农业和不毛之地意味着所有的矿区所需要的物品，从食品和工具到牲畜和劳动力，都不得不从外地引进。由于其矿区邻近大海，必须充分发展交通运输体系，以从欧洲进口货物和出口白银。因此，出口物品及当地地方与国际市场之间的逆向连接扩大了。波托西城市的发展和白银产业的扩大从阿根廷北部到秘鲁南部都可以感觉到，一个巨大的经济供应区被整合到波托西市场当中。同样，来自利马、阿雷奎帕(Arequipa)、库斯科和拉巴斯的商人、采购者、造船者在波托西矿业和丘基萨卡等卫星城市与外界的联系中扮演了至关重要的角色。

从仅有几百名西班牙人及其印第安劳工在波托西定居，到 17 世纪初期波托西人口达到 10 万至 15 万，这种发展对高原其他地区的发展产生了积极的影响。科恰班巴及与之相连接的河谷地区变成了波托西市场玉米和小麦的主要产地，该地区大庄园的增加不但速度快，而且规模巨大，那些自由社区也较早地被推到该地区少数人群的境地。此外，对劳动力的需求和艾柳阶级及其社区的过早崩溃意味着科恰班巴河谷将变成上秘鲁最“殖民化”和说双重语言印第安人的地区。同时，克丘亚语在河谷地区仍旧是统治语言，西班牙语和西班牙文化也在快速推广开来。许多当地农民成为双语居民，放弃了原有传统印第安文化中的绝大部分内容，以适应两代征服者及其征服过程中出现的新的梅斯蒂索文化形式。

波托西矿藏开采的增长导致艾玛拉文化在东部河谷地区扩展，由
于新的古柯产区不断发展，永加斯也开始出名。在西班牙征服以前，当 52

地印第安贵族以咀嚼古柯树叶的方法刺激食欲，因此古柯树叶成为重要资源，当地人在西班牙人到来之前就广泛种植古柯树，而现在则发生了重大变化。随着印加国家的覆灭，咀嚼古柯叶的习俗在西班牙征服后扩展到所有阶级，西班牙人也很快发现，这种古柯树叶消费也是高原地区矿工的绝对需求。因此，古柯的生产和需求在西班牙征服后快速增加，传统的围绕库斯科形成的中心地区不再能充分满足需求，特别是在上秘鲁地区。在西班牙人征服以前，古柯曾经在永加斯附近的拉巴斯地区甚至科恰班巴附近的查帕里(Chapare)地区生长，但产量比库斯科要少得多，但现在则不同了。随着古柯需求量的增加，永加斯也成为上秘鲁古柯的主要产地，而且不久就取代库斯科成为矿区的中心市场。在整个殖民地时代，永加斯的产品都在稳步增加，这意味着那些河谷地带的游牧印第安人将被来自高原地区的艾玛拉农民定居者所取代，这一过程从 16 世纪开始以后一直继续到 19 世纪，而且从未间断。永加斯殖民地化还涉及一些由西班牙人带来的非洲黑人奴隶，他们很快适应了这种占统治地位的文化，并在殖民地时代结束时已经成为只说艾玛拉语的人。因此，从各个地区总体看，艾玛拉殖民者只是少数，但永加斯却是艾玛拉文化的强大基地，后来甚至扩展成黑人艾玛拉亚文化。

波托西对图库曼地区的发展也至关重要，因为阿根廷东北的大牧场和大农场是波托西市场上肉类、酒类和食糖的主要提供地。在图库曼和波托西之间有一个塔里哈地区，那里成为谷物的主要供应地，同时，钦提河谷(Cinti Valley)低段地区灌溉农业取得很大发展，其中很多被波托西的矿主所拥有，那里还成为当地酒类的产地。波托西北部高原地区则成为劳动力、矿工消费的传统食品和为了将白银运出沙漠地区而必需的美洲骆驼的主要供应地。过了的的喀喀湖以后，万卡韦
53 利卡的矿藏成为波托西水银需求的特殊供给地，米达劳力需求也可以从该地区获得。此外，热带水果、白酒和其他食品也从海岸平原和高原河谷地区运到波托西。这种数量巨大的运输活动由波托西和利马商人阶级投资完成。事实上，利马商人阶级是当地当时的主要资金持有者，

他们投资于从北部到波托西的绝大多数货物运输工作，并且在 18 世纪以前一直控制着波托西全部国际贸易。

16 世纪晚期，波托西的繁荣和扩展还对查尔卡斯内部进一步定居和发展产生了影响。16 世纪末，寻找矿藏的活动加紧进行，甚至最贫困的高原社区也加入到寻找矿藏的队伍中。在科迪勒拉河谷东北的索拉塔(Sorata)地区发现了黄金矿藏，的的喀喀湖南边的贝仁圭拉(berenguela)等社区继续作为较小但却很重要的矿藏中心而发展着。当时被称为“监护地(corregimiento)”的帕里亚(Paria)地区到处都是小矿井，但 1695 年在后来建立奥鲁罗市的地点附近发现了一个当时最大的矿藏，这个矿区被命名为“圣米格尔(San Miguel)”，不久，那里生产出质量极佳的纯白银矿石。

这一发现在高原地区矿主中引发了在附近小矿区中开采矿藏的热潮。帕卡杰斯(Pacajes)地区的矿主们积极投资和鉴定新矿藏，到了 17 世纪头 10 年，矿区已经拥有 3 000 名印第安工人和 400 名西班牙居民。

奥鲁罗地区的矿主如同北部地区的矿主一样，在没有足够的米达劳动力供应的情况下不得不依赖自由劳动力。他们开始为每个矿工的每个工作期提供 5 里尔的工资(原文中工作期用的是 jornal，里尔用的是 reales。——译者注)，给熟练工人的工资则为每天 1 比索。这些工资足可以很快吸引大量印第安人到矿山来出卖苦力，但同时奥鲁罗矿区的高支出还是使矿区发展缓慢。1605 年，当地的矿主们认为该定居点已经很重要，应该建立一个官方政府，经过与奥鲁罗城镇多次磋商， 54 在 1606 年正式建立了官府。从那时到 17 世纪 80 年代，该城镇得到快速发展。1607 年，那里有 3 万名居民，其中有 6 000 名印第安矿工；到了 17 世纪 70 年代，该城镇人口最高时有大约 8 万人。

尽管发展迅速，但奥鲁罗从来无法与波托西相媲美，因为它的产品充其量也达不到波托西的 1/4。然而，奥鲁罗及其矿藏很快具有了重大意义：一方面，奥鲁罗成为利马—阿雷基帕—拉巴斯—波托西之间极其重要的中转站；另一方面，它还是船运水银的主要港口。由于从利马到太平洋沿岸的阿里卡(Arica)港口然后再用牲畜驮运到高原地区这条路线是将万卡韦利卡生产的水银运输到波托西的最便宜路线，而奥鲁罗是距离阿里卡港口最近的高原城市，因此，奥鲁罗的水银比波托西要便宜得多，那里以投资或提供水银船运而得到重要的收入。

如同其中心位置那么重要一样，奥鲁罗作为最大的自由矿山劳动力中心在查尔卡斯地区也十分重要。只要那里最丰富的矿藏继续存在，这种情况一直延续到17世纪晚期，奥鲁罗的矿山就对整个地区的印第安人具有极大的吸引力，并保持着比其他地方高的工资待遇，甚至波托西的矿主们也对此发出抱怨。虽然工资比较高，但那里物价也高，而且从来不给印第安工人提供波托西那样的工作条件。这些问题的连带关系导致该城市建立起更加永久性的定居点，所以该城市很快发展成为一个科罗人口居住和发展的地方。随着梅斯蒂索的到来并登上权力中心的宝座，这个城市也成为查尔卡斯地区更加开放的地区，暴力行为频繁发生。奥鲁罗成为一个著名的破乱不堪的地方，一个搞政治独立的地方，在18世纪，那里发生了多起重要的反保皇主义者暴动。

鉴于其地区性的影响，奥鲁罗需要加强波托西那种形式的发展。
55 当然，这也是依赖于下秘鲁地区水银生产的无奈之举，同时开始从高原艾玛拉印第安人中间获取大批劳动力。尽管奥鲁罗在食品方面更加严重地依靠附近的科恰班巴河谷地区，那里是该城市唯一最重要的温带产品和亚热带食品供给地，但奥鲁罗还是如同波托西一样，食品供应主要来自东部河谷地区。奥鲁罗模仿波托西市场的模式还因为它本身是一个贫穷和土地贫瘠的地区，因此被迫进口绝大部分生活必需品。

伴随着奥鲁罗永久定居点的建立，西班牙在高原与东部河谷地区的定居活动基本告一段落。虽然接下来的一个世纪东部低地传教边界地区得到扩展和增长，但查尔卡斯核心地区从17世纪初期开始被基本限定了。从那时一直到17世纪末，那里的西班牙和科罗人口都在增加，期间只有印第安人口有所下降。

这是一个超乎寻常的城市扩张和非同一般的财富积累时期，这个初始阶段一直延续到17世纪末，期间确立了主要文化和人员特征。富人基本都涌进了丘基萨卡、波托西、奥鲁罗和拉巴斯等城市，导致这些城市教堂建筑随处可见，带有艺术色彩的大教堂频频出现。

在征服美洲的头一个世纪里，西班牙殖民者就将他们自己的艺术家和艺术思想带到了美洲。西班牙、意大利和佛兰德艺术家和建筑技术在16世纪是首屈一指的，他们中间许多人是神甫(牧师)。正是在教堂里，当时最先进的殖民地生活艺术思想被表达出来，因为欧洲人喜欢炫耀性地用他们从矿区和印第安人身上榨取来的大量钱财修建宗教馆舍。通常，一般规模的教堂建设也要花费十几年的时间，多数情况下教堂是一个地区最昂贵的建筑。巨大的城市教堂或者修道院需要花费成千上万比索，这相当于一个城市的全部年税收。

在1 600年以前，西班牙美洲的主要教堂建筑和艺术活动都集中
在丘基萨卡市，那里是该地区行政和宗教事务的中心。这个时期是西 56
班牙统治美洲的第一个阶段，应西班牙殖民者的需要，欧洲人中的成熟艺术家直接来到美洲进行建筑、绘画和雕刻。虽然在16世纪末非神职艺术家就已经开始大批来到美洲，但应各种需求而移民到美洲的神职人员最受欢迎，同时也是廉价的艺术家。当时，印第安人已经开始得到欧洲宗教艺术的教育，因为他们是所有地方的劳动工人，欧洲人为他们提供了各种模式、思想和技术。事实上，在16世纪的大部分时间里西班牙都处于世界艺术中心的地位，有证据表明，通过西班牙人的努力，欧洲风格的最新艺术在美洲殖民地具有绝对统治地位。

传统文艺复兴主题和思想决定了16世纪早期的建筑形式，在16世纪最后那20年间，伊比里亚穆迪加艺术(Iberian Mudejar)的影响开始崛起。在塑造艺术品方面的影响则更加广泛，这个时期意大利和佛兰德风格的艺术对美洲移民艺术家产生了极大的影响。由于上秘鲁十分富有，高原城市有能力吸引当时世界上最优秀的艺术家来到美洲，不久，丘基萨卡的一些教会得到了曾经在利马甚至塞维利亚(Sevilla)开展艺术活动的艺术家们的装饰。在上秘鲁工作的这些早期艺术家中，最著名的是意大利耶稣会会员伯纳多·比蒂(Bernardo Bitti)，他也是16世纪在美洲工作的最早期画家之一。作为当时典型的画家，比蒂在

欧洲就已经形成了自己的思想风格,这种风格受到米开朗基罗的很大影响,从他16世纪70年代到达秘鲁开始一直到17世纪前10年去世,他的艺术风格在秘鲁人心目中具有很深刻的印象。

在16世纪最后20年间,欧洲和白人艺术家的统治地位受到了第一批印第安人和科罗人艺术家的挑战,雕刻艺术是第一个受到挑战的领域。由于从一开始在印第安人中间就不乏木匠和石匠,正是印第安工人和艺术家在欧洲人指导下建筑了美洲的教堂,他们在雕刻方面对欧洲艺术构成挑战是完全可以理解的。在早期印第安人艺术家中,最
57 重要的是雕刻家库帕卡巴纳的蒂托·尤潘奎(Tito Yupanqui),一个由欧洲人在上秘鲁一些城市培训出来的美洲艺术家。尤潘奎以其独具特色的原始风格和他为自己本土城市库帕卡巴纳所创作的一尊重要的圣母雕像而闻名,这尊雕像开辟了该地区宗教偶像崇拜的先河。尤潘奎以欧洲模式开始自己的艺术生涯,但很快就形成了自己的风格,并为当地教堂创造了多个重要的、前所未有的雕刻形象。

到了17世纪初期,在该地区的艺术家和工匠中开始发生微妙但却十分重要的转变。由于该地区宗教和世俗建筑工程的数量极多,欧洲师傅的重要工作间不断发展,印第安学徒工们成为他们的重要帮手。由于教堂建筑工期和设计过程拖得很长,有的甚至达数十年,一个工匠师傅开始的工程往往要转交给其他教堂和建筑者来完成,也有交给印第安徒弟来完成他们的设计工作的,有些欧洲师傅去世,只能由其徒弟来替代。因此,到17世纪,一个新型的印第安人和科罗人艺术家队伍和工匠群体开始在该地区形成。这种新型的当地艺术家叫做“克里奥尔派(criollo)”,或者说是本土美洲艺术家。

由于建筑和造型艺术在16世纪和17世纪早期得到巨大发展,西班牙在美洲统治的第一个世纪里非艺术性思想并没有发生什么特殊进展。查尔卡斯在很多方面还刚刚是一个富有心态占统治地位的粗犷的矿区边界。因此,一种思想“高文化”的表达就只能由神甫和政府官员来完成,但这些人最初只是关心印第安人的宗教皈依和行政管理工作。在思想领域极其有限的情况下,上秘鲁直到西班牙殖民统治结束才有

了自己的印刷能力，那里仅有的几位作家也只好将自己的作品送到利马或者欧洲去发表。

除了艾玛拉语和克丘亚语语法和词典之外，在16世纪，由一个查尔卡斯作家所出版的最重要的唯一作品无疑是胡安·马蒂恩佐(Juan de Matienzo)在1567年所写的《秘鲁政府》(Government in Peru)，那是一本论文集。马蒂恩佐是查尔卡斯法庭的一个评判员，
西班牙语叫做“听众席(oidor)”，即皇家评判员。从文中对当地印第 58
安人生活条件和政府形式的详细分析来看，马蒂恩佐的著作对托雷多改革的形成具有重要的参考价值。但是，除了马蒂恩佐之外，查尔卡斯的作家中几乎没有人可以与同时期库斯科和利马年代史编者和编年史作家相媲美。与下秘鲁西班牙和印第安血统的作家们那些极其丰富的作品相比，上秘鲁的作家在前哥伦布发展时期几乎没有一本有意义的作品出版。

另外，上秘鲁的西班牙作家主要集中在16世纪晚期和17世纪初期，其作品内容也主要是有关他们自己在西班牙征服后的历史。传教团对他们自己去的省份也有一些历史著作，或者是有关当地圣祠的历史，有几本关于库帕卡巴纳的作品是最为重要的。最后，第一部著名的编年史丛书是从波托西史开始写起的，最重要的早期历史学家是1585年开始写作的路易斯·卡波切(Luis Capoche)。

在西班牙殖民统治的头100年和前半期，上秘鲁最著名的作家们所关心的是当时和该地区未来的发展。同时，这个时期也是为了提高白银生产能力而加强殖民化的时代。但是，在17世纪中期那几十年间西班牙人就已经感觉到了的白银生产危机对那些刚刚到达美洲的移民在经济、社会和政治方面取得机会产生了不利影响。这种机会减少和社会层次分化加剧的背景说明了西班牙人之间发生冲突的原因，这种冲突以17世纪的“内战”而闻名。

最重要的新城镇冲突发生在出口物品的集中地波托西。在17世纪初期，冲突主要在西班牙矿主和商人之间发生，原因是争夺矿藏业的控制权和经营权，此后则发生了各种势力集团之间的战争。在这些冲

突中，最臭名昭著的是“巴斯克人(Basques)”与当时被称做“维库纳斯(vicuñas)”的其他西班牙人之间所进行的一系列长期暴力对抗。这两种西班牙人因为所穿服饰不同而被分为两类，双方争夺的主要是对波托西城市政府的控制权。在1622年和1625年，“瓦斯康加多斯
59 (vascongados，或者叫‘巴斯克人’)”与维库纳斯之间的内战主要是因为非巴斯克人试图从矿主和卡维尔(cabildo，或者叫镇政府)手中夺取这个稳固的居住区。尽管骚乱多次发生，但死伤人数并不多，最后的结果是传统的巴斯克矿主保持住了自己的政权。

但是，在许多其他城市中心也在发生着同样的权力之争的同时，这种城镇西班牙人之间紧张关系的加剧成为在17世纪中期开始的长期的严重经济下滑的又一种表现。当时，可利用自用资源已经在枯竭，依靠这些资源过活的关键集团处在难以维持的局面，这意味着新移民正在失去最后的机会，但这些斗争与那些来这里发财的欧洲人并无关联。在下一个世纪里，那些稳固居住区内的精英们由于控制着矿藏和印第安人而无法离开，但新来的或者比较贫困的西班牙人还在从上秘鲁移民进来，因此，那些主要城镇中心发生长期的经济下滑在所难免。头一个世纪经济扩张行将结束，接下来的是一个世纪之久的萧条，大萧条将对玻利维亚城市和乡村的经济、社会产生复杂和长期的影响。

第三章　晚期殖民地社会：危机与成长

在 17 世纪中期的几十年间，玻利维亚地区的白银生产达到极限，60 奥鲁罗和波托西都不例外，随后又发生了世俗社会经济的萎缩，上秘鲁地区开始发生经济发展空间和社会组织的根本转变。西班牙统治下的美洲地区还受到了所谓 17 世纪经济危机的严重影响。在此后 100 年间白银产量的急剧下降所导致的最直接后果是该地区中的城镇中心人口不断减少。人口减少又导致地区经济的下滑，并影响到一些组织机构的有效性，如市镇政府和自由社区等。在西班牙帝国看来，上秘鲁已经不像从前那样重要。到了 17 世纪末期，墨西哥的矿产超过了安第斯山脉的总产量，并成为西属美洲矿产税收的主要来源。到了 17 世纪最后 25 年，秘鲁和查尔卡斯地区已经没有剩余向大都市纳税，因此也失去了西班牙美洲大帝国的中心地位。

那些城市急剧下降的第一个表现就是白银矿区的萧条。1650—1750 年间，矿主和城镇人口的数量都明显减少。去矿山充当劳工的米达人数不断下降。在 16 世纪 70 年代，在波托西充当劳动力的印第安人平均每年有 1.35 万名，也就是说分 3 个时期为平均每个时期 4 500 人，但是到了 17 世纪 90 年代，平均每年只有大约 2 000 名。米达人数减少的原因有两个：其一是 16 个“有义务的”省份中的当地人储备量

在枯竭，这种情况要么是由于死亡，要么是由于逃亡并成为外来人或者
61 沦为亚纳科纳；另一个是矿区劳动力需求的不断减少。劳动力市场的萎缩也严重影响了自由印第安人矿工，他们中许多人回到农村去了。白银产量下降在白人中间产生了重大冲击，至少有 10 万名讲西班牙语的白人从矿区中心城镇迁移出去，去往西班牙美洲帝国经济更为活跃的地区去碰碰运气。在那一个世纪之久的大萧条过程中，奥鲁罗和波托西所失去的人口都在一半儿以上，到 18 世纪中期，波托西仅剩下 3 万人。事实上，当地的每个城镇在那场大萧条期间要么人口下降，要么人口没有增长。

人口萎缩和白银产量下降导致大范围的为矿区服务的内地市场的凋敝，这一点，从科恰班巴作为重要的食品供应地区的变迁可见一斑。由于波托西的谷物需求量的减少，人们发现，丘基萨卡周围地区可以满足矿区的最大需要，因此，来自科恰班巴的更贵的产品自然竞争力不强。在这种情况下，科恰班巴减少了从其河谷地区的出口，转而寻求别的生存之路，只有在当地取得大丰收的时候，那里才肯将剩余小麦和玉米向高原地区出口。伴随着具有重要意义的出口的结束，科恰班巴大庄园阶级的势力也开始下降，他们的大地产也开始以小块的方式出租。由于绝大多数印第安人自由社区已经为劳作在西班牙大地产上的无地劳工所取代，在出租地产上则形成了一个新的科罗小农阶级。因此，科恰班巴变成一个小规模非社区地带的中心，在上秘鲁形成了一种自由持有农业和最重要的“小庄园(minifundia)”。当地的西班牙人和科罗也转而在服装产品上专业化，中心河谷变成了粗糙流行纺织品的主要生产者，当地语言称这种服装为“托丘约(tocuyo)”，即衣服的意思。

由于产品减少而导致城镇人口下降和矿区市场凋敝，大庄园为那些市场而生产的产品也遭到株连。绝大多数地区的萧条造成了 17 世
62 纪末大庄园建设和扩展的回落，而在 17 世纪上半期，大庄园曾经搞得热火朝天。虽然西班牙王室曾经在 17 世纪初期已经决定将“荒地(tierras baldias)”中的某些“整块土地(composición de tierra)”卖掉，但这一出售行为加剧了 17 世纪的危机。到 1700 年，在边界地区稳定地

生活着当地印第安艾柳阶级和西班牙大庄园主，特别是印第安人口，在托雷多以后建立的新城镇中有了稳定发展。

印第安人社区的巩固首先是由于其人口的增加，上秘鲁白银生产萧条时期也正是印第安人口增加的时期。也正是在 17 世纪末和 18 世纪初，在中美洲发生同样变迁的半个多世纪以后，当地印第安人口基本上摆脱了欧洲人带来的疾病的困扰，这个时期印第安人的死亡率与欧洲征服者不相上下。这种变化直到 17 世纪最后几十年才发生。但是，一旦发生，这种变化就导致了整个 18 世纪并一直到 19 世纪印第安人口的增长，这时欧洲人带来的传染病再次成为人口发展的制约因素。这个时期流行的是一些新传染病，例如霍乱，这种病在所有经济种族集团中流行。但是，直到这时，农村地区的人口增长还是很明显的，这种增长推动了当地自由社区体系的发展。

因此，在城镇和矿区衰落时期，这种衰落所带来的对这个地区的压力与人口增长所开创的自由社区发展是相互关联的。伴随着矿区的衰落，米达劳役制度也曾经开始缩减，但是由于人口增加，现在米达劳役制度又有所发展。印第安人口虽然大量增加，但纳贡的项目只有很小的调整，有些地方甚至减少了租税负担。农村的劳动力人数也开始增长，社区开始收容那些移民工人，这些人在为这些社区当地成员出卖劳动力的同时获得的只有矿区土地权。从 17 世纪晚期到 19 世纪，这些社区里的这种外来移民，或者叫补充人口，有了很快增长。在 1646 年
西班牙殖民地的一份不完全人口普查中发现，这种外来移民人口平均 63
占该社区艾柳阶级人口的 1/4 左右，按照 1786 年的人口普查，拉巴斯省的外来移民已经超过总社区人口的一半儿，而拉巴斯的人口仅相当于该地区印第安人口的一半儿。这种印第安社区内的差别使得他们积累了一些产品剩余，甚至推动了该地区的教堂建设。事实上，17 世纪晚期和 18 世纪初期成为在高原教会工作的印第安工匠及其创造的主要艺术品繁荣发展的时期。不论是社区还是卡西克，都积极支持教堂建设，卡西克还对那些修建和装饰教堂的科罗和印第安工匠有所帮助。虽然西班牙王室控制着社区资金，并常常强迫那些社区承担对西班牙

人大庄园的抵押担保，但随着大庄园的逐渐扩展，这种资金数额也在下降，社区的财政压力也就减小了许多，使得他们可以把更多的收入留在自己手里。

18 世纪晚期矿区危机还导致了上秘鲁一些地区的重要性发生变化。与奥鲁罗、波托西和丘基萨卡不同，拉巴斯似乎基本没有什么大的变化，只是在 17 世纪晚期继续在发展，到 18 世纪中期，那里的印第安人口达到 4 万名，在整个地区首屈一指。在其他地方纷纷衰落的情况下拉巴斯却有所发展，主要归因于当地印第安市场和人口的增长。拉巴斯拥有 15 万到 20 万印第安农民人口，这个数字占该地区印第安人总人口的将近一半，因此，该城市成为该地区行政管理和市场的中心，是高原地区人口密度最高的区域，也是东永加斯河谷地区发展最好的地方，那里现在已经成为古柯的主要产地。这些河谷地区是最富有的印第安人社区所在地，也是新迁移来的开垦从前荒地的西班牙人种植古柯和收获人们特别需要的古柯树叶的地方。

拉巴斯的西班牙人主要靠当地商业和农业产品过活。西班牙王室在该地区实行土地出售政策以后，那里成为一个经营土地的重要地方，
64 在殖民地时代的大部分时间里，特别是 17 世纪 40 年代以后，大批讲西班牙语的商人和经营成功的当地人购买了农村地产。到了 17 世纪最后 25 年，这种精英人物逐渐变成了当地出生的人。拉巴斯城市内富有的社区成员中，一半是当地出生的人，只有 20%来自西班牙，其余那些人来自美洲其他地区或者欧洲其他国家。正如人们所期望的那样，当地出生的人多半是妇女，现在梅斯蒂索人在上层精英人口中男女比例不再失调，解决了历史上长期存在的缺少女人的问题。与西班牙大都市乃至美洲其他发达的中心地区相比，这些社会精英更为开放的特点给人们留下了更深刻的印象，因为他们中间有私生子已经司空见惯，这也是那些妇女精英所希望的。1661—1680 年间，在圣奥古斯丁(San Agustín)，妇女精英所生的子女超过一半是私生子，这在美洲也是超乎寻常的。

由于当地市场不断扩大，印第安人消费不断增长和该地区农村人

口的大量增加，拉巴斯还变成了古柯种植和生产的中心。在前哥伦布时期，古柯仅限于上层人物消费，但现在古柯已经变成了矿工和所有高纬度工人们的基本消费品。古柯最初只生长在热带永加斯河谷地区，该地区位于拉巴斯以东。那里曾经是当地讲艾柳语的社区进行耕种和劳作的地方，但现在那些人已经变成了当地讲西班牙语的社会精英以及其他人剥削的对象。那些致力于古柯生产的土地所有者被称为“古柯种植者(cocales)”，其中有一个叫做唐·塔迪奥·迭兹·梅迪纳(Don Tadeo Diez de Medina)的古柯地产拥有者，他是一个当地人和拉巴斯居民(vecino)，18 世纪 50 年代至 90 年代成为查尔卡斯听证会中居于领导地位的大庄园主。他的财富主要是靠 18 世纪前半期的商业活动获取的，在头一次结婚时他只有一些农村地产。但后来他在古柯种植和生产中投入了大量资金。如同此前的印第安人社区一样，他也购买了高原以及其他河谷地区的主要地产，因此建立了多生态农业种植体制，在这种体制下，他可以实现用永加斯地产上收获的古柯树叶来与自己在高原地区生产的奶酪、羊毛、肉类和其他产品进行交换。虽然是一个非常富有的商人，但他却没有投资矿产，而矿产业在当时是许多 65
人关注的事业。

当时最不寻常的人可能要数一个叫做安东尼·洛佩斯·奎罗加斯(Antonio López de Quirogas)的人。这个人是一个专业矿主，同时也投资矿山商业和熔炉行业，他在 1648 年从加利西亚(Galicia)来到波托西，1699 年在波托西去世。在 17 世纪前期的几十年间，波托西矿业得到了充分发展。当时，那里有大约 72 个水动提炼厂，还有大约 30 座水坝和复杂的运河系统来为这些矿区提炼厂供应水源。尽管那时印第安人口有所减少，但即使没有米达劳役人员，那里也拥有足够的矿区工资工人可用(当地语言把这种工人称为“敏加斯[mingas]”)。真正的问题是矿石质量的下降。新的开采技术和丰富的经验使矿主们试图开采更深的矿藏，但几乎所有的老矿都遇到了矿井冒水和冶炼费用高昂的问题。然而，一些小矿的矿主反倒投资于矿山和冶炼事业，这说明我们上一章已经提到的情况，即波托西城市中巴斯克人与非巴斯克人之间的对抗，包括商人、矿藏冶炼者和矿主，这种矛盾在 1625 年王室政府插手后才以有利于巴斯克人的结果而告终。尽管矛盾解决了，但造成矛盾的基本原因尚存在，矿区的收益仍然在下滑。洛佩斯·奎罗加斯正是在这种极为困难的情况下产生了投入大量资金重新振兴矿业的想法。他计划减少塞罗里奥地下的矿井，抽干老矿井中的水，加强更深层的银矿探察和开采。洛佩斯·奎罗加斯出身于西班牙上层社会家庭，进入市场后又以白银商人(mercader de plata)的身份学到了矿业的专门知识。他的努力取得了超凡的成功，这不但使他相当富有，而且从中得到了经营企业的基本经验。到了 17 世纪 70 年代，他已经成为一个出租矿山者，并通过违约贷款的方式从最初的拥有者手中收取了两个冶炼工厂。这些投资活动还仅仅是开始，紧接着他就购买没有加工过的白银，并向矿主和冶炼者贷款。到 17 世纪 60 年代末，他已经拥有 12 个矿，并开始将这些矿合并组成大巷道，同时关闭了一些小矿井。洛佩斯·奎罗加斯的聪明才智打开了老的废弃的矿藏资源的新出路。这
66 时，他已经成为该地区最大的冶炼者，也拥有了开发更有价值的井洞(socavónes)的实力。所谓更有价值的矿井是指那些在地下水源底下开凿大型水平矿井，并将那些已经抽干了水的老矿井连接起来以便继续开发。在几个矿区中心里，他所开发的这些井洞中每一个都是用炸药完成，这是在美洲第一次使用炸药技术来开凿矿井。仅此一项，他就用了大约 6 年时间，每一个都要花费上万比索资金。1689 年，他在塞罗里奥开凿完成的 5 个这种井洞的长度达 1.5 英里。他与其他一些矿主的挽救老矿井的努力使 17 世纪 60 年代至 90 年代当地白银生产基本稳定下来，但很快这些努力也无济于事了。更为严重的是，在洛佩斯·奎罗加斯去世以后，那里的矿业变得更加零碎，在 19 世纪以前，没有一个矿主达到洛佩斯·奎罗加斯那样的优势地位。

洛佩斯·奎罗加斯在 1689 年资助其侄子在上亚马孙低地地区的最后一次远征活动，地点就在莫西斯(Moxos)东北地区，但却以彻底失败而告终。17 世纪和 18 世纪初期已经不再是美洲内地边界扩张的时代了。事实上，在 17 世纪后半期，耶稣会成员、方济会成员以及其他一

些传教团的到来已经在这里形成了“未开化”的印第安人边界地区与著名传教团边界地区分开定居的局面。在1587年,耶稣会成员在圣克鲁斯建立了一个定居点,并开始学习该地区瓜拉尼语(Guaraní)、查尼语(Chané)和其他一些土著语言。到16世纪90年代,他们进一步深入到北部一些地区,但直到17世纪最后25年才取得在那里建立传教使团的权力。在1682—1744年间,他们共建立了大约25个传教使团,在马莫里河(Mamoré)上游及其周围地区将大约3万印第安人安排在定居点中。1701年,他们出版了该地区第一个阿拉瓦克语(Arawak)语法词典。当时的欧洲流行病、印第安人骚乱乃至暴动都没有影响这种传教活动,耶稣会成员甚至在1767年成功地躲避过了对他们的驱逐。为了制造奎宁而开发钦琼树皮(chinchona)和橡胶礼服事件成为19世纪最后的事件,这一事件使当时的那些老传教团城镇衰落下去。另一个 67
耶稣会使团共和国在奇基托斯省(Chiquitos)莫西斯以南建立起来,那里在1691—1760年间有大约10个皈依的印第安人宗教使团定居点。这些宗教使团定居点以农业和牧业为生,收容了大约2万名印第安人新信徒。他们在那里建立了一些混合式的圣母使团和教会并得以存在下来。莫西斯以南地区和莫西斯的耶稣会不得不与前来寻求印第安奴隶的葡萄牙军队开战,如同在巴拉圭一样,他们不得不保持武装来保卫自己的那些城镇。耶稣会传教活动的第三个中心是塔尔加以南地区,他们在那里进行了远征以使奇里瓜诺斯(Chiriguanos)、托巴斯(Tobas)、马科比耶斯(Macobies)以及其他一些大查科草原(Gran Chaco)地区的城镇中的印第安人基督教化。虽然在西班牙王室从美洲驱逐了耶稣会以后那里由其他传教团所取代,但在18世纪60年代后强大的传教边界地区就此衰落下去了。

在17世纪晚期和18世纪初期,尽管东部低地边界地区还有一些比较重要的传教活动,但长期的经济萧条及其所带来的长期社会结构的变迁导致一直到19世纪晚期在西班牙美洲殖民地的其他地区的传教活动才开始重新开展起来。在18世纪50年代,白银生产和出口开始出现一个比较长时期的恢复,比较繁荣的企业得到了发展,但这个时期经济生产的最高峰也没有达到16世纪晚期50%的水平。由于这个原因，西班牙殖民地晚期白银生产的高涨也无法重新恢复当地城镇的人口数量。上秘鲁的欧洲人人口、支持他们的城镇印第安人人口和梅斯蒂索工人人数再也没有得到恢复。生产是发展了，而城镇人口的稳定性也同时加强了，至少在主要矿产中心地区是这样。这就意味着18世纪晚期矿业的发展对恢复该地区经济的相互联系发挥了重要作用，但却无法重新确立危机前那个繁荣的泛安第斯地区市场。因此，那种随处可见的当地市场和矿业中心密切相关的时代要么基本衰落，要么完全消失了。

与15世纪和16世纪初期那辉煌的时代相比，18世纪的查尔卡斯殖民地仅仅是相对有所发展，这种发展的表现之一是艺术和思想生活有了比较明显的进展，但城镇各个部门和地区经济的发展则微乎其微。
68 此外，从西班牙美洲殖民地总体生产看，波托西现在成为白银生产的第二个主要区域。从17世纪开始一直到西班牙美洲殖民地结束为止，在上秘鲁保持相对较少生产白银的情况下，尽管18世纪晚期有所恢复，但墨西哥仍然在继续扩展着头把交椅的地位。虽然波托西和奥鲁罗在生产下降的情况下还是世界白银市场的主要来源地，尽管在秘鲁总督区安第斯的白银生产曾经有所发展，但它们已经不再具有统治地位了。相反，新西班牙的墨西哥总督区每年都能够为王室提供大量银锭，而南美南部地区的秘鲁殖民地的税收却只够维持当地王室官府的生存而已。因此，对上秘鲁来讲，18世纪的经济振兴是十分脆弱和有限的，在19世纪发生一系列社会结构、市场和政治问题也是无法避免的。但是，尽管存在这样那样的不足，上秘鲁矿业生产还是该地区唯一最重要的产业。因此，在18世纪下半期发生了控制查尔卡斯的检审庭的权力之争，争执的双方是利马和库斯科的老商人财阀与布宜诺斯艾利斯新兴的商人集团。

从16世纪晚期开始，布宜诺斯艾利斯作为一个港口城市最终尘埃落定，在当地贸易和谷物生产的支撑下，这里作为虽然小但却很繁荣的地区经济开始发展起来。但这种发展是十分有限的，因为布宜诺斯艾利斯及其内部地区一直到18世纪后半期才将自己天然的海港优势与欧洲连接在一起，并用这种联系来推动自己经济的增长。同时，布宜诺斯艾利斯的走私活动十分猖獗。早在西班牙王室改变自己的政策来开放帝国贸易之前，那里的走私活动就已经存在了。一旦官方支持布宜诺斯艾利斯与欧洲的贸易，同时布宜诺斯艾利斯内部贸易已经存在，该地区的发展就不可小视了。到17世纪末，西班牙王室已经表现出对这种潜在的发展具有很大兴趣，因此才迫使波托西每年缴纳补助金(subsidio)到布宜诺斯艾利斯，以帮助那里解决行政管理花费的问题，维持长期以来就存在的、与从巴西殖民地出发侵犯拉普拉塔河港湾的葡萄牙军队相对峙。

1776年，由于在布宜诺斯艾利斯与利马之间为争夺对波托西贸易 69
的控制权中西班牙王室决定支持波托西，上秘鲁和检审庭都归于布宜诺斯艾利斯的直接统辖之下，那里则成为一个新的独立的总督区。1778年，对布宜诺斯艾利斯的贸易限制撤销了，这种控制因此得到加强。这些政治决定对波托西贸易优势从北部转到南部具有决定性的意义。在过去，南部贸易路线仅仅是用来进口，包括来自阿根廷北部城镇的杂交动物和食料，来自巴拉圭的“巴拉圭茶”(yerba mate，或者翻译为马黛茶)等等，但现在波托西慢慢将其全部出口系统转到南部，进而开辟了一条从那些传统的图库曼地区的阿根廷北部卫星城到布宜诺斯艾利斯海边的出口通道。

上秘鲁经济空间的重新调配及其与外界联系的加强意味着利马的地位随之而下降。利马不再具有对查尔卡斯与欧洲贸易的垄断权，它再也不是那里唯一的财源地。这种下降包括贸易地位的下降和内部矿业的下滑，直接带来了利马经济势力的长期衰退。这种衰退反过来又给其他地区经济势力的发展创造了机会。布宜诺斯艾利斯当然成为一个最强劲的新的经济中心。但是，处于边缘地理位置的智利也不能眼看着天赐良机轻易丧失，它也要在利马垄断地位丧失的高昂代价中寻求自己潜在的发展空间。因此，重新安排上秘鲁与欧洲的贸易联系事实上成为影响南美不同地区经济和政治权力长期变迁的因素，同时也扩大了秘鲁权力争夺的范围，而对于势力越来越小的上秘鲁来讲，现在则越来越虚弱，只能被新兴起的经济更加活跃的地区所取代，如智利以及整个拉普拉塔河地区。

当然，在18世纪以后，所有这些情况还在继续发展和变化，这些发展和变化又对后殖民统治时期权力更迭发生了重要影响。但是，在18世纪前几十年间，那种长期变化还刚刚开始。此外，西班牙王室在建立
70 新总督区过程中也在事实上推动了上秘鲁的出口经济。因此，查尔卡斯的检审庭不久便被一伙儿具有相当不寻常背景的、极其有能力的行政管理人员所攫取，这些人最初的直接目的是要利用一切可能的手段来重新振兴奥鲁罗和波托西的白银矿产业。正如后来的发展所证实的那样，问题非常清楚，上秘鲁矿区的白银储藏还十分丰富。但他们的新发现的矿藏地层基本上都是比较深，都在当地地下水层以下，而且往往与其他矿物混杂在一起，同时与早期相比，天然矿石单位质量比较差。白银生产的崩溃主要归因于生产者对比较丰富的矿区和更容易开采的表层和近表层矿藏的枯竭性开采，而不是因为白银矿藏储藏量本身枯竭了。

既然白银矿藏是这种状况，就需要冒险投入大量资金去开采，但上秘鲁当地的矿业是基本上拿不出这笔巨额钱财的。因此，需要西班牙王室提供财政支持以开采深层矿藏。在18世纪，西班牙王室最后承认了这种需求。1736年，王室同意对矿区的税收比例从总产量的20%减少到10%，这个决定在墨西哥早已经实行了。接下来，王室又在1779年帮助建立了矿业交易银行，圣卡洛斯银行(the Banco de San Carlos)。这家银行最初是在18世纪40年代由一些冶炼者(azogueros)建立的信贷机构，在1752年就已经成为一个半官方的矿业购买银行。当时，该银行负责督导纯白银购买，禁止私人白银商(rescatadores)购买白银，以此保证冶炼者和矿主的白银可以卖一个好价钱。更为重要的是，该银行还为购买矿区物品贷款。简而言之，这种做法引起当地资金市场一片混乱。在18世纪70年代这家银行陷入严重危机的时候，西班牙王室被迫接手该银行并直接控制其行动，从此它变成一个重要机构。最

后，西班牙王室不但在18世纪70年代万卡韦利卡生产垮台后重组了水银贸易，而且开始了从西班牙的阿尔马登(Almaden)到布宜诺斯艾利斯港口的船运事业，但政府给予一定的补贴。1784年，当地矿主的水银价格下降了将近1/5。

波托西的矿业生产继续下滑，那里的人口从18世纪50年代的大 71
约7万人下降到18世纪80年代的只有3.5万人。但1730年以后，特别是得到西班牙王室的系统援助以后，那里的生产又缓慢回升。波托西的米达人数不断减少，现在每年只有大约2 500名米达劳役工人，而且这个数字也根本无法维持，更甭说增长了。在这种情况下，经过一些争论，波托西还是为矿主们提供大量的劳动力。因为，尽管波托西人口数量严重减少，到18世纪末为止，米达制度下的劳役工人人数仍然接近地下矿井矿工人数的一半。因此，在波托西矿区，收益与损失必须严格区分开来。

由于得到王室担保和米达制的支撑，18世纪上秘鲁的矿主们还能够保持稳定的矿产产量增长。但与此同时，当地农业经济也在发展，农村人口在不断上升。这种具有活力的农业生产虽然仅仅在某些地区和安第斯市场表现突出，但它的存在完全可以使西班牙王室以农产品出卖税收和印第安人的人头税的形式得到越来越多的收入。到18世纪末，这项贡税收入成为西班牙王室在查尔卡斯的检审庭的第二种主要来源。

贡税收入之所以会在18世纪增加，可归于3个基本原因：第一，这是最明显也是最重要的，是农村地区人口从18世纪晚期开始就长期增长；第二，对农村人口的剥削减轻了，矿业危机也使自由社区利用自己的资源来进一步发展生产；最后，贡税是摊派给所有男性印第安人的，不论他们是否拥有土地，这种做法改变了整个贡税体制的负担和程度。

由于印第安人之间的农产品贸易和为当地市场的生产是免税的，西班牙王室被迫只能以贡税作为主要商业手段来强迫印第安人进入西班牙人市场，同时为王室提供直接收入。但按照当时的税收法律，王室

72 是不能向当地社区成员征税的,尽管农村印第安人人口普遍有所增长,当地社会精英的数量还是不变的,或者有所下降。既然当地精英人口没有像其他印第安人数那样同步增加,就明显出现了这样的事实:除了极少数最富有的农民以外,当地人基本上不会从米达劳役制度和租税制度中得到好处。甚至王室也承认,这种做法是在摧毁这个合法的当地人阶级,同时也损害了自己的利益。因此,在1734年,王室最后接受了当地王室官员的建议,把人头税扩大到所有的印第安人。

在认可当地人之间存在差别的前提下,西班牙王室现在要求所有居住在社区的外来人和居住在西班牙地产上的当地亚纳科纳每年交5比索固定税。同时,前者还要另交他们的个人税,后者则由其西班牙地主为他们交贡税。这样做的目的是为了鼓励农村劳动力迁移到大庄园。但是,不论哪种人,事实上所有的农村印第安人付给西班牙王室的贡税都增加了,这使王室的收入在此后的年代里增加了大约一半,甚至可能达到2/3。同时,当地人阶级也相对稳定了,因为改变地位的优势已经不像1734年以前那样大了。

由于税收负担更加分散,而且相对固定,农村地区不断增加的人口能够较好地从国家和私人手中得到一定的剩余,这样也就可以活下来,甚至在某种程度上略微富裕一些。同样,由于王室维持米达劳役制度,这对矿区的繁荣至关重要,但却没有增加米达劳动力的数量,因为外来人和亚纳科纳不再成为米达制工人。所以,米达劳役制度的地区压力比16—17世纪减轻了许多。

印第安人社区也很少受到大庄园的骚扰。虽然矿区的复兴增加了对当地城镇市场的需求,但那种需求通过较好地产上的大庄园边缘生产或者恢复生产来得到满足。这种情况使整个18世纪大庄园制度保持相对稳定。因此,印第安人口的增长并没有导致大规模的大庄园入侵问题。

73 尽管对不断增长的农村印第安人口的开发利用相对放松了,但那些人还是对当地的统治者十分不满。当地监护者无休止的盘剥以及他们强行向印第安人(即所谓当地印第安强制劳工[repartimientos])推销商品的做法引起了特别的愤恨。虽然有些商品对印第安人工作是很有用的,但他们不喜欢这种强买强卖的做法。此外,不论向那个社会里最贫困的工人提供怎样优惠的贷款政策,那些收入无望的当地委托人都绞尽脑汁地滥用职权进行盘剥。印第安人还憎恨当地的强迫劳役制度。这种制度通常是去为西班牙私人干活而不是为国家出力。另外,当地的卡西克还发现他们自己的特权总是遭到攻击,西班牙人也在不断剥夺他们的特权,并导致他们因此而破产。因此,他们奋起捍卫自己日益丧失的领导地位。最后,18 世纪的天主教教会文化与文学同样采取反对非基督徒的行动,就像上一个世纪天主教会理论倡导者所做的一样,这种无休止的对当地宗教信仰体制的攻击迫使印第安人不断地起来维护自己的传统信仰。

上述复杂的因素足以说明,西班牙人在美洲扩张和经济、社会复兴的高峰时期,1780 年在上秘鲁和库斯科地区发生印第安人大规模暴动是有其原因的。在农村地区所发生的那些印第安人暴动,或者在城镇地区梅斯蒂索人和克里奥尔人的暴动,以 1780—1782 年的大暴动为典型,对上秘鲁来说,或者对整个西班牙美洲帝国来说,都不是什么新鲜事。在整个殖民地时代,上秘鲁的地方社区乃至全省的暴动周期性地发生。通常,暴动的直接导因在当地：有的暴动由于当地监护者在自由社区横征暴敛,他们胡乱征收通常开发标准以外的税收;有的是因为当地围绕土地的矛盾根本不考虑印第安人的利益;最为重要的是,西班牙人对当地卡西克的任命横加干涉。在城镇地区,类似暴动也很普遍,从危机时期为维持当地生存和保存食品到反对当地租税和王室官员的暴动都有所发生。在 18 世纪 30 年代,这种反抗运动或者密谋活动在 74
奥鲁罗和科恰班巴都曾发生。

但所有这些地方性的暴动通常都是短命的,而且仅限于某一个地区,暴动者除了要求减轻一些租税或者根除腐败官员外基本上没有别的想法。“国王万岁！坏官去死吧!”这就是那些暴动者的传统呼声。这种运动基本上都是由地方政府发动的,总体上或多或少都是以当地反抗的正规形式组织起来的。但这并不意味着镇压无法平息叛乱,而镇压只能导致更多的人被杀戮。有证据表明,美洲的情况与欧洲不同,美洲的暴乱从表面看基本上是印第安民众反抗压迫的行为,但实质上是当地官府煽动的结果而根本不是什么别的原因。但那些运动的形式是众所周知的,所以政府从来不觉得地方上的那些典型的暴乱行动会对自己产生严重的威胁。

从这方面来看,1780—1782 年发生在图帕克·阿玛鲁(Túpac Amaru)的大暴动事实上就是以这种形式发动的。那次暴动不但参加者众多,而且延续时间长。在所有行动中,参加暴动的人数很可能超过 10 万,暴动还得到库斯科地区秘鲁南部高层人物的有力合作,其范围也从整个上秘鲁地区发展到阿根廷北部地区。那是一场多阶级、多等级、组织严密的暴动,其最终目标是要排除西班牙人的统治而建立一个由当地阶级自己说了算的自治地区。简而言之,那就是一场独立运动。虽然那场运动的领导人是当地卡西克阶级中的持不同政见者,但也有一些来自查尔卡斯检审庭的印第安领导人参加,很多次重要的战斗都是在印第安人领土上发生的。那场运动有两个最重要的领导人,一个是查延塔省(波托西)圣佩德罗马查(San Pedro de Macha)的普埃布洛人卡西克,名字叫艾玛拉·托马斯·卡塔里(Aymaras Tomás Katari),另一个是名叫朱利安·阿巴扎(Julián Apaza)的平民,他在拉巴斯暴动中充当军事指挥官时,还为自己取了图帕克·卡塔里(Túpac Katari)这个名字。

托马斯·卡塔里的例证真的是一段不折不扣的非凡历史。1777 年,他被当地的西班牙监护者剥夺了传统的卡西克领导地位。卡塔里
75 大字不识,也不懂西班牙语,但在此后的 4 年时间里,他用各种合法手段争取夺回自己的权力地位。从向当地检审庭申诉到长途跋涉去布宜诺斯艾利斯游说总督,卡塔里成功地在各级政府进行活动并赢得了胜利。但是,当地腐败的政府官员却拒绝正式重新恢复他的地位,不但多次对他实行监禁,而且由于担心其得到当地其他人的支持而杀害了他的一个主要伙伴,另一个卡西克伊希德罗·阿科(Isidro Acho),并在 1781 年 1 月大暴动中期准备对他实行暗杀。事实证明,即使在进行合

法斗争的时候，卡塔里也是反对西班牙统治的强有力的组织者，并与图帕克·阿玛鲁运动密切相关。在他去世以后，他的两个兄弟继续领导围困拉普拉斯市的印第安人暴动。

对西班牙统治威胁更大的是平民朱利安·阿巴扎，或者像他自己用两个英雄人物的名字给自己起的另一个名字——图帕克·卡塔里——那样称呼他。跟随他的印第安人并不是依据他具有传统地位才忠诚地服从他的领导，所以他成为那场大暴动的主要军事领导人之一。仅凭自己的个人才华他就有能力组织和领导一支由 4 万名印第安人组成的军队。作为一个经营古柯和服装的商人，他仅仅是一个来自西卡西卡地区(Sicasica)的外来人，参加 1781 年大暴动时只有 30 岁。人们对他的背景几乎一无所知，只知道他与战争中他的一个名叫巴托拉·西萨(Bartola Sisa)的副官结了婚，这个人同样既不懂西班牙语也不识字。但是，他还是一个能力非凡的军事领导人并得到手下的普遍敬重。

在 1780 年 11 月以前，那场运动就已经有了充分的酝酿和准备，暴动领导人频繁活动，著名领导人约瑟·加博里尔·图帕克·阿玛鲁(José Gabriel Túpac Amaru)已经与查尔卡斯和秘鲁南部的许多卡西克领导人建立了联系，同时也与朱利安·阿巴萨(Julian Apasa)等其他没有公开的暴动领导人取得共识。作为一个印加人的后代和具有库斯科主教地位的卡西克，图帕克·阿玛鲁受过良好教育，是印第安贵族阶级中识字者之一。由于具有合法的背景地位和无可怀疑的智慧，他才成为克丘亚库拉卡斯的一个重要少数派成员和被西班牙人摧毁后残留下来的少数几个艾玛拉贵族中的一个。

那场暴动可以分为两个阶段。 76

第一阶段是由图帕克·阿玛鲁本人领导的，他占据了库斯科省的大部分地区，并在 1780 年 11 月至 1781 年 3 月围困了其首府。当时，双方都投入了大量兵力，库斯科的围困最后被当地的西班牙人所解除，不久，图帕克·阿玛鲁及其亲近随从被捕入狱。但是，杀害其领导人并不能阻止大规模暴动的蔓延，也没有阻挡当地反对西班牙统治的领导人继续投入暴动当中。

第二阶段是在库斯科解围之后不久,主要是在上秘鲁地区发生的。先是 1781 年 1 月发生的查延塔暴动,托马斯·卡塔里被暗杀以后,其兄弟继续领导斗争至死。接着,图帕克·阿玛鲁的侄子安德雷斯(Andres)在 3 月起事并攻克了拉巴斯地区的的喀喀湖东岸沿线的整个拉雷卡加省(Larecaja),1781 年 8 月又围困该省首府索拉塔(Sorata)3 个月之久,杀死了那里的所有西班牙人。然后,他率军来到地区首府拉巴斯,与当时围困该城市的图帕克·卡塔里的军队相汇合,斗争从 1781 年 3 月一直持续到 10 月才告结束。尽管该城并没有被攻陷,但战斗中有一半的城市人口丧命。解围的西班牙军队最后成功地打败了暴乱军队,并在 11 月逮捕了图帕克·卡塔里。

与此同时,在 1781 年 2 月,奥鲁罗发生了一场由加辛托·罗德里古斯(Jacinto Rodríguez)领导的克里奥尔城市暴动。这些与图帕克·阿玛鲁有密切关系的暴动者吸收了来自西班牙的半岛人围困城市的经验。这是一些得到最强大的梅斯蒂索和克里奥尔支持的印第安卡西克暴动者,奥鲁罗也成为被暴乱者夺取的最大的西班牙人城市。尽管罗德里古斯与当地卡西克关系密切,与印第安人、梅斯蒂索和美洲出生的白人或者叫克里奥尔人结盟,但这些人很快就感觉到了他们之间的巨大阶级差别。这里与其他地方一样,西班牙王室的军队最后重新夺取了城市,叛乱者被处死。需要提及的参加那场暴动的最后一批人是梅斯蒂索艺人,他们在图皮扎(Tupiza)南城起事,1781 年 3 月杀死了当地的监护者,但很快就被镇压下去,留下来的是当地人之间的冲突。

但是,暴动失败的原因之一是那场战争是一场美洲人内部的种族战争。事实上,艾玛拉卡西克中的绝大多数人和克丘亚贵族中的重要
77 人物都反对暴动者,并依靠跟随自己的印第安人和与自己结盟的西班牙军队与暴动者作战。所以,在那场种族内部的战争中,大量印第安贵族的房舍被暴动者彻底破坏。的的喀喀湖南岸的艾玛拉卡西克绝大多数都加入到西班牙王室的军队当中,其中许多人死于与图帕克·阿玛鲁军队的战斗中。另外一个领导人是位于永加斯低地河谷地区库鲁马尼(Chulumani)的卡西克,名叫迪奥诺西奥·马马尼(Dionosio

Mamani)，他把自己的印第安奴隶组织起来与暴动者发生了多起战斗，被迫逃亡到科恰班巴，最后死在他自己那个社区与暴动者的战斗中，暴动者摧毁了他的家及其庄园。还有一个科恰班巴湖区的卡西克，名叫马努耶奥・安托尼奥・盖丘米亚(Manuel Antonio Chuiquimia)，如同马马尼一样，也加入到塞巴斯蒂安・塞古罗拉(Sebastían de Segurola)领导的西班牙军队中，并且作为一个特别压抑的领导人在其岗位上以一个法官卫士(juez pacificador)而闻名。虽然一些吉拉卡塔和社区中其他一些主要人物参加了暴动，艾玛拉贵族作为一个阶级还是趋向于保持对西班牙王室的忠诚，特别是艾玛拉暴动部队的绝大多数领导人，基本上都是平民而不是上层贵族阶级的成员。

到 1781 年年末，那场暴动已经基本上被驱逐到农村地区，所有被叛乱者夺取的城镇都重新回到西班牙人手中。暴动领导人被以常见的极为残酷的方法处死，大量财产被没收。所有参加暴乱的卡西克都被撤职，大量忠诚于西班牙王室的卡西克在战争中被打死。西班牙王室承认在暴乱中侥幸活过来的忠于王室者的身份地位，但战争的破坏性更为突出，绝大多数在战争中心地区的自由社区被西班牙人所控制，这些西班牙人现在也称为卡西克。同时，社区的长者和吉拉卡塔从此以后发挥了过去由老贵族阶级所享有的一些权力。这些情况表明，在南部和上秘鲁地区，卡西克阶级已经出现了明显的差别，印第安大贵族得以延续下来并拯救了西班牙征服者。在 1780—1782 年大暴动以后，印 78
第安贵族阶级在该地区社会、经济和政治生活中已经不再占有重要地位了。

尽管人数众多，影响巨大，动员广泛，但图帕克・阿玛鲁领导的暴动不久就在上秘鲁人的脑海中消失了。这也是 19 世纪以前在该地区发生的最后一次将社会正义与国家独立联系在一起的运动。此后组织暴动并最终赢得独立的领导人则来自克里奥尔，他们与上层阶级完全不同，并且基本上与印第安人问题无关。因此，图帕克・阿玛鲁领导的暴动尽管在实践中和象征性意义中都很重要，但基本上没有对上秘鲁产生什么影响。

在那些暴动中，对人的生命的摧残和财产的破坏则是巨大的，特别是在拉巴斯和的的喀喀湖地区尤为严重。但是，从总体看，经济和人口都有所增长，而且在那 10 年间有了相当大的发展，结果使大多数大庄园在 18 世纪 80 年代建立起来。因此，在暴动结束后那几年，当地文献描绘了废弃的大庄园大量失去农业装备、牲畜和工人的情况，但到了那 10 年结束后，几乎所有的这类大庄园都恢复了元气，并达到暴动发生前的水平。暴动中损失的人口也得到了弥补，到 18 世纪 90 年代，前暴动地区中绝大多数恢复到暴动发生前的水平。

到 18 世纪 90 年代，在拉巴斯省已经出现了前所未有的农村人口数量，这个数量在 20 万人以上，上秘鲁最大城市的人口也超过 4 万人，这些数字占西班牙美洲殖民地总人口的一半。该省具有决定性地位的富饶的高原与河谷地区有 1 100 个大庄园，有 8.3 万名雇工或者亚纳科纳在大庄园里劳作。他们分别属于 719 个大庄园主，这些庄园主绝大多数是不住在省城的地主。39％的大庄园主拥有不止一处地产，例如，商人唐·塔迪奥·迭兹·梅迪纳将其地产扩大到好几个地区，他自己丰富的农业产品完全可以自给自足。这类大庄园中有大约 2/3 的教会机构是分开的，甚至男人与女人的宗教生活是分别进行的。在 18 世纪最后 25 年间，上秘鲁的教会有大约 40 个修道院修士、2 400 个神甫，
79 那里是当时一个富有的宗教机构，但却不是一个大土地所有者。该教会负责为大庄园购买和扩张提供短缺的资金。但与其他殖民地教会不同，该教会的农村地产拥有者数量很少。这种农村势力很弱的教会地位足以证明，之所以在 19 世纪玻利维亚不费吹灰之力就控制了教会及其土地和收入，相反，其他绝大多数拉丁美洲国家在这方面都费尽了周折，就是因为教会在农村的势力相当重要。

尽管拉巴斯地区大庄园主在 18 世纪晚期有很大的发展，但农村占统治地位的集团还是土地所有者，印第安人社区还保持着人口的多数。当时，拉巴斯地区大约有 491 个相互合作的土地拥有者集团，他们控制着 20 多万印第安人。这些社区甚至拥有 22 个庄园、1 800 个亚纳科纳。生活在这些社区的印第安人只有一半多一点是当地人，其余的都

是基本上没有土地权力的后来的移民，尽管这些后来者在下个世纪继续增加，比当地人口发展更快，并且最后成为艾柳阶级中的统治势力。那些拥有土地的印第安农民负责以贡税的形式向西班牙王室提供税收，他们在新的共和国时期成为唯一最重要的政府租税的承担者，形式还是以贡税为主。

上秘鲁迅速从图帕克·阿玛鲁暴动的破坏中恢复过来，但是，在18世纪中期西班牙发起波旁经济改革的冲击下，它还有许多事情要做。那次改革中的矿区经济改革不久给奥鲁罗和波托西的生产带来了新的活力，商业机构的总体改革则导致了利马与布宜诺斯艾利斯之间为争夺查尔卡斯检审庭的贸易而展开激烈的竞争。这种情况又引发了高原与东部河谷地区商业和市场行为的总体升温，最后，还致使其政治结构也发生变革，由此所带来的是政府实行更加宽松的自由和公开贸易竞争的政策，西班牙王室决定重组行政管理。

这种新政府体制的标志性特点是任命了新的地方行政长官。这种 80
体制模式曾经在法国取得成功，拉丁美洲地方行政长官有效地取代了旧有的监护者，从而确立了统一管理的司法权。现在，不论是西班牙人控制的还是印第安人居住的领土，统一由一个地方管理部门统一管理。1784年，在上秘鲁地区，或者叫查尔卡斯地区，建立了4个这种行政管理区，将拉巴斯、科恰班巴、波托西和丘基萨卡4个地区纳入统一管理当中。新的地方行政长官工薪很高，为了获得这笔资金，他们将过去监护者所拥有的独立管理当地商务的权力纳入自己名下。他们是被从全西班牙美洲帝国的有经验的行政官员中精心挑选出来的，他们当然也被看成是当地经济和社会发展的推动者。

经过精心选择出来并享有高额工薪待遇的那些地方行政长官形成了一个新的官员集团，他们有学识，谋略超群，在18世纪最后20年间控制着上秘鲁地区。在这些官员中，以科恰班巴的弗兰西斯科·维德马(Francisco Viedma)和波托西的胡安·皮诺·曼里基(Juan del Pino Manrique)最为出名。他们负责振兴贸易，进行农业实验，推动总体经济向好的方向发展，并增加西班牙王室收入，这些官员为后人留下了有关他们所管理的那些人生活的时代的相当详细的回忆录。他们还负责考察所管辖地区的社会与经济特征等相关问题，因此也留下了有关战略选择的详细论争记录。除了这些地方行政长官外，还必须补充说明一个极其特殊的人物，他就是查尔卡斯检审庭的特别巡回听众席成员(roving oidor extraordinario)、法学家、历史学家和行政事务调查员佩德罗·卡涅特(Pedro Cañete)。卡涅特对矿业、政府税收结构、米达制问题、甚至西班牙王室与教会的关系等都进行了考察和立法。他经常与地方行政长官发生意见分歧，结果给我们留下了有关社会状况的更加详尽的回忆录。维德马、皮诺·曼里基、卡涅特以及其他地方行政长官成为18世纪启蒙思想的杰出代表，他们不但给上秘鲁带来了新的管理体制，还给那里确立了领导和潜在发展的新思维(见图3-1)。

81 在18世纪最后25年，检审庭的高等教育也得到了复兴。作为西班牙18世纪60年代教育立法改革和耶稣会行为的一个后果，该地区的教育体系曾经受到消极影响。检审庭在1776年得到西班牙王室批准，建立了一所现代法律中心，专门训练丘基达卡这个首府城市的新律
82 师。这是整个西班牙美洲帝国的第一个法律中心。到1808年，这个名为卡罗莱纳学院(The Academia Carolina)的中心最后以其最现代、最严格的民法法律训练了当时那里十分需要的大约362个律师。虽然那些精英学生中的绝大多数来自检审庭，其中还有一些重要人物来自秘鲁、智利和拉普拉塔河地区。这些精英很快进入西班牙王室在美洲的管理部门，并成为为王室服务的受过良好训练的坚强核心。因此，该地区为19世纪早期出现的共和国革命提供了重要人才也就不足为怪了。

新政府既关注殖民地的行政管理，也关心增加贸易和商业发展等经济问题。例如，科恰班巴的弗兰西斯科·维德马花费了大量精力推动地区经济发展，这对于打破17世纪危机以来科恰班巴经济停滞发挥了重要作用。到18世纪末，科恰班巴已经变成了秘鲁地区粗纺织品(tocuyo)的主要加工地，并与较大的地区市场建立了密切联系。至于

81

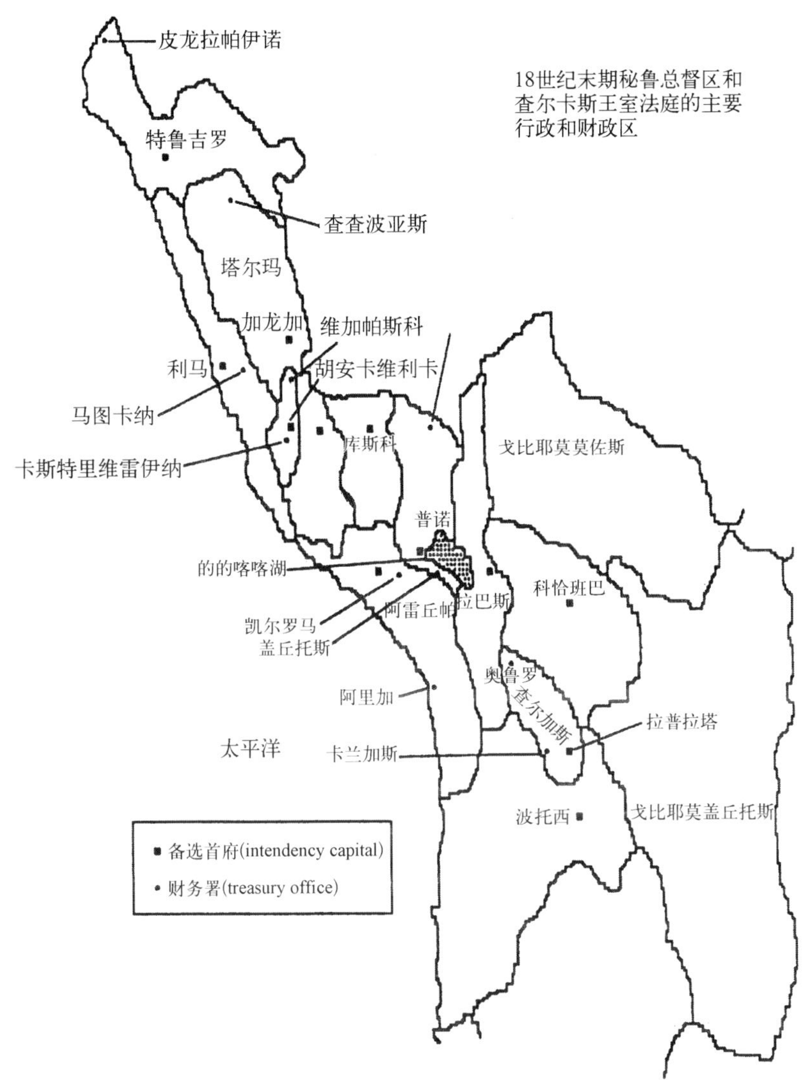

图 3－1 18世纪安第斯地区的政治与财政区分布图

矿业生产，由于西班牙王室长期干涉美洲矿山事务，从水银供应担保到 82
支持矿业的交易银行的建立，王室对所有事务都过问，在 18 世纪 70 年代最终使矿业成为王室的机构，因此造成了私人矿主日益增加的平静心态。随着整个西班牙美洲帝国的贸易繁荣，所有上述行为都带来了地区贸易和人口的增长，即使白银生产没有像以前那样辉煌，但已经基本全面恢复了。

因此，由于上秘鲁经济的发展，图帕克·阿玛鲁暴动所带来的灾难并没有留下太多的后遗症，在该暴动发生的 3—4 年间，当地的财政收入与冲突前基本相当，绝大多数被毁坏的农村大庄园得到了彻底重建。然而，不论政府采取什么长期努力，毕竟自由贸易和总体经济增长并不是所有阶级和种族集团都平等享受的。因此，不论实行什么改革，名字如何变换，西班牙王室还是压迫那些印第安人地区的叫做裁判官(corregidor)的当地政府官员(在西班牙和西属拉美殖民地，负责行政和司法管理的官员叫做裁判官，西班牙文为 corregidor，早期殖民地的这种官员与西班牙本土同类官员的权力一样，但 18 世纪以后，随着西班牙王室加强了对殖民地的直接控制，这类官员的权力有所减少，其中包括一些经济特权，因此，这个时期的这类官员被称为“下属地方行政官员”，即原文括号里用的 subnitendants。——译者注)，同时，这些官员还是依靠强迫买卖、干涉官员和卡西克选举、周期性地勒索社区官员
83 等方式对其控制下的印第安人实行剥削。此外，殖民地政府提高了人口统计的准确性，在 1786 年建立了一个现代人口统计基地，这意味着按所有印第安人男性人头摊派贡税有效征集更多了，对米达劳动力的登记更有效了。虽然总体增长不快，但对旧的税收体制产生了一定的冲击，更有效的政府管理通过更加系统的税收制度撤销了某些税收，只有老式的开发商人还没有被触及。

17—18 世纪发生在上秘鲁的各种形式的经济衰退与增长对当地艺术事业产生了一定影响。那里的第一个主要城镇建筑和大量艺术装饰从该殖民地刚一建立到 1650 年间就已经在丘基萨卡市开始了，在 17 世纪后半期，拉巴斯市市内已经成为一个教会建筑的新区域，波托西也紧随其后。波托西之所以后开始这种建筑主要是因为地方精英委员会最初更加愿意在附近的丘基萨卡城市进行建筑投资，而不想加强波托西的城市建设。但是，到了 17 世纪后半期，丘基萨卡的生产呈现长期下降的趋势，而波托西最后则发展成为一个独具特色的城镇中心。

艺术表达的新时期不仅发生在一个新的地理区域，而且还反映了风格和组织的基本变化。从形式角度看，大约1650—1700年这个时期上秘鲁是巴洛克艺术风格占主导地位，因为这种风格在当时的西班牙十分流行。但是，运用这种风格进行艺术创造的西班牙美洲殖民地的艺术家主要是当地人，即使是白人，也是土生白人。当时，来自欧洲中心的艺术家移民浪潮已告结束，美洲当地拥有足够的工作间和专家来满足当地的需要，只有零星的来自欧洲的神职人员给美洲带来艺术风格及其变化的信息。此外，在美洲出生的艺术家当中，既有印第安人，也有科罗阶级，他们中间甚至还有画家，他们如同从事建筑设计的人员那样进入了一个全新的领域，因为这些职业在此之前都是由欧洲人把持着。

在17—18世纪，绘画领域出现许多极端行为，所以人们可以通过
其作品来区别不同的“画派”。在印第安人和梅斯蒂索人中间涌现的 84
“流行画派”最先发展起来，他们的画作通常没有经过设计，也缺乏视觉感。这是一些没有留下姓名的流行艺术家，主要是一些雕刻家、石匠以及业余画家。在上秘鲁，到处都是他们留下的作品，甚至在天主教大教堂里也有他们的画作。到18世纪，这些流行画家开始以一个正规的“画派”出现，那就是科罗画派(Colla)，或者叫做拉巴斯和的的喀喀湖地区艺术家。另外两个正规画派在丘基萨卡和波托西出现，这些艺术家用标准的视角设计自己的作品，这种矫揉造作的风格是比蒂(Bitti)的创造，强调的是西班牙人感兴趣的特点。大约有50个类似的艺术家在他们最初的作品中表达了不同阶级和集团的特点，对更加职业化的精英们的画作主要是越来越老练的艺术家和越来越有影响的梅斯蒂索风格的艺术家所为，这些绘画在18世纪晚期非常流行。科罗和重要的库斯科风格则形成了上秘鲁地区另一种克里奥尔或者“梅斯蒂索风格”。

丘基萨卡画派曾经在西班牙美洲殖民的第一个世纪有较大发展，波托西和科罗画派则从1650年开始一直到西班牙美洲殖民地结束都占有最主要地位。其中，1650—1750年间，波托西画派在该地区是最

有影响和最有势力的画派。如同经济危机一样,后来画派也随着该城市的衰落而凋敝,波托西开始出现大量的教会建筑和公共设施,这些建筑也成为最杰出的殖民地画派用武之地。波托西最著名的画家,也是殖民地时期最伟大的画家,是梅尔科尔·佩雷斯·霍尔古因(Melchor Pérez de Holguín)。17 世纪 60 年代他出生在科恰班巴,17 世纪 90 年代来到波托西并开始了自己的艺术生涯。从 17 世纪最后 10 年一直到 18 世纪 20 年代,霍尔古因在波托西都是最主要的画家,他在那里通过规范的、世俗的、教会的以及重要的私人非宗教性授权的画作施展自己的才华。作为一个古典巴洛克风格的超凡艺术家,霍尔古因成果斐然,波托西城市里几乎所有的主要教堂都有他的画,他的艺术风格不久就对其他一些具有领军特点的画家们产生了影响。

科罗画派在 1650 年以后也得到繁荣和发展,只不过是没有像丘基
85 萨卡和波托西画派那样在该省首府的某处建立其中心,而是在传统的农村地区十分流行,最突出的是的的喀喀湖周围地区。这个地区是上秘鲁传统农业的中心,艾玛拉定居地的心脏。事实上,在那些小村庄的教堂已经出现了艺术家们创造的成果,特别是丘基托省(当时还是上秘鲁的组成部分)、帕卡杰斯(Pacajes)和奥马苏尤斯(Omasuyos),那些画作成为矿业出口处在总体危机时代当地的一笔重要财富。这笔财富的存在表明,那些传统的自由社区的衰落是相对的,当地的印第安人是有能力生存下去的,因此,在建筑业的艺术投资现在是可行的,事实上绝大多数这种行为都是教会进行的。科罗画派中的许多艺术家是印第安人和梅斯蒂索人,他们是这些地区越来越专业化的画家,当地相对进步的农业经济思想给那些专职画家的发展创造了空间。

到了 18 世纪后半期,从某种程度上说,梅斯蒂索风格在该地区绘画中的艺术和建筑方式上占据完全统治地位,伴随着科罗和流行画派相互融合在一起,其他两个画派失去了其重要地位。进一步说,在绘画领域,包括在建筑领域,到 18 世纪中期,巴洛克风格基本上结束,如同在西班牙一样,这种风格被新古典主义所取代。一些新风格的教堂夹注在科恰班巴和丘基萨克开始流行起来,那里再次成为检审庭最后时

期的艺术活动中心中的主角，拉巴斯和波托西的天主教大教堂也是按这种风格建起来的。

虽然艺术和建筑在某种程度上受到新古典主义的很大影响，但直到西班牙美洲殖民地时代结束，在木刻和石刻艺术作品以及白银装饰品方面[3]还保留着所谓梅斯蒂索-巴洛克风格，到 18 世纪，印第安人和梅斯蒂索人艺术家对这些技术继续占有绝对优势。其中，保留着巴洛克风格色彩的梅斯蒂索风格中的神秘美女、奇异面具等等，还与前文艺复兴基督教传统具有继承性。但是现在则不同了。典型的美洲植物群和 86
动物群以及前哥伦布时代的基调和特点明显增加了。

上秘鲁的艺术繁荣从一开始就在所有领域都达到超乎寻常的高质量，但文字领域即使按照拉丁美洲标准也还相当落后。一些小教堂的音乐基本上消失了，一些由西班牙神职人员用克丘亚文字和艾玛拉文字写成的戏剧，包括生动的宗教剧和历史剧在印第安人中比较流行，但基本上没有重要的诗作和不同风格的剧场作品流传下来。甚至一些历史和哲学著作在上秘鲁地区比起库斯科地区来说也相对落后，在进入 18 世纪以前，即使与拉丁美洲其他地区相比也是这样。在科学方面，唯一保持单独色彩的主要著作是阿隆索·巴尔巴(Alonso Barba)在 17 世纪 40 年代写的《冶金艺术》(Art of Metals)，这是 17 世纪美洲最重要的冶金研究著作。

在 18 世纪，因为该地区与西班牙美洲殖民地其他地方主流思想和发展经历更加不可分割，所以文字相对落后的状况有所变化。当时，最杰出的两个历史学家当数巴罗索梅·奥尔苏阿·维拉(Barrolomé Orsúa y Vela)和佩德罗·卡涅特，前者的主要成果是 1724 年对波托西历史的研究，后者则对波托西 18 世纪后半期历史的研究十分重要。这个时期还出现了一些著名的政治家，其中卡涅特最为突出，他与一些启蒙作家，如地方行政长官弗兰西斯科·维德马和胡安·皮诺·曼里基，还有一些印第安人保护主义者如维克多·维拉瓦(Victorian de Villava)等等，他们都对殖民地社会功能提供了重要研究。最后，德国出生的科学家塔德奥·哈恩克(Tadeo Haenke)在该地区度过了自己成年时代的大部分时间，他记载了 18 世纪当地的植物群和动物群的情况。

到 18 世纪，特别是卡罗莱纳学院建立以后，丘基萨卡的大学生活相当丰富。19 世纪独立运动的早期领导人、传记作者和小册子作者，包括曾经参加了该地区独立战争中所有重大共和派事件的杰出领导人
87 伯纳多·蒙特古多(Bernardo de Monteagudo)、当时其他著名领导人莫雷诺(Moreno)、奥希金斯(O'Higgins)、圣马丁、玻利瓦尔(Bolivar)等等，都曾经就读于此。阿根廷独立运动领导人之一，马里阿诺·莫雷诺(Mariano Moreno)和加伊梅·朱达涅斯(Jaime Zudánez)等都曾经在这里接受教育。但总体来看，殖民地晚期时代的查尔卡斯的文学和政治成果还是很少的。不论是学术研究机构还是个人，在人文或科学研究领域里都没有建立重要的学术团体。在相对富裕的上秘鲁和丘基萨卡这个具有长期传统和重要的地区性大学教育的中心地区，竟然也令人费解地存在这方面的问题。事实清楚地表明，这种情况一定是由于文字水平太低和整个西班牙美洲帝国的人口中会西班牙语的人十分有限所造成的，因此才导致直到 18 世纪末那里才有了出版印刷机构的落后现象。所以，问题同样很清楚，西班牙语在殖民地时代还只有极少数人会说，这种情况一直延续到此后的 200 年。但是，即使在这种情况下，语言并不十分重要，上秘鲁艺术的繁荣以其超群的创造性和巨大成果使殖民地时代的上秘鲁成为世界历史上最伟大的艺术时代之一。这种艺术是由许多当地印第安人和梅斯蒂索人与欧洲人一道创造的，这一事实又表明，这种艺术形式是向殖民地社会所有人充分开放的唯一创造性思想和文化表达方式。因此，在不担忧种族压迫或阶级剥削的情况下表现出了最大可能的创造性。

尽管在 1750 年代以后殖民地经济有了长足发展，这种发展带来了新教堂和公共建筑在整个高原地区非常兴旺的时代得到持续不断的建立，但上秘鲁的经济还是显示出受到了 17 世纪经济危机的很大的影响。有证据表明，那里的经济在国际经济条件发生短期变革时显得十分脆弱，进而表现了那里的矿业经济在短期性贸易危机和政府支持不

够的条件下基本上没有什么资本积累。

这种脆弱性在新世纪前几十年更加明显。到 18 世纪 90 年代末期，对波托西的水银供应不再来自枯竭的万卡韦利卡矿区，而是直接从西班牙本土的王室阿尔马登矿区(Almaden)船运过来。西班牙卷入了 88
不久后发生的重大国际冲突，即拿破仑战争，1796 年又发生了与英国的严重争端，并导致两国间开战，西班牙通往美洲的航线基本上被阻断了。对于上秘鲁来说，这意味着水银供应的停止，使当地白银冶炼成为一句空话。更为重要的是，国际贸易路线的突然隔断使商业市场发生了尽管短期但却十分严重的萧条，其直接后果是西班牙美洲殖民地的资金短缺。这种状况突然使那里的矿主们基本上没有资金维持他们那费用高昂的企业的正常生产，生产自然骤然下降。

到了新世纪的前几年，伴随着生产的基本停滞，各个矿业部门都出现了危机。当时，出口严重减少，上秘鲁在 1803—1805 年间受到连年农业歉收和流行病的重创，这都对农业人口和地区市场产生重大影响。因此，到了 1808 年法国入侵西班牙时期，上秘鲁经济基本上处在萧条阶段，短期内人口严重下降。这些条件造成了农村地区气氛极度紧张，在数量不断减少的城镇地区这种情况更为严重。

第四章　革命和民族国家的建立(1809—1841)

89 19世纪的上秘鲁经历着长期而又严重的大萧条。这种萧条不仅深深地影响着城市那些受过教育者的生活方式,而且极大地抑制了当地采矿出口业的发展。在西班牙国内,对马德里帝国政府垮台的回应是经济滑坡和农村爆发严重的农业危机所形成的严酷的地区背景。从1806年晚些时候到整个1807年,在将近一年半的时间内,拿破仑的军队逐渐侵入西班牙,并最终废黜了波旁王朝最后一位君主。1808年5月,马德里人民举行起义,反对由法国控制的西班牙本土政府。起义军最终建立了自己的反抗组织——中央洪达(Junta central),并以波旁王朝的名义宣布其为合法政府,控制了西班牙南端的部分地区。同时以斐迪南七世(Ferdinand Ⅶ)的名义要求各殖民地总督对其效忠。历史上曾经出现过如此混乱的局面,那是在18世纪初期,当时波旁王朝和哈布斯堡王朝正为争夺西班牙的统治权而进行着一场鏖战。无论是哪国取得了西属殖民地的统治权,各殖民地都只能被动地接受西班牙的命运。

但是,1808年的世界局势则是另一番景象。海地和美国的两场独立运动加强了美洲殖民地的独立意识。另外,作为当时的两个强国的
90 美国和英格兰,不仅为潜在的独立运动提供经济援助,而且还为之提供避难场所。更为重要的是,欧洲各国的君主专制政体已不如18世纪西

班牙王位继承战争时期那样稳固。1789 年爆发的法国大革命为各个殖民地解除了思想上的束缚,并萌发出一种新的意识形态,使得共和政体深入人心。

西属美洲各殖民地同样意识到了这样的变化,人们纷纷揭竿而起,在此时期小规模起义层出不穷。在 18 世纪 90 年代到 19 世纪的最初 10 年里,所谓大西洋革命运动的思想已在美洲殖民地传播开来。但当时西班牙对那里的统治还很稳固,所以地方官僚轻而易举地镇压了这些起义。这些官僚得到当地白人和梅斯蒂索人的支持,因为他们害怕独立运动会导致印第安人与白人在政治上争夺权力。海地的经验告诉他们独立运动不仅会侵犯奴隶主的利益,而且也会侵犯那些依靠剥削印第安农民为生的农场主的利益。

然而,专制政府的突然分裂和中央当局的不断冲突给当地官僚带来极大的困扰。美洲各殖民地政府必须做出决定,选择谁能更好地保证其政权的合法性和稳定性成为当务之急。当时的西班牙政权有好几个,其中包括在马德里的约瑟夫拿破仑政权、以斐迪南七世名义建立起的洪达政府,还有斐迪南的妹妹卡洛塔(Carlota),她嫁给了葡萄牙王室为妻并与其于 1808 年一起逃到了巴西,如今成为另外一个争夺王位的人。此外,趁着西班牙如此混乱的局势,以及其他的欧洲同盟都投降于拿破仑的军队,英国又开始了新一轮的殖民扩张,英国开始向革命军提供支持并计划正式入侵西属美洲殖民地。

这一令人不安的消息从西班牙传到西属美洲大陆并逐渐蔓延开 91
来,1808 年的 7 月到 9 月间,美洲大陆也笼罩在一种危机的气氛之中。当地皇家官员被迫做出了一系列令人不快的决定。绝大多数情况下,检审庭、总督或者是主教都主张维持现状,他们一般都抱着等等看的态度。最终他们选择了撤退到加的斯半岛(Cadiz)的洪达政府。一部分人要求召开全民集会借以探听当地精英的口气,决定采取何种措施,还有一些人要么支持拿破仑,要么支持卡洛塔。但这些暂时性的措施没有取悦任何人。在所有地区,克里奥尔和西班牙出身的社会精英都没有达成共识。这种紧张的气氛最终导致了地方各种势力间的冲突,包括总督和他们的检审庭或主教间的冲突，皇家官员和地方议会间的冲突。

这种背景说明，在 1808—1809 年间，上秘鲁发生了许多类似事件。所以，上秘鲁成为第一个充斥着各种矛盾的西属美洲殖民地，这些矛盾既有帝国内部的，也有国际性的，同时，上秘鲁也是第一个西班牙美洲殖民地独立运动中心。这种情况之所以会发生，一方面是因为那里处于独特的地理位置——远离大海；另一方面是由于它是处于两个总督管辖地（利马和布宜诺斯艾利斯）之间的独立的经济区域。另外，自治传统也为独立运动的发展提供了条件，那里历来存在不同的社会群体，这些社会群体之间的冲突在被镇压以前常常发展很快。

1808 年 9 月，西班牙危机的消息传到了上秘鲁，引发了该地区的第一次冲突。大主教和检审庭的庭长宣布支持洪达政府，而检审庭的成员都拒绝接受其统治。情势迅速变得紧张起来。5 月月末，几个法官将庭长关押监禁。虽然波托西省的地方行政长官弗朗西斯科·保拉·桑斯（Francisco Paula Sanz）反对这次行动，但他并没有马上反抗，所以这几个法庭成员继续向其他城市派去使者以求获得支持。尽管一
92 度造成局势的紧张并引起几次暴乱，到此为止整个事件还都局限在官府之内，几乎与西班牙半岛无关。

发生在拉巴斯的人民起义情况就完全不同了。1809 年 7 月 16 日，该市人民群众包括部分革命者要求召开城市集会以确定支持哪一个政权。实际上，当地精英正在寻求自己对这些事件做出决定，而不采取丘基萨卡检审庭已经做出的决定，这充分表明拉巴斯城市本身的势力已经有了很大的增长。现在，在上秘鲁地区这座最大的城市拉巴斯已经能隐隐感受到对于南部统治者的一种愤恨。因此，在西班牙和丘基萨卡所发生的冲突都为地方精英提供了绝妙的表现自己独立意识的时机。

在一个名叫佩德罗·多明戈·穆里罗（Pedro Domingo Murillo）的监护者的领导下，拉巴斯当地的克里奥尔抓住了当地主教和地方官，并宣布其组织为“保护洪达（tuitiva Junta）”。他们立即宣布反对西班

牙中央洪达的统治并以斐迪南七世的名义宣称自己为独立的美洲政府。此后,所有起义军都打着斐迪南七世的旗号发动独立运动以表示自己的合法性。

这是西属拉美殖民地第一次宣布独立,也从此拉开了漫长的拉丁美洲独立战争的序幕,那场战争从 1809 年一直拖延到 1825 年才宣告结束。但是,那些独立运动多半都是短命的。拉巴斯当地克里奥尔人独立运动的"呼声"并没有立即得到当地印第安人的积极响应,甚至都没有得到其他城市克里奥尔精英们的积极响应。一得到起义的消息,利马总督立刻派库斯科检审庭的庭长戈耶尼克(Goyeneche)带领5 000人的军队到拉巴斯平息叛乱。当时,穆里罗及其支持者充其量只能组织起一支不足 1 000 人的军队,而且装备极差。但是,即使在力量对比如此悬殊的情况下,穆里罗及其部下还是接管了新洪达政府,并试图与戈耶尼克进行谈判。最终的结果是穆里罗及政权中的绝大多数特别激进的成员被王室军队逮捕,但独立运动并没有结束。在库斯科的西班牙大部队一到拉巴斯,起义军迅速撤离到永加斯,并于 1809 年 11 月在 93
伊鲁巴纳地区(Irupana)进行了一场激战。结果起义军战败,所有起义军首领被逮捕。他们立即遭到审判,穆里罗与 8 个谋反追随者在 1810 年 1 月被处死,另有 100 多人被流放。

同时,布宜诺斯艾利斯总督任命马歇尔·尼托(Marshal Nieto)为上秘鲁的新一届检审庭庭长。在库斯科军队抵达北部时,他于同一时间率领军队抵达上秘鲁,并于 12 月初占领了丘基萨卡。然后,尼托立即逮捕了参加叛乱的检审庭成员。随着这一行动的发生和拉巴斯起义军首领被处以死刑,上秘鲁地区的独立运动基本告一段落,拉丁美洲独立的第一次尝试就这样遭到毁灭性打击。

但是,查尔卡斯的起义并没有结束,镇压没有扑灭克里奥尔人心中独立的火焰。就在 1809 年拉巴斯城市的起义被有效镇压后,各乡村涌现出的多支游击队在 6 个重要的农村地区建立了自己控制的"造反地区(当地语言为 republiquetas)"。在忠于西班牙王室者控制各个大城市的同时,起义军则控制着一些重要的农村地区,而且他们与各种造反队伍联合起来，那些人很可能来自其他地区。从 1809 年到 1816 年，这里的起义军得到了玻利维亚社会各个阶层的支持，包括广大印第安农民。

但是，尽管乡村游击队不断壮大，暴动不断向社会底层蔓延，但率先开始独立运动的上秘鲁却没有率先独立，第一个正式宣布独立的上秘鲁竟然成为南美最后一个获得独立的美洲殖民地。另外，上秘鲁现在已成为南北交战的重要战场，而在那些战斗中的领导人和军队却都是上秘鲁以外地区的人。

因此，上秘鲁人民的独立运动现在在很大程度上取决于发生在距其几千英里外的高原城市的局势变动，其中影响最大的一次变动就是
94 总督府所在地布宜诺斯艾利斯成功地建立了独立政权。1806 年，在拉普拉塔河地区挫败了英军的一次入侵后，布宜诺斯艾利斯的克里奥尔起义军领袖与地方总督发生冲突，他们遂在 1810 年 5 月掀起了一次大规模的暴动。布宜诺斯艾利斯地方政府很快意识到应将其势力扩张到该总督区过去的领土上，并将上秘鲁视为争取解放的主要地区。因此，上秘鲁的解放者和游击队们都把布宜诺斯艾利斯的变故看成是建立当地独立政权的天赐良机。

在波托西原检审庭庭长保拉·桑斯(Paula Sanz)的率领下，上秘鲁忠于王室的成员发起攻击，迫使检审庭庭长尼托与原总督脱离正常关系，将上秘鲁纳入利马总督的管辖之下。但这一行动并没有阻止起义的蔓延。1810 年 9 月，科恰班巴在布宜诺斯艾利斯地方政权的支持下发动起义。10 月，由卡斯特利(Castelli)指挥的阿根廷大军直抵该地区。由于受到多方响应，阿根廷军队所向披靡，迅速攻下一座座城池，所到之处人们无不热烈欢迎。11 月，大军占领波托西城，保拉·桑斯和尼托被卡斯特利生擒活捉，然后双双被处以死刑。同时，库斯科庭长戈耶尼克被迫撤退，不久，奥鲁罗和圣科鲁斯发生反对戈耶尼克军队的叛变，叛变者率部归顺卡斯特利并成为反忠于王室军队的成员。1811 年 4 月，奥鲁罗和圣科鲁斯开城投降，卡斯特利和他的阿根廷军队受到热烈欢迎。至此，上秘鲁全境再次成为自由和独立的地区。

但是,卡斯特利既不是一个英明的领导者,也不是一个睿智的将军,不久,他那广受欢迎的政权就不再得到人们的拥护。阿根廷人并不热衷于建立一个新的独立的政权,也不想以拉普拉塔河地区的代价来维护秘鲁人的利益(秘鲁人认为里奥拉普拉塔应该属于秘鲁)。1811 年 6 月,卡斯特利的军队在的的喀喀湖边的瓜奎(Guaqui)被击溃,随后那场战争转变成为一场大规模的、触目惊心的城市流血冲突,上秘鲁市民反对那些横冲直撞的但最后只好撤退的阿根廷军队的战争由此引发。

阿根廷军队的失败和戈耶尼克领导下的库斯科忠于王室的军队重夺上秘鲁政权并没有结束该地区的独立运动。11 月,科恰班巴再次发生反对西班牙王室统治的起义并试图入侵高原地区。直到 1812 年 5 95
月,戈耶尼克才彻底镇压起义军。双方均损失惨重。另外,此次战争中绝望的王室军队希望获得印第安人的支持,所以许多酋长应征入伍。而起义军也招募了许多印第安士兵。双方都有印第安人的参与,使得此次战争大规模升级。战争一旦到了这一地步,在 1811 年晚些时候和 1812 年年初,那里的斗争已经脱离了原来独立运动的初衷,完全转化为一场大规模的社会动乱。

忠于西班牙王室的军队现在已经控制了上秘鲁地区,戈耶尼克决定继续向前推进到阿根廷北部,以求重新夺回对拉普拉塔河地区的统治权。但是在 1813 年 2 月的萨尔塔(Salta)战役中,由马努耶尔·贝尔格拉诺(Manuel Belgrano)率领的阿根廷北方军队打败了忠于王室的军队,另一支阿根廷军队开始入侵上秘鲁地区,但此次却无果而返。尽管贝尔格拉诺当年曾一度夺取波托西地区,但 1813 年 12 月,由乔奎因·佩朱耶拉(Joaquin de la Pezuela)率领的忠于王室的军队一举击溃了阿根廷军队,重夺上秘鲁地区。

随着阿根廷第二支军队的溃败及随后的佩朱耶拉对阿根廷北部的入侵,拉普拉塔河地区的领导人们开始意识到上秘鲁并不是他们的主要目标,因此决定支持圣马丁的决定,那就是先从侧翼包抄智利,然后进攻利马这个西班牙王室政权统治的中心。但这个决定并不意味着上秘鲁就相安无事了。当时,上秘鲁正经历着印第安人民起义和几个小规模的叛乱,其中包括 1814 年中期发生的印第安人民反西班牙运动,来自库斯科地区的印第安人攻占了拉巴斯并把那里洗劫一空。同时,阿根廷的共和党们感受到了来自上秘鲁皇室的潜在威胁,所以他们组织了第三支小部队并于 1815 年 1 月开往上秘鲁地区。

阿根廷的这支军队再次得到了上秘鲁地区共和党的支持。4 月,上秘鲁的起义军成功地从忠于王室的军队手中夺取波托西和丘基萨卡;5 月,阿根廷军队恢复了对这些城市的控制。但是,奥鲁罗和科恰
96 班巴却不在他们的控制范围之内。1815 年 11 月,阿根廷军队遭遇了有史以来的大溃败,全军覆没。1816 年年初,忠于西班牙王室的军队掌握了战争的主动权,佩朱耶拉对上秘鲁的起义军展开大规模反攻,最终以西班牙王室军队获胜而告结束。据估计,在 1810—1816 年间,曾有 102 名爱国者考迪罗先后控制过上秘鲁的乡村地区(考迪罗是拉丁美洲靠起义、暴动或者革命名义夺取政权的领袖人物的统称,这些人掌政的时间长短不一,有的几天,有的几年乃至几十年,但该书作者将拉丁美洲独立运动中的起义军领袖统统称为考迪罗是否合适应该可以商榷。——译者注),但到战争结束只剩下仅仅 9 名得以存活下来。例如,著名的起义领导人马努耶尔·巴迪拉(Manuel Padilla)和伊格纳西奥·瓦尔尼斯(Ignacio Warnes)被处以死刑,米古耶尔·兰扎(Miguel Lanza)被收监关押,还有一些人如胡安·阿朱尔杜·巴迪拉(Juana Azurduy de Padilla)和胡安·安托尼奥·阿尔瓦雷斯·阿雷纳尔斯(Juan Antonio Alvarez de Arenales)则被迫隐藏起来。至此,那些曾经一度被起义军所控制的城市中,只有位于科恰班巴、奥鲁罗和拉巴斯之间科迪勒拉山脉前沿由共和党人控制的艾奥帕亚(Ayopaya)还没有被忠于西班牙王室的军队掌控,但那里已经完全孤立并宣布中立。

就这样,到 1816 年为止,无论是外部的还是内部的努力,上秘鲁地区争取独立的斗争都功亏一篑。因此,上秘鲁不可避免地与美洲大陆其他争取独立的伟大斗争中的其他重要事件分离开来,该地区独立的最终实现也就只能依靠那些曾经在这次独立运动期间忠于西班牙王室

的社会精英。到 1816 年，上秘鲁的多数城市被阿根廷军队多次占领，包括在波托西的西班牙王室造币厂在内的王室财富已被洗劫一空。在城市冲突中免于战火的地方都在农村暴动中毁于一旦，庄园被夷为平地，城市经济千疮百孔，满目疮痍。更为严重的是，双方的印第安军队暂时打乱了克里奥尔人对于乡村的控制，导致社会局势的紧张和城市人民普遍的恐慌，使得经济秩序更加混乱。

虽然 1816 年南美地区的独立运动已经渐入低迷，但变化还是在发生。就在 1816 年，玻利瓦尔在委内瑞拉成功地发动起义；与此同时，阿根廷已经具备了相当的实力并宣布脱离西班牙统治而独立。1816 年 7 月，来自上秘鲁的几个主张共和主义的代表集聚在图库曼召开会议，宣布拉普拉塔河及其周边地区为独立国家。到 1817 年，对忠于西班牙王室军队的反攻开始了，圣马丁率领军队跨越安第斯山脉进入智利，并在 1818 年 4 月的迈普战役(Maipú)中解放了这个殖民地。

1817 年初，阿根廷派遣一支远征军抵达上秘鲁，这是阿根廷的第 97
四次也是最后一次入侵。但这支远征军仅驻扎在南部城市，对其他地区并没有构成任何威胁。他们在这里唯一值得称道的成功是俘虏了一名年轻的忠于西班牙王室的官员，名字叫安德列斯·圣克鲁斯(Andres Santa Cruz)，他是拉巴斯当地人，被直接遣送回阿根廷。虽然圣克鲁斯很快逃了出来，并重新回到了利马的忠于西班牙王室的军队中，但由于他在阿根廷的经历以及对于西班牙王室那摇摆不定的政策感到绝望，最后他还是加入了起义军。1821 年 1 月，圣克鲁斯效力于圣马丁将军麾下并成为智利-阿根廷联军中的成员。由于在秘鲁战役中表现出色，圣马丁派他率领一支远征军去支援苏克雷的哥伦比亚部队。该部队当时正与基多地区(Quito)的检审庭军队进行激战。结果，圣克鲁斯及其军队与苏克雷结成紧密的同盟，反倒脱离了与圣马丁的关系。

发生在秘鲁和厄瓜多尔的所有的起义运动都在为共和党的军队新一轮入侵上秘鲁做准备。圣马丁和玻利瓦尔的军队都意识到查尔卡斯并不是夺取利马的主要通道，而且多年战争的经验让他们了解该地区并不能为起义运动提供源源不断的物质支持。1820 年，圣马丁将部队驻扎在秘鲁南部。1823 年,苏克雷和圣克鲁斯的同盟军抵达秘鲁北部地区。圣克鲁斯告知起义军领袖,征服者的军队即将控制上秘鲁。圣克鲁斯率部迅速抵达拉巴斯,并于 8 月攻下该城。前来抵抗的忠于西班牙王室的军队在泽皮塔战役(Zepita)中被击溃,紧接着圣克鲁斯又将奥鲁罗城一举拿下。与此同时,起义军在兰扎将军(Lanza)的率领下攻克科恰班巴。就这样,脱离西班牙统治的解放运动似乎已经接近尾声了。但是,下秘鲁地区战事的发展使得圣克鲁斯的进攻中断了,在查尔卡斯中部有一支军力强大的忠于西班牙王室的军队,这给起义军构成极大的威胁。因此,在到达那里仅短短的几个月后,圣克鲁斯被迫撤离拉巴斯,忠于西班牙王室的军队再次控制了拉巴斯全境。

98 在 1825 年 1 月以前,共和党军队的撤退和兰扎军队的溃败使得忠于西班牙王室的军队牢牢控制住了上秘鲁地区。但他们控制下的上秘鲁显得尤为诡异和神秘。该地区忠于西班牙王室军队的指挥官佩德罗・奥拉尼塔(Pedro Olañeta)是查尔卡斯本地人,一个坚定的保守派人物。1820 年开始的西班牙本土自由革命使他坐卧不安。尽管得到利马总督的全力支持,但奥拉尼塔和他的助手、其侄子卡西米罗・奥拉尼塔(Casimiro Olañeta)一致认为,西班牙的自由运动威胁了王室的权威。因此,1824 年 1 月,这位查尔卡斯将军佩德罗・奥拉尼塔宣布,不会向正陷于玻利瓦尔进攻中的他的同事提供任何军事援助。利马政权对佩德罗・奥拉尼塔进行了将近一年的威逼和利诱,最后甚至定期派人去进行威胁,但佩德罗・奥拉尼塔拒绝做出任何让步。当时,他的侄子一直与各种起义军队保持联系,但佩德罗・奥拉尼塔也拒绝加入共和党的军队。

就这样,从 1824 年 1 月到 1825 年 1 月一年的时间里,上秘鲁地区虽然由忠于西班牙王室的军队所控制,但他们却没有参加一次反对起义军的战役。相反,倒是由效忠西班牙王室者派来督促他们参战的军队被他们击退了好几次。与此同时,由于佩德罗・奥拉尼塔拒绝加入起义军,结果导致该地区完全孤立,整个下秘鲁地区的防御能力因此而被严重削弱。1824 年 12 月,在阿亚库乔战役(Ayacucho)中,苏克雷击败了西班牙军队。决定该地区命运的时刻到了。虽然在那次战役后签署的投降协议中也包括佩德罗·奥拉尼塔和他的军队,但他的军队拒绝接受投降命令,也不向玻利瓦尔投降。在这种情况下,苏克雷不得不率领一支军队到达上秘鲁去说服佩德罗·奥拉尼塔的军队投降。1825年1月,这位老将军战死,他那支桀骜不驯的部队也全军覆没。至此,经过将近16年的内战、生灵涂炭、经济衰退和社会动荡之后,西属美洲及上秘鲁地区的独立运动终于拉下了帷幕。

1824年12月到次年1月的上秘鲁解放运动并没有决定该地区的最终命运,这如同1816年后战争的主动权掌握在当地爱国者手里但他
们却不能决定该地区的命运一样。事实上,玻利瓦尔和苏克雷之所以 99
能够主宰上秘鲁地区,就是因为他们不但控制着解放运动的军队,同时还控制着秘鲁议会。起初,玻利瓦尔坚决反对将秘鲁建成一个独立的共和国,而是主张建立一个全南美大陆的统一的共和国,但这样的做法只会削弱南美洲在世界格局中的地位。玻利瓦尔建立统一共和国的主张不久就受到他自己的大哥伦比亚共和国(Gran Colombia)与同样是由他建立的秘鲁政权之间冲突的挑战。到1825年,玻利瓦尔已经开始妥协并担心秘鲁共和国的不断壮大会威胁到他在大哥伦比亚共和国根据地的存在及地位。最后,坚决反对接受阿根廷到他的全部计划中的想法使得在秘鲁与阿根廷之间建立一个缓冲国家成为比较现实的方案。

最后,玻利瓦尔让苏克雷为他做出最终的决断。权力转交给苏克雷更有利于秘鲁的自治。与玻利瓦尔不同,苏克雷本身并不是站在整个美洲大陆的视角来看待这个问题,同时他还深受上秘鲁地区知识分子的影响,那些知识分子一直希望将秘鲁建成一个自治的国度。在主张独立的那些人当中有一个领导人叫做卡西米罗·奥拉尼塔,即本书前面提到的佩德罗·奥拉尼塔的侄子,是支持秘鲁独立的。苏克雷和卡西米罗·奥拉尼塔以及其他在战争中幸免于难的共和军领袖们达成共识,由于他们在战争中有着相似的经历,他们不愿与阿根廷合并。但是,双方都不愿意看到阿根廷军队第四次入侵上秘鲁。尽管当地共和主义领袖们都曾一度忠诚于布宜诺斯艾利斯,但阿根廷人明显无视于

当地人民的需求，并以牺牲整个地区的利益来满足自己的需要。同时，忠于西班牙王室的人现在已经在利马总督的统治之下将近15年了，并不像1810年以前那样属于布宜诺斯艾利斯管辖范围之内。

相反，有些人却赞成与秘鲁的合并。秘鲁的南部高原与的的喀喀湖的南部高原拥有相同的自然环境，两地都拥有克丘亚和艾玛拉背景，
100 同时，两地还拥有相同的生态环境和经济基础，同样，上秘鲁各城市间的商贸往来虽然由于总督府的不断更替而变得不如以前频繁，但利马仍是维系这种贸易往来的纽带。

此时，秘鲁人民对于玻利瓦尔和他的哥伦比亚军队仍有抵触情绪，而利马精英也不愿意将上秘鲁纳入自己的国土范围之内。相对于将查尔卡斯内各城市合并为一个国家来说，他们更关心获得对普诺(Puno)和阿塔卡马(Atacama)海岸，尤其是塔拉帕卡(Tarapaca)的管辖权。秘鲁人也只是将上秘鲁看做是他们反对拉普拉塔河地区政权的一个战略阵地，所以只要上秘鲁没有受制于阿根廷，秘鲁人对于他的命运也漠不关心。

鉴于这些复杂冲突的需要和外部权力中心的要求，上秘鲁当地精英想要决定自己的命运，他们要求苏克雷建立一个独立的共和国。利马对此不感兴趣也不会过多干涉，另外再加上上秘鲁曾经有过一段长时间的自治的历史，所以上秘鲁人民更愿意自己把握自己的命运，他们重新建立起自己合法的自治政府，实际上，这个政府之前就一直存在。

1825年2月9日，当苏克雷在其军事顾问卡西米罗·奥拉尼塔(Casimiro Olaneta)陪同下和他的军队到达拉巴斯后，他召集了一次上秘鲁各省的选民大会，每个省必须在当年4月派代表来决定该地区的命运。这是外部势力所做出的允许上秘鲁地区自治的最终决议。玻利瓦尔最初强烈反对该决议，但他后来还是批准了这项计划，接受了苏克雷的主张。经过几天拖延以后，1825年7月，48名来自各省的代表汇聚在丘基萨卡来讨论这个问题，在绝大多数代表的支持下，大会宣布上秘鲁最终独立。1825年8月6日，独立宣言发表，为了获得玻利瓦尔的同意，大会宣布将新的共和国命名为玻利维亚。

也正是在此时,玻利瓦尔实现了他最初的誓言:解放上秘鲁全境。 101
丘基萨卡议会派一名代表来到拉巴斯,请求支持他们的行动以及苏克雷的决议。起初,秘鲁议会声称还要考虑一段时间然后才能决定上秘鲁地区的最终命运。玻利瓦尔态度变得温和起来,他置自己先前的决议于不顾并同意了新共和国的独立。他还当了一段时间的共和国临时总统。

1825 年的最后几个月里,独立的玻利维亚共和国在旧有的查尔卡斯检审庭管辖范围之外建立起来(见图 4－1)。对于世界上的其他国家来说,玻利维亚仍然是一个神秘的区域,这里既有印第安农民,还有能带来无穷无尽财富的矿山。但事实与想象相去甚远。在进入共和国

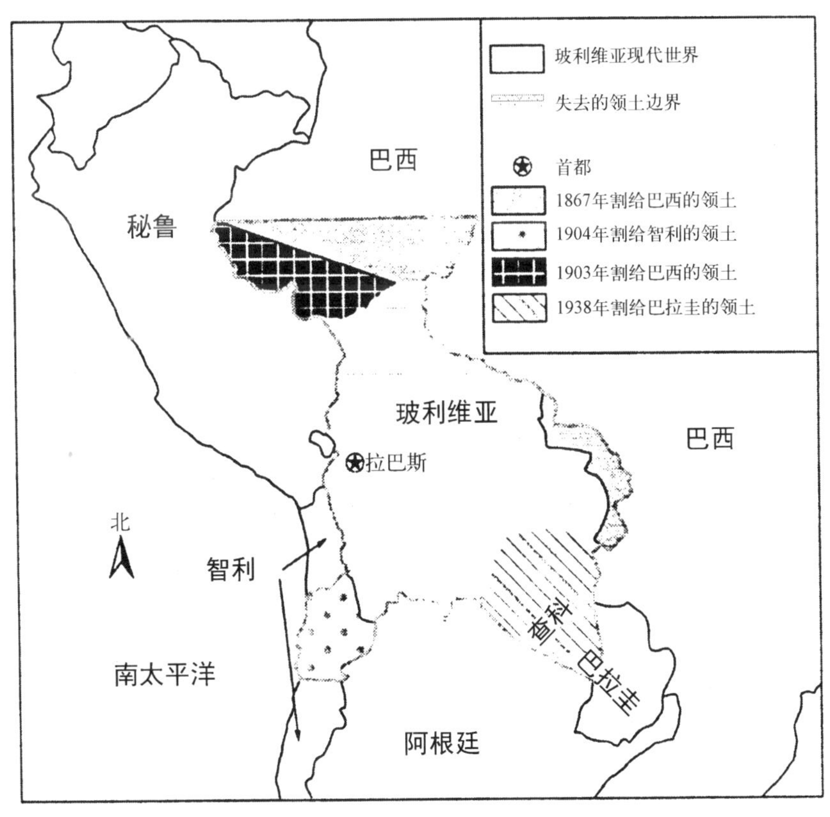

图 4－1　1825 年和现代玻利维亚疆域

102 生涯之前,玻利维亚经历了太多的战乱,当时正处于经济的低迷时期,在随后的 50 年间,玻利维亚的经济停滞不前。从 19 世纪初到 40 年代,玻利维亚的采矿业资本严重缩减,对外贸易出现危机,城镇人口大幅下滑。这次经济萧条甚至比 17 世纪那次危机还要严重得多,与历史上的其他时期相比,这个时期玻利维亚经济更加依靠农村地区,更加为生存而斗争。

正是宣布独立才对玻利维亚国家经济产生了消极影响,并使殖民地时代晚期就已经开始的经济危机继续下去、持续恶化。虽然当代的历史学家通常会轻描淡写政治上的独立对于拉丁美洲社会结构和政治体制的影响,但是 19 世纪的历史学家却将之视为玻利维亚历史的转折点。重读这次经济危机会让人体会到 1825 年的这一系列事件的重要性。20 世纪的历史学家指出在共和政体的庇护下传统精英坚持的重要性,并强调直到 19 世纪社会及政治体制的连续性。他们将 19 世纪 80 年代看做是殖民结构转变的始发阶段。同时也需认清这一点:关税联盟的瓦解对于所有新成立的共和国(包括玻利维亚在内)的国内经济及对外贸易产生了深远的影响。

南美洲所有新共和国的建立开创了新重商主义时代。所有的新建国家都纷纷建立起关税壁垒,抑或是防止彼此的经济渗透,或是为了对付英国商人。但这对于玻利维亚来说意味着北阿根廷市场的缩减,从而导致这一区域的经济滑坡。与利马的不和引发了严重的信贷危机。运输成本向来严重限制了玻利维亚的国际贸易。如今因为秘鲁、智利
103 和阿根廷收取港口停泊费而变得更加艰难。阿塔卡马沙漠地区的玻利维亚港口的建立并没有补偿这些新的贸易壁垒的开支。只有 1/3 的对外贸易利用这个港口,而绝大多数的陆路贸易都受制于外国商人。

因此,玻利维亚的独立极大地限制了上秘鲁传统经济的发展。由于对外贸易所取得的财政收入的缩减,19 世纪初期,玻利维亚政府不得不依靠征收贡税、操纵货币流通量、垄断造币厂和出口白银来增加财政收入。然而当扩大对外贸易是经济发达地区增加财政收入的主要途径时,玻利维亚的税收政策似乎是一种倒退,束缚了当地的生产和

贸易。

独立战争中矿厂及冶炼厂都遭到了毁坏,政府对于白银出口的垄断,新的关税壁垒带来的运输成本的增加,西班牙王室信贷及水银销售补贴制度的取消导致采矿行业陷入严重的危机中。1803 年,波托西拥有 40 个炼银厂(ingenios)和几百个采矿厂,而到 1825 年数量分别减少到了 15 个和 50 个。白银生产在 18 世纪 90 年代每年平均为 38.5 万马克;到 19 世纪前 10 年里,已经下滑到 30 万马克;到 19 世纪第二个 10 年继续下滑到 20 万马克,到 19 世纪 20 年代已经到了最低点;30 年代有所回升,但到了 50 年代又恢复到了最初的水平。

从事生产的产业单位也在减少。1846 年的一次官方调查显示,到 1846 年年底,仍有将近一万个采矿厂被迫关闭。这种情况并不是因为缺乏矿石,而是因为战争导致了资本的流失、设备的摧毁及技术人员的离开,从而导致了矿厂被迫关闭。还有一些相当富有的采矿厂在继续生产,但只能依靠投入大量的资本才能维系下去。而这些矿厂也存在 104
着一个普遍的问题,那就是需要用蒸汽机抽出矿井中大量溢出的水。

由于出口贸易部门长期处于萧条状况,玻利维亚城镇里会讲西班牙语的人口呈下降趋势。两个主要的矿业中心,波托西和奥鲁罗的人口数量明显减少,据一个名叫 J. B · 彭特兰(J. B. Pentland)的英国调查者的调查,到 1827 年,这两个城市的总人口已经减少到 1.5 万人,其中波托西为 9 000 人,奥鲁罗为 4 600 人。其他的矿业城市境况也都不过如此,丘基萨卡人口数缩减到 1.2 万人。

但直到 1827 年玻利维亚国内仍有 80 万印第安农民。在 17 世纪的经济危机中,出口贸易的减少促进了地方农业市场的扩大和自由的印第安社区的形成。这次发生在 19 世纪初的经济危机也产生了类似的局面。一些主要矿业城市及周边市镇的经济停滞不前,但这并没有影响到科恰班巴和拉巴斯地区经济的稳定和人口的增长。1827 年,拉巴斯毫无悬念地成为玻利维亚人口最多的城市,拥有人口将近 4 万。紧随其后的是科恰班巴,人口达到 3 万。这两个地区都是农业中心,原来却是遍布印第安农民的穷乡僻壤。

大城市的发展和南部矿区中心的衰落成为20世纪初玻利维亚经济发展中最大的矛盾。出口贸易的减少使得西班牙人的开发大幅下降，但却增加了印第安农民的收入。这促进了印第安人的国内贸易，由此也加快了他们所在城镇的繁荣发展。这样，对于新的共和国来说，印第安人对于增加政府的财政收入显得尤为重要了。但是，第一次共和党代表大会被迫接受了玻利瓦尔曾经向秘鲁下达的法令，那就是西班牙王室在殖民地的政府向年满18岁到50岁的印第安男性征收贡税为非法。玻利维亚政府很快意识到这个法令会大大减少财政收入，所以这个法令实施不到一年就被废止了，又重新向所有印第安人征收贡税，
105 而且税率和殖民时期保持一致。玻利维亚政府财政收入的60%来源于贡税，相比之下，在18世纪晚期西班牙王室在当地的财政收入中，贡税仅占25%。由于对外贸易的不景气，白银生产量的下降以及政府无法向白人和混血人种征收土地和商业税，到19世纪末，印第安人头税成为玻利维亚政府财政收入的主要来源。

赋税给印第安人民带来了沉重的负担。不过玻利维亚政府同意保护印第安社区不再受到白人和混血人种的威胁。玻利维亚国会批准了印第安人的土地占有权，这一点与玻利维亚的法律是相悖的，因为玻利维亚政府曾经不承认他们的土地占有权。实际上，直到19世纪60年代，当贡税在政府的财政收入中所占比例大量下降时，中央政府在土地所有权问题上才开始实施当代的土地自由占有政策，即社区土地共同所有制。

玻利维亚建国初期，经济形势十分严峻。政府希望通过改革来振兴国内外经济，但最终告于失败。事实上，在1825—1828年间，玻利维亚的安东尼奥·何塞·苏克雷(Antonio José de Sucre)政府与布宜诺斯艾利斯的里瓦达维亚(Rivadavia)政府和哥伦比亚的桑坦德尔(Santander)政府一样，都进行的是典型的拉丁美洲式的改革。苏克雷是一位18世纪古典自由主义者，拥有杰出的思想理念，他倡导建立可行的经济与社会体制，支持共和思想，试图建立一个有代表性的相对开放的政治体制。他甚至曾经试图在印第安人和西语国家之间关系上进

行一次重大改革,而且这种改革是对印第安人有利的。

为了重建战后受到破坏的上秘鲁经济,苏克雷开始重新调整采矿业的经济结构。他开始将矿业进行重组,并在1825年8月使所有废弃的矿厂国有化。随后,苏克雷开始吸收外来资本,鼓励阿根廷企业家,特别是英国企业家在玻利维亚投资建矿厂。这一行动引发了1824— 106
1825年间的采矿热,甚至一些英国工程师特意到玻利维亚调查矿厂。投机热潮也带动了伦敦资本市场,为了开采南美地区的煤矿,26家矿业协会和公司先后在英国建立。在这些新建立的协会和公司中,对于玻利维亚来说最重要的一家是波托西、拉巴斯和秘鲁矿业协会(Potosí, La Paz, and Peruvian Mining Association),该协会预计向玻利维亚投资100万英镑,但实际上的投资数额仅达到这个数字的5%。1825年12月伦敦市场的崩溃几乎宣告所有投机活动无果而终,自此以后,几乎没有英国的机器、资本和矿工进入玻利维亚。没有英国和阿根廷的投资,重新开矿就得不偿失了,除非引进蒸汽动力水泵并大幅度降低成本,但这又谈何容易。这些成本中最难以应付的是劳动力成本。1825年7月,玻利瓦尔废除了全秘鲁地区的米达制,但新的玻利维亚共和国政府发现其根本没有恢复这一制度的能力。这样,波托西必须进入自由市场去购买自己所需的劳动力,并且提供高额的工资以吸引那些来自农村的印第安农民。这笔开销对于当时这个脆弱的产业来说可谓是沉重的负担。

苏克雷成功地恢复了西班牙王室造币厂(the Casa de Moneda, [the Royal Mint])和圣卡洛斯银行(the Banco de San Carlos)的正常运转,即使这样,苏克雷也不能复苏那些废弃的矿厂。最终,只剩下几个当地的玻利维亚矿工使用简单的提炼方法从仅有的矿脉中开采银矿,提供给银行和造币厂。一直以来 ,矿厂使用蒸汽机将矿井中的水排出,依赖于这种技术已经几十年了,但苏克雷无法增加实际的采矿量。

为了复苏玻利维亚的采矿业,苏克雷提出了累进税制度以支持新的共和政体。他成功地废除了米达制,并暂时撤销贡税。这一举措打

107 破了原有的西班牙王室垄断的局面,并使烟草业摆脱所有经济限制。苏克雷还同时废除了著名的销售税(alcabala),降低了一些特别税,如古柯生产税。这些税收或者是向社会上最贫困的人征收的个人所得税,或者是限制贸易和生产的税收。现在只征收一种税,即城市和农村的财产和个人所得税。这种税制当时叫做“直接奉献(contribución directa)”,这确实是一种革命,从而在玻利维亚建立起了现代化的税收结构。

但是新税制实施不到一年就被废除。政府官员们无法管理如此庞杂的税收体系,这需要仔细评估所有公民的财产。没有地籍调查,没有人口普查,除了印第安人的贡税名单还保留着以外,政府根本没有办法对人口和财产重新登记。脱离了西班牙的统治以后,玻利维亚同时也失去了受过技术培训和良好教育的政府官僚机构中的管理人员,这也是所有新独立的殖民地国家普遍存在的问题。玻利维亚现在只是一个空架子,有能力来管理这个国家的人寥寥无几。更为严重的是,由于财政收入的减少,玻利维亚新政府竟然还发现自己没有足够的资金来支付那些有能力为玻利维亚政府服务人员的工资。因此,苏克雷提出的雄心勃勃的累进税制度无果而终。另一个问题是,继续征收高额税收的对外贸易累累下降,使国家重要的潜在扩大财政收入的来源枯竭。到 1826 年年底,政府不得不放弃直接税,重新启用传统的销售税、贡税和其他的退税制度来维持国家的财政收入。

财政改革的失败使得苏克雷和教会关系再度紧张起来。与以前其他所有的反教权主义者一样,苏克雷和玻利瓦尔都寻求摧毁教会在新共和国的地位。在这个问题上,苏克雷得到了玻利维亚境内相当反动的统治集团,即那些曾经帮助西班牙人的效忠派的支持。所以当苏克雷对教会进行攻击时,教会无法进行有效的抵抗。至此,教会的势力得
108 以削弱并且名誉扫地。

实际上,苏克雷对教会采取的行动在 19 世纪的拉丁美洲是最为激进的,这也是他最成功的政府行为。起初,他接管了教会征收什一税的权力,每年大约 20 万比索。接着,他又废除了过去西班牙王室巩固教

堂信贷结构的改革,没收所有教会资本,包括支付利息的抵押贷款和来自教会的私有财产,这些财产用来补贴信徒和神职人员俸禄。然后他的目标对准了修道院。他命令关闭所有人数少于 12 人的修道院,使得玻利维亚的修道院的数量由原来的 40 座减少到 12 座。这些修道院的财产收归国有并由国家进行统一管理,所有修道院的神职人员由国家来支付工资。这样一来,共没收城市及乡镇的私有财产 300 万比索。对女修道院也采取了同样的策略,收归国有并减少了其数量。据估计,从女修道院没收的财产高达 380 万比索。通过一系列措施,苏克雷收归国有的资产达到 800 万—1 000 万比索。

教会财产的没收使得教会在新共和国日常生活中的地位严重下降。但是这并没有增加国家的财政收入,因为低迷的城市和农村市场使得该国家几乎没有人对这些资产敢于问津。在这种情况下,玻利维亚政府不得不将没收的绝大多数土地及房屋出租出去,这还不如原来教会本身的收入多。但是,政府现在还必须支付神职人员与僧侣的工资,这些人合起来大约有 500 多人,再加上政府自己的管理人员费用,这样算下来,政府在没收的那些资产得到的收入几乎没有什么剩余可言了。本来是想利用这笔财产来保障内部贷款的可靠性,但鉴于当前国家处于这样一种经济形势,国内资本市场已经不足以成为国家收入的主要来源。没收教会财产的收入绝大部分都用来支付玻利维亚的各 109
个城市建立社会服务和教育机构方面,6 个大城市(拉巴斯、科恰班巴、圣克鲁斯、奥鲁罗、波托西、丘基萨卡和塔里加)都设有免费小学和孤儿院,但是这些社会服务机构绝大多数都只维持很短的一段时间,而且对于玻利维亚的经济和社会结构并未产生任何实质性的影响。

因此,苏克雷的教会改革并没有如预期的那样扭转国家经济。但从政治方面来讲,教会改革的确是一次成功的尝试。玻利维亚共和国剥夺了原来西班牙王室的任免权,没收了教会的全部土地,削减了修道院的数量,通过取消“宗教兄弟关系(religious brotherhoods),或者叫科夫拉迪亚(cofradias)”,打破了普通信徒和神职人员之间的关系。这些措施都得到了城市精英和农民群众的支持。至此,教会在国家事务中只能处于从属被动的地位了。更为重要的是，玻利维亚由此避免了其他拉丁美洲国家普遍存在的教派纷争。

在19世纪末，罗马天主教势力在全世界各地复兴起来，玻利维亚的教会也想趁此时机重拾往日的辉煌。耶稣会士的重现和新教派的到来，例如西里西亚教派(the Silesians)，使得教会的教育和宗教势力得以全面复苏。但是它的经济和政治地位很难恢复。社会精英及革命群众对于教会并没有表现出任何兴趣。

尽管是一名受拥戴的领导人和有能力的军事指挥家，苏克雷最后发现自己面临着一个无法控制的局面。在他执政的两年半时间里，国家的税收在不断减少抑或很不景气。一个8 000人组成的哥伦比亚占领军也给国库财政收入及国家政治生活增加了严重的负担。这一代胜利的共和国将军之间的纷争，影响了每一个被解放的殖民地，玻利维亚也不例
110 外。醒悟了的苏克雷很快发现自己正在与自己以前的战友对抗。1828年8月，在丘基萨卡发生的一次未遂暗杀行动和流产的政变计划彻底打消了苏克雷继续留任国家首脑的兴趣。从伤痛中恢复过来后，苏克雷辞去了政府的职务，并自愿被流放，回到了自己的家乡加拉加斯。

苏克雷政府的结束并没有带来自由的结局，如同拉丁美洲其他共和国的元首被推翻一样，玻利维亚的那些改革主义者及其推动者进入了一个混乱的时期。其实，正是辅佐苏克雷的那些人和他的忠实的支持者们才能够为下一代人继续行使政府职能。继任苏克雷的自由派将军们将面临前任总统经历过的同样问题，但他们也同样致力于建立一个自由而繁荣的国家。

这些早期领导人中最重要代表是安德烈斯·圣克鲁斯(Andrés San Cruz)。他出生在拉巴斯，父亲是西班牙人，母亲是克丘亚族人。在独立战争刚开始时，圣克鲁斯曾服务于忠于西班牙王室的军队，在之后的很长时间里他一直成绩显著，并于1821年加入了支持共和党政体的这一边。在那一年，他首次加入圣马丁军队作战。在1822年以后，他又加入玻利瓦尔军队作战。同年，他被玻利瓦尔提升为将军，而且在1823年年中，位于玻利维亚边境的泽皮塔战役中取得重大胜利。这也

成为他众多战役中最为显赫的一次。

深受军人出身的父亲及库斯科上层社会的影响,并且长期接触秘鲁的政治和军事发展,圣克鲁斯密切关注秘鲁事务并开始对秘鲁政治产生兴趣。圣克鲁斯于 1825 年由拉巴斯当地推选加入国民代表大会议会,但他谢绝了此项殊荣,并在议会期间,只留任丘基萨卡的高级行政长官。后来在苏克雷政体中,他被命名为拉巴斯地区长官。但在 1826 年 9 月,玻利瓦尔重新把他召回利马并任命其为秘鲁共和国总统。圣克鲁斯在此任职仅一年。苏克雷政权的灭亡使圣克鲁斯被推举到玻利维亚总统之位上,这甚至受到了苏克雷本人的支持。而苏克雷政权的灭亡有圣克鲁斯的朋友库斯科将军奥古斯丁·加马拉(Agustín Gamarra)的一份功劳。

从圣克鲁斯被任命为总统直到他到任前的那段时间里,玻利维亚 111
被一连串的临时统治者控制着。布兰科(Blanco)将军是其中的一个。布兰科曾经试图将政府控制在自己手中但没有成功。1829 年 5 月,圣克鲁斯回到了玻利维亚,并宣布就职。在玻利维亚共和国历史上,圣克鲁斯统治的 10 年是比较重要的时期,他所建立的各种制度为共和国的行政组织机构提供了基本框架,并一直延续了两个世纪。从 1829 年就任玻利维亚总统一直到 1839 年他被智利的军事干预所推翻,圣克鲁斯证明了自己是玻利维亚历史上最有能力的执政者之一。

圣克鲁斯政体最主要的功绩在于他建立了一个稳定的政治、经济、社会秩序。在经历了 20 多年不间断的战争和侵略之后,是他确保了玻利维亚将近 10 年的和平与稳定。正是由于这种稳定使他能够建立一个更加切实可行的财政结构,并从经济中攫取最多的资源。他利用这些资源来支付半职业化的军队的开销,并且确保了一个积极而可靠的行政管理政府。

从经济角度来看,圣克鲁斯是一个坚决的重商主义者。从政府建立伊始,他便开始制定重要的保护性的关税,甚至还极端地完全禁止托丘约(tocuyo,位于委内瑞拉的一个城镇。——译者注)布匹的进口,这种布在国内是主要的制衣材料。他还决定自己将要尝试禁止所有的进口贸易通过科维哈(Cobija)港口,这是在玻利维亚与智利签订的一系列条约以及领土重分之后所保留的唯一港口。来自阿里卡(Arica)和塔克纳(Tacna)更多自由港口的进口货物被加重了关税,这些港口被牢牢地掌控在秘鲁人手里。与此同时,对运往科维哈港口的货物采取低税收、自由港和补贴的刺激政策。据最乐观的估计,大约 1/3 的玻利维亚国际交易经过了这个城市。科维哈市的人口从为数不多的几百人增加到了 1 000 多人,这是与它的码头和仓库不可分割的。除此之外,从科维哈到波托西开通了一条货物通道,同时为了减少重要的运输费用,又开辟了一些其他的国内运输路线。

圣克鲁斯还把注意力投向一直被关注的采矿行业。同样,按照自己调整经济结构的习惯性做法,他大幅度减少矿业税收。1829 年,殖
112 民地时期的矿业税收被废除,所有其他税收也都被减少到 5%。1830 年,传统的 3%的黄金税被废除,因此出现了黄金产量的增长。而那时白银产量仍然处在一个相对稳定的生产时期。

尽管采取了这些经济政策,并确保了一个管理有效且和平的时期,然而经济发展并没有展现出繁荣恢宏的一面。尽管采取了保护措施,与殖民地时期相比,托丘约布匹的产量大约下降了 1/4。在那个时期的最后时刻,政府不得不解除对进口的限制来满足地方市场的需求。不仅如此,尽管对各种税收实行减免政策,采矿业资金的缺乏阻碍了生产的进一步扩大。在 19 世纪 20—30 年代那几十年间,共和国的白银生产停滞不前,要知道那是国家的主要出口产品。

尽管公众存款及税收有了显著增长,共和国前 30 年里政府的实际收入仍然停滞不前。在 19 世纪 50 年代以前,没有一个政府能使财政收入增加到每年 150 万比索以上。而且,这个数字掩盖了经济长远发展的结构变化。正如玻利维亚经济学家何塞·玛丽亚·达伦斯(José María Dalence)1846 年所指出的那样,每一个政府的经济税收来源在 19 世纪 20 年代到 40 年代一直在逐步下降。农村人口的增长和贡税的增加,才使政府总体收入达到相对平衡状态。因此,共和国总体收入中的贡税比重从 1832 年的 45%上升到 1846 年的 54%。而税收中位

居第二位的国内外海关关税只占了总收入的22%。

采矿业的长期停滞不前对国家经济的持续发展起着至关重要的不良影响，同时也严重限制了政府资金有效的基础设施投资及为工业发展提供贷款。尽管付出了很大努力，像其他早期的共和国总统一样，圣克鲁斯面临着国家经费一直入不敷出的问题。在早期时候，他确实削减了一些军费开支，但军队仍然消耗着政府财政收入的最大份额。在 113
平常年月，军队支出占总消费的40%到50%，而用于教会神职人员的花费一直占据总预算的第二位，加上维持政府机构的支出，以及为投资预留的新资金。正如圣克鲁斯指出那样，只有增加国内贸易的税收，才能满足各项开支的资金需求。

政府财政预算的长期不足，可以说这段时期基本上一直亏空，使圣克鲁斯决定发行含银量减少了的银币。1830年，通过秘密法令，一种新的流通银币开始在波托西锻造，这种银币的含银量为18.05克，而不是传统的24.45克。决定制造新的不足银的银币比索(moneda feble)被认为只是牟取暴利的权宜之计，最后导致了经济的长期依赖。与古老的“硬比索(hard peso)”时期相比，货币的大量生产则明显地显示出国家经济结构日益增长的危机。然而，19世纪30年代国家只发行了350万这种不足银比索，和1 650万传统比索，到了19世纪40年代，发行量分别为900万和1 100万。到了19世纪50年代，新货币的发行量已经大大超过了传统货币，新比索为2 100万而老比索仅为250万。

考虑到这个事实，国家开始尝试对老比索征税而对新货币进行补偿。由此带来了国家经济整体的不确定性，这种不确定性随着时间而不断增加。因此，经济的长期停滞导致了政府财政的长期危机，这种危机带来的对金钱的操作反过来又突显了经济的不确定性。甚至在1836年以后快速发展的科维哈市和圣克鲁斯领导下的商业景象迅速衰退。而那时秘鲁和玻利维亚联盟再一次使阿里卡港成为玻利维亚的合法港口。与阿里卡港不同的这种有区别的税收使它自然地获得经济统治地位，实际上也使科维哈成为一个切实可行的替代港。

圣克鲁斯的大规模的经济改革也许不能扭转国家经济的停滞状

114 态，然而他进行的政治和行政的改革以及他所带来的政治安定局面仍然具有重要意义。通过委任议会研究并组织特殊的委员会，最后圣克鲁斯参照拿破仑法典制定了主要的民事和商业法规。同时他使地方的行政管理更加系统化，并且成功地重新确立了农村人口普查制度，这种人口普查措施曾经是殖民地时代成功收集地方贡金的基础。在有限的任期里，他批准了一部民主宪法，并建立了有限总统制度。他还快速获得了独裁权，实施完整的出版审查制度，并毫不费力地流放了他的反对者。然而不得不强调的是，圣克鲁斯对反对者十分宽容并在政治冲突中尽量减少流血屠杀。除此之外，在他统治的 1829—1835 年间，他受到了来自社会各阶层精英的广泛拥护。

圣克鲁斯虽然是玻利维亚的重要人物，但关注他的却不仅仅是玻利维亚一个国家。从他 19 世纪 20 年代中叶最早涉足库斯科政治生活到 19 世纪 20 年代在利马担任总统期间，他便与秘鲁的发展紧密地联系在了一起。无论在秘鲁南方和利马的政治运动中还是在波托西或丘基萨卡的密谋行动中都一样尽心尽力。在玻利维亚执政期间，圣克鲁斯从未放弃过自己在秘鲁的野心。而且随着秘鲁的政治形势变得越混乱，圣克鲁斯对于秘鲁人来说越是一个具有吸引力的人物，尤其是对于南方那些地区。

到 19 世纪 30 年代，在玻利维亚政治中也很活跃的秘鲁南方领导人加马拉(Gamarra)领导的那些集中的行动引发的混乱，以及利马衰弱无力且危机四伏的萨拉韦里政权(Salaverry)，给圣克鲁斯和他在两个国家的追随者们提供了在秘鲁建立新政权的借口。1835 年 6 月，在地方派系之争中有人邀请玻利维亚军队进驻秘鲁。到 8 月，玻利维亚军队击败了加马拉军队，经过一系列战役之后，萨拉韦里在 1836 年 1 月最后被打败并被处决。

基于这点，圣克鲁斯决定把秘鲁重新组建成两个自治国家，即北秘鲁和南秘鲁，并且与玻利维亚联合成为秘鲁玻利维亚联邦。在他自称
115 为护国主以后，他巧妙地操纵所有地方组织都支持他的这种统一思想。这个联邦政府最终在 1836 年 10 月成立。然而，正是由于他的政治活

动过于精明,圣克鲁斯仅仅在玻利维亚及秘鲁南部掌控了实权,并且在秘鲁南部他还面临着加马拉的不断对抗。

无论还存在什么问题,毫无疑问,这个联邦政府为秘鲁带来了和平以及太平洋沿岸各地区的对它权力的尊敬。尽管当时秘鲁的人口只比玻利维亚多一点,拥有150万人口,秘鲁的资源却要丰富得多。与玻利维亚不同,秘鲁有强有力的多元化的地方经济和强大的本土制造业,同时还拥有大量的相对容易开采的自然资源,这些资源能够迅速被开采并出口到世界市场上。与稳定的不景气的玻利维亚经济相反,秘鲁能够更容易地发展经济,这种发展势头蓄势待发。当然,要振兴这个国家的经济,就必须有稳定的政治体系和可以控制并可靠的政府机构。

这种形式对于圣克鲁斯来说是理想的,他的声望是建立在他出色的行政管理技巧基础之上的。他很快为新政府制定了民事和商业法典,包括经济普查,重新组建海关,实行保护关税,重组政府机构并为其筹集资金。军队也迅速获得了资金和支持,并成为国家的主要支撑力量。

不幸的是,对于圣克鲁斯来说,他使秘鲁成为一个强大国家的潜意识也被智利人发现了。智利人将他们自己的领土扩张视为北进运动,即向太平洋沿岸有争议领土的扩张。同时为了争夺欧洲市场,他们同秘鲁在激烈竞争。因此,他们不能接受圣克鲁斯领导下的复苏的秘鲁。结果,智利积极支持秘鲁的暴动政客们,不仅给他们提供武力支持,还把他们运送回秘鲁。他们还把自己的军队“伪装”成秘鲁叛军,并大肆宣称要通过不断的袭击击败圣克鲁斯。

由智利人发动的侵略和随之而来的造反起义,最终削弱了联邦政府。虽然圣克鲁斯获取了一些重要战役的胜利,长期的征战仍然为他 116
敲响了丧钟。到1838年,智利人对秘鲁发动了连续作战,1839年1月,在利马附近的一次大战中,智利军队结束了联邦政府和杰出的圣克鲁斯的政治生涯。

圣克鲁斯被迫逃亡到厄瓜多尔,他也不得不同时放弃了在玻利维亚政府的领导权,因此他的地方代表何塞·米古耶尔·维拉斯科(José

Miguel De Velasco)将军接管了新的独立国家。但是维拉斯科政府面临着困境。以前的支持者对圣克鲁斯充满了仇恨，并没收了他所有的个人财产。但是维拉斯科很快发现自己面临着另一个敌人，圣克鲁斯手下的另一个将军，何塞·巴利维安(José Ballivián)，巴利维安对新政府发动了几次起义。维拉斯科能够实施一些改革政策，重新制定宪法来巩固自己的统治，甚至把丘基萨卡重新命名为苏克雷。但是他无法稳定政治局势。最终，他在位两年后，1841 年 6 月，一次拥护圣克鲁斯的起义结束了他的统治。

人们认为，玻利维亚政府的覆灭并不是当代国际政治中的一次地方事件。自从圣克鲁斯失败后，利马政府便在它最早的敌人加马拉的掌控之中。秘鲁、智利甚至阿根廷都密切关注着玻利维亚的当地局势，当圣克鲁斯最终胜局逐渐明晰的时候，加马拉宣布自己将要入侵玻利维亚共和国，以阻止圣克鲁斯卷土重来。7 月，一支秘鲁军队开始穿越边境，到 10 月便轻松占领了拉巴斯。现在，加马拉把玻利维亚的大面积领土吞并到秘鲁的企图昭然若揭。玻利维亚的其他邻国把这种局势看成为天赐良机，阿根廷在南方支持维拉斯科的军队，而巴利维安似乎徘徊在众多阵地之间，首先支持加马拉，最后决定自己夺取政府并反对秘鲁入侵。

通过所有的计谋和操作，巴利维安最后成为一个领军人物。但是，同时发生了 3 次内部叛乱，再加上外来入侵的军队，这都直接威胁到国
117 家的存在，所有的党派最后决定放弃支持圣克鲁斯复辟，并转为拥护巴利维安，称其为最有能力的将军。从各方面来看，这都是新共和国国际事务中的一次关键抉择。

1841 年 11 月，巴利维安与加马拉在印加维城(Ingavi)交手，并击败了秘鲁的入侵。这次战役之后，加马拉政府的触角重新缩回了秘鲁，秘鲁对玻利维亚的经济控制也被解除，秘鲁和玻利维亚联邦的垮台是导致两国特殊经济关系结束的直接原因，在这种情况下，秘鲁与玻利维亚紧密的政治联系也瓦解了。印加维战役后，秘鲁再也没有涉足过玻利维亚事务，而玻利维亚也无任何政治领导人成为秘鲁政治的可能竞

争者。圣克鲁斯威胁的结束也意味着智利和阿根廷都放弃了对玻利维亚内部事务的强烈干涉,并使玻利维亚重新关注自己国内政治事务。圣克鲁斯时代的结束标志着玻利维亚在拉丁美洲南部的强国地位结束了,同时也标志着一个最辉煌时代的结束,这个时代就在新共和国拥有超群的地位的时候告别了世人。然而,共和国的经济不景气最终还是限制了领导人们的行动范围,苏克雷和圣克鲁斯的政权政体是伟大的解放运动革命思想的最杰出代表,他们两个人在其政治行为中都显示了可贵的人性和宽容,这与下一代共和国的领导集团形成了鲜明的对比。

第五章　国家危机(1841—1880)

118 1805 年,何塞·巴利维安生于拉巴斯上流社会的一个家庭,其叔叔塞瓦斯蒂安·塞古罗拉(Sebastian de Segurola)是皇家军官,镇压了图帕克·阿玛鲁暴动。何塞·巴利维安自身几乎未受过教育,12 岁时便已跻身行伍。作为独立军队的一名重要军官,他荣升为圣克鲁斯军队的最高将领。执掌大权之前,虽深陷复杂的政治阴谋之中,但巴利维安统治时代(1841—1847 年年底)的玻利维亚政治统治趋于平稳,堪称是考迪罗时代最后一个稳定政权。在巴利维安统治之下,国会议政活跃,出身平民的人才得以任职中央政府。伴随着玻利维亚不再卷入重大国际纷争,该国人口逐渐增多,政府收入日趋增长。

玻利维亚新生政权改变了自己在太平洋国家政权之间关系上的立场,这是一个根本性的变化。入侵秘鲁失败后,玻利维亚放弃了对秘鲁拥有主权的企图,安心治理自己现有的领土。此时,巴利维安感到他蓄养着一支过于庞大的军队,它吞噬了一半的国家财政,每百名士兵就配备一个将军。他试图拆掉玻利维亚的战争机器,削减国家政治上的负荷,于是颁布政府专门授地和养老金制度,裁减军队,裁撤军官,甚至还在东部低地建立了“军事殖民区(military colonies)”。裁减这样一支军队所需经费庞大,增加了新的公债重负,军费支出额度照旧庞大。

至于其他方面,该政权则取得了更大的成就。虽然国家预算承袭 119
了原有的赤字亏空,税收在 19 世纪 20—30 年代为 150 万比索,到了 40 年代便增长到近 200 万比索,虽然增长幅度并不很大,但毕竟是增长了。尽管如此,长期以来,仍然明显地受到经济结构的制约。来自印第安人的贡税收入仍然占到了总收入的 40%;关税收入因年景不同,波动甚大。然而,目前国家订立了一些重要的内部关税和赋税项目,这种税收构成了政府总收入中较为稳定的部分。古柯主要是印第安人的消费品,古柯生产方面的税收年平均为 20 万比索;用于生产奎宁的"秘鲁树皮(苦香树,cascarilla)"的出口收入与此相仿,成为仅次于白银出口的重要项目。

政府也将注意力转向东部低地,一是正式建立了贝尼地区事务处,二是成立了军事殖民区,这些做法也带动了欧洲各类殖民公司的商务活动,尽管它们在玻利维亚的活动成就甚微。此外,该政府还特别着重探讨了在该地区开发新的河流或运河航道的计划,目的是为玻利维亚产品出口建立大西洋出海口奠定基础。正当政府首次将注意力转向东部时,它也因为要求建立科恰班巴(现为玻利维亚中西部第二大城市)独立主教区而最终认识到了玻利维亚人口和资源已经变化了的现实。1843 年,国会通过法令,建立第四大基督教会教区。1847 年终于获得梵蒂冈批准。这时玻利维亚已经在拉巴斯,圣克鲁斯和科恰班巴建立了主教区,在拉普拉塔(即苏克雷)建立了总主教区。

最后,在 1846 年,富有才干的政治家何塞·玛丽娅·达伦斯(José Maria Dalence)领导进行了玻利维亚首次人口普查。结果表明,玻利维亚人口稳定增长,已将近 140 万,这还不算估计有 70 万政府管辖不到的散居在东部低地的印第安人。但是,尽管共和国已经度过了几乎四分之一世纪,人口增长了,但社会和经济组织依旧。拉巴斯仍然是最
大的城市,但此时只有 4.3 万人口,而第二大城市科恰班巴只有 3 万居 120
民。对所有 11 个市和 35 个镇(约 500 人以上)调查表明,城市人口仅占总人口的 11%。这一比例与 19 世纪 20 年代中期约瑟夫·彭特兰(Joseph Pentland,爱尔兰地理学家 1826—1827 年对玻利维亚大部分

地区搞过调查。——译者注)的估计相差无几。

由于缺乏政府投资和城市生活的发展迟滞，民众的教育水平异常低下。1847 年，全国仅有 2.2 万名儿童上学，占学龄儿童的 10%。这就意味着，未来全国的教育水平不会有改观。按照达伦斯乐观的估计，约有 1 万人懂得西班牙语，这个数字仅占全国总人口的 7%。学校入学率没有大幅度增长，这明显地意味着下一代儿童不会超过 1846 年调查的文化水准。

经济方面没有大的变化，尽管圣克鲁斯和巴利维安时代形势相对平稳。虽然银矿收入 20 年代已经下降到了 15.6 万马克，但 30 年代略微上涨到 18.8 万马克，40 年代上涨到 19.2 万马克，这个数字仅相当于 18 世纪 90 年代的一半，当时的收入是 38.5 万马克。另外，达伦斯估计，仍有约 1 万座银矿被废弃，余下的银矿有 2/3 仍然淹没在水中，由于没有水泵而无法开采。1846 年仅有 282 座银矿处于全面生产状态，矿主雇用工人数量约 9 000 人，其中大部分人同时从事农业生产，仅仅是矿山的临时工而已。

玻利维亚拥有大量的工匠，这些工匠生产的产品可以最大限度地满足最贫困地区人口的需求。为家庭和地方消费而进行的毛纺织品生产是玻利维亚的主要工业，此外还有食品加工业。共和国初期试图开发生产的廉价棉花织品并未发展起来。尽管市场对英国的廉价棉织品加以抵制或收取高额关税，托丘约(tocuyo，南美洲对坯布、被单布、细
121 布、印花布等的统称)棉布工业集中在科恰班巴，从来没有恢复 18 世纪时的重要地位。在殖民时代，估计科恰班巴的托丘约布料生产厂家(obraje)有几百个。1846 年仅剩下 100 个，产值从 10 万比索下降到 40 年代的约 6 000 比索，因此，从英国进口的廉价棉织品充斥玻利维亚市场。

玻利维亚总体上说是一个农村社会，89%的人口居住在城市和村镇以外的地区，这些人口的生产总值占国民总产值的 2/3，约合 1 350 万比索。相比之下，1846 年矿业产值为 230 万比索，工业品产值为 390 万比索。这些乡村人口，不仅仍然是文盲，而且基本上不懂官方语言。

虽然没有关于语言方面的调查数据,但是可以毫不夸张地估计,能单独用西班牙语或既能用西班牙语又能用另一种民族语交流的人不到20%。克丘亚语(南美印第安人的一大分支克丘亚人的语言)是这个共和国的主要语言,其次是艾马拉语(南美的一支印第安人的语言)。西班牙语是这个共和国少数人的语言,虽然在政治和经济上它是唯一官方语言。

在这样一个乡村社会,大庄园和“印第安自由社区”分别控制着各自地区,这与殖民地后期相比有过之而无不及。1846 年,5 000 多个大庄园的价值在 2 000 万比索,而 4 000 个印第安自由社区的总价值仅为 600 万比索。但是就相对价值和数量而言,印第安自由社区更有优势,因为事实上大部分劳动力居住在这种社区。根据达伦斯的估计,仅有 5 135 个家庭的户主是庄园主,而居住在印第安自由社区的家庭户主有 138 104 人。如果我们认可达伦斯的估计,即以每户四个半人口作为积数计算,就意味着超过 62 万印第安人居住在这种社区,他们占乡村人口的 15%,庄园中的无地人口亚纳科纳在 37.5 万到 40 万之间。此外,还有 20 万乡村居民,他们可能是居住在南方的自由土地所有人或 122
者租用印第安自由社区或庄园土地而本身无地的迁徙工人。

显然,庄园的财产更具有商业价值,尽管如此,这些庄园的发展却处于相对停滞状态,只有永加斯(亚马孙河流域的一处谷地,因土质肥沃而成为城市聚集的繁荣之区)地区和科恰班巴谷地境况尚好。永加斯是古柯的主要产区,随着印第安人口的增长,那里的古柯产量逐年增加。而科恰班巴似乎已经从后期殖民地经济休克中恢复过来,成为玻利维亚国家两项基本农作物——小麦和玉米的重要生产基地,现在已恢复了重要粮仓的地位。然而,其他地区的庄园发展仍然相对迟缓,因此对于以“聚居区”为主的人口稠密地区并不能构成严重威胁。

但是,印第安自由社区本身正经历着巨大的变化,社区内部的阶级分化不断加剧。米达徭役义务制度的废除显然对印第安自由社区的原有成员有利,他们因此可以有更多的时间经营土地。随着沉重的劳役负担的解除,人口增加了,也更稳定了。19 世纪 40 年代,他们额度户主人数已经占到社区内户主人数的35%，有少量土地的“补充者”(agregado)，即后到社区的人，占社区总人口的42%。无地的外来户形成了一个重要的新群体，他们占所有印第安家庭23%。人口的缓慢增长造成了印第安自由社区本身出现了一个无地农民阶级。

农村社会发生着缓慢变化的同时，采矿业发展迟缓，以加工制造业为主的国民工业尚不发达，要满足本国的需求，就意味着这个世纪的头25年，玻利维亚会经常出现贸易赤字。从1825年到该世纪的50年代，玻利维亚合法的贸易经营显示为亏空状态，这只能通过非法的白银出口或走私得以平衡。因此，政府开办的矿产收购银行在收购所有的本国生产的白银过程中举步维艰，每况愈下。而非法出口项目使政府
123 蒙受巨大损失。最后，政府财政出现赤字是常有的事，因为支出，特别是军事性质的支出，远远超过国家财政的收入。

因此，到了该世纪中期，如果说玻利维亚的经济状况已经恶化到共和国建立初期的状况，那么这种境况随着巴利维安的倒台以及1848年到1880年考迪罗统治最混乱时期开始，就愈演愈烈了。但是出乎意料的是，这个政治上最动荡的时期正是玻利维亚经济发展最重要的时期。19世纪50—60年代，蒸汽机开始成功地应用于高原采矿工业之中。矿主主要是来自科恰班巴的商人和庄园主，还有一些人来自更发达的粮食作物产区，这些人投资开采大型矿藏。由于他们的资金来源于内地商业交往，因此这些新商人矿主也愿意在采矿技术上注入资金。

随着高原采矿业的缓慢发展，19世纪60—70年代玻利维亚太平洋沿岸的采矿业也迅速发展起来。70年代，卡拉科雷斯地区(Caracoles)的银矿，以及高原区的老矿，这时都准备开足马力生产。与此同时，现代矿业公司的发展也吸引了国际资本投向新的采矿技术。

所有这些新兴起的经济活动都出现在共和国政治历史上那些最动荡混乱的年代。政治暴乱所造成的混乱似乎对缓慢稳步发展的现代出口企业并没有造成什么影响。60—70年代的政权对于运用新技术的采矿精英有求必应，为其排忧解难，他们主要要求结束政府在统购和经营矿物产品上的垄断地位。

但是,这种出乎意料的增长的原因还有待充分确认。首先,有证据表明,玻利维亚之外发生的一系列事件在使采矿巨头们清醒方面起到了决定性作用。在19世纪上半叶,欧美各国生产能力不断增长,蒸汽机价格不断下降,这意味着与19世纪20年代相比,50—60年代蒸汽 124
机的价格已经相当便宜,而且更容易买到,性能也更稳定可靠。因此,开采水淹矿的成本大为下降。况且,秘鲁和智利采矿业在这一时期的发展为玻利维亚提供了良好的总体区域背景,所需资金和技术易于引进,流向玻利维亚矿业刚刚兴起的工业地区,也为该国的产品出口准备了市场。最后一点,由于国际市场上水银的价格下降,白银生产过程中所需要的提炼费用就大幅度降低了。

但是,这些因素仅仅可以解释为一种总体国际环境,这种环境为玻利维亚矿业生产提供大量的工程技术人员和机械设备,而且生产所需水银的价格也比以前高原采矿时低得多。投放在高原地区采矿业的原始资本来自玻利维亚国内。问题的关键是:在共和国建国初期的25年里经济相对停滞的情况下,这笔资金从哪里来呢?对波托西和奥鲁罗两省早期的矿业公司的分析,可以明显地看出,一个不成比例的资本份额来自科恰班巴河谷的商人和土地贵族。尽管19世纪50年代发生了相当严重的瘟疫,然而人口仍然稳步但不是大规模地增长着,这就促成了不断扩大的以玉米和小麦为主的国内农产品市场的形成,而玉米和小麦是科恰班巴农业的主导产品。伴随着国内市场的不断扩大,科恰班巴的社会精英们就能够从中抽出过剩的资本。这似乎是说,科恰班巴已经诞生了一个本土企业家阶级,他们更愿意冒险将巨额资本投向过去被认为是凶险莫测的采矿工业。实际上,科恰班巴地区是共和国最发达的科罗人口集聚地区的腹地,那里还具备最活跃的由拥有不动产的农民构成的靠收租过活的农民阶级,他们中大部分人既懂西班牙语又懂克丘亚语。因此,他们具备企业经营方面的基本素质。

从19世纪30年代开始,玻利维亚出现了兴建国有合股公司以经营矿业的热潮。通常以低价售卖大量股份,这些公司一般接受上万比索的生产订单。许多公司就是这样起家的。在这些公司中,1832年建 125

立的宛查卡矿业公司(the Huanchaca Mining Company)公司最为突出。该公司经营波托西省的波尔克(Porco)矿。像所有这类投资产业一样,早期建立的这些公司开始只有支出而没有回报,为了重新使矿业投入运营,他们不得不花费多年的时间建立排水设施和开凿新的矿井,这些活动几乎使他们在浅层白银矿所得到的资金倾囊而空。许多公司还没完成这些建设就破产了,这典型地表现在宛查卡矿业公司上。1856年,该公司已投入18万比索用于基本建设,但却未能给公司的股权人创造毫厘利润。在这种情况下,就在同年,商人阿尼塞托·阿尔泽(Aniceto Arze)以4万比索购买了该公司,很快就注入了足够的资金使公司运转起来。同样的例子还有,在19世纪50年代,阿拉马约(Aramayo)家族收购了已经破产的"索卡冯采矿实业公司(Real Socavón Mining Company)"。1855年商人格雷戈里奥·帕切科(Gregorio Pacheco)从他的债务人手中收购了波托西省奇卡斯(Chicas)地区的瓜达卢佩(Guadalupe)银矿。

几年之内,波托西的矿区就建起了3个大型银矿开采"王朝"。伴随着资本的注入以及新企业领导的产生,重组后的公司事业开始兴盛起来。到19世纪60年代,3个企业的领导都开始理性地经营公司,并且通过现代机械设备和排水设备的引进、竖井的建设等承担起长期的结构调整的任务。到19世纪70年代,外国资本流入日益增多,到70年代后期,玻利维亚银矿开采业在资本总额、技术改进以及生产效率上可以说已经达到了国际水平。玻利维亚再一次成为世界上高纯度白银生产的强国之一,这一富有生机的重要出口工业复兴了玻利维亚的国内经济以及国际贸易。

正是由于19世纪50年代经济的迅速增长,才可以从多方面解释玻利维亚政府结构在政治上的奇特表现。随着巴利维安政权的垮台,他那一代的另一个拉巴斯帕西诺军官(原文用的是paceño这个词,该词在任何词典中没有确切解释,根据维基百科全书的说法,拉巴斯作为玻利维亚的一个重要省会城市曾经在独立战争中发挥重要作用,那里的一些军官也曾多次成为玻利维亚历史上的paceño,翻译者理解,这里的paceño似乎可以等同于拉丁美洲各国都曾经出现过的"考迪罗

[caudillo]”。——译者注),1811 年出生于拉巴斯的曼纽尔·伊希多罗·贝尔苏(Manuel Isidoro Belzu)将军作为新的政治领导人登上历史舞台。他出身卑微,虽然具有明显的西班牙血统,像巴利维安一样, 126
从年轻时起就是个地地道道的军官,在圣克鲁斯军队中担任要职。巴利维安夺取政权后,贝尔苏在新政权的军队中发挥重要作用。玻利维亚历来政治派系分合变幻莫测,正像巴利维安所做的一样,贝尔苏要求在政府中占有一席之地,成为最强硬的反对派将军。

1847 年 12 月巴利维安垮台后,贝尔苏一跃成为最强有力的实权人物。1848 年,他正式接过玻利维亚总统职务,并掌政到 1855 年,然后主动辞职,这是自苏克雷时代以来第一个这样做的玻利维亚总统。但是政府财政持续混乱,强权人物互相倾轧,人心持续涣散,将军们领不到津贴,有很大不满情绪,他们中的所有人无一不想成为玻利维亚总统。但是,当时的玻利维亚没有一个确定的政党体制来疏导或控制人们的愿望或要求,国家政治就成为令人讨厌的为所欲为的场所。这样,任何一个微不足道的地方领导都可能呼风唤雨。因此,在贝尔苏执政的 6 个年头中,就发生了 30—40 起不同形式的叛乱。最后,数不清的战斗、谋杀企图和政治阴谋搞得他这个曾经不屈不挠的斗士也精疲力竭,因此他才主动提出辞职。

然而,在阴谋的背后,贝尔苏身上却反映出正在出现的某种重要变化。许多玻利维亚的历史学家认为,贝尔苏政权是一种脱离常规的统治,“煽动者”或者“社会主义”这样的绰号都可以用来形容贝尔苏。毫无疑问,贝尔苏公开表达了对丘基萨卡省(Chuquisaca)的上层贵族和其他省的精英们的敌意,或者说他赞成将富人的财产充公这类社会改革方案。他也是一位富于想象力的平民主义者,他喜欢说自己是科罗混血人或城市底层阶级的代表,他用基督教社会主义的词句表达自己的观点,攻击私有财产和阶级结构的合法性。他经常用一种具有煽动性的方式把钱分给城市贫民。但是,他基本上保持了传统的社会结构,也成为 19 世纪早期坚决支持传统重商主义者地位的最后一位玻利维亚总统。

贝尔苏在经济领域里颁布了过多的法律，这些法律中包括针对英
127 国商品而征收的保护性关税、提高国家手工工业的地位、制订可以刺激民族产品生产的税收政策、建立国家垄断，甚至颁布禁止外国人在该国从事商业活动的法律。这些措施遭到本国的商人和新近形成的矿业联盟的反对，他们一致赞成自由贸易和开放经济。正当自由贸易运动赢得了举足轻重的经济支持者的时候，传统的有产阶级也开始为防止过去的重商主义社会发展计划被废除而斗争。贝尔苏对新兴的银矿矿主怀有敌意，他甚至还建立了若干个矿物收购银行和一个收购生产奎宁的树皮的垄断银行。因此，贝尔苏遭到了新兴的矿业和商业阶级的猛烈抨击，却赢得了广泛的民众支持。

显然，贝尔苏的这种广泛支持早在他政权建立初期就赢得了。1849 年 3 月，一些高级军官企图推翻贝尔苏政权，导致了拉巴斯和科恰班巴这两个最发达、人口最多的城市民众支持现政权的起义。几天之内，这两个城市的下层民众接管了市政，有计划地向当地的上层人士发动进攻。更为重要的是，民众对政府的支持力度相当强大，尽管发生在 1850 年 9 月的谋杀贝尔苏的计划几乎成功，但贝尔苏大难不死，经过长时间的康复治疗后得到痊愈，他的政权始终未能被撼动。

玻利维亚上层阶级反对贝尔苏的统治，而广大民众则支持他和他所持有的强烈的重商主义观点，就在这种情况下，由于贝尔苏力阻外国商品进入该国市场，并且限制外国商人在该国经济中的活动，因此这些国家便开始找他的麻烦。这种与外国的冲突甚至导致了英国外交代表被驱逐。据传说，英国维多利亚女王竟然将玻利维亚从地图上抹掉以发泄愤恨，但这个沸沸扬扬的传言并不可靠。

伴随着主张自由贸易一方的经济实力不断增强，而手工业和地方加工业经济的实力却日益衰退，这种情形最终侵蚀了对贝尔苏的支持力度，却在财力上加强了反对派的势力。最后，贝尔苏在镇压了又一起支持反对派的军队暴动后感到疲惫不堪，于是宣布了退隐的意愿，并力挺容易驾驭的女婿科尔多瓦(Córdova)将军为总统。1855 年，被操控的总统选举开始进行，但却只有 1.35 万名选举者参与投票，于是在

自由贸易支持者一方和欢迎国外资本流入一方最终胜利之前，产生了 128
过渡性的然而却是温和的政府。

科尔多瓦执政只有两年，就于1857年被玻利维亚第一任真正的平民总统何塞·玛丽亚·利纳雷斯(José María Linares)取代。尽管利纳雷斯执政期间存在很多问题，但是标志着权力已经开始向新的经济实力转移，并结束了政府在矿业开采中的垄断地位。本来，贝尔苏和科尔多瓦都对采矿工业的要求反应冷淡，相比之下，利纳雷斯则非常重视。尽管利纳雷斯1810年出生在波托西，属于与自圣克鲁斯以来所有总统同时代的人，但他是唯一没有军旅生涯的总统。他是西班牙上层阶级家庭的后代，受过良好的教育，并在政治上快速升迁，不但在政府中担任要职，同时还在省府丘基萨卡城的中等教育建设中发挥了重要作用。最初他是圣克鲁斯总统的忠实支持者，在联邦时期(圣克鲁斯军政府统治时期，1836年玻利维亚与秘鲁组成联邦，但很快就由于智利的入侵而瓦解。——译者注)，他曾经担任地方行政官、立法委员会委员和中央政府行政官员的角色。最后，由于他反对联邦制度，也反对玻利维亚的军政府统治，只好去欧洲定居，并在西班牙研习法律。

在贝尔苏执政的后期，利纳雷斯返回玻利维亚，经常参与密谋推翻老将军贝尔苏的活动，甚至还在1855年总统竞选中与科尔多瓦相竞争，获得了大约4 000张选票。但是他的失败是正常的，因为政府操纵着那次总统选举。因此，他决定武力推翻现政权，结果他取得了成功。从1857年到1861年他被罢免，利纳雷斯政府显示了对于自由贸易的更加支持。保护国民纺织工业的关税降低了，奎宁垄断取消了，除了银矿之外的所有矿产现在都可以进入玻利维亚市场，但必须在玻利维亚境内提炼。然而，政府并没有像矿主所希望的那样迈向自由贸易。实际上，政府加强了水银的销售限制，结果导致水银生产暂时由国家垄断，由于矿产提炼离不开水银，这便增加了国家对矿业生产的控制。尽管如此，利纳雷斯政府还鼓励矿主们建立由政府全力支持的利益集团，称为“卡马达(camada)”，以此来表示支持他们的要求。

在新政权建立初期，这些新矿主所起的作用就已经变得明显重要

了。当时,玻利维亚政府的全部年收入仍然徘徊在150万到200万比
129 索之间,那些主要矿业公司,如波托西阿拉马约家族拥有的“索卡冯采矿实业公司”,在1854到1861年之间已经投资28.1万比索。在1856到1861年之间,帕切科公司投资33.3万比索。宛查卡矿业公司的投资大体与此相当。这时矿区已经普遍使用蒸汽机、轨道车和现代提炼设备。到19世纪60年代中期,这些公司开始寻求吸收海外资本。因此,全国最大的这3家公司的投资总额接近玻利维亚国家每年财政收入的总和。

随着传统采矿区域的扩大,太平洋沿岸的阿塔卡马省(Atacama)终于显出其地位的重要。1857年,在梅希约内斯(Mejillones)地区发现了硝酸盐矿(芒硝),这就使得智利的安托法加斯塔(Antofogasta)港口缓慢而稳步地发展起来。不久就可以与玻利维亚的太平洋重要港口科比哈(Cobija)相竞争了。然而,这种发展完全在英国和智利商人的控制之下。他们与玻利维亚政府签订了对他们非常优惠的合同,结果基本上没有给玻利维亚财政带来什么收益。

例如,在玻利维亚政府1860年的财政预算中,贡税在国民收入中仍然是其他国民税收项目的两倍,占国家财政预算的36%。更为严重的是,原来获利颇丰的奎宁出口贸易全部停止了。在19世纪40年代和50年代初,奎宁生产是玻利维亚政府的主要税收来源和出口项目,但在1855年,玻利维亚政府对奎宁生产的垄断被哥伦比亚所打破。因此奎宁生产已经下跌到了无足轻重的地步。最后,尽管利纳雷斯企图控制军队发展,将军队人数裁减为只有1 500人,但是军费开支仍然占到了总支出的41%(此上两个数字,即1 500人的军队开支竟然占国家总支出的41%,翻译者感到怀疑。——译者注)。

虽然无力改变政府的收入和支出,但是利纳雷斯还是实现了偿还国内债务的目标,政府铸造银币的活动又恢复了正常。他还试图重新组织国家行政管理,使地方政府更有工作效率。他曾经成功地为地方
130 教育筹措了资金,因此,利纳雷斯政府在没有彻底地改变国民经济状况的情形下,却开启了长期变革的航船,这种做法为自由经济思想在玻利

维亚取得最终胜利奠定了基础。另外,他还对公共信贷进行了全面重组,历史证明,这是 19 世纪 70—80 年代玻利维亚历届政府决策中一项最重要的前所未有的改革。

利纳雷斯的改革思想过于苛刻,规章过于严厉,1858 年 9 月以后他甚至建立了一个正式的独裁统治政权,最终导致一个强大的政府反对派产生了。在利纳雷斯的最热心支持者中间有支持他的,也有反对他的。其中支持他的两个人,一个叫托马斯·弗里亚斯(Tomás Friás),另一个叫阿道弗·巴利维安(Adolfo Balivián),两人组织了强有力的支持集团,人们后来送给这个集团一个绰号叫“红派(rojos)”;反对他的则以更大的规模支持推翻现政权的运动。1860 年,政府在的的喀喀湖边的科帕卡巴纳圣地屠杀了起义的印第安人,同时又将一位图谋叛乱的少校砍了头。所有这一切都削弱了利纳雷斯这个独裁者的统治地位。1861 年 1 月,在他任命的 3 位最重要的部长敦促下,他被迫流亡他乡。

接着,选举产生了新的议会,红派中的许多人被选进了议会。尽管如此,3 个密谋驱逐前总统的个人之一,何塞·玛丽亚·阿查(José María Achá)将军,被议会选为共和国总统,利纳雷斯及其支持者均被解除了权力。新政权在诸多方面都沿袭了利纳雷斯政府时期的基本政策,仅仅在经济政策方面比以前更加自由了。利纳雷斯时期实行的水银矿垄断被废除,政府财政改革继续进行,但是,利纳雷斯时期实行的财政权力过度集中的预算政策被取消了。

在 19 世纪的玻利维亚历届政府中,新政权独具特色的地方是采用极端暴力的手段镇压反对派。1861 年发生了这一方面的典型事件,支持贝尔苏的 70 多人,包括前总统科尔多瓦,都在拉巴斯遭到地方军事头目亚涅斯(Yañes)上校逮捕羁押。亚涅斯以贝尔苏预谋发动起义为借口,下令将这些政治领导人悉数处决,这是共和国有史以来最为血腥的报复事件。此后共和国面临着频繁的政治动乱,未来的所有总统职位竞争者都要经受一系列的权谋和军事叛乱的考验。所有这些叛乱的企图给人留下深刻印象的是,叛乱本身对于国家的经济和社会结构并 131

未造成什么大的影响。在苏克雷和圣克鲁斯为军事统帅时，玻利维亚军队总人数是 5 000 到 1 万人之间。在后联邦时代，特别是 1841 年在印加维(Ingavi，拉巴斯省内的县)受到秘鲁威胁时，巴利维安时期的军队人数已经降至 1 500 到 2 000 人之间。这支军队负责控制 19 世纪 50 年代 180 万人口的社会。

因此，在经常发生的叛乱中，包括叛乱和镇压叛乱在内的双方通常只有几百人参与其中，实际上对经济和社会几乎没有产生严重影响。此外，只要军事政权代表的是新兴的矿业寡头集团的利益，新兴矿业资本家们根本不在乎统治者是谁。只要政府满足了他们的根本利益，他们就不会抽出时间去关心政治，因为他们把自己的公司建立在实际经济效益之上。只要军事考迪罗没有与这些新兴矿主的联盟或支持者(如智利人)发生严重的战争冲突，他们就感到没有必要介入。

在新老经济精英们对政治冷漠的情况下，平民政治家发现他们自己根本无力控制军队中的将军或军队本身。那些矿业精英们对利纳雷斯充满希望，结果导致宪法派(即红派)继续谋求建立一个强有力的平民主政的政权。但是，各派系中的绝大多数人，不论是圣克鲁斯的同党还是贝尔苏的追随者，都继续谋求一位得力的将军或者上校来领导他们的事业，并宣布这个人为总统候选人。在这些政治派系或寡头派系在不同的竞争场所都同意他们的要求之前，军事叛乱或政变就必然发生，而且发生的方式千篇一律。

阿查政权的建立就遵循了这种典型模式，也反映了新兴阶级的经济利益。同时，出现一个新的因素，这个因素在巴利维安执政时的政治经济背景中初露端倪。1863 年，阿查政权被迫应对智利在太平洋沿岸省份阿塔卡马矿区的首次重大军事行动。就是在那一年，智利和英国合资开办的矿业公司发生了一起纠纷，诉至玻利维亚法庭寻求仲裁。在那场冲突中，智利政府拒绝承认玻利维亚的裁决。1863 年，智利政
132 府又提出梅希约内斯硝酸盐矿区的领土要求。阿查派出弗里亚斯与其磋商。同年，玻利维亚议会通过表决，同意用战争解决问题。而玻利维

亚政府则感到无力与这个南部邻国对抗,被迫接受了智利方面对这一含有丰富矿藏的地区提出的领土要求。

正当任期行将结束之际,阿查将军试图建立自由选举制,于是爆发了两次规模浩大的平民运动,参加者一方为红派宪法派,另一方为贝尔苏的支持者。但是就在选举即将举行之前,阿查的一个近亲和马里亚诺·梅尔加雷霍(Mariano Melgarejo)将军于1864年12月攫取了政权,从此开始了玻利维亚历史上最持久、最残酷的独裁统治之一。当然,对这一政权的历史评价还存在很大的争议。像阿查以前的政府领导一样,梅尔加雷霍也有科恰班巴背景,参与过一系列的军事占领、叛乱和政治阴谋。他与其前任的不同之处是年龄。他生于1820年,完全没有阶级背景的支持。在所有的前任中,他只与贝尔苏类似而与其他统治者完全不同,也就是说,他与上层阶级的关系疏远。他是私生子,他的成功完全依靠他的军事才干。同时,他没有贝尔苏那样的革命理想,所以并不积极迎合大众阶级的要求。

但是,尽管研究玻利维亚的历史学家给梅尔加雷霍贴上了“野蛮的考迪罗(*caudillo barbaro*)”的标签,但从很多方面来看,他都是玻利维亚国家矿业精英的代表,正是这个阶级逐渐开始掌握政权并成功地实现了自由经济政策。该政权实行的自由经济政策是一种历史的延续,因为早在利纳雷斯执政时期,这一政策就已经启动。此外,尽管在生活作风上酗酒放荡,他还被贴上了“酒鬼”的标签,但梅尔加雷霍在任期内的大部分时间里还是赢得了新兴矿业精英的支持。在他执政时期,发生了玻利维亚共和国有史以来最为严重的对土地问题争执,那就是在印第安自由社区土地合法权问题上发生的对抗。他反对印第安人对土地的法人持有权,同时又主张经济自由化,这两点都反映了矿业精英的愿望和要求,因此,梅尔加雷霍政府充分反映了强有力的玻利维亚银矿产品出口工业的再度复兴。

只有将梅尔加雷霍执政时期的政策放在国际经济的背景中考察,才能真正找到问题的答案。1864—1873年是一个非常繁荣的时代,正 133
是在这个伟大的时代,欧洲资本开始流向发展中国家。也就是在这个时代，太平洋沿岸出口工业发展迅猛，开始是鸟粪出口，后来是硝酸盐出口，然后是英国、北美和欧洲大陆资本纷纷涌入玻利维亚地方采矿工业，智利和秘鲁的资本也随之而来。这些火热的投资活动还极大地影响了整个阿塔卡马省的梅希约内斯地区。尽管这是一个智利和玻利维亚两国有争议的地区，但当时仍然在玻利维亚控制之内。这个地区是鸟粪和硝酸盐的储藏地。另外，银矿在附近的卡拉克雷斯(Caracoles)地区也即将被发现。

玻利维亚现存不多的资本储备都投入到了传统的高原采矿中心，在那里从事开发现代银矿开采工业。因此，所有这些新的开发区像磁石一样吸引着邻国。对那些高原地区的矿主来说，这些外国资本来到沿海地区矿业是值得欢迎的，因为这些资本可以支持高原矿业的发展。而对于财政收入在半个世纪中几乎没有变化而财政拮据的玻利维亚政府来说，俨然是一个出乎意料的资源聚宝盆，其结果只能带来个人财富前所未有的增加。玻利维亚大多数前领导人都被流放国外，在穷困潦倒中结束一生，而这时的领导人突然发现，外国政府和资本家对自己大献殷勤，他们禁不住玻利维亚的诱惑而纷至沓来。

玻利维亚历史学家和作家们义正词严地谴责梅尔加雷霍政府一贯把国家出卖给出价最高的一方。但是，玻利维亚政府财政收入停滞不前已有 50 多年的历史，难道其他政府和官僚集团无法满足的权力欲望能够抵制住这种金钱诱惑吗？况且，人们可以提出这样一个严肃的问题，新兴的矿业精英们关心对智利做出的巨大让步吗？或关心政府的其他方面，如结束矿业重商主义或保护民族工业吗？

梅尔加雷霍及其将军们是否比其他执政者或好些或坏些并不是问题，关键在于他们确实是积极的。自从 1825 年和 1826 年英国来到玻
134 利维亚从事投机活动以来，玻利维亚首次经历了外国资本的大量涌入，与这种资本涌入相伴随的将是玻利维亚国民人人可以成为富人。传统的北美企业家，如亨利・梅格斯(Henry Meiggs) 和科洛内尔・乔治・E. 丘奇(Colonel George E. Church)等也纷纷前来。还有古老的智利

公司,如孔舒·Y.托雷斯公司(Concho y Torres);传统的英国公司,如吉布斯公司(Gibbs & Co)。待开发的财富主要源于梅希约内斯地区的鸟粪和硝酸盐矿。根据1866年的条约,智利和玻利维亚同意分享这一地区的财富,玻利维亚将把边界线后撤,把南纬24度以南地区的所有事物都置于智利的直接控制之下。这个地方是投资者收入的主要来源。外国人,特别是英国人和智利人,都与玻利维亚官方签订了长期出口合同和铁路专线租赁合同。

因为梅尔加雷霍政府从开始执政的第一天起就面临财政赤字的困境,因此早已经做好了为获得即刻收益而与人签订相当优惠于对方的长期租赁合同,但其结果却收效甚微。很多这样的合同金额都为几百万比索,这些合同中的条款是不利于玻利维亚的,因为它们长时间限制了玻利维亚利用这些宝贵的资源,成为繁重的负担。事实上,许多这种合同都会成为对政府的约束,最终构成导致"太平洋战争"的商务冲突的关键背景。但是,玻利维亚政府基本上对所有这些长期存在的问题漠然置之。新政权执政初期,梅尔加雷霍求助于不得已的借贷来增加财政收入,但没能真正满足他不断增长的开销。因此,任何人,只要从收入中拿出几十万比索,就可以获得几百万比索回报的长期租赁合同。而且,对这些高原的政客们来说,整个勃兴的海岸市场只是一个虚幻的世界,他们丝毫控制不了那个世界,同时,他们也愿意割舍那里所有的一切东西给那些向往去那里发财的勤奋的外国人。还值得注意的是,尽管存在着关于鸟粪和硝酸盐的复杂的出口合同、太平洋沿岸铁路计划、亚马孙河航运、比利时殖民公司以及其他真实的或想象的投机方案,玻利维亚人仍然不想让外国经营者进入高原区采矿工业,而所有这一切都牢牢地掌握在国家投资者的手中。这样看来,前面的那些方案都一钱不值。

由于从太平洋沿岸的矿业以及外国投机资本中可以获得新的财
富,甚至附近国家的政府也愿意与"慷慨"的梅尔加雷霍政府打交道。 135
因此,玻利维亚于19世纪60年代与每一个邻国都签订了商务和领土条约。1865年,为获得在阿里卡(Arica,智利西北部港市)自由港口使用权，玻利维亚与秘鲁签订的一个特别条约生效。根据这一条约，玻利维亚实际上成为秘鲁关税联盟的一员。玻利维亚停止在科比哈(Cobija)向秘鲁征收关税。相应地，玻利维亚每年可以从阿里卡和塔卡纳(Tacna)的海关中获得45万比索的收入。通过这一条约，秘鲁的制造商可以不受限制地进入玻利维亚。这笔来自秘鲁的固定收入很快就被梅尔加雷霍政权抵押出去，以便偿付外国短期借款的利息。

1866年，玻利维亚又与智利签订了一个条约，根据该条约，梅希约内斯地区及其他以前被智利占领地区的领土问题都以有利于智利的方式得到解决，同时，玻利维亚不但不得向当地的太平洋港口出口的矿物产品征收关税，而且智利货物进入玻利维亚的这些港口也将免除通常的关税，仅仅这两个条约，重商主义的全部保护性关税就被摧毁了，玻利维亚实际上已经与智利和秘鲁处于自由贸易之中。然后，玻利维亚又开始与上述两国就玻利维亚从条约中划定的地区联合开采鸟粪活动中撤出问题进行谈判，并与外国公司以灾难性的条款达成了协议，这种妥协的态度只能招致连续不断的智利方面的压力。最终，梅尔加雷霍答应了让一位智利外交代表担任玻利维亚财政部长一职，这位总统在与智利的条约谈判中就曾打算这样做的。当这一举措遭到拒绝时，梅尔加雷霍提名他作为自己在智利的私人外交代表。

紧接着就是1868年分别与阿根廷和巴西签订的两个条约。根据这两个条约，玻利维亚获得了通向大西洋的河运权。但玻利维亚必须做出让步，要进口这两个国家的商品。另外，在与巴西订立的条约中，所谓领土“修正”条款中对大约4万平方公里的规定损害了玻利维亚的利益。因此所有这些条约，除了过分的收益方面的让步甚至是领土方面的丧失之外，例如对智利和巴西的让步，还严重促成了玻利维亚苦心经营的标志着该国政治经济成就的保护性关税壁垒的坍塌。所有这一
136 切都直接刺激了高原区新的采矿精英们的欲望的增长，他们欢迎自由贸易，希望国家采取这一经济政策。

在国内经济方面，梅尔加雷霍也试图进行某些根本性的改革。玻

利维亚当局在大量发行贬值的纸币的同时，试图根本改革殖民时代的货币体制。1869 年，玻利维亚政府废除了比索，建立了十进制的玻利维亚元（boliviano）现金体制。更重要的是，政府企图剥夺印第安自由社区的土地所有权，玻利维亚政府在 1866 年颁布的特别法令是自 1824 年和 1825 年法令颁布以来对印第安集体财产权的第一次真正的剥夺，当时的那两个法令由于苏克雷决定归还印第安人作为税收形式的贡金而没有执行。由于大西洋采矿业和鸟粪开采业的勃兴，这个相对重要的贡金收入就渐渐在国家税收中不占有重要比例了。然而，贡金收入的实际数额一直保持稳定，每年约 80 万到 90 万比索。因此，同采矿业和鸟粪开采业相比，只是相对重要罢了，但是其重要性在逐渐下降。另外，采矿业的缓慢恢复刺激了城市市场的成长，也促使商务农业向这些市场供应农产品。因此，19 世纪 60 年代乡村庄园经济重新活跃起来，于是印第安自由社区的财产所有权遭到了持续的侵害。

根据没收法令中的规定，所有印第安自由社区中的土地都收归国有，要求居住在这些土地之上的印第安人以不少于 20 比索但不超过 100 比索的金额购买土地所有权。如果印第安人在发布法令之日起 60 天内不购买土地所有权，就会剥夺其现有的土地，国家将其土地拍卖给其他购买者。持有国债的人可以利用国债购买土地所有权。如果在公开拍卖中无人购买这些土地，那么居住在这些土地上的印第安人将作为租赁者使用土地，但必须向国家交纳租金。即使这片土地上的印第安人有能力购买土地，最终的土地所有权仍然属于国家，这样，5 年之后土地所有者可以重新购回自己的土地。

在 1870 年梅尔加雷霍政权结束的时候，价值 125 万比索的土地被 137
“卖”给了白人和梅斯蒂索人（混血人），但大部分购地款都是以欠款的方式，即都是以国家债务的方式支付的。土地收归国有并被拍卖引起了反对梅尔加雷霍势力的强烈抗议，印第安人通过暴力和流血斗争的方式抵抗土地充公拍卖，这些抗议活动在他们的土地被有效地充公之前对终止法令的执行发挥了一定作用，下届政府也确实归还了大部分被没收的土地。但是，事实上是梅尔加雷霍对土地市场预期过于急躁，从而导致了这次土地充公拍卖的失败,这才是其失败的真正原因。因为,当时对于印第安自由社区土地需求还没有出现,土地需求的迅速增长在下一个 10 年结束时定将出现,到那时玻利维亚政府就会将梅尔加雷霍的土地充公拍卖成功实施了。

梅尔加雷霍通过削弱银矿开采的垄断权向他前任领导的重商主义思想发起进攻,而银矿开采的垄断是造成新兴的银矿矿主与政府之间矛盾的关键问题。在他统治期间,像阿尼塞托·阿尔塞(Aniceto Arze)的宛查卡企业这样最大的银矿开采公司获得特权,可以自由地向国际市场出口白银。因此,自 19 世纪 60 年代以后,被矿物收购银行(*Banco de Rescte*)收购的白银比例大幅度下降,政府对全国白银价格的有效控制从此结束。通过这些举措,梅尔加雷霍满足了新型的采矿精英们最重要的要求。

1870 年,梅尔加雷霍的政治统治被推翻,但在他执政 6 年期间所制订的政策基本上没有什么实质性改变。虽然奥古斯丁·莫拉雷斯(Agustín Morales)将军在执政期间(1870—1872)竭力就一些过分的合同进行了重新商量,并暂时归还了印第安人的土地,但实际上进一步延续了梅尔加雷霍的政策。随着太平洋沿岸卡拉克雷斯地区银矿在 1870 年开工,该矿在两年中投资总额就达到了 1 000 万美元,再加上梅希约内斯地区的持续的迅速增长,中央政府甚至有更多的钱可资利用。这就意味着政府能够负担得起一些基本改革,而这些改革却是财政极其困难的梅尔加雷霍政府不愿意进行的。1871 年和 1872 年,玻利维
138 亚政府终于放弃了对白银购买的垄断权,不再收购这些公司的矿产品,宣布实行矿产品自由贸易。这届政府还停止了贬值货币的印刷,这些货币是圣克鲁斯时代开始使用的。创建于 1871 年的半私有性的玻利维亚国家银行(*Banco National de Bolivia*)负责兑换这些贬值的货币,也负责对国家货币进行重新调整。

梅尔加雷霍执政期间有很多不良贷款,但新政府并没有实行改变措施。为一家汽轮公司在东部河流航运而签署的丘奇合同最终募集 200 万英镑,可是政府却分文未得,甚至没有一艘船提交给玻利维亚。

由于首批铁路建设特许权授予了梅格斯(Meiggs)和其他一些外国资本家取得了成功,所以在1872年再次这样做了。“安托法加斯塔硝酸盐和铁路公司(The Nitrates and Railroas Company of Antafagasta)”于同年建立,并接受了玻利维亚政府的补贴,于是开始建设从安托法加斯塔和梅希约内斯地区到卡拉克雷斯银矿的铁路。这是共和国铁路建设的开始,尽管还没有开始建设从沿海通向高原地区的铁路,但通往高原的铁路建设应该是高原地区那些新兴的银矿矿主们的下一个主要需求。

从根本上说,梅尔加雷霍政权的垮台促使原来的利纳雷斯平民立宪派(或叫“红派”)重新掌握政权。1872年5月,莫拉雷斯将军赢得了在操控之下进行的选举,获得了约1.4万张选票。但是由于他本人精神错乱并且最终被暗杀,因此避免了这个潜在的专横跋扈的统治者对“红派”掌管政权的严重威胁。在1873年5月进行的新一轮选举中,“红派”的主要领导人、前任总统的儿子,阿道弗·巴利维安在自由选举中获胜,登记选票为16674张。巴利维安温文尔雅,受过良好的教育,到过许多地方,他成功地带领他的支持者掌握了权力。1874年他因病去世,职务由托马斯·弗里亚斯(Tomás Frías)博士接替。后者是这一党派的第二号领导人,也是议会的领袖。因此,从1870年年底一直到1876年,玻利维亚中央政府基本上由利纳雷斯党的领导人控制,这反映了该时期的平民领导层是由最先进分子组成的。

但是,由于“红派”不能控制军队及在国际合同谈判中的腐败行为,这就与其前任梅尔加雷霍政治模式没有什么差别,也就意味着平民政 139
权(第一个此类政权是利纳雷斯独裁统治本身,这个政权仅仅是共和国建立以来的第二个非军事政权)不能够成功地维持自己的统治。虽然拥护自由贸易政策,但那些平民却仍然没有与国民企业中的采矿精英建立直接联系。矿主们现在处于自我组织管理的最辉煌的时代,他们对于政治几乎毫不关心。由于缺少矿业精英们的支持,还由于腐败政治继续存在,平民政治力量被削弱了,平民政治家们自然很容易受到军事阴谋的攻击。

伊拉里翁·达扎(Hilarión Daza)将军从平民政治领导人中脱颖而出,作为共和国主要军事领导人,他是著名的科罗拉多部队(Colorado battalion)的首脑,该部队是梅尔加雷霍时期建立的。与梅尔加雷霍和莫拉雷斯夺取政权的方式一样,达扎于 1876 年推翻了政府。攫取政权后,达扎同历代领导人一样,也面临资金匮乏的窘境,但他还是大肆挥霍国家钱财,以满足贪得无厌的军官们的贪欲,从而确保其政权的稳固。因此,平民们在 70 年代初期开始实行的财政改革在 70 年代后半期被达扎搁置了。中央财政垮塌了,导致了一笔笔疯狂至极的虚假借贷、对于企业的种种特许以及国外和本国投机者对国库的掠夺。所有这一切造成了这样一种潜在的危险的爆发,即各种特许政策之间矛盾迭出,税收政策变化不定,造成了外国公司之间的紧张关系,因为它们正是依靠智利方面的支持才获得在玻利维亚靠近沿岸地区的种种特权的。这种混乱还坚定了智利方面信念:阿塔卡马(Atacama)地区应该归属智利。

因此,推翻梅尔加雷霍后短命的平民政权在政府政策上或者在国民政治管理上几乎没有什么改观。但是,由梅尔加雷霍及其继任者们满足了高原采矿精英们提出的所有基本要求,这便使精英们可以进行最为突飞猛进的活动和改组。从 1873 年到 1895 年这段时间被认为是 19 世纪高原银矿开采业最伟大的时代。到 19 世纪 70 年代的后期,仅仅宛查卡一个公司的收入就比玻利维亚中央政府的收入还要多。此外,所有其他大公司在这个时候都获得了欧洲和智利方面注入的资本。
140 这个时期玻利维亚银矿生产增长速度惊人,这一点从生产的统计数字可以看出来。在 19 世纪 60 年代,矿业平均每年收入仅仅 34.4 万马克,而到了 70 年代平均年收入则增至 95.6 万马克,到了 80 年代更猛增至 100 万马克,90 年代增至 160 万马克。1895 年银产量达到顶峰,估计产值为 260 万马克。

玻利维亚矿主并不把精力放在寻求文官政府的保护上,同时,达扎领导下的军人政府也没有对矿主们的利益构成威胁。实际上,达扎反倒支持了他们,提高了智利贷款企业的利益,他通过平民议会加以统治。1879 年,平民议会则制订了重要的一部宪法,为国民政府提供了一个基要自由宪章,这一宪章强调保护私有财产权。

但是,高原采矿精英们对于政治的冷漠不会保持很久,因为军事政权的可怕弱点就是将玻利维亚带到与智利进行全面战争的边缘,这种战争将再一次给玻利维亚矿主们带来严重的政治和经济问题。1879 年爆发的太平洋战争对于玻利维亚来说简直就是又一场希腊式的悲剧。虽然玻利维亚从一开始就反对智利扩张,但是事实上从 19 世纪 40—50 年代在安托法加斯塔地区发现鸟粪以来,玻利维亚还容忍了该地区落入了智利资本家和智利工人以及定居者手中。甚至从 1863 年以来,玻利维亚就受到来自内部和外部的双重压力,以至于到了不可遏制的顶峰。鸟粪出口量的不断增加导致了智利对该地区的军事占领,1866 年签订的条约也使圣地亚哥最为过分的要求具有了合法性。同时,硝酸盐在梅希约内斯地区附近被发现,这是一个玻利维亚与智利双方共同控制地区,因此,一个新的激烈的渗透时期开始了。随之而来的就是 1868 年安托法加斯塔港口的建成,再后来就是玻利维亚放弃了科比哈。1870 年发生了卡拉克雷斯银矿罢工,1872 年"英国-智利硝酸盐和铁路公司(the British-Chilean Nitrates and Railroad Company)"成立。人们很快就将开采的注意力放在了硝酸盐地区,铁路修通之后紧接着在卡拉克雷斯更靠近沙漠中心地带竖起了一顶顶采矿的帐篷。玻利维亚沿海地区的居民主要是智利人。这一省的所有意图和目的都是 141
为将其变成智利的殖民地而设定的。

玻利维亚当局竟然纵容这一事态的发展,这是因为玻利维亚政府需要资金,而其国内资本家又无力开采这个沙漠地带的资源。但是,一旦这些军事领导人用光了资金又会变得越来越不择手段,他们发现他们新的财政收入只能从沿海地区获得。在高原区,由于奥鲁罗和波托西矿主的实力强大,从而阻止了军政府持续不断地对他们的勒索,同时,军政府也担心过分的勒索所造成的直接政治对抗会导致政府垮台。相比之下,沿海地区远离政治中心,对高原区城市的政治不感兴趣,因此,将军们变本加厉地试图在那里与矿主们就用地权力问题的重新确定和税收问题的再度商谈而讨价还价。

在这种情况下，1878 年，玻利维亚政府就安托法加斯塔硝酸盐和铁路公司在硝酸盐矿出口问题制定了新的矿业税法。但是，在智利人全力支持下的英方主管拒绝支付这种他们认为“不公正”和“非法”的税款。就在玻利维亚政府当局企图逮捕这位不驯顺的主管时，他已经逃到智利去了。当玻利维亚政府宣布政府要没收公司的财产以抵消税款后，智利人就采取了预谋已久、精心策划的行动。1879 年 2 月，智利军队在当地智利人的支持下成功进入安托法加斯塔地区，两天以后占领了卡拉克雷斯，3 月最终与玻利维亚人在卡拉玛绿洲(Calama oasis)打了一仗。4 月正式宣战，秘鲁也卷入了战争，站在玻利维亚一方。但到此时，整个沿海地区，包括科维哈，都被强大的智利海军所占领。因此，冲突以来的两个月之内，整个玻利维亚所属的沿海地区已经全部落入智利人手中。

太平洋战争才刚刚开始，因为智利人不仅企图占领玻利维亚领土，还企图攫取秘鲁的大部分沿海矿区。智利以玻利维亚与秘鲁 1873 年签订的军事互助秘密条约为借口，实际上已经为与秘鲁进行长期的海战做好了准备。智利故意煽动秘鲁援助玻利维亚，然后集中力量摧毁
142 秘鲁的军事实力。就在正式宣战的几个小时之内，秘鲁南部的所有港口就被智利封锁了。

当玻利维亚调集了 4 000 人组成的部队赶到海岸时，智利人已经开始进攻秘鲁的伊基克(Iquique)和塔克纳(Tacna) 港口，玻利维亚配合秘鲁人作战，但是两国军队被智利部队打得七零八落。到这一年的年底，达扎担任秘鲁海岸玻利维亚部队总司令，但结果证明，同其政治家的身份相比，他是一个更糟糕的将军。尽管各部队奋力拼搏，由于他指挥不力，失败已不可避免，因为此时智利人已经全面掌握了海上的控制权，可以随心所欲地发动对沿岸的攻击。

虽然玻利维亚政府认为，1879 年年底主力部队失利后，智利方面对高原的侵略就迫在眉睫了。但事实上智利人无意越过安第斯山脉，他们对玻利维亚的高原区不感兴趣，因为他们认识到进攻玻利维亚腹

地一定很艰苦,而且代价大而获利小。因此,玻利维亚人现在基本上变成了秘鲁人微不足道的小伙伴,成了秘鲁战场上大战的被动的观战者了。由于战争是突然爆发的,玻利维亚部队完全没有准备,加上达扎灾难性的指挥,结果民怨沸腾。1879 年 12 月,拉巴斯的居民和秘鲁沿岸的玻利维亚部队发动了反政府的叛乱,将达扎赶下了台。

经过多次紧张的谈判,暴动的领导人终于同意任命纳西索·坎佩罗(Narcisco Campero)为新总统。他是个将军,但从未参与过任何暴动活动,在玻利维亚部队中并不算是受到过最好训练的将军。坎佩罗虽然很不情愿,但还是于 1880 年 1 月就职上任了,他同意领导玻利维亚人民继续同智利的斗争。坎佩罗曾经在法国圣西尔(St. Cyr)和欧洲其他重要的军事中心接受工程方面的训练,他受命消除军事统治的各种弊端,建立一个稳定的文官政府。他迅速果断地镇压了一些劣迹昭彰的老军官,提拔了精明强干、思想开明的埃利奥多罗·卡马乔(Eliodoro Camacho)将军辅佐他的政府,接着又立即召集特别议会以赢得支持。

事实上,1880 年的议会成员中不仅包括了国家重要的政治领袖, 143
而且还包括了像格雷戈里奥·帕切科和阿尼塞托·阿尔塞这样的矿主,这一事实表明,高原矿区采矿精英们对于政治冷漠的时代已经结束,太平洋战争结束了他们与智利资本保持的传统联系,切断了他们的出口路径,迫使他们认识到,要保证他们的长久利益就必须建立一个稳定且财力雄厚的政府。同时他们还认识到,如果工业要迅速发展,就必须搞好现代交通设施的基本建设,这是未来采矿业的根本需求。只有政府政治稳定、经济上有活力,才能为修建公路和铁路提供资金。但现在太平洋沿岸丰富的化工矿藏已经永远地丧失了。传统的军事领导人让人失去了信任,国家财政结构不合理导致的灾难又直接引发了代价巨大的战争,太平洋沿岸矿区积累起来的财富悉数化为乌有,所有这一切都促使矿主们和高原区的采矿精英们不得不直接参与政治。太平洋战争的灾难摧毁了军队的实力,也为平民政治家掌握政权设定了正当理由,这些政治家力图最终有效地理顺政治机构,使之与出口贸易和城市经济变化的实际协调起来。结果,军事考迪罗的政治统治模式作为一个时代结束,伴随而来的是平民控制的有限政治参与的现代议会制度开始了。自共和国建立自治政府 55 年后,玻利维亚终于进入了 19 世纪典型的文官政府时代。

第六章　银和锡的时代（1880—1932）

1880 年是玻利维亚历史的重大转折点。对于当时的人来说，这一 144
年最富有戏剧性的事件是智利侵略者完全击败了玻利维亚军队，太平
洋战争让玻利维亚丧失了沿海地区的全部领土。虽然不那么富有戏剧
性，但同样重要的事件还有，一个新政府取代了原来的军事考迪罗政
府。尽管在共和国建立 55 年的历史中通过军事政变来实现政府更迭
已经司空见惯，但事实上这个新政权还是标志着国家政治演变发生了
根本性的变化。它本质上是平民寡头政府，却代表了初步具有活力的
共和国政府，因而直到 1934 年，这届政府都是玻利维亚政治生活的典
范。虽然国家丧失了出海口，但是从 1880 年开始直到现在，玻利维亚
在国际事务中一直保持着最不妥协的政策。现代政党制度和平民政府
的建立必将会在玻利维亚社会中产生长期的政治、经济甚至社会和文
化方面的变化，而这些变化又会引发深刻的历史变革。

1880 年以后玻利维亚政治上的基本稳定和成熟并不是与智利战
争的结果，而是源于玻利维亚经济上的根本变革，因为这种变革早在
30 年前就已经开始了。大约从 19 世纪中期开始，银矿开采打破了持
续半个世纪的萧条，经济已经开始大规模地重组。这一重组包括以购 145
置现代机械的方式引进资本，加强采矿公司的基础建设，政府为生产和

货币发行松绑。所有这一切都需要相当长的时间，因为大部分的资本都得从内部产生，还要培训新一代的工程师以便发展工业。到了19世纪60—70年代，无论在产量上还是在技术上，玻利维亚采矿业都达到了世界先进水平。这就引起了对资本的更大需求，于是，玻利维亚高原矿区的开采开始向智利和欧洲资本开放。

新型的采矿精英在政治上初步组织起来，打破了国家在银矿开采出口方面的垄断，接着开始形成一个联合的压力集团且已迫使政府对他们的利益做出更多的让步。这些利益主要集中在一点上，那就是要建立稳定的政府，这样的政府能够在财政上支持建设连接矿区的铁路，这对于采矿业主们是至关重要的和急需的。在白银价格长期走低的情况下，国际市场正在进入一个开足马力进行矿业生产的新时期，这种形势迫使玻利维亚的新型采矿精英们不断地降低生产成本并增加生产能力。这就需要引进机械设备和电力，最主要的是运输机械化。

机械化和电气化开采是玻利维亚新型采矿精英们的头等大事，然而运输问题则是他们力不能及的。这个问题的解决需要投入巨资，当时已经成了玻利维亚发展的主要障碍。正因如此，政府的资助和国际资本的引入才变得十分迫切，而只有一个稳定的政府才能对他们的需求做出反应，才能为他们提供帮助。对于他们来说，战争是噩梦，他们希望尽早结束战争，希望一切向着有利于玻利维亚的方向发展。在与新生代智利资本家建立了密切联系之后，玻利维亚新矿主们认为，战争断绝了他们新的资金来源，同时也阻断了他们与国际贸易的联系。他们对历届军政府的无能极为不满，认为这是战争的主要根源。结果矿主们形成了一个强有力的和平政党，并把希望寄托在开明的坎佩罗(Campero)将军身上，正是这位将军协助他们在1879年12月推翻了达扎军事政权。

146 因此，他们寻求一条迅速结束与智利冲突的途径，寻求对全部丧失土地的赔偿，并将这笔赔偿用于铁路建设。为达到这些目的，他们成立了一个正规政党，叫做“保守党(*Partido Conservador*)”。遵循南美大陆其他国家类似运动路线建立起来的玻利维亚保守党实际上与传统建党模式大相径庭。在正式表示要保护教会利益的同时,保守党主要关心的却是建立强有力的议会体制的政权,一种民选总统制度,一个致力于赢得广泛群众支持的、以建立国家交通基础设施为施政目标的政府。由于玻利维亚教会所起的社会作用不大,最后完全成为一种政治机构,玻利维亚从来没有出现一场强大而团结一致的反教会运动。因此,与同时代拉丁美洲其他绝大多数类似政党不同,玻利维亚保守党很少对自由的反教会改革进行反击,恰恰相反,他们将自己的全部精力放在玻利维亚的政治和经济现代化的目标之上。

玻利维亚现代出口部门的发展对于国家的经济、政治乃至社会结构都产生了重要影响。奥鲁罗和波托西采矿业的发展带来了对于食品和劳动力的新需求。结果有大约 200 万的玻利维亚人深受这一变化的影响。商品农业区域因此而获得了动力,铁路建设则创造了新的市场,并把原来分立的部门或领域联系在一起。

所有这些发展意味着,如同曾经被限制的矿业一样,几乎停滞了近半个世纪之久的大庄园制度又开始恢复活力并发展起来。同时,过去一度成为政府财政收入主要来源的印第安人头税已经越来越不重要,这就是说,国民政府不再依靠保护印第安人的自由社区来获取利益了。同时,印第安自由社区的土地所有权问题早在 19 世纪 60 年代的梅尔加雷霍时代就已经出现了,只是由于印第安人的坚决反对,当时要停止印第安人社区土地所有权的企图才没有实现,那些社区有效地维护了他们对土地的控制权。但是,到了 19 世纪 70 年代,白人和梅斯蒂索人开始施加越来越大的压力,新的城市市场和矿业领域的市场刺激了土地精英们开始了新一轮的对自由社区所有权的全面质疑。这些社会精英接受了那种所谓“自我服务思想(the self-serving thesis)”,认为社区是一种过时的土地占有制度,是社会整合和现代经济发展的障碍,他们 147
所用的是 19 世纪关于自由农民直接拥有土地所有权的古典自由主义思想。19 世纪 80 年代,精英们强烈要求自由社区接受土地自由买卖制度,土地所有权归个人所有,而不是归集体所有。这就是要创造一种个体印第安农民身份,这种印第安农民拥有合法的土地所有权,同时,给予庄园主一种权利，使他们得以通过购买一些小片土地来打破自由社区对土地的实际控制权，并以此来摧毁印第安社区的凝聚力。余下的工作就简单了，运用司空见惯的欺诈或强迫手段购买社区的土地。不久，高原地区和邻近河谷地区的庄园就星罗棋布地建起来，这是以印第安人失去土地所有权为代价的。

19 世纪 60 年代，梅尔加雷霍对印第安自由社区的侵占就是以这些“自由主义”思想为依据的。但是到了 19 世纪 70—80 年代，新资本的注入使这种侵占攻势更加有效了。因此，从 1880 年到 1930 年，玻利维亚进入了庄园建设的第二个高潮时期。在 80 年代，印第安自由社区仍然掌握着一半的土地和一半的农村人口，而到了 1930 年，印第安人区所控制的人口和土地下降到了原来的 1/3。这样，印第安自由社区的势力已经确定无疑地被打破了。印第安社区只占据着一些边远地带，是 20 世纪 30 年代玻利维亚国民经济的萎缩阻止了印第安社区土地所有权的彻底丧失。

对于印第安人来说，印第安社区逐渐衰落不仅意味着土地所有权的损失，而且还意味着社会凝聚力的结束。在很多庄园重新建立了自由社区的政治和社会管理机构的同时，庄园中的艾柳阶级通常无力保护其成员免于从一直居住的土地上被驱逐的命运。况且，庄园所需的劳动力比印第安自由社区需要的劳动力要少得多。结果，印第安人的社会模式逐渐瓦解，他们纷纷流落到城市，城市和乡村梅斯蒂索人口开始增加。阻止印第安文化全面崩溃的唯一因素是整个 19 世纪印第安农民人口数量的持续增加。虽然在 19 世纪中期出现的一系列瘟疫放慢了人口增长的速度，但是像霍乱这样的传染病在 19 世纪最后 25 年内已经消失，因此人口增长势头依然很猛。由于 20 世纪 30 年代以前
148 农村缺少公共教育，乡村各个阶层和团体使用的语言依然是本土语言。

在历史进入 20 世纪的时候，尽管玻利维亚也发展了现代出口企业，庄园经济有了大规模扩张，甚至也开发建设了一些现代城市，但玻利维亚基本上还是一个以印第安农民为主体的农业社会。1846 年的人口调查显示，土著人口占全国人口总数的 52%，到了 1900 年，土著

人仍然占 51%。即使使用最宽泛的城市定义,玻利维亚在 1900 年仍然有 73%的人口居住在农村。最后,西班牙语仍然是共和国中少数人的语言,即使在讲西班牙语的人口中文盲率也非常高。以 7 岁为基准年龄计算,7 岁以上的人口中受过一些学校教育的人只占人口总数的 10%,到了 1900 年这一数字只增加到 16%。况且,这一数字很可能也是过高估计了。

因此,1825 年以后的共和国政府是建立在少数人基础之上的,政府所代表的仅仅是那些操西班牙语并受过教育的人的意图和目的,这些人至多占总人口的 1/4。如果对投票者的受教育程度提出要求,对担任公职的人进行财产限制,那么玻利维亚政权从根本意义上讲实际是一个有限的参政体制。到 1900 年,玻利维亚参加选举的人数也仅在 3 万到 4 万人之间。

至于印第安农民,到 1880 年也还谈不上民主和参政。在这方面,历届共和政府比军事考迪罗统治对农民的剥削有过之而无不及。不管是矿主还是庄园主,白人精英的经济发展总是以牺牲印第安人的利益为代价的。那些白人社会精英有一个无可争议的共识,那就是使印第安人远离政治,剥夺他们拥有武器的权利和有效表达抗议的手段。军队,特别是现代化和专业化以后,成为迫使印第安人处于服从地位的不可或缺的工具,也是用来镇压时常兴起的印第安人起义的工具。

玻利维亚白人精英分处不同的政治派别,甚至拥有推翻政府的武 149
装。但是,这样的冲突和暴力行为通常有一个明显的界线,那就是基本上限定在城市和阶级事务内部。白人精英之间的纷争几乎不求助于任何非精英和非西班牙语的群体。1880 年到 1934 年的政治生活在很大程度上又严格地限制在统治阶级内部。仅有的一次例外发生在 1899 年,当时印第安农民被允许参加了短暂的全国性政治冲突,但那次政治冲突的结果却是以印第安领导人被镇压而告终的。对于印第安的乡村广大民众来说,表达政治意图是传统乡村长者的事,或者局限于领导他们进行“种性战争”的临时叛乱领导人手中。这些暴动或起义通常发生在一些小社区,本质上是防御性的、自卫的,比如抗议加强对印第安人的剥削,或反对土地所有权被侵占等。直到20世纪,真正关心政治生活的人甚至作为观众参与的人只占国民人口的10%到20%,正式登上国家政治舞台的人极少。

经济上的变化对于国民的政治和社会生活产生了重大影响,同时,国家的文化生活也没有摆脱这种影响。在共和国成立初期,文化生活非常少有。玻利维亚独立以后,社会和思想都处于封闭状态,这对社会精英的思想和行为也产生了很大冲击。就像是那些巨额富豪不再保护大众艺术一样,其实这种情况早在殖民地时代就已经很严重了。

虽然新式大学在19世纪初期就已经建立起来,如位于苏克雷的圣弗朗西斯科泽维尔大学(Universidad de San Francisco Xavier),那里是玻利维亚国家的知识和学术中心。但是,来自智利和拉普拉塔河地区的学生来到这里已经不再是为了研究学术,因为那些学校的主要活动领域仍然是神学和法律。另外,由于城市管理官员的缺乏,再加上玻利维亚国际贸易和联系的减少,这就意味着直接来自欧洲的推动力已经荡然无存。现在,玻利维亚只能通过其邻国的经验来获得欧洲当代的思想文化。因此,在19世纪初的几十年内,玻利维亚的思想文化活动在深度和广度上是该国最差的历史时期。

当然,在这种总体形势下也有一些例外。有些曾经在国外留学、在国外写作或者在国内完全封闭的环境中工作的人,就与众不同。还有
150 一些外国杰出的知识分子,如何塞·华金·莫拉(José Joaquin de Mora),巴托洛米·米切尔(Bartolome Mitre)和拉蒙·索托马约尔·瓦尔德斯(Ramón Sotomayor Valdez),他们旅居玻利维亚期间写诗歌、创作小说、编写历史,或从事其他人文作品的写作。这个时期,流行着一种以小册子为方式的出版物,内容主要集中于当时的政治和经济方面的问题,但是极少出现有创造性见解的作品,因此都影响不大。1880年以前唯一的一个例外是何塞·玛丽娅·达伦斯(José Maria Dalence),他写了一部玻利维亚社会统计著作并因此而当之无愧地被誉为玻利维亚社会科学之父。他还为系统地建立19世纪40年代的玻利维亚的社会和经济结构做出了不懈的努力,这也是独一无二。他在

工作中显示出的聪明和智慧表明,作为一个社会科学的研究者,他对欧洲最新的学术研究成果了如指掌。

在文学和艺术领域,玻利维亚人根本谈不上什么建树。玻利维亚人写的第一部小说直到19世纪60年代才出版,第一批昙花一现的文学刊物直到60年代末70年代初才出现。这个时候玻利维亚的诗歌和戏剧被该国的文学批评家评论为最拙劣的作品。唯一的例外是纳撒尼尔・阿吉雷(Nathaniel Aguirre),他被认为是玻利维亚最重要的现代小说家之一。尽管在1880年以前纳撒尼尔・阿吉雷就已经开始接受正规的教育,也开始了早期文学写作,但是,他的重要作品在1880年以前还没有被出版。

1880年以后,随着稳定的平民政府的建立、国民财富的增加、职业的专业化以及学校现代课程的设立,玻利维亚文化生活得到了复兴。个体作家互相之间建立了联系,条件好一些的个体作家有很多机会从事写作,或者到国外生活并参与拉丁美洲或欧洲的文化生活。因此,玻利维亚诗人里卡多・贾米斯・弗雷耶(Ricardo Jaimes Freye)与布宜诺斯艾利斯的鲁宾・达里奥(Rubén Darío)成为现代主义运动最强有力的声音,风靡了拉丁美洲和西班牙文学界。像加布里尔・勒内・莫雷诺(Gabriel René Moreno)这样的国民作家,作为玻利维亚历史学家的领头人,供职于智利的图书馆和档案馆。还有一些小说家和散文作家,如阿尔塞德斯・阿尔古耶达斯(Alcides Arguedas),生活在巴黎,因其现实主义的创作风格而享誉美洲。随着人文著作、诗歌以及其他文 151
学作品数量的增加,玻利维亚人将这一时期的作家称为"19世纪80年代作家(generation of the 1880s)",这是共和国涌现的第一代作家,他们为后代的文学和人文创作奠定了重要的基础。从19世纪80年代到20世纪20年代这段时间,不论从哪方面说,都可以说是玻利维亚民族文学的"黄金时代"。

然而,由于传统的国家大学体制的限制,玻利维亚在科学方面基本上没有什么重大进步。虽然玻利维亚在采矿技术上在19世纪80年代初处于世界领先地位,但是所有的机械设备和技术都是从国外引进的。

工厂和矿场都是在欧洲和北美受过教育的工程师建立起来的，几乎没有自己培养工程师，甚至在冶金方面玻利维亚也没有什么重要的发明创造。在玻利维亚所称的“精密科学”中存在的问题是基础设施匮乏。财政预算在这方面的投入非常少，从事教育的教师也不是专职的，这一切都限制了实验室的建设，妨碍了科学研究。而从事文学、人文写作和社会科学研究的作者都来自传统的法律、神学或医学等领域，也不可能在科学和技术领域有所作为。虽然有一些玻利维亚人在发达国家接受训练和工作，但直到今天，玻利维亚仍然依靠从外国引进科学和技术。

殖民时代曾经是艺术创造活动，尤其是造型艺术活动，活跃的大时代，但是由于19世纪最初的几十年中经济停滞、天主教会影响力下降，这个大时代画上了句号。苏克雷执政时期取消了教区什一税，没收了教会的收入和财产，导致教堂建设停止了。随着教会和有钱的信徒得不到庇护，绘画和雕塑方面的需求也减少了。19世纪的玻利维亚教会对于当地的天主教信仰变得越发不能容忍，更加不能接受梅斯蒂索人和印第安人的艺术形式，在艺术趣味上也显得十分保守。因此，保守派取得胜利后，教会的收入重新变得十分重要，教堂建设得到了恢复。但是，牧师和白人社会精英还是拒绝接受殖民时代遗留下来的玻利维亚丰富的艺术遗产，而且奴颜婢膝地效仿欧洲的艺术模式。结果玻利维
152 亚造型艺术在整个19世纪停滞不前，在国民的文化生活中，印第安和科罗背景的艺人无缘参与国家的文化生活。

19世纪下半叶，特别是80年代以后，玻利维亚的出口得到增长，这对于国家的政治、社会和文化生活来说，既有积极的影响，也有消极的作用。国际贸易当时为玻利维亚创造了稳定的剩余收入，这在玻利维亚共和国的历史上还是第一次，因此为国民政府提供了稳定而重要的财政来源，但这种增长同时也对该国的经济起到了某种干扰作用。银矿业的复兴不但活跃了中心城市，刺激了庄园经济，也重组了社会内部的经济结构，但是，这种复兴也使玻利维亚经济更加严重地依赖国际经济形势，因而更加不堪一击。由于制成品进口商以硬通货支付货款，而这些钱又是来源于出口的矿产品，而政府部门的资金完全依赖税收

和国际贸易,因此出口的运气如何就显得至关重要了。同时,在国际需求波动不定的情况下,出口部门越成功就越加脆弱。因此,玻利维亚的政府、矿主和社会精英们统统屈从于国际市场的限制,因而就出现了他们无力控制的不稳定问题。

用一位经济学家的话来说,玻利维亚经济是一种典型的开放式经济。由于大宗的国内购买力来自居于经济发展前列的采矿部门,因而只要主要的出口产品的价格有变化,该国的经济生活就受到影响。另外,即使在采矿部门,直到20世纪末期,它的经济仍然以一种金属为主导。直到1900年,这种金属还是白银。而到了20世纪末期,这个主导地位又让给了锡。因此,世界市场价格变化立刻直接对玻利维亚的地方经济产生冲击。尽管玻利维亚的精英们有经济实力,但在国际市场的变化面前,他们的力量在朝夕之间便会化为乌有,他们的经济基础也会很快崩塌。玻利维亚人适应了这种不确定性,试图对新的国际市场价格做出尽可能快的反应。但是,自然资源是有限的,这造成了他们的反应也是有限的,因此,玻利维亚国家整体上长期的经济发展就是难以预料的。

正是这种不确定性才能解释为什么那些19世纪80年代以后担任 153
玻利维亚国家最重要政治领导人的矿主们采取了那样一些行动。面对着世界贸易价格的下降和可利用资本的减少,他们牢牢地控制着政府,齐心合力地降低运输费用,因为运输费是采矿业最昂贵的一笔开销。这就意味着,矿主们需要一个稳定的平民政府,这样的政府才能够将钱花到铁路建设上。本着这一目的,尽管由于世界银价市场全面崩溃而导致了他们自己的垮台,但矿主及其政治同盟还是获得了成功。

对于采矿精英需要的政治体制来说,正规的政党是必要的。这些正规的政党产生于关于太平洋战争的辩论中。战争初期,矿主们采取了亲智利的和平主义立场,并追随两个关键人物:一位是马里亚诺·巴普蒂丝塔(Mariano Baptista),他是矿业公司的律师;另一位是阿尼塞托·阿尔塞(Aniceto Arce),他是玻利维亚最大的矿主和工厂主。而反智利、反求和的人则团结在著名的上校埃利奥多罗·卡马乔周围,他是反达扎叛乱的领袖,也是重要的自由主义思想理论家。

对这些政党生命力的考验是1884年的选举。纳尔西斯科·坎佩罗将军在推翻达扎以后曾经指挥过已经被削弱的玻利维亚从事战争。他完成了自己的任期,建立了具有活力的议会,甚至1880年还实行了1878年制订的宪法。由于监督那次完全自由的选举,坎佩罗政权有能力为建立两党合作创造稳定的条件。经过国会必要的第二次投票,最终的胜利者是不守常规的矿主格雷戈里奥·帕切科。他选择马里亚诺·巴普蒂丝塔作为副总统,开启了玻利维亚人所说的“保守党寡头政体(Conservative Oligarchy)”时代。该时代从1884年持续到1899年。在此期间,两党具有了各自的特点,政府集中精力与智利达成和解,并促进了铁路建设。

虽然格雷戈里奥·帕切科承诺在1888年的选举中保持中立,但事实上保守党政府暗中支持阿尼塞托·阿尔塞。结果,1888年的选举变成了一场暴动事件,受到压抑的自由党最终一蹶不振。因此,在1880
154 年年末,玻利维亚政治重新回到使用暴力的年代。这种重新用暴力解决问题的国情主要是缘于后来所有的政府都坚决把持总统位置而不肯让与反对党。一旦执政,任何政府都与采矿和庄园以外的唯一重要收入来源建立密切关系,政客们通过投票表决的方式或其他民主方式拒绝放弃他们的不义之财。在各个选区,所有选举都是公开举行的,但事实上却是被中央政府任命的人员控制的,所以总统的选举和议会的席位很容易得到保证。每个执政党要保证议会中占有多数席位,但是也允许其他所有不重要的反对党代表进入议会作为支撑政府的安全阀,这样就不会导致他们威胁政府权力。然而,总统无论如何都是被限制的,包括使用欺骗手段的可能性。这就意味着整个保守党和自由党执政时代政治暴乱是局部的。但是应该强调的是,这种暴力行为通常是由特定的一个政党操控的平民进行的,明显地限于城市精英阶层的社会环境中,基本上不是流血的暴力。

尽管民主化的进程一直在持续着,但是当反对党或参加投票的大众感到政府损害了他们的权利的时候,暴力也仅限于发生在非法的选举活动遭到失败之后。暴动常常与定期的总统选举的形势变化相伴相生,传统的政变(golpes, coups d' etat)形成了此时期玻利维亚政治生活生活中一道不变的风景线。但政变的发生并不意味着强有力的平民政治统治的崩溃。也不意味着社会无政府状态的出现。虽然后来研究玻利维亚的评论家倾向于将这一时期出现的叛乱次数估计得很高,并且认为出现了政治生活的断裂。事实上,从 1888 年到 1936 年,是一个显著的趋于稳定的阶段,尽管周期性地出现了有限的暴力。

阿尼塞托·阿尔塞(Aniceto Arce,1888—1892)执政期间,是保守党执政的最辉煌的时代。阿尔塞挫败了一次重大的自由党人起义,接着,他通过一个重大的道路建设项目启动了从智利港口安托发加斯塔到玻利维亚拉巴斯的铁路建设。这样,玻利维亚历史上首次拥有了通过铁路到达出海口的条件。阿尔塞还建立了一所军事学院以使国家军队系统化、职业化。他采取了现在通行的做法,那就是让自由党在议会 155
中拥有代表,但否决了他们参选总统的机会。这一结果造成了 1892 年另一起欺诈性的选举,保守党的理论家马里亚诺·巴普蒂丝塔一跃成为玻利维亚总统。

与他的前任一样,巴普蒂丝塔(1892—1896)致力于铁路建设,还与智利签订了一个初步的和平条约,从而集中精力开发玻利维亚阿克雷(Acre)地区的天然橡胶资源。巴普蒂丝塔将政府移交给了最后一个保守党的寡头执政者、矿主塞尔吉奥·费尔南德斯·阿隆索(Sergio Fernandes Alonso,1896—1899)。保守党政权的势力紧紧地根植于南方银矿开采地区和苏克雷这个城市,然而,此时正逐渐受到世界银价崩溃的严重影响。与此同时,自由党的势力却在逐渐增长,因为他们越来越感到自己与拉巴斯新兴的城市职业阶层和非白银生产者群体关系密切,几乎所有的新的锡生产者都倾向于取代旧的寡头政体。

新兴的锡生产成了 1990 年后玻利维亚的主要产业,但这一产业的发展却是保守党时代努力的结果。现代玻利维亚银矿开采工业采用了世界上最先进的技术,包括电能和动力工具的使用,还有现代工程师的雇佣。同时,银矿巨头和保守党政权已经建设了连接矿区和太平洋沿岸的铁路。因此,他们创造了一个伟大的时代。

白银在国际市场上的价格崩溃之后,将开采白银的技术和交通设备转移到其他金属矿藏的开采上就成为可能。此时,正值国际市场上罐装技术和100余种工业技术增加了对锡需求,而欧洲的锡矿开采较早,已经开始枯竭。这就使玻利维亚向锡矿开采投入资本,对国际市场的需求快速而有效地做出了反应。过去,锡矿石曾经是银矿开采的副产品,但是将锡矿石用驳船大量地运到欧洲去冶炼的费用高得让人望而却步,这主要是因为玻利维亚交通设施落后。当时在国家历史上首次使用铁路运输,大大降低了费用,这就意味着玻利维亚船运矿石突然
156 变得有利可图。同样,锡矿与银矿出现在同一地区甚至同一矿中,这一事实意味着传统采矿区的场地和运输网络几乎不用重新改变。

对于玻利维亚经济和社会而言,从开采银矿向开采锡矿转移相对来说比较容易。然而,对于那些传统的采矿精英来说并不那么容易。首先,作为一种矿产,锡矿开采突飞猛进,在不到10年的时间内从相当低的生产水平急剧跃升到大规模出口的水平;其次,一般的矿区大体相同,但是生产的重心向北转移,这一转移是渐进的然而却是非常重要的,北部的波托西和南部的奥鲁罗矿区在生产中发挥了举足轻重的作用;第三,这次转移是突然的,而投入到固定资产上的资本过大,传统的银矿矿主感到转产锡矿十分困难。所有这一切使得原来的银矿巨头没能实现转产。外国公司也进入了市场,玻利维亚新兴的企业家也首次登上了国家的经济舞台

在国家政治生活中,这些变化造成了一个严重的断裂。传统的采矿精英局限于波托西和支撑它的城市苏克雷,越来越感到自己无力压制不断发展的反对派自由党人的势力。同时,拉巴斯也发展迅猛,成为新兴的锡矿开采工业的龙头城市,甚至在国家经济和社会生活中更加巩固了它的支配地位。这就导致了1899年自由党和地方主义者的联合暴动。因此,拉巴斯的自由党精英人物大多要求实现地方联邦统治,推翻保守党把持的政权。

1899年的暴动从1898年12月一直延续到1899年4月。刚开始

的时候，暴动者被围困于拉巴斯，武器很少，受到阿隆索总统领导的装备精良的政府军的威胁。因此，自由党人超越了限于精英之间冲突的传统，将印第安农民调动起来参加暴动。在艾马拉领导人，被称为来自西卡西卡的“维尔科”的巴勃罗·扎拉特(Pablo Zárate，“Willke” of Sicasica)组织下，一支由拉巴斯印第安农民组成的军队召集起来了。这支装备低劣的农民军承担着为自由军提供防卫屏障的任务，结果为自由党人组织一支有效的战斗部队争取了时间，印第安农民却损失惨
重。但是，印第安人有自己的打算，在莫合扎(Mohoza)和佩拉斯 157
(Peñas)两个社区，印第安人夺取了有争议的土地，开始屠杀当地的白人。印第安人的动员集结从拉巴斯开始向奥鲁罗、科恰班巴和波托西扩展，这是自图帕克·阿玛鲁时代以来最大的一次印第安人军事活动。但是一旦自由党人打败了阿隆索领导的军队以后，当拉巴斯实际上成为国家的首都之时，他们不仅放弃了联邦主义的政治理想，而且还派军队解除印第安人的武装，监禁了他们的领导人，以此暴力行径镇压了被动员起来的印第安人。

新世纪开始之际也正是新政党出现和新的采矿业产生之时。在很多方面，取保守党而代之的自由党政权在根本性的方面几乎与前政权别无二致。两个政权都对交通建设有重大的财政投入，都支持采矿工业，都致力于中心城市的发展和现代化。同时，两个政权都谋求摧毁印第安人社区，扩张大庄园经济，都对宗教及教会问题不感兴趣。而这些问题恰恰是拉丁美洲其他国家政权在这个时期普遍存在的突出问题。

在自由党执政时代，传统的参政模式仍然延续着。虽然议会选举仍然相对自由，但是总统选举受到多方面的限制，这就伴随着有限度的诉诸暴力的情况，“圈外”的政治家们要想取得执政权力，就只能以暴力为唯一手段。在自由党执政时代，仍然实行出版自由，保障白人和混血人的公民自由，以此来活跃为社会精英服务的知识生活。但是，这个时期出现了一种新的政治领导形式，这反映了新的采矿时代社会状况的复杂性，锡矿矿主们过分倾心于自己的采矿事业而不直接参与国家政治生活。与此同时，由于政府系统地支持教育，加上保守党政治家的职

业化，最终形成了一个律师阶层，他们是认识充分、经验丰富的政府管理人才。

因此，还产生了被后来的政治分析家们称之为“罗什卡(rosca)”的政治集团，这就意味着由职业政治家组成的政府代表着锡矿国家巨头们的利益来操纵玻利维亚。经济利益集团此时已不再要求直接从政来实现他们的利益。这对于地方的锡矿领军人物来说是重要的，因为这
158 样他们就可以集中精力进行锡矿开采中的激烈竞争。尽管在矿业开采上对外国投资没有限制，并且玻利维亚从锡矿开采的开始阶段就对外国所有类型的企业家和工程专家开放，经过几十年的激烈竞争后玻利维亚还是惊讶地发现，玻利维亚人自己仍然是矿业开采的主体。当初，欧洲、北美甚至智利的资本家为控制锡矿企业与当地的玻利维亚资本家进行竞争，建立了几百家公司，许多公司就在同一座山上作业开采锡矿。尽管外国公司资金雄厚、装备精良，到了 20 世纪 20 年代，本地资本家还是成了控制这一工业的主体。

这时，锡矿业涌现出 3 个领导人物。在这 3 个人当中，最有实力的毫无疑问是西蒙·I. 帕蒂尼奥(Simon I. Patiño)。1860 年，他生于科恰班巴峡谷的一个工匠和有科罗血统的家庭。他在当地接受了中学教育，19 世纪 80 年代和 90 年代初期曾在各种矿业和矿业设备公司供职，当时银矿开采仍然占据着主体地位。1894 年，他在奥鲁罗的一家锡矿和靠近边境省份波托西的乌尼西亚(Unicía)锡矿中购买了自己的股份。1900 年，他发现了玻利维亚最大的锡矿矿脉。到了 1905 年，他的“拉萨瓦多拉(La Salvadora)”矿是玻利维亚首屈一指的最大的锡矿。帕蒂尼奥招募了很多外国技术人员，购置了最先进的提炼设备。从初步投资开始，他就迅速横向和纵向地扩张。1910 年，他收购了邻近的英国人开办的“乌尼西亚采矿公司(Unicía Mining Company)”。1924 年，他通过收购“智利拉拉瓜公司(Chilean Llallagua Company)”完成了占领乌尼西亚和拉拉瓜采矿中心的目标，取得了控制玻利维亚 50% 的生产份额的永久优势地位，工人人数超过 10 万。

同时，帕蒂尼奥还将注意力转向了采矿业的纵向整合，并且他还采

取了在拉丁美洲企业家中少有的举措,那就是他开始去控制欧洲的矿产提炼者。当他与北美的消费者联合起来之后,1916年就控制了玻利 159
维亚最大的锡矿熔炼公司,威廉和哈维有限公司(Williams, Harvey & Co., Ltd)。到了19世纪20年代,帕蒂尼奥移居国外。由于他拥有大量的非玻利维亚矿产,因此可以更准确地将他视为欧洲资本家。尽管如此,他仍然是玻利维亚最大的矿主、私人银行家。到了20世纪40年代他去世时已经成为玻利维亚最有实力的资本家。

另外两个大资本家平分了玻利维亚采矿业的半壁江山。一个也是玻利维亚人,属于从事传统银矿开采的阿拉玛约家族;另一个是名叫毛里西奥·霍赫希尔德(Mauricio Hochschild)的欧洲犹太裔工程师。阿拉玛约公司和霍赫希尔德公司都投入了大量欧洲资本,但是与帕蒂尼奥不同,两家公司基本上是在玻利维亚发展自己的实业。霍赫希尔德有一些资本投入了智利,但是到他事业结束之时仍然立足于国内,他的资本基本放在了玻利维亚。阿拉玛约家族也同样将主要的经营活动限定在国内。因此,到了20世纪30年代,这3个采矿巨头垄断了玻利维亚的锡矿业生产和提炼,此外还经营相当数量的铅矿、锡矿、钨矿以及其他地方矿场,也都是立足于玻利维亚,或者像帕蒂尼奥那样资产归玻利维亚人所有。从19世纪中叶开始,玻利维亚的采矿业就向外国企业家开放,然而玻利维亚人仍然占据着产业的主导地位,这在拉丁美洲历史上确实是异乎寻常的。

随着帕蒂尼奥以及其他锡矿巨头不直接参政从而从政治生活中退出,结果玻利维亚的政治权力落入了新兴的城市中产阶级上层的中坚分子和外省土地精英的手中,后者拥有的土地虽不是特别多,控制的农民也有限,却具有坚实的社会基础。这些人几乎都精通法律,他们都信仰议会政府和立宪政治的自由主义,接受种族制度基础上的白人寡头政治。

由于玻利维亚社会制度具有惊人的稳定性,从而坚定了对他们种族制度的信念,尽管玻利维亚发生了许多重大的变化。因此,1900年的人口普查表明,仅有13%的人口列入了“白人”的范畴。那次人口普

160 查还表明了1846年以来城镇人口的增长状况，当时的城市标准是人口在200人以上的城镇。但是，如果用更为现代的城市标准，即人口在2万以上的城镇才能叫做城市，那么玻利维亚的城市状况就几乎没有什么变化了。因此，自1846年到1900年，居住在城镇的人口比例从6%仅增长到7%。甚至像拉巴斯这样的中心城市到1900年仅仅增加到5.5万人，或者说只比半个世纪前增长了1.2万人。虽然新开发的矿区促进了奥鲁罗和北方波托西等几个新城市的建立，但是1900年采矿工业的迅猛增长仅仅吸收了1.3万名工人，仅占经济活跃人口的1%。因此，尽管新增了一个出口门类，白人和科罗精英阶层人数增加，乡村印第安人土地所有权被剥夺，玻利维亚在社会结构上却仍然令人惊奇地保持着传统模式。自由党人几乎没有认识到在阶级和种族方面存在的严重问题，而这些问题会导致这个多种族社会的分裂。

在试图消灭印第安自由社区这个问题上，自由党人甚至比他们先前的保守党人更加富有掠夺性，他们解除了1899年曾经支持过他们推翻保守党政府的印第安人的武装。他们给予矿业老板们以强大的政府支持，使得这些经济精英经营活动合法化。他们信仰自由经济，主张对采矿业征收尽可能少的税款，赞成资助铁路建设。甚至在政治思想方面，自由党人也比他们的政治前辈更加开放。像先前的保守党一样，新生的政治领导人在政治选举中失败时拒绝放弃总统权力、将其让给反对党。尽管国民经济有了巨大的增长，政府仍然代表着大资本家的利益，是资本家阶级的保护人。因此开放的议会选举的传统模式、具有欺诈行为的总统选举以及有限制的平民领导的政变替代了未来成为范式的长期政党统治。

自由党人一上台，就采取了先前他们鄙视的保守党人曾采取的所有立场。他们完全放弃了联邦主义思想，极权主义政权就这样在拉巴
161 斯又建立了起来。他们迫不及待地完成铁路建设，迫切希望城市现代化，竟然情愿放弃国家领土和传统的国际主义立场，这一立场使玻利维亚彻底地失去了出海口，还深深地陷入累累的债务之中。

这些重大的国际变化中首要的是关于阿克雷的争端。阿克雷处于

亚马孙橡胶种植主要产区的中心地带，与巴西边界比邻，人口以来自巴西的移民为主。最后一届保守党政府在阿克雷河的阿隆索港口(Puerto Alonso)成功地建立了一个海关，向运往巴西的橡胶征收了可观的关税，引起了当地割胶人的抗议。自由党政权派军队来到遥远的东部低地镇压他们的反抗。但是得到巴西人支持的暴动者有足够的力量与玻利维亚人抗衡。结果，玻利维亚军队惨遭失败。根据1903年签订的《佩特罗普利斯条约》(the Treaty of Petropolis)，玻利维亚获得250万英镑的补偿后，将阿克雷地区并入巴西。

自由党政府在阿克雷领土主权问题上采取了坚定立场的同时，在智利边界问题上却采取了很不积极的立场。这种做法远远超出了先前保守党政府曾经做出的让步。过去保守党政权为了获得资金或者获得长期政治问题的解决而损害了国家的资源，但这毕竟还有一个限度。自由党人一反国家领土至上和要求归还被智利以不正当手段夺取的领土的民族统一主义立场，在1904年与智利签订了正式的和平条约。玻利维亚同意所有被割让的沿海领土归智利所有，并放弃了对太平洋港口的主权要求，智利方面则同意建设从阿里卡(Arica)到拉巴斯的铁路，并提供30万英镑的补偿，保证玻利维亚国内铁路建设的贷款，在与玻利维亚的贸易中提供最惠国待遇。虽然该条约正式解除了太平洋沿岸的领土问题，但事实上从19世纪80年代以来，安第斯地区的国际关系问题至今仍没有得到解决。

与巴西签订的有关阿克雷的条约和与智利人签订的条约给了自由党人一个相对和平的国际环境，这样可以获得广泛的财政支持以继续铁路建设。在国内，这些条约暂时消除了关于重大国际问题的争端。162
这一导致分裂问题的解决，对保守党政府曾提出的基本经济建设计划的采纳，以及苏克雷社会精英政权的衰落，导致了国家治理中自由党占据了统治地位。自由党有非常强的实力，因此从1899年到20世纪20年代这段时间内未发生政变的图谋，这在玻利维亚国家政治生活沿革的历史上是创纪录的。

第一届自由党政府是由何塞·马努尔·潘多(Jose Manuel

Pando,1899—1904)领导的。他曾是反对党的领袖。在潘多坚持他早期从政中的一些立场的同时,他的追随者们却持更加实用主义的观点,专注于夺取权力。这些新手由伊斯马尔·蒙特斯(Ismael Montes)掌控,他是自由党政府时期的第二任总统,并在自由党时期两次担任总统(1904—1909,1913—1917)。蒙特斯经培训成为律师,代表新生的城市中产阶级政客的利益。他性格强悍,具有精明的政治头脑,直到第一次世界大战结束时,他都能够有效地抑制"在野"的反对党东山再起。由于锡矿出口的兴起,带动了经济腾飞,他的政治愿望因经济腾飞获得了助推力。这就为国家的官僚体制的扩大提供了资金,他利用这笔资金将所有潜在的反对派都收买了过来。

通过对公共工程建设的投入,新的自由党政权也给国家精英以有效的经济补偿。因贸易剩余获得了可观的顺差,蒙特斯开始能够从国际私人银行为玻利维亚政府争取到贷款。1906 年,一家美国银行为玻利维亚提供了一笔巨额贷款,确保了玻利维亚完成国际铁路的建设,这条国际铁路既连接采矿区的波托西和奥鲁罗这些边境城市,也连接内地的科恰班巴和苏克雷这些国内重要城市。一条通往的的喀喀湖边的瓜丘克(Guaqui)的新铁路干线建成,于是玻利维亚铁路初步与秘鲁的铁路连成网。此外,还有一系列的主要城市建设、下水道及其他卫生设施的建设、照明工程建设、活跃的经济区建设等等,到第一次世界大战爆发前,即 1913—1914 年危机之前,所有这些建设项目都已经在进行之中。

这样,蒙特斯就能够在选择他的继承人埃里奥多罗·维拉宗(Eliodoro Villazon)上具有绝对的控制力,然后就可以确保他在 1913 年再次选举中取得胜利。可以说,第二届蒙特斯政府获得了如同第一届政府所获得的那样的胜利。但其中还是有很多问题存在。首先,由
163 于来自社会精英中重要人物的巨大压力,自由党政府试图建立一个国家银行;第二,第一次世界大战之前国际贸易危机的突然发生导致玻利维亚锡矿生产和出口在 1913—1914 年间减低了 1/3。最后,在同一时期,由于天气不利导致严重的农业危机。又由于资金短缺,政府收入下

降。随心所欲的蒙特斯发现自己面对的反对党是不妥协的,是不能用金钱就可以买通的。况且,由于执政时间过长,他不愿使用权术或计谋来安抚正在越来越强大的反对派。结果,自由党几乎不可避免地发生分裂,正式分出了两个政治派别。新分出的派别叫共和党,于 1914 年正式成立。

因此,玻利维亚再一次回到了更为普遍的两党制。但是,蒙特斯和新党的创建人丹尼尔·萨拉曼卡(Daniel Salamanca)都承认新的政治集团只不过是原来政治集团的一个模仿而已。他们从同样的阶层中获得政治支持。这无疑支持了采矿业的所有要求,也就同他们的反对党一样是种族主义的、主张寡头政治。蒙特斯称他们是自由党人的“叛徒”,萨拉曼卡则宣称,他的党的目标仅仅是保证选举的自由和限制总统权力。玻利维亚国家政治制度回到有效的两党制的最终结果是使该国家重新回到了封闭的舞弊频生的总统选举状态,并最终导致反对党重新使用暴力和政变的方式来夺取政权。

第一次世界大战结束后,玻利维亚也进入了战后恢复阶段,这使得蒙特斯能够实行银行和财政改革,几乎没有遭到共和党的反对,反而在议会和总统选举中赢得了 8 万民众的投票支持。1917 年,他将政府权力移交给了一个更为温和的继承人,但事实证明这位继承人无力控制共和党人。共和党人从商界的不满情绪中获得了强有力的支持,向现政府发起了进攻。当最后一届自由党总统古提耶尔雷斯·古耶尔拉(Gutiérrez Guerra)企图控制 1920 年选举时,共和党奋起反抗,结束了自由党人的统治。

共和党的统治持续到 1934 年,这一政权对地方政治体制进行了悄悄的但却是重要的转变。从简单的两党制开始,玻利维亚全国的政治制度已经开始向多党参政的格局转化。与此同时,以 19 世纪自由主义 164
为基础并受到种族主义支持的政治价值观念也在悄然发生变化。最后,具有非常开放性质的国民经济意味着,玻利维亚是世界上首批受到以“大萧条”而著名的经济危机影响的国家之一。

经济增长是保守党和自由党政府共同的标志,但这种经济仅仅局限于特定的社会精英集团。到 20 世纪 20 年代,玻利维亚的经济增长开始影响作为人口多数的梅斯蒂索人和印第安人,但是经常以冲突的方式产生。大庄园经济的增长导致了与印第安人社区的土地纠纷,这又引起了 20 世纪 20 年代一系列重大的反抗事件。对于社会精英们来说,最直接的变化就是玻利维亚第一个现代工会的建立。虽然有组织的活动可以追溯到 19 世纪,但是劳工活动和组织要比其邻国落后几十年。直到 1912 年,玻利维亚才庆祝第一个"五·一"劳动节,直到 1916 年和 1917 年才建立地方城市劳工联合会。重要的全国性的罢工直到 1920 年才开始出现。

在 20 世纪 20 年代,玻利维亚的社会精英们开始第一次意识到精英政治领域之外其他人的存在,各种潜在的有威胁的集团的存在。当共和党统治时期政治生活变得更加复杂之时,首次涌现出了一些小的党派,他们严肃地探讨着国家面临的问题和潜在的阶级冲突。在 20 世纪 20 年代,还出现了阿根廷、智利和秘鲁作家把欧洲马克思主义思想首次传到玻利维亚的事实。

从刚刚掌握权力开始,共和党就分裂为两个对立的派系。一个由城市中产阶级知识分子鲍蒂斯塔·萨维德拉(Bautista Saavedra)领导,另一个由科恰班巴的庄园主丹尼尔·萨拉曼卡领导。萨维德拉和他的追随者抢先一步控制了政府,并于 1921 年正式建立了政党。但是萨拉曼卡和他的部下则建立了一个新的政党,名曰"真正的共和党(Genuine Republican)",继续积极地鼓动反抗新政权。

165 20 世纪 20 年代政治紧张局势不断加剧,再加上政治危机逐渐加深和大萧条已经初露端倪,由此引发的政治暴力和社会冲突比玻利维亚以往任何时代发生的任何事情都更加激烈。萨维德拉刚刚走马上任,的的喀喀湖附近的耶稣马查卡地区(Jesús de Machaca)就爆发了大规模的印第安人起义,结果导致数百名印第安人被杀,数十名白人和科罗人丧生。萨维德拉迫不及待地调动了全部武力镇压起义,进攻印第安社区政府或艾柳阶级,把这些机构当做暴动机构加以摧毁。因此,在印第安人问题上,他采取的是 19 世纪自由党人的手段。

然而,萨维德拉在对待劳工组织方面却非常开放。他把工会看成是潜在的政治联盟,特别是他所在的上层阶级堡垒被真正的共和党和自由主义反对派侵害的时候更是如此。在玻利维亚历史上,他首创了第一部劳动和社会法规,通过这部法规,他将这些政治派别吸引到自己这方面来。他还表示愿意支持有限的罢工活动和工会联合行动,这是玻利维亚总统历史第一次这样做。但是,面对越来越多的罢工活动,包括 1922 年发生的严重的矿区骚动和首次全国性的罢工,萨维德拉马上撤回了他对罢工的试探性支持。事实上,1923 年下半年他就动用了军队,对恩西亚的矿工进行了血腥镇压,这是他对矿区工人实行的一系列大屠杀中的一个例证。因此,他的劳动法和同情工人的演讲是向白人社会精英发出的警示,告诉他们玻利维亚存在着阶级冲突。政府不断地受到这类问题的困扰,表明了萨维德拉所持有的立场只不过是一个权宜之计,绝不是因为他和他的追随者们超越了 19 世纪自由主义和实证哲学的立场。

但是,20 世纪 20 年代是一个白人社会精英中其他一些人开始采取非传统立场的时代。1920 年,一个地方性的社会主义政党成立。1921 年下半年,一个全国性的社会主义政党也建立起来,虽然这一由知识分子组成的政党只获得了少许劳工的支持,但是他们开始讨论些基本问题,如印第安人的受奴役地位问题、印第安社区政府的合法性问题、妇女和劳工的权利问题,等等。在玻利维亚那样的社会背景下,这些观点是全新的且具有革命性的。在玻利维亚所有的邻国,包括秘 166
鲁,这些思想早已经成为这些国家更为激进的马克思主义政治传统的一部分。比如,20 世纪 20 年代发生的著名的拉丁美洲马克思主义社会主义政党的分裂以及南美共产主义运动的兴起,在玻利维亚都没有引起共鸣。直到 20 世纪 20 年代后期,玻利维亚才产生了一个温和的马克思主义政党,而第一个正式的共产主义政党到了 20 世纪 50 年代才成立。

所有这些早期发生的骚动都与 20 世纪 20 年代短暂而强烈的经济萧条有关。1922 年年底,生产恢复了,劳工运动马上就减弱了。况且,萨维德拉还发现,尽管最终建立了第一个全国性的劳工联盟并发动了首次全国性的总罢工,初期的有组织的工人运动仍然是软弱的,不足以支持他的政权。中下层阶级感到自己受惠于温和的社会法,因此他们第一次表示支持萨维德拉 。但是尽管他人格强悍,自由党人和真正的共和党人必然会联合起来与他的政权对抗,他越来越感到维持统治十分艰难。

当他第一次尝试与劳工和中下层阶级联合后,他便把注意力转向了外国私人资本市场来兴建重大的公共工程,这是他前任政府获得支持的源泉。他与美国纽约一家私人银行进行了磋商,争取得到 3 300 万美元的贷款用于铁路和公共设施建设,并取得了玻利维亚国家银行的资助。这是在他上任前自由党政府和保守党政府一直关注的事。但是,玻利维亚已经债台高筑,贷款条款也相当苛刻,包括由美国控制玻利维亚的税收,这对大多数玻利维亚人来说是不可接受的。毫无疑问,玻利维亚的那些谈判者已经腐化,尽管贷款信誉很好,但是国家得付出极高的利率。这个所谓的“尼克劳斯贷款(Niclaus loan)”立刻遭到了强烈的反对。

更多的问题还有,萨维德拉还以蒙特斯特有的武断作风企图解决围绕玻利维亚东部地区石油开采上的让步而引发的争论。20 世纪 20 年代,玻利维亚企业家发现自己无力钻探油井后,共和党人已经将石油
167 储量丰富的区域让给了外国人开采。1920 年和 1921 年,北美企业家获得了特许经营权,但是,那些较小的石油开采公司不过是新泽西标准石油公司(the Standard Oil Company of New Jersey)这样的大公司的马前卒而已。1921 年,这家公司得到玻利维亚政府的批准,不但购买了那些小公司得到的特许经营权,还增加了新的特许权,并建立了玻利维亚标准石油公司(the Standard Oil Company of Bolivia)。鉴于给予标准石油公司所有的优惠条件,并且萨维德拉还遭到精英们的强烈反对,因此必然引起强烈抗议。

对于所有常见的腐败、不公以及总统专权等问题,萨维德拉和他更为保守的追随者进一步实行一个全新的理论,那就是经济民族主义。

反对外国公司对本国自然资源的掠夺,这一观点和立场在玻利维亚首次将石油开采特许权出让之时就产生了。但是,并没有出现对金属矿业开采的强烈抗议,古根海姆公司(Guggenheim)和其他北美公司还是积极地参与到玻利维亚经济中来,石油成为一个特别的话题,对于标准石油公司的攻击成为玻利维亚传统右翼派别和初步形成的左翼运动的口头禅。

在其任期即将结束时,萨维德拉迫切地试图安抚所有派别。一方面,他帮助矿主镇压了 1923 年乌尼西亚的罢工;另一方面,他于 1923 年年底又对采矿业的税收结构进行了彻底修正,使政府的税收增加了一倍。1924 年年初,帕蒂尼奥愤怒地将采矿公司总部移出玻利维亚,迁移到美国,并将其与在美国特拉华州的帕蒂尼奥矿业与企业合并,他甚至还借给政府 60 万英镑用于铁路建设,以此获得萨维德拉保证 5 年不再提高税款的承诺。

萨维德拉所有这些活动都徒劳无益,尽管他尽力控制他的继任者,甚至延长他的任期,但他还是被迫把他的政权交给了党内候选人赫尔南多·西莱斯(Hernando Siles),后者是萨维德拉反对的人物。随后的西莱斯统治时期是一个政治上活跃的时代,党派继续分裂。面对萨维德拉对共和党的控制,西莱斯创建了自己的政党,叫做民族主义者党。他支持大学改革运动,那场改革运动主要致力于大学管理和课程的改革。1928 年,激进的学生建立了第一个玻利维亚大学生全国联合会(National Federation of University Students of Bolivia)。虽然社会主 168
义者和学生联合会都属于小知识分子团体,但是他们却是社会剧烈转变的动力,他们都提倡农业改革和结束乡村劳动封建制。他们敦促对自然资源实行社会化管理,改变私有财产的定义,并坚决支持正在形成中的劳工运动。

与此同时,玻利维亚的经济状况却在以惊人的速度衰退下去。1926—1929 年间,政府在应付国际债务中面临着不断增长的财政赤字和越来越多的困难。此时正值国际市场锡价走高并达到顶峰,后来由于大萧条的灾难性后果,锡价开始逐渐下滑。为了应对这一危机,玻利维亚政府采取了传统的然而又是强硬的措施。1927 年和 1928 年，在以新设立的税收项目作为保障的情况下，新的美国私人银行提供的贷款得到了保证。同年，政府接受美国凯默勒代表团(Kemmerer mission)的建议，实行改革，最终建立了政府控制的中央银行，监督国家资金储备的各方面情况。另外，1928 年，玻利维亚政府查科的归属问题与巴拉圭发生了边界冲突，西莱斯以此为借口，运用国家的行政力量控制其国内政敌。在边界发生流血事件以后，西莱斯被迫调动国家储备并下令还击。但是，他并不希望展开全面的战争。1929 年年初，玻利维亚与巴拉圭进行了谈判，并达成了和解协议(Act of Conciliation)。

玻利维亚涌动着爱国主义思潮，周边国家对其实行封锁，西莱斯实行了政治和经济改革，但所有这些对玻利维亚国家政治没有产生丝毫影响。在执政方式上，西莱斯过于传统，不可能允许民主势力自由发挥。他的政权集合了自由党人、真正的共和党人和萨维德拉共和党人，组成了一个临时的联盟。与此同时，即 1929 年，玻利维亚锡的出口量达到 4.7 万吨，创造了历史最高水平，但是出口价格却低于 10 年内最初几年的水平。1927 年每吨锡价格是 917 美元，此时降到了每吨 794 美元。1932 年最终降到了最低价，每吨 385 美元。政府收入随着锡价长期下跌而不断减少。到 1929 年，大约 37%的政府预算要用于偿还
169 外债，另有 20%用于军费支出。用于政府其他支出的部分已经捉襟见肘了，公共设施和国家福利就根本谈不上了。

西莱斯超期执掌权柄。20 世纪 30 年代中期，他宣布了一系列正规计划，通过使议会正式选举他为新一届总统的方式来延长自己的总统任期。他将政府交给了一个军事小组来监督正式选举。但是这一举措遭到了普遍反对。在国家政治生活中，大学生首次显示了他们的力量。他们举行了反政府的暴动。为响应学生们的号召，军队也发生了哗变。军事小组被迫逃离是非之地。在形势动荡之中，甚至还有马克思主义者参与，他们在南方边境城市维拉宗(Villazón)通过城市工人运动表达自己的声音。因此，促成西莱斯垮台的有各种各样的反对势

力,远比呈现在他面前的要多。虽然最终传统和保守的势力镇压了1930年暴乱,但是也导致了白人寡头政体政治思想联盟的破裂,并最终导致对传统基本价值观的侵蚀。

丹尼尔·萨拉曼卡最终成为多党联盟的候选人。但是他是拥有传统思维模式的从政者,对于学运和工运最近的发展情况的了解不如萨维德拉和西莱斯,因而不与学生和工人协调共事。他是科恰班巴的乡村土地所有者,是议会里著名的雄辩家。另一方面他又是带有19世纪左派色彩的自由党人,肆无忌惮、顽固不化。他执政的首要目标就是建立廉洁政府、实行自由选举,然而,他在上任以后就把这些都丢得一干二净,自食其言的速度不亚于他的前任。

但是,由保守党于19世纪80年代建立起来的基于有限的政治参与的寡头共和政府,到了1930年已经开始解体。此时统治阶级的政治思想正发生着微妙但却相当重要的变化。大学生把马克思主义思想带入白人精英阶层,这在国家政治生活中还是第一次。随着激烈的罢工运动不断发生,工人运动开始引起全国的注意,导致了对矿区的军事干预和公开的武装干涉。甚至印第安人也变得桀骜不驯,举行了两次大
规模的起义,一次于1921年发生在耶稣马查卡,另一次于1927年发生 170
在波托西的查盐塔(Chayanta)。

大萧条从多个方面给了萨拉曼卡政府以喘息的机会。大批工人被裁减失业,迫使很多矿工重操旧业,回到乡村务农,维持着最基本的生活。同时大萧条使脆弱的工人运动所取得的成果丧失殆尽。随着对乡村土地大量投资的结束,大规模的庄园经济扩张时代接近尾声,印第安农民变得愈发被动。但是青年大学生不会销声匿迹,大萧条所造成的影响使人们清楚地看到,萨拉曼卡除了恐慌和压制之外无力应对危机。用南美其他国家的标准来看,玻利维亚激进主义力量薄弱,思想相对单纯,比周边国家相差一两代人。但是萨拉曼卡及其追随者一再拒绝倾听这些建议,这一点与20世纪20年代的共和党人不同。这就意味着被边缘化了的激进的改革集团会被迫与传统制度处于更为激烈的对抗关系之中。然而,这些集团仍然是精英社会中的小团体,绝不会发生在

萨拉曼卡领导下所做的在玻利维亚历史上可称为最大军事灾难那样的威胁。但是,大萧条时代的查科战争将成为现政权的破坏力量,因此,1880—1934 年间的传统制度会最终被摧毁。

首先锡金属工业生产急剧下降。到了 1929 年,除玻利维亚外,世界上还有另外 3 个锡生产区:尼日利亚、马来西亚和印度尼西亚,玻利维亚与这 3 个国家的锡总产量加在一起接近世界总量的 80%。但是,玻利维亚锡矿石品质不高,运输费用却是最高的,因此生产成本也最高。现在,玻利维亚首先感到了锡价格在下降,同时也无法使其他锡生产国减少生产。由于价格对玻利维亚不利,其他生产国会借机获得利润差价。1929 年 7 月,在帕提尼奥的敦促下,一个自愿的"锡生产商联合会(Tin Producers Association)"成立,其成员都是来自这 4 个主要锡生产国的私营公司。他们就削减产量达成协议,这是 1929 年年底和
171 1930 年年初玻利维亚的 3 个主要公司所希望的。但是,其他国家的公司并不配合。因此,到了 20 世纪 30 年代中期,自愿削减产量的计划失败。

自由市场形势异常严峻,自愿削减产量的协议不可能实现。1930 年年底,锡生产国决定采取一个断然的措施,即要求政府参与控制生产计划。但是,私人矿主对政府干预私营企业的行为采取怒目相向的态度,这个政府参与控制生产的举措无疑是一个重大的异乎寻常的变化。玻利维亚政府不但第一次把对矿业的税收优惠政策下降到最低程度,而且对生产份额实行全面控制。结果,在随后的几十年中,玻利维亚全面控制了锡出口。很清楚,对于那些期望保持生产的锡生产者来说,政府的直接控制对他们将产生重大影响,这是一个令人绝望的措施。相应地,这使从 19 世纪中期以来政府对采矿业真正强有力的干预成为可能。虽然就生产份额达成的那些协议还都很不成熟,但是对所有企业的生产实行大规模削减的计划意味着,如果它们的市场份额被政府的命令改变,那么任何一个企业都可以很容易地迅速地增加生产。这就造成了 3 大公司之间的关系紧张起来,并导致他们之间因竞争引发的冲突,从而闹到由政府出面解决问题的程度。现在,那些大矿主比以往

任何时候都更加直接地关注当地的政治形势,所以他们开始对精英阶层中的不同政治派别给予支持。

自从玻利维亚、荷兰和英国 3 国政府协同努力以后,强制性的生产份额才成功地实现了。1931 年 3 月 1 日,“国际锡生产控制计划(the International Tin Control Scheme)”开始生效,这个时间恰好在萨拉曼卡新政府开始运作之前的几天。玻利维亚生产大幅度削减,造成了共和国大规模的经济危机。虽然这一限制生产的计划最终削减了世界锡的库存,并稳定了锡的价格,但是直到 1933 年,玻利维亚的生产才缓慢恢复到以往的水平。

紧随这些国际变化及其对地方经济造成的震荡之后的是玻利维亚社会精英带来的影响。这届军政府实验性地启动了公共工程项目建 172
设,全面支持帕提尼奥削减生产的计划。它还将预算削减到最低水平,更加密切关注世界其他国家各种尝试经济恢复工程的进展和效果。在关于恢复经济的各种争论派别中,自由党人提出了最具体的建议。虽然他们的立足点仍然属于正统思想,但是他们建议认真实行政府干预政策。萨拉曼卡似乎并没有认清整个事件的性质。不断有人让他阐述他的经济观点是什么,他则闪烁其词地回答了关于廉洁政府建设的必要性。如果是为了稳定社会秩序,那么他的这种回答无可挑剔,但是在目前形势下他的回答则空洞而没有意义。结果真正的共和党在 1931 年的议会选举中遭到惨败,自由党赢得了绝对多数。强硬的萨拉曼卡这才突然意识到议会已经完全不在他的控制之下,而且对他充满敌意,这是因为他几乎不懂经济,社会动荡不安而他却束手无策。他还将政府变成了一个帮派政府,尽管当初他参选时曾经赢得了所有党派的支持,这样做的结果必然会使那些传统的精英政党也反对他。

他不仅丢弃了自由党人的支持,还在一次人数可观的公众面前宣称,目前国家面临的主要问题不是经济危机,而是激进主义和共产主义。这种“红色”威胁的困扰对于一个传统的政治家来说是陌生的。同时,萨拉曼卡对于有组织的劳工采取了公开的敌视态度并在一次罢工期间强行解散了合法的电报工会,镇压了拉巴斯劳工联合会支持电报工会的罢工。但是,经济仍然是绕不开的问题。政府拒绝发给政府雇员工资,只发给了期票。7 月底,萨拉曼卡宣布玻利维亚将不偿付任何外债。

尽管在他任职期间遇到了前所未有的困境,但是萨拉曼卡竟然提出了一个雄心勃勃、耗资巨大的计划,那就是对查科地区实行军事渗透,其规模超过以往任何一位玻利维亚总统任职时期的规模。因为查科的大部分区域,无论是玻利维亚还是巴拉圭,都没有被开发,也没有被实际占领。萨拉曼卡提出的这个新的更具攻击性的计划意味着国家
173 政策的重大转移,即从基本的防御立场转向了进攻的立场。由于国内的政治和经济形势变得日趋紧张,萨拉曼卡就更加关注查科边界问题,因此他认为可以轻易地用坚定的正当手段来解决,然而经济形势变得越来越复杂,这一问题似乎无法解决。

1931 年 7 月 1 日,萨拉曼卡利用了一个典型的边界事件破坏了与巴拉圭的外交关系,在很多人看来,这一举措具有很大的攻击性。接着,他在 8 月发表了一次总统讲话,承认政府的财政收入持续下降,宣布实际上所有的政府公务开支都已经削减,可是却宣布增加军费预算。他还提议实行一个公开的政策,全面镇压全国有组织的工人阶级的工会活动或罢工活动。

6 月,萨拉曼卡选择了奥鲁罗的一个政党领导人进入财政部,他的名字叫德梅特里奥 · 卡内拉斯(Demetrio Canelas)。后者放弃了以前数月内实行的保守的政策,迫使萨拉曼卡认识到需要更强硬的经济措施战胜危机。他提出了应对通货膨胀的方案,这是当时很多国家采取的方案。他想让玻利维亚放弃金本位,采用不可兑换的纸币,并且增加货币发行量。自由党人最初反对这些改革,特别是他们控制着议会也控制着中央银行。但是当英国在 9 月也宣布放弃金本位时,自由党人被迫接受这些建议。玻利维亚也放弃了金本位,作为与英国货币对应的一个手段。但是,价格立刻就开始提升,政府的这一立场变得越来越不得人心。作为对这种政策的反应,自由党人向政府施压,经过一系列的具有攻击性的对部长们的质询,萨拉曼卡政府最后同意了他们提出

的一些条款。这些条款包括,一个正式的双方契约和协议;保证给予自由党人否决所有经济决定的权力。

萨拉曼卡在经济领域的提议遭到了挫折,于是便企图在独裁政府方面将他的思想付诸实施。他声称,玻利维亚存在着共产主义的威胁,其他的传统政党领导都没有意识到,他提议在 1931 年年底实行一个“社会防御法(Social Defense)”。这个法案可以让总统在对付左翼的政治对抗时拥有超乎寻常的权力。对这一提议的反应十分强烈。1932 174
年 1 月,由工人、小的左翼政党、学生和萨维德拉派联合举行的群众示威最终迫使政府撤回了这一提案。同时萨拉曼卡曾经企图再举外债以缓解政府的财政赤字,但是遭到失败。1932 年,他被迫接受自由党人任命的 3 位部长进入内阁,解除了卡内拉斯的职务。

萨拉曼卡处于国家的政治困境之中,于是在国际事务上变得更加强硬。他以削减其他政府部门工作人员为代价,系统地建立起了一支军队。他还推动了军队在查科进行更大规模的开拓和殖民的计划。玻利维亚的侵略意图在当年初的头几个月就已经非常明显,激进人士号召停止类似战争状态的行动。但是在这一问题上,在野的激进人士、学生和传统党派有不同的看法。当时称自己为社会主义共和党的萨维德拉派曾经同左翼一道反对“社会防御法”,同时,自由党也全面支持萨维德拉的扩军行动。

因此,萨拉曼卡感到自己拥有了很强的来自传统派别的支持。于是决定将这一支持推进到一个极限。5 月和 6 月,玻利维亚和巴拉圭两国军队在查科一个重要的灌溉取水处发生小规模的冲突,玻利维亚军队驱逐了已经进入该地的巴拉圭军队。后者宣称,先前巴拉圭军队的进入根本不存在,但玻利维亚军队却拒绝退出已经占领的地区,并开始在该地区进行大规模的快速集结,以抵抗巴拉圭军队可能发起的反攻。在 6 月的最后几天里,预料中的巴拉圭军队的反攻真的来了,但被玻利维亚击败。从这一点看,这次事件与以往多次发生的冲突没什么两样。参与的军队相当少,冲突规模也有限。通常的程序是,冲突过后双方要求正式磋商,但是这时萨拉曼卡决定打破先例,向前推进发动全面战争。7 月底,全面战争爆发了。

这一决定与萨拉曼卡国内政治受挫和他认为经济危机会导致社会
175 无政府状态这一观念有密切关系。5 月,“国际锡生产控制组织”采取了一个极端步骤,决定在 7 月和 8 月禁止所有的锡生产,将锡产量降低到 1929 年的 1/3,这就是说,恰恰在萨拉曼卡决定全力以赴考虑查科问题的前夕,最严重的限制锡生产的计划被提出来了。为了应对两个月停止锡生产的局面和由此导致的贸易极端不平衡,玻利维亚政府被迫对其公民的黄金交易进行全面控制,并强迫矿主把从中央银行兑换出去的外汇的 65%退还给中央银行。毫无疑问,政府在随后的几周内发布的停止玻利维亚国家出口的极端决定非常重要。

无疑,自战争以来的所有文件显示,萨拉曼卡和玻利维亚政府故意促使典型的边界事件升级为使巴拉圭人都感到意外的全面战争。还有证据表明,当最后的决定做出时,萨拉曼卡拒绝接受总参谋长给他的书面建议,强迫把冲突升级到无法用和平方式解决的程度,进而将玻利维亚共和国拖入历史上代价最沉重的战争之中。

然而,一般人认为,几乎可以立刻信以为真的是,查科战争是由于玻利维亚支持的新泽西标准石油公司与立足于巴拉圭的荷兰皇家壳牌石油公司(Royal Dutch Shell)之间因为争夺油田冲突而导致的战争。毫无疑问,在这场长期而血腥的战争接近尾声时,当取得胜利的巴拉圭军队开进到了查科地区的另一端,到达安第斯山脚下的时候,石油是这场战争的主要目标就昭然若揭了。但是直到 1935 年,战争的冲突地区绵延几百英里。此外,还有证据表明,战争过后,新泽西标准石油公司非法地将玻利维亚油田卖给了阿根廷,然后又卖给了巴拉圭,同时宣称公司不可能从这些油田中为玻利维亚生产石油。毋宁说,这场战争的起因必须从玻利维亚复杂的政治冲突中寻找,从大萧条对脆弱的政治体制产生的压力中寻找。而战争持续长久的原因应该与阿根廷对巴拉
176 圭目标的支持有关。从开始直到战争以巴拉圭的胜利而结束,阿根廷都具有使双方和平解决的能力,但它就是不这样做,这就是说,一旦战争爆发,玻利维亚就只能接受战争杀戮的结果。

导致战争发生的原因与通常所说的大相径庭,当时,人们一般都相信查科战争是石油冲突的表现,当然,实际原因也没有降低人们这一信念的重要性。在战后的一段时间内,一些重要的政治和经济决策,包括1937年没收标准石油公司的财产、建立国家专营石油公司,都是持有这一信念的直接原因。战后政治形势中仍然存在的痛苦,也是根据这一概念确定的。

比战争的原因更为重要的是冲突的结果。从效果上来讲,查科战争摧毁了玻利维亚从1880年以来建立起来的政治体制。战争的结果见证了平民政府和传统政党体制的结束。一些由激进的知识分子组成的小的政治团体以前所构思的观点现在成了具有强烈政治意识的年轻人和以前的参战人员关注和思考的对象。甚至玻利维亚人自己都称这些在查科战争中成熟起来的小团体为“查科一代”。全国都在讨论的是印第安人问题、劳工问题、土地问题、对私人矿主经济依附的问题等,而不再是平民政府、城市选举和铁路建设等那些老问题。这些讨论导致了20世纪30年代和40年代新政党的产生和革命运动的兴起,最终导致了1952年的革命。

查科战争还是玻利维亚国家经济史上的一个重要转折点。大萧条和查科冲突的结果标志着玻利维亚经济膨胀和矿业资本主义化的结束。因此,工业部门的生产和生产能力持续下降,这个部门的结构或投资方式没有丝毫改变,在1952年之前,这一切都没有发生变化。在乡村,国民经济相对停滞结束了大庄园经济的扩张和繁荣局面,这种大庄园的扩张和繁荣从19世纪80年代一直持续到20世纪20年代。到这一扩张和繁荣时期结束时,无地劳工人数增加了一倍。印第安自由社区的印第安人口比无地的农民少得多。因此,虽然农村基础经济的重 177
新建设时期出现在1880年到1932年之间,但是这种建设结束于自由社区遭到彻底毁灭之前,并为查科战争以后大庄园进行防卫的过程中所出现的冲突提供了无尽的根源。

所有那些作为大规模锡生产扩张的结果所引发的增长并没有对整个社会的现代化产生什么影响。据估计,到了1940年,2/3以上的玻利维亚人基本生活在市场经济之外。甚至到了1950年,玻利维亚国家经济生活中的城市手艺人的数量与工厂工人的数量还一样多。虽然经济上活跃的人口中有2/3从事农业生产,但玻利维亚仍然是纯粹的食品进口国,包括传统的高原根茎农作物。因此,在锡生产的繁荣确实影响了1/3玻利维亚城市居民和讲西班牙语的人口的同时,这种繁荣在乡村几乎没有产生任何影响,农村人口生活水平比较低的原因是大土地所有制扩张的结果。

玻利维亚进行的查科战争所依靠的经济在很大程度上是传统式的,欠发达的,是以出口占主体的经济。因此经济上的冲突也相应地带有相同的特点。然而,战争使玻利维亚这个在拉丁美洲国家中在意识形态和工会组织方面最落后的国家变为一个最为先进的国家。这场战争打碎了传统价值体系,促使人们对玻利维亚的社会性质进行了重新思考。这一变化基本上是精英思想上的变化,其结果是产生了以美洲大陆最激进的思想为基础的革命性的政治运动。那场战争还产生了这样一种氛围,这种氛围成为美洲大陆酝酿出最强有力的、独立的、激进的工人运动的条件。从这些方面可以看出,如同太平洋战争一样,查科战争一定会成为玻利维亚历史上的重要转折点之一。

第七章　现有秩序的瓦解 (1932—1952)

1932 年 7 月 18 日,查科战争开始了,当萨拉曼卡宣布巴拉圭军队 178
已经占领了位于查科的玻利维亚要塞时,全国都被震惊了。这个要塞实际上是 5 月月末玻利维亚人抢占的巴拉圭的地盘。萨拉曼卡于当日晚发动了一次大规模进攻并采取围攻策略。在这一点上,玻利维亚军队总参谋部(the Bolivian General Staff)拒绝批准萨拉曼卡的作战计划,理由是军队还没有做好大规模出击的准备,并认为冲突的扩大化对当局不利。因此在总参谋部和总统之间发生了激烈的辩论,最后萨拉曼卡不得不以书面的形式承担了引发冲突的全部责任。总参谋部为自己开脱了任何招致袭击和继发行动的责任,并称这些行动违背了国家的利益,但最终还是同意执行萨拉曼卡的决定。

尽管巴拉圭和国际社会抗议玻利维亚举措的合法性,但地方领导者们仍然支持玻利维亚,并抨击巴拉圭为敌对状态的始作俑者。所有持支持态度的人都在一个爱国主义宣言上签了字,不论是右派阿尔西德斯·阿奎达斯(Alcides Arguedas)还是左派的弗朗茨·塔马约(Franz Tamayo)和卡洛斯·蒙特内哥罗(Carlos Montenegro)。在所有的城市中心都举行了大规模的爱国示威游行,人们对当时的经济危机已经暂时忘记了。为确保一致性,政府在全国范围内抓捕劳工和政

179 治激进派,监禁或流放这类人,例如里卡多·安纳亚(Ricardo Anaya),何塞·阿吉雷·盖恩斯堡(José Aguirre Gainsborg),和波菲里奥·迪亚斯·马奇卡奥(Porfirio Díaz Machicao)以及其他一些人都遭此厄运。左派人物中那些没有被监禁或者流放的人立即被招募到军队中,并被送到了前线。因此,萨拉曼卡似乎已经完全镇压了左派,但残酷战争的影响带来的将是前所未有的倒退。

尽管有玻利维亚的鼓动,巴拉圭人始终认为他们在处理一件常规的边境事件。在7月收回了他们的要塞之地后,他们回到了美国首都华盛顿的谈判桌,并期望继续商谈互不侵犯条约。但萨拉曼卡毫不动摇,接着又相继夺去了3个备受争议的巴拉圭要塞。这3个地方,包括博克龙(Boquerón)、科罗莱斯(Corrales)和托莱多(Toledo),对巴拉圭的防御线来说至关重要。占领这些领地的事实需要得到玻利维亚政府的完全认可,总参谋部已经承认这是不可避免的事情,但认为这将导致一场全面战争,而萨拉曼卡则认为,这次大胆的行动已经在精神上摧毁了巴拉圭,所以他在8月初宣布停止一切军事行动。现在,在总参谋部和萨拉曼卡之间发生了激烈的争辩,焦点是通过第一次两军交战到底发现了什么,到底是谁煽动了战争,玻利维亚参战的最终目的到底是什么?相互谴责和反驳的言辞达到前所未有的激烈程度,这清楚地表明,人们对整个战事持有极度悲观的情绪,同时似乎也暗示着玻利维亚军队最终将遭受毁灭性的失败。所有这些发生在战争开始时的一个月内,即在玻利维亚在一次大战争中失利前。

也就是从那时开始,对玻利维亚来说战争形势急转直下,玻利维亚面临着垮台、流血和无穷无尽的失败和灾难。意识到萨拉曼卡企图无限期地占有从巴拉圭夺取的领地,巴拉圭下令全国总动员,并着手准备反攻。到了9月,玻利维亚的攻势完全停止,博克龙战役打响了。巴拉圭人成功地在博克龙这个属于自己的旧领土上包围了600余人组成的玻利维亚军队。在查科前线,玻利维亚只有1 500人,所以他们无法对这次被围事件采取任何解救措施。当月底,玻利维亚军队被迫投降,10月初,这个消息使玻利维亚举国震惊。

博克龙战役失败的影响是直接而又巨大的。在玻利维亚,公共舆 180
论已经开始相信有关玻利维亚口是心非的流言飞语,这是因为他们对萨拉曼卡发动战争的政治目的十分反感,对紧张的社会形势感到不安。随后,在全社会各个阶层的大规模征兵活动开始了。因此,博克龙战役的失败引发了一场巨大的社会骚乱。10 月 4 日,2 万余名反政府暴乱分子要求萨拉曼卡辞职,并要求重新任命前玻利维亚军队顾问、德国将军汉斯·昆特(Hans Kundt)重返其玻利维亚军职岗位,他在 1930 年的时候被萨拉曼卡共和党驱逐。4 天以后,国会也要求重新委任昆特为军队领导人。两名陆军校级军官戴维·托罗(David Toro)和卡洛斯·金达尼亚(Carlos Quintanilla)甚至要求萨拉曼卡本人下台。尽管叛乱最后被镇压了,但萨拉曼卡以全新形式运行了 4 个月的一统政权已经时过境迁,总统被迫请求自由党人与他合作,共同组成一个联合政府。

但是,就在这个多党制政府建立起来之前,玻利维亚的另一个要塞也被占领了。到 10 月底时,巴拉圭人不仅重新占领了所有他们失去的要塞,而且把侵略的触角伸到了玻利维亚的领土,包围并最后占领了玻利维亚要塞阿泽(Arze)。阿泽战役的失败是玻利维亚军队的总体失败,这次大战役的直接后果是政府的垮台和在野党开始协商组织政府。自由党人和共和党反对派都反对萨拉曼卡,萨拉曼卡则煽动暴徒攻击他们的报刊。11 月,萨拉曼卡还驱散了所有工会和劳工联合会。但到了 12 月,他已经无计可施了,被迫把昆特将军从欧洲召回,并将自己在军队中的一些权力交给了行政顾问人员。

尽管昆特将军是一个优秀的组织者,而且迅速重建了懒散的玻利维亚军队,但他既不是一个优秀的战术家,也不是一个杰出的战略家。他建立的那支强大的武装力量仅存在 6 个月,就在他那次从 1933 年 1 月持续到 7 月的轻率地进攻巴拉圭坚固要塞纳纳瓦战役(Nanawa)中被打得七零八落。巴拉圭军队不仅仅坚守住了自己的地盘,而且摧毁了袭击他们的武装力量,并进而包围了其他地区的玻利维亚人,随后取
得了一系列的胜利。在 1933 年年中,巴拉圭人不仅消灭了一支又一支 181

玻利维亚军队,而且入侵领域已进展到玻利维亚控制的查科地区。同年年末,昆特被辞退,恩里克·佩纳兰达将军(Enrique Peñaranda)继任军队首领,大卫·托罗作为他的主要顾问。但这个军事领导人的变动最终只使国家的悲剧更加悲惨。在昆特担任军队领导人的时候,玻利维亚有 7.7 万人参加战争,其中 1.4 万人死于战火,1 万人被俘,6 000人逃亡失踪,3 200 人由于疾病和伤痛退役。最后,只剩下 7 000 人在战场上作战,8 000 人从事后勤服务。那支曾经强大且装备精良的军队最后沦落为一支可怜而且士气低落的残兵败将。

在佩尼亚兰达统帅下,第 3 支由 5.5 万人组成的军队建立起来,此时战争也进入了 6 个月的相对僵持阶段。但 1934 年 8 月,出色的巴拉圭领导人埃斯蒂加里维亚将军(Estigarribia)最终发现了玻利维亚防御中的一个弱点,并摧毁了玻利维亚查科战线。此后,巴拉圭人对安第斯山脚下的山丘地带进行了疯狂的扫荡,战争也开始进入一个寻求新目标的阶段,巴拉圭人最后为争夺玻利维亚内地储存的石油而展开了公开战斗。从 8 月到 11 月,巴拉圭人用 4 个月的时间就占领了比他们在战前曾经提出的最多的领土要求还要多得多的领土。

到了 11 月月末,萨拉曼卡策划选举他的忠实支持者弗兰斯·塔马约为军队领导人,其目标是要在他当政的最后时刻摧毁军队中与自己作对的势力。他特意前往查科迫使佩纳兰达和托罗放弃军权,但是,在 1934 年 11 月 25 日,军队在蒙蒂斯镇(Villa Montes)司令部将萨拉曼卡逮捕并强迫他辞职。随后政府由副总统、自由党领导人特加达·索尔萨诺(Tejada Sorzano)接手。

这次军事政变的直接后果完全符合玻利维亚参加这次战争的根本意图。特加达·索尔萨诺既是一位杰出的行政官员,也是一位能干的政治家。他很快组织了一个囊括所有政党的内阁,甚至将萨拉曼卡的支持者也包括在内。他安排有锡巨头之称的阿拉马约(Aramayo)为财政部长,但是给军队指挥官的支持却很有限。为了那场战争,玻利维亚曾经付出了巨额财政支出,现在,围绕权力问题的国内冲突已经结束,甚至对极左派的攻击也停止了,一个联合阵线已经建立起来。在军事方面,玻利维亚现在终于可以停止对前线的供应,因为前线传来的都是好消息,国土得到了保卫,他们所面对的巴拉圭人现在已经由于战线太长和财政不支而不足为惧了。

随着萨拉曼卡政府的覆灭,战争慢慢地平息下来。1935 年年初,巴拉圭人入侵了塔里哈地区和圣克鲁斯地区并占领了一些石油产地。但要不是为了夺取蒙蒂斯镇,他们不会继续前进这么远,接下来又发动了一场争夺玻利维亚这个南方要塞的战役。恰在那时,玻利维亚战史上最有能力的军队领导人梅杰·格尔曼·布希(Major Germán Busch)少校出现了,他接手了南方军事区的防御任务。他不仅在蒙蒂斯镇击溃了巴拉圭军队,而且成功地发动了反击,消灭了位于塔里哈和圣克鲁斯地区的所有巴拉圭人,并夺回了被巴拉圭人占领的所有石油中心。

在这种情况下,双方都做好了和谈准备。巴拉圭资源消耗巨大,蒙蒂斯镇的失败意味着他们再也不能夺取安第斯山脚地区。同时很明显,如果继续进行战争,他们在查科地区的收获也将丧失殆尽,因为玻利维亚新的军队领导人似乎已经重振了玻利维亚军队的雄风。对玻利维亚人来说,夺回查科以外的所有地区已经足够了。尽管与巴拉圭政府不同,玻利维亚政府财政丰足,复苏的锡业为其带来了大量的矿业税,他们可以继续战争,但整个国家渴望和平。人们对萨拉曼卡时期的苦难记忆犹新,大家一致认为国家是为了争夺美国标准石油公司而战,并认为战争很可能是玻利维亚自己引起来的,所有这些看法和观点都使国民再也不希望战争继续下去了。1935 年 5 月,双方在布宜诺斯艾利斯召开了和平会议,同年 7 月 14 日正式签署了和平条约。

玻利维亚历史上持续了 3 年的最残酷的战争终于在 7 月完全结束了。尽管在 19 世纪对智利的战争中玻利维亚失去了更多宝贵的领地,但那场战争规模仍被控制到最小状态而且对人口本身的影响也很小。而在与巴拉圭的战争中,围绕查科的战斗使玻利维亚损失很惨重。6.5 万人战死、逃亡或死于囚禁,这个数字大体上相当于玻利维亚军人总数的 25%。当时,玻利维亚的总人口才只有 200 万,如果算一算战 183

争中死亡人数与全国人口总数之间的比例，这个数字相当于第一次世界大战中欧洲国家死伤人数与其总人口的比例。

更为严重的是，战争对国家制度的有效性是一个极大的考验。玻利维亚的军队是按照等级组建的，白人担当上层长官，混血人种担任下级军官，印第安农民则是普通军人的主要成员。唯一违背这一划分的是被萨拉曼卡捕获的工人和激进派人士，他们也被送往了前线。因此，国家社会的这个等级体系在战争前线得到了延续，它在指挥官和普通军人之间划了一条不可逾越的鸿沟，由此进一步促进了白人军官臭名昭著的腐败行为。对于那一少部分在前方服务的白人来说，这是一个痛苦的经历，并使他们对社会的这种种族划分十分不满。对印第安人来说，这是一种对他们剥削的标准形式的延续，因此，逃兵屡见不鲜，甚至发生了几起重大的前线兵变。但战争结束后，渴望回家的艾玛拉和克丘亚军人回到了他们的农田上，并迅速重新融入当地的社区。

但对于混血人种和非战斗人员的白人来说，则完全是另一番景象。那些从前效忠于西班牙王室的人中，很多人发现自己与当地的传统制度格格不入。在战争中，他们对军队里高级将领们的腐败和无能无比惊讶，对战争中显示出来的玻利维亚政府表里不一的行为震惊不已。对于这“查科一代”的年轻人来说，他们所付出的牺牲完全是徒劳的。在战争中，他们已经表现出对军队领导人的强烈不满，因为正是他们给自己带来了灾难，并对引发了整个查科混乱局面的政治体系感到灰心丧气。然而，对这种不满和怨恨最突出的释放方式是社会现实主义小说的大量出版，这些小说在战争前几个月便出现了，并一直主宰了国家的文学界到下个世纪。更为尖刻的无产阶级小说成为查科地区文学作品的主要题材，战争的残酷、生命的浪费、人们的饥渴、官员阶层的无能、背叛和怯懦都成为小说的主题。

查科小说并不是在查科战败的硝烟中诞生的，而是源于 19 世纪
184 80 年代的现实主义小说和讽刺小说。那个世纪的最初几十年，是一个自由和平、幸福安乐达到顶峰的时期，一些作家发表了一批小说，这些作品以社会精英的政治腐败、对矿工和印第安农民的剥削与压迫为主

要题材,其中比较著名的有阿曼多·切维切斯(Armando Chirveches)、阿尔西德斯·阿格达斯(Alcides Arguedas)、海梅·门多萨(Jaime Mendoza)等。这一代人也不是仅仅以这种等级题材为主,例如,阿德拉·扎穆多(Adela Zamudo)在他的诗歌及小说中也阐述了有关性别歧视的问题。20 世纪 30 年代的作家继承了这些传统,他们作品的风格受到了文学精英的赞赏。查科小说是他们对自己切身经历查科灾难的表述,如同某一种政治意识形态和革命宣传一样,查科战争小说中体现的现实主义对当时的青年和知识分子产生了深远影响,这些人是当时社会精英思想的核心。

但是表达激烈反抗的呼声的不仅仅是小说家们。灾难也引发了一场新的激进政治运动,这场运动产生了许多对当时玻利维亚国家的社会精英们来说具有挑战性的思想。尽管萨拉曼卡竭尽全力来摧毁这一运动,但查科战争带来的灾难还是赋予左派人士以重要的角色。战前激进左派人士一直在前线进行着积极的反战运动和反对传统社会的宣传活动。事实上,他们成功地鼓励士兵逃走,并在战后成为一支主要意识形态势力。

这种对玻利维亚现实社会的重新诠释沉重打击了玻利维亚社会普遍存在的种族主义思想,也打击了玻利维亚政治和经济生活中的独裁特征。有人认为,那场战争应该归咎于跨国公司,具体地说是新泽西美国标准石油公司。它也被认为是旧秩序的最后一根稻草,因为正是它为了维护自己的势力才使玻利维亚陷入了国际冲突之中。在这些激进派的思想家中,早期最为杰出的一个是特里斯坦·马洛夫(Tristan Marof),他是一个土著思想家,秘鲁的马克思主义者何塞·马里亚特吉(José Maríategui)为他们重新评价玻利维亚社会提供了基本思想轮廓。安第斯现实社会的概念认为,印第安问题的本质是剥削和土地问题;正是西班牙人和他们的追随者们对生活在自己土地上的印第安人实行劫掠;并且为了对他们实行剥削而企图破坏他们的文化。事实上印第安人的被动和落后正是他们剥削所派生出来的一个后果。打破这种剥削的唯一方式是摧毁大庄园,并把土地归还到印第安人手中。这些作家中还有许多人认为，只要个人控制作为国家财富主要资源的矿藏，国家便不会受益于这些不可再生的资源。还有人认为国家自身是由罗斯卡(rosca)经管的，罗斯卡是一个贬义的概念，暗示了一群政治家和律师们，他们为矿主和农场主们控制国家机关。玻利维亚实行非民主独裁政体在当时是必要的，因为这是经济官僚们对国家进行全方位剥削的唯一途径。但马洛夫和一些其他人则提出了完全不同的解决方案，他们主张由工人、矿工和印第安农民组成联盟，这个联盟的最终目的是"将土地归还给印第安人(Tierras al Indio)"和"矿藏国有化(Minas al Estado)"。

然而很少有人一开始便能接受这些由激进派提出来的观点，在国家确立其结构的社会主要问题被阐明以后，各种有关未来的争议便接踵而来。矿产国有化的理念现在已经深深地根植于白人和混血人的政治意识之中，甚至印第安人的问题及他们合理的要求也被法律所接受。

这种战后政治特性的微妙变化引起了人们的共鸣。例如，印第安人起义很少再是传统的等级战争，更多的是社会抗议运动，运动的焦点是全体印第安人的权利问题。代表印第安农民的日益增长的阶级意识使一场更加激烈的马克思主义运动孕育而生，这场马克思主义运动是由工会组织者和年轻的激进派成员共同领导发起的。逃兵委员会和反战组织领导的活动相当突出，从逃亡阿根廷的那一刻起，他们的运动已经成为永久性政治运动的一部分。因此，1934 年在阿根廷科尔多瓦(Cordoba)的一次特别会议上，第一个战后主要激进政党，革命工人党(Partido Obrero Revolucionario, POR)就诞生了。这个政党以特里斯坦·马洛夫和何塞·阿吉雷·盖恩斯堡(José Aguirre Gainsborg)为领导人。尽管它只是由一小队流亡的激进派人士组成的，它却是查科一代建立的第一个政党，并且在此后的几十年里成为革命运动的先锋。

186 尽管革命工人党很快被有关托洛茨基主义问题引发的内部纷争所破坏，但它在意识形态上产生的影响是深远的。虽然拥有充足的人力、财富和资源，在那场战争中玻利维亚军队最后还是完全失败了，这使绝大多数识文断字的人备感震惊。更糟糕的是众所周知的领导阶级的腐败和无能,由此才导致了饥饿且不胜任的军队大批遭到屠杀或者被俘虏。令人惊讶的是很少有人仇恨巴拉圭人,玻利维亚人更多地敌视自己的统治者们。战后,这些已经觉醒和内心充满仇恨的人们开始找所有造成战争失败的人算账。当没有得到想要的答案后,他们又开始寻求改变自己生活在其中的社会、经济和政治秩序。

1935 年 6 月和平条约签署后,各种政治紧张形势以传统政党秩序的瓦解而花开蒂落。军队要求特哈达·索尔萨诺在国家实现和平后马上终止自己的总统任期,而旧党派反对这一行动,且与此同时,萨阿韦德拉派还在期望恢复自己的统治(原文为 Saavedrista,是一个十分少用的专有词汇,特指玻利维亚第 31 届总统、玻利维亚国民党的创建者赫尔南多·西莱斯·雷耶斯〔Hernando Siles Reyes〕所领导的共和党宗派集团,该集团在 1920 年曾经夺取玻利维亚政权。——译者注)。但是现在的党派形势与以前大相径庭,已经出现了许多新的政党,它们的名称和标志大都十分醒目,但代表的主要是年轻人和老兵们,而且这些人以前曾经是旧政党的主要支持者。突然间,“传统”一词成为战前所有独裁政党的绰号。从意大利职团主义到土著主义再到马克思主义意识形态,都成为那些曾经支持旧秩序者的现实选择。受到指责的不仅是眼下灭亡了的萨拉曼卡政府的支持者们,还有自由党和各种共和党人士。人们指责他们在战争中所犯下的所有罪行。

仇恨的老兵们发起了运动,他们作为一支强有力的力量要求对战争的失败进行清算。一个迅速复苏的工人运动要求享有其基本权利,紧张的军官团的军官们坚持保护自己遭受威胁的地位。这 3 种主要力量害怕并反对恢复传统的政治制度。政党自身无法再调动起广泛的社会精英的支持以平息这些反对者,因为那些支持者们现在已经分裂成一群新的改革者、法西斯主义者和激进主义者。甚至在传统政党内部,也发生着巨大的变化。然而,自由党人士们仍紧紧坚持传统的地位,并且支持哈达·索尔萨诺。旧组织中最具有改革精神的西莱斯的国民党 187
瓦解了,这便切断了新的左派和工人阶级与传统的政客间的所有正式联系。同时,萨维德拉共和党人宣布一个“社会主义”计划,甚至把他们的正式名称改为共和社会党。但这个社会主义的名称有名无实，很快就被战后的政治力量遗忘了。

和平条约签署后，干练的哈达·索尔萨诺政府试图将所有新运动全部平息。它表态正式支持老兵，并在 10 月发动了一场采取法律措施来反对美国标准石油公司的行动，直至最后没收了这个公司。同年年末，政府同意召开制宪会议，甚至建议建立新的福利部门和劳动部门，来起草社会改革法规。但这些行为似乎都不能使那些改革组织满意。在战后经济蓬勃发展所引发的劳动力市场紧俏的情况下，一个劳工组织重新崛起，该组织最终成为政府覆灭的催化剂。重新回到政治舞台的激进派劳工成功地将各省旧有的各种同盟重新组织起来，并且在 1936 年 5 月由激进印刷工人工会领导，宣布发起一场总罢工运动。那场运动威力巨大，哈达·索尔萨诺担心发生革命暴乱，遂把警察召回到营地，同时总参谋部宣布中立。结果大罢工取得了全面胜利，工会会员甚至在一些城市暂时接管了警察部门。工人们要求提高工资百分之百，不达目的就要将罢工无限期地进行下去。面对如此之多的罢工群众，中央政府明显表现得软弱无力，并借口心神不安的官员们需要慎重考虑自己的计划而迟迟不敢果断行事。1936 年 5 月 17 日，旧秩序结束了，大卫·托罗上校和梅杰·格尔曼·布希上校宣布政变并接管了政府。

1936 年的军事政变使玻利维亚进入了一个由年轻的查科战争军官领导的政府时期。但从总体来看，这些军人反映了在当时国家政治生活中仍然存在巨大分歧。从温和到激进，然后又过渡到保守，国家政治势力一直在不断进行调整。对于即将在此后十几年间掌控玻利维亚政府的那些年轻军官来说，这是一个与“查科的一代”相互认同的时期，
188 他们要求的就是改革，后来又担心有人对他们干预政治生活采取报复行动，但这些年轻的军官还是在接下来的几十年里领导了玻利维亚政府。事实上，在军队自己做出干涉政治的背后确实有老兵和国会的推动，要求特别法庭对战争犯罪行为进行惩处。

最初，这些造反的上校们要求大卫·托罗作为他们的头儿，梅杰·格尔曼·布希则在幕后控制局面。如同萨维德拉对变化的国家趋势十

分敏感那样,针对新的政治气氛,托罗声明他的政府应该是一种"军事社会主义"。萨维德拉重新命名自己的政党为共和社会党时在政治上并不十分了解马克思主义,像他一样,托罗也以如此命名来显示其政府是一个平民和改革者的政府。为了笼络激进派,他建立了玻利维亚第一个劳工部,并任命激进印刷工会的领导在此任职。而这使一小部分马克思主义者和无政府工团主义者进入了政府,与新政权开始联系起来的主要平民组织越来越成为修正的法西斯主义者。一个小的社会主义政党正在明确地宣扬"国家社会主义"意识形态,这个小政党在托罗接管政府前的几个月便诞生了。卡洛斯·蒙特内哥罗和奥古斯都·塞斯佩德斯(Augusto Céspedes)拥护的政治意识形态成为其很好的代表。在今后大量的国家主义政党的形成过程中,这两个人起到了关键作用。在新政体建立的前几个月,这个组织开始出版一份名为《街头报》(La Calle)的报纸,该报成为德国法西斯宣传的喉舌,恶毒地反对犹太人。其实,作为 3 个锡巨头之一的霍奇斯柴德(Hochschild)就是犹太人,他为民族主义者攻击矿主们提供相关主题,同时也教唆他们增加国际密谋的内容。国家社会主义者受到了这些宣传的深刻影响,他们促使托罗提出建立一个集体模式的组织作为国家立法机构,并强迫工会组织委身于国家控制下。但劳工部的激进派成员坚持反对这些建议,并且为了满足劳工组织的需要,要求政府把工会领导权交给工人。由于那么多人反对,托罗本人也无动于衷,这些计划最终破产。

然而,新的激进派政治组织和传统政党不断插手,以期获得对托罗政府的控制。到处都在讨论与争辩,平民百姓也缺乏一致性,在这种情
形中,不安的军官们觉醒了。在 6 月月末,布希宣布军民联盟解体,此 189
后刚刚开始的政治骚动戛然而止,令人讨厌的萨维德拉在流放中,一个完全的军人政权已经建立。失去权力的托罗不得不接受这些决定,而且在接下来的几个月里,他的统治目标就是怎样迎合布希和年轻的军官们,并采取了一些适度改革,这些改革能引起国人对于他的政权的拥护和支持。

所有这些骚乱不仅在当地军官中引起了不安,而且也给传统精英

们带来了忧虑。当时的政治局面相当复杂,自由党没有控制政权的能力,萨拉曼卡共和党人(the Salamanca Republicans)处于一片混乱之中,萨维德拉派则玩弄着新的激进运动,独裁政府感觉到应该号召重新组织自己的防御活动。5 月,锡矿工人卡洛斯·阿拉马约建立了一个新的中央集权主义者党,目的是维护精英们的利益。尽管该组织在最初获得了矿工联合会的有力支持,最后还是成为一支垮台的主要势力。但是,它的建立向旧政党证明,面对查科战后的骚乱,即使是短暂的放松也是不能容忍的。这是一个明确的独裁声明,它告诉世人,旧制度下被玩弄的政治缺乏阶级基础,因此这些政党所发挥的基本作用中政治内容被削减了。然而激进运动应该仍然处于一个改革和相对来说效果不佳的阶段,它们显然是潜在的威胁,对于这些潜在的威胁,矿主们需要更强有力的反击。中央集权主义者们的目的是迫使传统政党尽弃前嫌,并联合起来组成一个以阶级为基础的政党。从 1936 年到 1952 年,矿工精英们便以此为主要目的,他们致力于恢复旧的稳定的局面,不管手段是否合法。中央集权主义者党暂时消失而自由党和各种共和党人开始联合的事实证明,传统党派已经吸取了教训。

为了满足他所面对的冲突各方的要求,托罗故伎重演,试图取悦所有的党派。他通过把激进派人士清除出劳工部而使极右派笑逐颜开,通过建议召开制宪会议并建立新的国家宪章给改革派集团一个满意的
190 答复。但布希和他那一小撮年轻的军官伙伴们对无休止的讨论再也无法忍受了,在 1937 年年初,有一些人对托罗政权投了不信任票,布希终于递交了辞呈。对各种各样的企图和目标来说,这是一个即将发生政变的正式宣言。

面对布希的威胁,托罗所采取的回应是要解决一个众人瞩目的问题,并认为只有这样才能为自己寻求支持。在布希发表辞职宣言 10 天后,他加速了反对美国标准石油公司的法律进程,并于 1937 年 3 月 13 日宣布正式没收玻利维亚的美国标准石油公司。公司的所有财产、仪器和材料都自动转交给新建立的玻利维亚国家石油垄断公司(Yacimientos Petroliferos Fiscales de Bolivia[YPFB]),而且没有给任

何补偿。不论在玻利维亚历史上还是在国际社会中这都是史无前例的。这是在拉丁美洲发生的第一次没收美国大跨国公司的行为，墨西哥则在那年采取了更大规模的没收行动。同时，这次行动把政府直接推向了市场，使它成为重要产品的主要生产者。通过这次行动，玻利维亚政府不再执行放任主义政策，并在经济生活中开始扮演积极角色。19 世纪建立的矿业交易银行的存在和 20 世纪 30 年代的锡配给供应计划便是这一表现的先例。但是发展才刚刚开始，到 20 世纪 50 年代，国有公司生产的总量已经占国民生产总值的一半。

托罗的下一步计划是准备组建一个新的社会主义政党，甚至得到了全国工会联盟的某些支持。但是这种积极的活动并没有消除布希对托罗日益增长的看法，他认为托罗不可信，并觉得在高级军官的支持下，自己已经有足够的经验来亲自管理国家。在经历了 15 个月的历史上最混乱时期和新的政治活动，布希也宣布军队不再支持他以后，托罗的统治终于在 7 月月初寿终正寝。考虑到改革主义者托罗的统治曾经受到广泛的支持，绝大多数观察家觉得那个不知名的布希必将在更强大的矿工力量控制下恢复传统的政党统治。但事实证明，新政权不过是托罗时代改革的延续和政党重建。

尽管最初布希表现出对恢复传统政党联盟较有兴趣，但他的实际 191
行动却完全相反。布希拒绝允许旧政党参加到政府中，并继续颁布新的改革立法。由于没有一个政党加入到新政体中，所以新的政党活动持续进行着，这种情况一直存在多年，直到一些新的强大的民族改革主义者政党建立起来。传统政党发现自己既不能加入政府，在议会中也毫无发言权，这意味着他们不得不忍受 4 年的痛苦折磨。到 1940 年，他们的力量已经被大大削弱了。

值得强调的是，托罗和布希所主张和实行的那些改革基本上都采取了相对温和的福利政策和支持工团组织的措施，而且他们没有大量地重新分配国家资源或没收私有财产，没收美国标准石油公司是唯一的一次。事实上，与查科战争时期相比，战后托罗-布希时代的军队获得了更多的津贴。尽管现在已经缩小为一个由 5 000 人组成的常设机构,但军队支出在 1937 年仍然占国家预算的 32%。除此之外,布希越是倾向左派,由旧军官阶层领导的主要的将军们越倾向右派。在卡洛斯·金塔尼利亚(Carlos Quintanilla)被任命为总参谋部部长以后,年轻的激进派军官们明显地失去了自己的一些权力。

要不是改革者和他们优柔寡断的特点,军事社会主义时代本应该奠定更深远的改革基础。1938 年的制宪会议是对这种潜在问题的最好解释,这也是自 1880 年的自由宪章之后的首个立法。19 世纪的这个典型的宪法为宪法制度做了相对严格的规定,这一制宪制度规定,国家不得干涉个人的权力,中央政府的权力也被严格限制。

早在 1917 年,墨西哥就在拉丁美洲率先颁布了限制政府权力的宪法。现在拉丁美洲各地激进的改革者们都呼吁本国政府应像墨西哥宪法一样对教育和公民的福利采取一些积极的措施,尽管墨西哥降低了个人的财产权限。这一潮流被称作"社会宪政主义(socia
192 constitutionalism)",它很快在拉丁美洲的激进理论学者的理论思想中占据了主导地位,这些学者们此时也正在为改革和合法发展规划一幅蓝图。玻利维亚制宪理论的这一变化在战后很快就已经明确,并使查科一代成为新兴的政治力量。在 1938 年 5 月的制宪会议选举中,布希政府支持托罗曾经钟爱的新型的改革者,并允许老兵运动和中心劳工联盟推举自己的候选人。这样一来,再加上组织相对松散的老党派当时比较薄弱的现状,1938 年的宪法就成为一个相当激进的宪法。

这次新的制宪会议修订了 1880 年宪章中关于社会立宪政治方面的条文。大会还为当时国家中存在的为最激进的意识形态进行宣传的会议辩论提供了契机。尽管大会驳回了更为激进的农业改革、艾柳阶级合法化以及矿业国有化等建议,但是新宪法还是严格限制个人财产权。财产已经不再是个人权利中不可剥夺的一部分,而是一种社会公共权利,这种社会权利的合法性是由社会公众所决定的。同时,国家要为个人的经济福利、保护妇女儿童的合法权益和提供广泛的义务教育负责。大会中所有条款的基本目的就是使国家承担起社会生活中全体公民的健康、教育和福利等方面的全面责任。那种古典式的自由放任和政府尽量不干涉经济的政策已被国家在公民个人生活的各个方面积极干预以确保提供共同的商品的政策所取代。

这种积极的改革主张使布希感到左右为难。在战后时期沉稳的左派和传统党派分别陈述各自的立场观点时,他反复仔细斟酌左右两派的意见,还是无法确定自己的政治立场。对于稳健派和激进派来说,制宪会议为他们双方都提供了进行意识形态教育的论坛,他们的政治团体也建立了更为紧密的联系。自由党反对他们内部的改革派,并把他们的党交给著名作家阿克塞阿格达斯。这位作家当时是一个相当反动 193
的反对查科一代的所有改革的人。1938 年 3 月,战前最后一位著名考迪罗萨维德拉逝世。他的辞世使得共和党两个派系重新团结起来,这两个传统政党达成一个名为和平共处(the Concordancia)的协议。这一联盟的确立使战前政党协调一致来阻止新运动的发生更向前推进一步。同时,大会为许多新兴政党建立更加坚固的基础提供了条件。

虽然这些政治选择中没有一个选择令布希满意,但他还是不能就是否接受 1938 年宪法做出最后抉择,尽管大多数的群众都支持这一新型的社会改革。尽管当时政治上风平浪静,他也仍然不能满意。1939 年 4 月,他宣布他的政府从今以后将以专制的方式进行统治。在这种政府统治下,一切政党活动都为非法,议会选举也被取消,甚至 1938 年宪法也被推迟实施。新的专制政府随后颁布了一系列法规,大部分法规都在政府认可的范围之内。但也有一些例外,例如,1939 年 5 月颁布了一个新劳工法。尽管这一法案最初是由托罗时代的劳工部提出的,但现代劳工法的颁布还是现代国家立法的主要部分。这个当时被称为“布希码(Codigo Busch)”的法案与 1938 年宪法一起被认为是布希政府永久性的著作。

对于锡巨头们提出的他们在对外贸易中不受中央银行制约的要求,布希予以坚决回绝。在 1936 年,托罗曾经创建了矿业交易银行来帮助一些小型和中型的矿主们,同时通过国家购买也规范矿物销售。更为重要的是,他要求大矿主们将外贸利润转入中央银行,以特殊汇率转为玻利维亚货币。通过保持汇率低于公开市场的汇率,政府可以从矿产业征得 4 倍的直接和间接税款。布希不但在这一方面继续实行托罗时期的政策,同时还不断加强力度并降低特种汇率,以此提高政
194 府从矿业所获得的利润,这一利润已高达出口总额的 25%。尽管矿主们希望最终布希能使市场自由化,但是他的做法却是相反的。另外,从 1936 年到 1952 年,中央银行对玻利维亚的锡矿业的对外贸易额保持了全面的控制,控制了汇率,以间接税收的方式提高政府收入。

尽管新政府已经竭尽全力,但布希仍对政治环境不够满意。虽然他已决定向欧洲的犹太人提供免费签证,使他们能够在查科和东部低地平原居住,但是仍有人向欧洲犹太人出售签证,这一丑闻一直困扰着他。布希认为犹太人锡巨头霍奇斯柴德违反了外汇惯例,于是将他拘捕,但在几天后又不得不将其释放。布希一会儿组织起自己的政府党,一会儿又将它解散,其目的就是想与传统政党重新谈判并最终达成协议。正当他实施独裁统治,希望奇迹出现来改变玻利维亚的命运时,这也是他经常在公众场合表达的一种意愿,但他很快就意识到,他的温和改革基本上都付诸东流了。

从布希最后一次的公开演讲和行为来看,很明显,他是一个很被动和极不冷静的人,而且对他自己所实施的一切政策都很不满意。1939 年 8 月,他自杀身亡。他的自杀不仅震惊了整个国家,也得到了前所未有的肯定和崇敬,而这种肯定和崇敬是他在世时梦寐以求的。他的自杀和他逝世后政治的迅速变化,使得布希成为革命左派的殉道者。公众也普遍认为,正是那些锡业巨头及其追随者无缘无故地暗杀了查科战争的英雄。大部分学者认为,有证据表明布希确为自杀,但如同引发查科战争的美国标准石油公司那个角色一样,在激进派与左派改革派之间的争斗中,在他们要求立法改革过程中,布希之死成为另一个扑朔迷离的政治悬案。

布希的死使查科战争魅力领袖的领导结束了,同时使保守派的独裁政治终止了军事激进主义的试验。在布希时期的军队首领昆塔尼拉(Quintanilla)将军的领导下,右派成功地夺取了激进派领导人的权力。

因此,在布希去世后,军队已做好了充分的准备将政府交给传统政党。 195
对于右派的大部分人来说,布希的死似乎为他们提供了一个结束战后动乱所导致的所有变化的千载难逢的机遇。

但是传统政党很快就发现,要恢复到战前的状态几乎是不可能的。1936—1939 年是激进左派迅速发展的时期之一,即使原本并不存在的温和左派也得到很快发展。这个时期正是对讲西班牙语的少数人进行激进观念和改革主义观念教育的时期,这一教育活动还深入到了农民和城市中的穷苦混血人中去。由于托罗和布希政权对温和左派时而鼓励时而忽视,甚至感到困扰,这使得温和左派在战后的几年里,特别是在中产阶级和受过教育的工人阶级中基本上没有受到抑制;而主要存在于劳工团体和大学生中的极左派则是拉丁美洲各种左派运动的核心。另外,激进左派已经深入到这些团体当中,甚至在中产阶级中间也能听到他们的声音。

因此,军事社会主义时代的出现标志着 1880 年以来的传统政治体系的终结,也见证了玻利维亚社会开始由公众较少参与的传统共和政体向以一种阶级政治为基础、底层阶级参与国家政治生活成为主要斗争形式方向转变的过程。尽管温和左派和极激进左派的实力还都相对较弱,而且相对稳定的政党不多,但是右派仍然很难阻止其发展。在后布希时代,由于各派都放弃了和平政治的立场,转而采取武力的方式来支撑各自的意识形态和阶级立场,因此,斗争必将变得尖锐而又痛苦。

但是,对保守派来说,布希死后的政局似乎可以恢复到战前的状况。他们立刻向昆塔尼拉施压,促使他举行公开选举并恢复文官统治。当昆塔尼拉明确显示出自己要组织政府的野心时,却遭到政府官员们强烈的一致反对。另一方面,签署协议的两个政党要求终止军队统治,
还有一些低层官员始终忠实于毕尔巴鄂·里奥哈(Bilbao Rioja),他是 196
战争时期布希-托罗党派的支持者,也是战争中的一个英雄。一个月后,昆塔尼拉政府恢复了 1938 年宪法,并重新召开国会,举行总统选举。他将毕尔巴鄂·里奥哈流放,从而结束了查克官员与新兴左派政党之间的联盟,这也似乎表明,左派权力在减弱而右派将重新掌权。

然而,1940 年的这次选举对玻利维亚社会老精英来说确是一次不小的震惊。在总统选举中,所有传统政党都推举恩里克·佩纳兰达(Enrique Peñaranda)将军为自己的正式候选人;在国会选举中,所有的传统政党又都支持自由党和共和党组成联合阵线。极左派团结在科恰班巴法律和社会学教授何塞·安东尼奥·阿尔塞(José Antonio Arze)周围,安泽是激进派马克思主义小集团中的一员,他不但曾经反对查科战争,还与托罗的改革相抗衡,并在 1936 年被放逐海外。在被放逐智利期间,他组织了一些马克思社会主义者联盟团体,这些团体被称为玻利维亚左派先锋(the Frente de Izquierda Boliviana)。尽管他不是全国赫赫有名的人物,没有正规党派,没有新闻媒体的支持,更没有那些支持佩纳兰达的温和左派分子的支持,但是,他在选举中仍然获得了5.8 万张选票中的 1 万张票的支持。虽然存在着各种障碍,安泽依然能够说服 1 万名前政体的选民支持自己,他们都是学者或者城市中的白人和混血人种。这说明,对玻利维亚来说,马克思主义革命仍然是可行的一个途径。安泽参选这一事实产生了巨大轰动效应,它使右派再也不能自鸣得意,使他们回到 1932 年以前政治体制的幻想化为泡影。

右派的自鸣得意在接下来的国会选举中再一次受到了打击,因为左派中的温和派和激进派控制了新国会。20 世纪 40 年代早期的佩纳兰达时期与其说是恢复了早期的一些统治形式,不如说是确立政治概念和政治组织的新时期。佩纳兰达基本上是一位自由主义政治家,他使玻利维亚恢复了传统的议会制政治体制,还坚决支持在国际争端中各国组成联盟。这一政治立场后来也被欧洲国家所采用。通过以上两种努力,他组织了辩论和有关国内国际事务的论坛。通过这一论坛使
197 左派政党可以组织并定义其各种政治立场,进而创造出更多的前些年激进派和改革派思想之外的相互联系的稳定的党派。

在新国会中出现的唯一的也是最重要的组织是温和左派,这一派别是由布希和托罗时期中央政府中的中等阶层知识分子组成的,他们还受到了法西斯主义思想的影响。这些所谓的国家社会主义者曾经支持佩纳兰达竞选总统,但佩纳兰达对美国逐渐产生的好感使他们很反

感。与其他国家结盟的政策意味着玻利维亚锡矿工业将与美国军事工业为伍,并依附于美国,这种政策进一步激怒了经济民族主义者。国际舞台上的亲德派、亲意派和国内的国家社会主义者们都主张玻利维亚基本工业国有化包括所有的锡矿产业。在这种愿望之下,他们对组织一场强大激进的矿工运动产生了浓厚的兴趣。在卡尔罗斯·蒙特内格罗(Carlos Montenegro)和奥古斯托·塞斯佩德斯(Augusto Céspedes)这两位《街头报》负责人及国会领导人维克多·帕斯·埃斯滕索罗(Víctor Paz Estenssoro)的领导下,在佩纳兰达时期开始形成了一个新兴的政党,名字叫做“民族主义者革命运动党(the Movimiento Nacionalista Revolucionario, MNR)”。

该党的左派来自原安泽追随者中的先锋组织。在安托尼奥·安泽和里卡多·阿纳亚(Ricardo Anaya)的领导下,这些马克思主义知识分子们在 1940 年的中期正式建立了一个叫“革命左派党(the Partido de la Izquierda Revolucionario, PIR)”的政党。该党要求矿业国有化,解放印第安人;并在国际事务中持有强烈的亲苏联观点。尽管它并没有宣布自己就是共产党,但因苏联成为第二次世界大战的参战国,革命左派党明显与盟国站在同一立场上。

民族主义者革命运动党、革命左派党与较早形成的托洛斯基派革命工人党(原文为 Trotskyite POR,经查为 Revolutionary Workers' Party,故而翻译为革命工人党。——译者注)一起被称为反对传统政党的三大左派政党,它们也被统称为和平共处党或民主联盟(the Concordancia or Democratic Alliance)。这 3 个左派政党都主张锡业国有化,支持劳工运动,特别是矿工运动。但除此之外,它们之间还是有根本区别的。革命工人党和革命左派党的政治眼光要比民族主义者革命运动党长远,这两党都关注印第安人问题,要求结束强制性人身义 198
务和大庄园制度。他们还要求农民与工人、中产阶级联合起来,形成一支革命先锋队伍。而在印第安农民问题上,民族主义者革命运动党的态度即使不敌视也属于漠不关心,这种态度完全反映了其白人资产阶级的本质。

在有关国际事务的争论中,首次在国内政治中起到举足轻重作用的革命工人党依旧对国际斗争采取冷淡的态度,他们把所有精力集中在国内事务上。但是,民族主义者革命运动党和革命左派党在国际事务中则明显站在某一方面,前者倾向法西斯主义,后者倾向盟国。从玻利维亚矿产政治出发来看,民族主义者革命运动党和革命工人党一样更加主张玻利维亚不参与国际事务,而革命左派党则主张玻利维亚矿业生产继续支持盟国的反法西斯斗争。这种支持战争和主张建立反法西斯联盟的态度严重损害了革命左派党在国内政治中的形象。

从其地位和影响来看,革命左派党是玻利维亚左派主要的政党,民族主义者革命运动党则远居第二位,革命工人党则是一个次要的少数派群体。由于左派在国会中拥有强大势力,对于社会精英所掀起的风浪,劳工运动自有应对方式。在矿工中间出现了联合行动,他们热情高涨,经常举行游行和示威,所有的劳工组织都要求增加工资,改善劳动条件。工人们的这些努力还争得了国会的大力支持,例如,维克托·帕斯·埃斯滕索罗成为工团权利的倡导者。传统政党坚决反对支持工会,反对左派施政,但是佩纳兰达拒绝批评这 3 个左派政党,20 世纪 40 年代召开的国会成为玻利维亚迄今为止最激进、最自由的国会。

尽管佩纳兰达政府在政治上比较宽容,但是在经济与劳工问题上比较保守。虽然得到了美国的政府贷款、技术援助并长期以合理价格购买玻利维亚的锡产品,但由于玻利维亚曾经没收了美国标准石油公司在该国的财产,因此该公司对佩纳兰达政府持坚决反对的态度。美国标准石油公司要求玻利维亚政府归还被没收的财产并得到一定的补
199 偿,而且该公司有能力操控美国对玻利维亚的外交政策。尽管美国国务院希望结束玻利维亚与德国的紧密联系,这些联系包括德国对玻利维亚的军事援助、对玻利维亚劳埃德航空公司的支持和对民族主义者革命运动党的报纸《街头报》的补贴等,但美国必须信守与玻利维亚的矿产合约,这是毋庸置疑的,因此,美国国务院长期不能满足标准石油公司的要求。

到 1941 年下半年,美国与玻利维亚之间的合作已经变得至关重

要,美国不但以间接租借合同方式加强与玻利维亚的联系,而且向玻利维亚派遣了一些技术顾问团进行技术指导,最后还与玻利维亚签署了由政府控制的长期矿产购买合约。在这种情况下,美国标准石油公司终于同意谈判。最终解决的方法是对被没收的美国标准石油公司财产进行补偿,作为交换条件,玻利维亚必须购买在这个跨国公司名义下的勘察数据和石油储藏图。事实上这是玻利维亚外交的成功,因为它没收美国标准石油公司的财产没有归还,其合法性也得到了认可,但是这种做法引发了来自左派的和玻利维亚全国的反对,人们还坚持认为美国标准石油公司必须对查科战争负责。

鉴于国内的反抗情绪十分强烈,佩纳兰达政府承认了美国伪造的一份文件,该文件指控民族主义者革命运动党是一个被德国收买的法西斯组织,《街头报》被查封,德国驻玻利维亚大使被驱逐。虽然民族主义者革命运动党在国会的那些代表没有被驱逐出去,但人们对这个问题的争论异常热烈。人们发现,尽管革命左派党和其他激进的政党知道,所谓暴动阴谋是美国制造的,但是他们根本不相信民族主义者革命运动党是法西斯主义政党。因此,他们一方面支持民族主义者革命运动党的改革主义和爱国主义计划,另一方面却又强烈反对民族主义者革命运动党的其他主张。

1941 年 12 月,美国参加了第二次世界大战;1942 年 2 月,玻利维亚参加了盟军方面对轴心国作战,因此与德国和日本的关系破裂。尽管民族主义者革命运动党仍保持其法西斯主义态度,但与德国的关系不那么密切了,因为两国关系已经正式破裂。这种情况使得该党开始将自己的全部精力用于国内事务上,当时,玻利维亚国内已经到处都是抗议人群的示威游行和工会活动,于是,该党对极左派的敌视政策也开始有所缓和。

这一重大变化所产生的影响在佩纳兰达时代后期的两个重大事件 200
中得以充分体现:第一件事是 1942 年的国会选举,第二件事是在矿山屠杀事件之后成功组织起来的全国矿工组织。在 1942 年 5 月的国会选举中,传统政党仅获得 14 163 票,相反,新的非传统政党加在一起共获得 23 401 票。知识分子及绝大多数白人选民对传统政党的支持逐渐下降还不仅表现在国会选举这一个方面，在 1951 年以前的每次总统选举中，以中上层阶级为主的基层白人选民，甚至新增加的绝大多数白人都表现出反对战前制度的政治态度，并且进一步走向更加激进的立场。

在中产阶级白人逐渐走向激进的同时，劳工阶级的激进态度更加浓厚，其中最强大的和革命的先锋队煤矿工人尤为突出。早在 1940 年，各地方煤矿工会组织就曾试图组织一个全国性的联合会。尽管政府试图以准备战争为借口破坏这些组织的建立，但矿工工会获得了来自国会内所有左派政党的强有力支持。1942 年 11 月和 12 月，在奥鲁罗和波托西发生了一系列旨在提高工资待遇和社会认同的大罢工。在这些罢工中，时间最长、同时也最惨烈的罢工当数发生在帕蒂诺(Patiño)名下的卡塔维(Catavi)煤矿大罢工。12 月月底，军队对矿工和他们的家庭开火，数以百计手无寸铁的工人被屠杀。卡塔维大屠杀成为左派政党和煤矿工人的一个强有力的战斗号令，他们共同组成一个牢固的、强大的政治先锋队。

佩纳兰达政府决定把由马克思主义者组成的革命左派党作为屠杀的替罪羊，关闭了其报纸，逮捕其领导人，但完全资产阶级化了的民族主义者革命运动党仍然不关心矿工运动。在帕斯・埃斯滕索罗(Paz Estenssoro)的领导下，该党在矿工及其同盟者和美国政府的支持下，在国会上对佩纳兰达政府发动了一场大规模的攻势。在随后的辩论中，佩纳兰达政府停止了对大屠杀的谴责，但这种做法也破坏了稳健派
201 与日益激进的左派之间保持的联盟。在托罗和布希执政时期曾经支持政府的老稳健派社会主义者在关于卡塔维大屠杀的辩论中彻底崩溃，甚至许多传统政客也纷纷背弃了他们的政党。在这种情况下，支持政府当局的只剩下自由党和共和党人了。由于苏联参加盟国方面对轴心国作战，革命左派党现在表现出对政府的热情但被佩纳兰达政府所拒绝，革命左派党作为政府的潜在支持力量也不复存在。因此，政府本身迫使革命左派党、革命工人党与民族主义者革命运动党共同成为自己

的对手。

至1943年年末,玻利维亚统治当局不但明显失去了政治控制能力,同时也已开始失去对于军队的控制。小规模的起义不断发生,新闻开始在那些有组织的秘密军事团体中不胫而走。在那些军事团体中,最重要的俱乐部是“拉德帕”(拉德帕是一个专有缩写名词,原文为RADEPA,按照维基百科全书的解释,拉德帕是指由古阿尔贝尔托·比利亚罗维尔·洛佩斯〔Gualberto Villarroel López〕领导的下层军队组织,洛佩斯也正是依靠该组织的支持才夺取了玻利维亚领导权。——译者注)。拉德帕是由被巴拉圭军队俘虏的玻利维亚中下层军官在战俘营中成立的,随着毕尔巴奥·里奥加(Bilbao Rioja)被流放,拉德帕成为玻利维亚军队中唯一最有政治色彩的组织。但与他们的前辈不同的是,该集团及其各分支更加倾向于法西斯主义,而不是改革派社会主义路线。1943年12月月底,这些军官与民族主义者革命运动党一起发动政变,成功地推翻佩纳兰达统治,在玻利维亚历史上第一次建立了民族主义者革命运动党的政党政治统治。

新政权是一个军人政权,其领导人是一位不知名的军官马霍尔·瓜儿维拉·比利亚罗维尔(Major Gualberto Villarroel)。他既不是战争英雄,也不是军事社会主义时期的重要人物。但无论如何,他在拉德帕组织中的地位是至关重要的,因为他是该组织所赞同的模糊的改革主义和法西斯主义模式的代表人物。比利亚罗维尔的内阁吸收了3名民族主义者革命运动党成员,因为他试图把他那各种族群体军官组织与新的激进派运动联合起来。在组织新政府的过程中,民族主义者革命运动党提出由帕斯·埃斯滕索罗为领导人,而不是极右派法西斯代表卡洛斯·蒙特内格罗和奥古斯托·塞斯佩德斯(Augusto Céspedes)。但是军政府对于轴心国表现出极大的热情,到1944年,现实情况使他们不得不重新考虑自己的期望值。在美国和绝大多数拉丁美洲国家政府拒绝承认玻利维亚军政府后,军政府被迫剥夺了特别极端的民族主义者革命运动党领导人的权力,并在1944年年初将他们全部驱逐出政府。但是,与民族主义者革命运动党之间友好关系的暂时破裂并没有 202

破坏两个集团之间的联系,该政权的意识形态色彩随即成为民族主义者革命运动党所关注的一些重要问题。

这些问题包括:对印第安民众的态度、对矿工运动的支持、特别是对革命工人党中工人的看法。民族主义者革命运动党与矿工运动的领导人、法西斯主义者胡安·莱钦有着非常紧密的联系(原文中 porista 一词无从查找,根据维基百科全书,该词中具有政治色彩的图片是法西斯党徒旗帜标志,故而理解他为法西斯分子。胡安·莱钦〔Juan Lechín〕是 20 世纪 40 年代以后玻利维亚著名工人运动领导人,60 年代曾任玻利维亚副总统。——译者注)。由于具备这种条件,再加上铁路工人的援助,1944 年 6 月,一个由 6 000 人组成的全国矿工联合会组织在瓦努尼(Huanuní)成立,即玻利维亚矿工工会联合会(the Federated Union of Mine Workers of Bolivia,西班牙语为 *Federación Sindical de Trabajadores Mineros de Bolivia* , FSTMB)。该组织在当时掌握了工人运动的领导权,因为它是当时玻利维亚最强大的工会组织。尽管劳工运动仍然反对军政府,并且向来支持革命左派党,但玻利维亚的矿工联合会给予民族主义者革命运动党和军政府重要的支持。

1945 年 5 月,该政府在拉巴斯召开第一届印第安人全国代表大会,1 000 多名印第安领导人出席会议,其中既有讲克丘亚语的,也有讲艾玛拉语的农民代表。在那次代表大会上,比利亚罗维尔许诺为自由社区提供教育设施,并下令废除印第安人所憎恶的劳役制度,印第安人称这种制度为“枷锁(pongueaje)”。尽管这是一个真正的革命法令,但却从来没有付诸实施。但不论如何,国会为激进的印第安人提供了一席之地,使许多传统的印第安领导人第一次跨社区相互联系,从而为之后发起的农民运动铺平了道路。

在民主权利和公民自由方面,比利亚罗维尔政权成为玻利维亚历史上最可恶的统治之一。在 1944 年的制宪会议选举中,在革命左派党取得了绝大部分选票的情况下,政府暗杀其领导人,并逮捕了其追随者。同样的事情仍有发生,1945 年年末在奥鲁罗发生了一起暴动,很快就被镇压了,镇压的借口是必须抓捕具有领袖地位的传统政治家并将他们处死。这种诉诸暴力侵害中产阶级知识分子和政客的行为是玻利维亚政治上的一种加深国家分裂的新形式,它使该政府的大多数改革活动付诸东流,因为绝大多数社会精英认为,这是一种帮派主义和法西斯主义的行径。归根结底,使用暴力和政府对马克思主义与传统的政治领袖的敌视最终葬送了它自己,并使民族主义者革命运动党在全国的政治势力削减成为一股不足称道的力量。

从 1944 年到 1945 年,对极左派和极右派持续不断的打压使得这 203
两股力量组成了一个新的反法西斯民主联盟。1946 年年初,这个联盟控制了大多数工人运动、大学生和绝大多数政治精英。尽管面临着政府的长期压制,这个联盟还是赢得了地区的选举并且在 1946 年 6—7 月利用一次教师罢工动员公众起来反对现有政府。1946 年 7 月 14 日,一场大规模的群众示威游行演变成一场大规模暴动,在没有军队和警察参与的情况下,公民们推翻了政府。比利亚罗维尔被从总统府拖出来吊死在中心广场的路灯上。

由于民族主义者革命运动党和拉德帕组织早已经声名狼藉,国家的前途命运现在全指望革命左派党了,事实上 7 月公民暴动中的主要激进因素就来自革命左派党。但是,在暴动发生后仅 3 年时间,即民族主义者革命运动党领导权丧失 3 年后,该党重新成为最大的左派政党——全国唯一最强大的政治组织。这种幸运的转变不仅归功于民族主义者革命运动党机敏的作风,同时也归因于革命左派党的领导无方。查科一代尚健在,并且与从前一样强烈地主张改革,民族主义者革命运动党很快就意识到了这一点,而革命左派党却忘记了。这也证明民族主义者革命运动党作为一个激进的民众党派从自己军事法西斯主义的经历中吸取了教训,并且具备了在所说的“6 年动乱时期(sexenio 1946—1952)”作为一个激进的、群众性的、变革了的政党重新崛起的能力。该党确实彻底根除了自己所有的法西斯主义行径。在这个问题上,功劳归莱钦及其矿工们。正是这些人承担了革命转变的使命并要求该党支持他们的计划。与此同时,帕斯·埃斯滕索罗与类似的新领导人,诸如埃尔南·西莱斯·苏亚索(Hernán Siles Zuazo)等,还在热衷于重建他们稳固的中产阶级基础，这种基础一方面是一个强有力的经济稳定计划，另一方面是经济国有化。莱钦等人的成功随后成为一个革命的神话，那就是比利亚罗维尔在1946年7月被暴民杀死必将转变成为一场重大的反对行动，与布希和卡塔维大屠杀中的矿工们一样，比利亚罗维尔也必将成为这个国家革命神殿中的殉道者。

204 在所有这些发展变化中，革命左派党的行为是决定性的，因为在民族主义者革命运动党和比利亚罗维尔垮台的过程中，革命左派党认为，只有与传统党派充分合作才能达到目的，但是这方面他们却错了。如同民族主义者革命运动党从没有忘记查科冲突所带来的变化一样，传统党派也没有忘记，而革命左派党却忘记了。根据他们现有的阶级抵抗情况来看，和平共处党决心彻底消除种种改革和激进政府所释放出来的新的政治势力。因此，他们很愿意利用革命左派党，这样既可以掩饰他们自己的行动，也可以使它承当所有反劳工运动的责任，特别是那些直接针对矿工的行为。传统政党一旦掌权就全力停止一切变革，并努力想恢复到战前体制。但是这只是幻想。其结局不仅是毁了革命左派党，也毁了他们自己。6年动乱的结果是传统政党被迫完全废除宪政，依靠军队来打压公众变革要求成为他们唯一的防范措施。

在发生暴动的几个月后，进行革命的需求变得越发明显。1946年11月在普拉卡约(Pulacayo)举行的第四次矿工大会上，玻利维亚矿工工会联合会接受了革命到底的观点，并且号召工人阶级起来进行武装暴力革命。这个所谓“普拉卡约观点”成为一份拒绝一切改革主义者主张的革命文件。虽然它接受7月暴动是公众运动的观点，但是它对国内反法西斯民主联盟提出了挑战，并认为玻利维亚所实行的独裁政治才是真正的法西斯主义。它要求建立工农联盟和一个由工人控制的政府。甚至它的那些特殊需求也通常是工人要求中比较温和的主张，玻利维亚矿工工会联合会还号召立即建立工人武装，号召工人们加入到矿业管理中来，号召推动革命斗争而不是经济示威。实际上这是矿工的革命工人党中最强硬的主张，它不仅要求矿工们参加革命行动，还迫使民族主义者革命运动党接受了一个更为革命的立场。

针对这一计划,政府决定对工会进行镇压,并且利用革命左派党中的矿工直接对其他工人进行攻击。但是,革命左派党则从自己角度出发,在后比利亚罗维尔时期已经尝到了哪怕是暂时掌控政府的甜头,因此,在共和党赢得 1947 年大选并组织了联合内阁后,革命左派党拒绝 205
放弃已经到手的权力。事实证明这是一个致命的错误,因为在恩里克·埃尔左格(Enrique Hertzog)和马梅多·乌里奥拉格伊蒂亚(Mamerto Urriolagotia)控制下的属于传统势力中最反动的共和党人已经决定解散玻利维亚矿工工会联合会。在 1947 年年初,正是革命左派党在政府中的头目下令军队进入矿区的,结果才导致了卡塔维发生的大罢工和紧接着发生的大屠杀,这也使革命左派党作为具有代表性的左派政党完成了它的历史使命。

而在民族主义者革命运动党方面,该党从没有失去过中产阶级的支持,甚至包括流放中的帕斯·埃斯滕索罗在内的绝大部分中产阶级领导人也支持该党。在 1947 年大选中,虽然他们的支持率到了历史最低但仍然获得了 1.3 万张选票,而获胜了的共和党则也仅获得了 4.4 万张选票。由于革命左派党已经不复存在,传统党派甚至对战后温和的托罗-布希模式改革表现出越来越大的敌视,民族主义者革命运动党得以迅速发展。在 1949 年 5 月的国会中期选举中,尽管被政府压制,民族主义者革命运动党还是成为仅次于共和党的第二大党。人们不愿意看到的结果是,由于民族主义者革命运动党重新回到政府当中,埃尔佐格辞去了总统职务,副总统乌里奥拉格伊蒂亚接任总统职务。

但是,共和党和革命左派党都拒绝离开政府。就在国会选举刚刚结束不久,在卡塔维发生了一些更大规模的群众示威活动,领导人就是被流放当中的莱钦、马里奥·托雷斯(Mario Torres)和其他一些原玻利维亚矿工工会联合会的领导人。也正是他们被流放的消息引发了卡塔维工人暴动以及后来的军队大规模弹压。在这一行动中,军队彻底清除了队伍内部的改革主义者并完全遵从共和党政府的镇压政策。由于担心工人和民族主义者革命运动党的革命行动,他们都躲藏在保守派高级军官的营垒中不敢出来。

由于第二次世界大战后国际市场的锡价暴跌,玻利维亚政府出现严重财政赤字。但是,在那些民主国家的市场上,价格却在快速上涨。共和党政府无法解决经济停滞和通货膨胀的问题,因此失去了从前支持自己的许多势力集团。社会精英中的关键人物在政府与民族主义者革命运动党之间的最后摊牌中保持中立。对民族主义者革命运动党来
206 说,共和党是通过对工人的残酷镇压和利用欺骗手段才赢得了选举胜利,这使之致力于推翻它。1949 年 9 月,埃尔南·西莱斯·苏亚索领导下的民族主义者革命运动党组织了一场市民暴动,与军队在各个省会城市进行了两个多月的战斗,并在圣克鲁斯建立了临时司令部。虽然那场暴动造成了巨大的牺牲,但它表明玻利维亚政治发生了重大变化。那是一场完全由市民进行的暴动,军队站在政府一方对暴动进行了镇压。尽管民族主义者革命运动党曾经与军队结成紧密的联盟,但军官们却坚定地站在该党的对立面并一直到将该党击败为止。那场暴动是唯一一次工人与中产阶级的联合行动,这表明,尽管民族主义者革命运动党曾经持有法西斯主义观点并与军队结好,但它将不得不以牺牲军队来从事革命。

虽然政府继续采取镇压政策,但民族主义者革命运动党的力量还是一天天壮大起来。该党对工人运动的控制越来越强,这在 1950 年 5 月充分表现出来。当时,拉巴斯市的工厂工人罢工转变成了又一场民族主义者革命运动党领导的劳工武装暴动。为了镇压这场叛乱,政府竟然在拉巴斯市的工人区使用了飞机和大炮。但是,这次暴动的意义就在于民族主义者革命运动党掌控了城市工人运动,曾几何时,城市工人运动是革命左派党的要塞据点,而当时,民族主义者革命运动党几乎得到了所有工人组织和大部分中产阶级的支持,无论这些工人组织当地的政治情况多复杂。

尽管激进分子们最终迫使革命左派党放弃了政府,但是他们却没办法使该党采取更为革命的立场。1950 年年初,该党中的青年派终于背弃了自己的队伍,并组建了玻利维亚共产党(the Bolivian Communist Party),但这一政党很快就变得毫无价值了。与此同时,民

族主义者革命运动党在做最后的尝试,他们企图通过民主手段来获得政权。在 1951 年 5 月的总统大选中,民族主义者革命运动党支持帕斯·埃斯滕索罗和赫尔南·西里斯·苏亚索,而当时帕斯·埃斯滕索罗还在被流放中。结果,民族主义者革命运动党在大选中以绝对优势获胜,获得了 5.4 万张选票中的 3.9 万张。共和党只获得了 1.3 万张选票,革命左派党获得选票比自由党还少,最终只得了 5 000 张选票。

但是,就在民族主义者革命运动党取得总统职位以前,军队决定插手干涉政治。大选结束后几天内乌里奥拉格伊蒂亚就递交了辞呈,并将总统职位交给了总参谋部主席,这位主席任命乌戈·巴利维安 207
(Hugo Ballivián)为总统。新政府立即宣布大选结果无效,并宣布民族主义者革命运动党为非法的共产党组织,认为该组织在国际大背景下只会利用华丽的辞藻迎合冷战意识形态。但是攫取政权的军队发现,只有共和党人和一小撮亲教会的法西斯政党右派分子支持自己的统治,那个党叫做“玻利维亚社会主义长枪党(the Falange Socialista Boliviano)”。将军们甚至也意识到了即将到来的斗争将产生不可避免的结果,而且很多高级军官在斗争的这一关键时刻都采取了圆滑的手段躲到国外。

此时,几乎所有的观察家都认为,有证据表明,民族主义者革命运动党现在应该以武力重新认定先前被宣布无效的选举结果。民族主义者革命运动党从不反对使用武力,于是他们开始了全面的武装反抗,认为只有通过内战的政策才能使他们得到政府。官员们也始终完全忠于民族主义者革命运动党。于是,帕斯·埃斯滕索罗和党内的其他领导人最终同意通过武装全体人民和大众武装起义来夺回政府。即使在 1949 年的内战中,该党也未曾向公众发放枪支弹药,那是因为当时该党担心一场全面内战会破坏玻利维亚全国的秩序。但是后来则不同了,他们只能使用武力的办法,因为这是取得胜利的唯一途径。

就在这一计划和武装反抗紧锣密鼓地进行时,军政府利用价格问题来阻挠向美国销售锡,这就导致了国内经济的严重萧条。在 1951 年年末,政府对锡矿主们抱怨锡价过低表示理解,并同意终止几个月锡生产和销售,以此来迫使美国的购买价格恢复到以前的水平。最后的事实证明此举是成功的,但却使国家的政治和经济的紧张局势更加恶化。

几经尝试之后,1952 年 4 月 9 日,最终的反抗开始了。经过 3 天紧张的斗争,民众得到了枪支弹药,矿主们开始向拉巴斯进军,军队终于被打败了。战争给城市带来了极大的破坏,有 600 多人丧生,但民族主义者革命运动党最终取得了政权。1952 年的这个政党与 1946 年被推翻的亲法西斯政党完全不同。当时的民族主义者革命运动党是激进

的中产阶级和革命的工人阶级的政党,可以说是一个新型的人民党。同时,该党取得政权是以牺牲传统政治党派、国家权力中的主要机构组织、军队和警察的利益为代价的。通过接受工人阶级的参与和意识形态,也通过武装百姓,民族主义者革命运动党才摧毁了旧的秩序并夺取了政权。

由于具备了战胜军队和传统政党的实力,民族主义者革命运动党的领导人认为,他们不能为传统组织机构、政党或军队提供一个温和的安排计划或任何承诺。当时,城市中的白种人和混血人群,农村的印第安群众都拥有武器,而军队和国家警力完全处于瘫痪状态。民族主义者革命运动党的目的非常明确,既然武器掌握在公众手中,被流放的那些领导人完全可以自由地从国外回归故土。至此,自从 1910 年的墨西哥革命后,拉丁美洲最强有力的社会和经济革命在玻利维亚开始了。

第八章　从民族革命到冷战（1952—1982）

1950年的玻利维亚仍旧是一个农业社会占绝对统治地位的国度， 209
大多数人口还在国民经济的边缘徘徊。根据1950年的人口统计，登记在册的从事经济活动的人口有72%在农业及其相关行业。然而，占全国人口总数72%的这些人却只能创造33%的国民生产总值。这表明农业经济的严重滞后。但自从1900年以来，玻利维亚的社会组织结构发生了显著变化。城市人口（指那人口在5 000以上的城镇）由原来只占全国总人口的14%上升到23%，在该国家的各个地区，主要城市中心的发展都要比其他地区的发展增长迅速。同时，尤其是在后查科政府统治时期对教育实施大规模资金投入以后，识字人口以及学龄儿童上学的数量也在增长。1900—1950年期间，具有读写能力的人从原来的17%上升到31%，高中生由2.3万上升到13.9万，即由原来的1%上升到5%。然而，社会上层几乎没有发生变化。到1951年，大学生的数量仅仅1.2万。1951年，整个国家只有132人完成了二级学位(postsecondary degree)。

由于玻利维亚还是农村、农业化社会，直到20世纪中期，还没有解决人口的温饱问题。由于大庄园体制的不断扩展，土地分配问题成为
拉美最不公正的国家之一。在玻利维亚，拥有1 000公顷甚至更多的 210

土地的大土地所有者只占总人口的 6%，但他们却控制着共和国 92%的可耕种土地。而且，这些不动产本身又没有得到充分利用，平均每 1 000公顷的土地中只有 1.5%进行了耕种。与此种现象完全相反的是，拥有 5 公顷或更少土地的土地所有者占全国总人口的 60%，这些人是真正的“小农(minifundias)”，但他们所占有的土地数量仅占全国土地总数的 0.2%，用于耕种的土地平均也只有 54%。这种土地分配上的极端不公平建立在农业劳动力控制的基础之上。大庄园主控制共和国最好的土地，并通过提供土地使用权来获取劳动力。在这些土地上劳作的印第安人要自备种子、工具;在某些条件下，甚至要自备牲畜，还有些印第安人要自己将农业收获品运送给地主，因此，大土地所有者几乎什么都不用投入就可以坐享其成。大庄园主还要求印第安人为他本人、家庭成员以及他们的监工服务。自从殖民地时期以来，个人服务义务(Pongueaje)就成为印第安人工作要求的一部分。但这种义务十分艰巨，印第安农民通常最不情愿的个人服务义务是所谓“获得专门服务(pongo service)”。这种服务项目就是要求农民来到大庄园主的府第，甚至位于遥远的大城市的府第从事服务，这期间所花费的大量时间和精力全由农民自己负担。

这种体制并不包括抵债苦工或是其他强迫劳动形式，印第安人在大庄园并不受任何限制，但是，在印第安人自由社区里，土地压力越来越大，尤其是在庄园扩展时期，印第安农民都被迫去适应这种体制。尽管城市中心在不断扩展，但却远不能容纳快速增长的农村人口。同样，印第安人自由社区里的这种体制带来了劳动力分工更加细化，并很快达到严重比例失调的程度，越来越多的男孩子要么被迫在大庄园做工以供养自己或补贴家用，要么在煤矿或是城镇出卖廉价劳动力。

由于劳动力价格低廉，种子甚至是工具无需开销或是开销很少，再加上保护性农业市场的存在，大庄园主所需要的投资微乎其微。实际
211 上，在所有农村地区，大土地所有者不在庄园成为当时的一种主要管理模式，绝大多数大庄园主都在城里另有职业。这一体制的直接后果就是使用原始技术，种子质量低下，粮食产出也极为有限。由于农业如此

落后,根本无法满足城市中心不断增加的人口的需求以及整个国家发展的需要。20 世纪 20 年代,10%的进口产品是食物,到 1950 年至 1952 年期间,进口食物的比例达到 19%,其中大部分是仅产于玻利维亚和秘鲁的安第斯山脉根茎粮食。尽管玻利维亚农业体制效率低下、产出少、缺乏公正性,但它还是占有全国大部分劳动力,并以剥削性劳动和服务性义务责任的方式压低农民们的收入。这种情况使制造业市场受到严重限制,制成品仅限于类似于科恰班巴河谷那样的规模较小的城市地带或是农业欠发达地区。

鉴于国内市场有限的特点,玻利维亚工业规模较小就不足为奇了,到 1950 年,该国家从事工业生产的人口仅占全国总人口的 4%。玻利维亚的工业以纺织业和食品加工业为主。有人认为,到 1950 年,玻利维亚的这种工业资本结构基本上没有发生什么变化,按照世界标准来衡量,这类工厂中的绝大部分企业早已经过时,因此生产能力极为有限。不但农业和工业部门缺乏资本注入,这种情况在矿产业甚至更加严重。从 20 世纪 30 年代晚期开始,玻利维亚政府就没有对矿产业进行新投资,也正是在这个时期,玻利维亚的绝大多数矿产业开始资源枯竭。因此,矿山老化,矿石质量低下的问题使采矿成本不断上升,其结果自然导致产品既不实惠,也没有竞争力。所以,玻利维亚的矿业产品仅仅在战争时期由于战时物资紧缺才在世界市场上还有一定销量。1950 年,玻利维亚是世界上制造锡成本最高的国家,在某些年间,锡工业几乎入不敷出,由于利润微薄,玻利维亚的锡工业对世界价格的任何波动都极为敏感。即使在价格上扬的良好氛围中,由于矿石质量低劣、产量低下,玻利维亚也很难增长产量。到 1952 年,玻利维亚历史上锡生产最好的一年仍是 1929 年,这一年,玻利维亚出口了 4.7 万吨锡。实际上,这一记录直到现在也没有被打破。 212

考虑到国民经济的停滞和落后,民族主义者革命运动党认为,实行各种社会变革应该不难。由于大庄园主阶级基本上不在农村生活,而且很少在大庄园投资,改革应该不会遇到他们的强烈反抗。考虑到 1952 年 4 月之后农民已经动员起来了,如果没有国家警察的全力支持，农民是很难控制的。至于已经由国家接管的老化了的矿业，只要给予充分的补偿，那些锡矿主们也不会强烈反对改革。简言之，如同其政治地位已经受到严重削弱一样，经济精英的势力在革命时期已经受到很大削弱。

新一届民族主义者革命运动党领导人发现，他们也没有遭到军队的反抗。以市民和矿主为一方、军队为另一方的战斗进行了 3 天，结果是军队垮台了。这是发生在 1952 年 4 月震撼人心的事件，也就是从那一刻起，整个玻利维亚国家的警察部门都被控制了。由于当时玻利维亚几乎全民皆兵，城市和乡村都建立了民兵组织，再加上全国警察已经开始持中立态度，这种情况完全改变了玻利维亚的政治、经济和社会现状，这一切都是民族主义者革命运动党领导层所始料未及的。因此，无论在 1952 年 4 月其目标是多么的有限，更加温和的民族主义者革命运动党领导者们都不得不面对这样一个事实：政府已经垮台，民众已经武装起来，深刻的社会变革已经不可避免。因此，这些被称为“勉强的革命者(reluctant revolutionaries)”的领导人渐渐接受现实，并提出重建玻利维亚社会的总体方案。

新政权的头批立法之一就是通过废除选民应具有读、写能力的要求来实行普选权。这样一来，广大印第安农民拥有了选举权，选民数量也从原来的 20 万人上升到将近 100 万人。接下来，新政府又暂时关闭了国家军事学院，清除大约 500 名军官。在军队本身开始重建的同时，其权力与数量也随之减少，许多人确信，一时间军队几乎不复存在了。
213 起初，民族主义者革命运动党领导的公民装备比警察和军队还要精良，因此才能够接管在通常情况下是由这两支队伍负责的一切国内职责。

当然，民族主义者革命运动党也在着手重建军事力量，以便加强自己的权力基础。当矿主们建立了一个新的国家劳工联合会，即“玻利维亚中央工会(Bolivian Workers Central, COB)”以后，得到了政府的大力支持。在 1952 年 4 月月末，玻利维亚中央工会宣布自己在政治上中立，并允许革命左派党、革命工人党以及新建立的玻利维亚共产党在联盟中拥有代表席位。实际上，这等于是玻利维亚中央工会已经成为政府当局的强大盟友，并通过提名三位劳工部长建立了最终的新内阁。玻利维亚矿工工会联合会领导人莱钦也成为玻利维亚中央工会的领导人，进而成为矿业与石油部长。玻利维亚中央工会和玻利维亚矿工工会联合会代表着该党中激进的一翼，他们迫不及待地宣布了革命规划。在玻利维亚中央工会颁布的第一批法令中主要有：要求矿产国有化而无需向矿主赔偿；解散军队并以民兵取而代之；以废除大庄园制度和农民对大庄园主的一切工作义务为核心内容的农业改革。

在维克多·帕斯·埃斯滕索罗和埃尔南·西莱斯·苏亚索为总统时期，民族主义者革命运动党政府对工人施加的这种政治兼军事压力反映并不积极，但也尽可能地限制他们的那些改革。所以，直到7月，政府才宣布由国家垄断矿产的出口与销售，这一任务现在交给了矿业银行去实行。尽管改革势在必行，却花了几个月的时间进行激烈的辩论。那些在政党当中希望停止执行这一法令的人正面临着工人们越来越强烈的呼声，要求无条件没收所有资产。压力越来越大，领导层最终同意全面国有化。10月月初，政府着手建立一个半自治的国家实业集团来接管运行这些国有矿产，起名为玻利维亚矿业集团(Corporatión Minera de Bolivia, COMIBOL)。10月31日，帕提诺(Patiño)、豪克斯切尔德(Hochschild)和阿拉马尤(Aramayo)三家大公司实现国有化。通过这一法令，有2/3的矿产业处于玻利维亚矿业集团管辖范围内，并由政府直接控制。

正当劳工中的激进分子要求无需赔偿而没收全部资产时，民族主义者革命运动党还是比较关注美国的回应。因为此前民族主义者革命运动党曾竭力搞好两国关系，包括结束主要对美国所实行的锡抵制，他 214
们不想与充满潜在危险的盟友为敌。当时冷战已经处于急剧升级的阶段，美国正在积极干涉危地马拉内政，镇压激进政府，民族主义者革命运动党希望避免被贴上共产主义政府的标签。由于一开始美国曾经误将玻利维亚的民族主义者革命运动党看成是阿根廷庇隆主义(Peronist-oriented)的法西斯政党，但是在比利亚罗维尔统治时期这一印象发生了改变，因此对玻利维亚新政府表示了适度的支持。在这种情况下，民族主义者革命运动党承诺给上述3家大公司以补偿，但对其他被没收的矿产并没有表态，包括7家美国所有的中等规模的非锡产品的国有化公司。然而，民族主义者革命运动党政府被迫接受了玻利维亚中央工会和玻利维亚矿业集团的纲领以及工人们建立在玻利维亚矿业集团管理之下"联合政府"的要求。在玻利维亚矿业集团董事会中，工人们获得了7个席位中的2个，并拥有对玻利维亚矿业集团的否决权。由于权力转到工人手中，就此推动了就业，并建立了著名的"普尔佩里阿斯"（这是一个十分罕见的专有名词，原文为pulperías，根据维基百科全书的解释，普尔佩里阿斯是玻利维亚矿业集团建立的专门为该集团从业人员服务的机构，包括儿童教育、医疗所等等，借此使该集团深受欢迎，所雇佣的人员也越来越多。——译者注）。

与此同时，在1952年下半年和1953年年初，尽管政府当局竭尽全力试图控制形势的发展，但玻利维亚农业社会还是崩溃了。由于军队无能，武器迅速转往乡村。年轻的政治激进分子宣传变革，农民开始有组织地袭击大庄园。类似于法国大革命中"革命恐怖时代（Great Fear）"的农民运动，从1952年下半年到1953年年初，玻利维亚农民们毁掉记工簿，杀死或驱逐监工和大土地所有者，强行夺取了土地。在玻利维亚中央工会的支持下，农民利用传统的社区组织建立工会（sindicatos），并夺取武器建立民兵组织。尽管1952年4月的巨大冲突基本上没有波及到农村，但那年年底农村却到处都是暴力和遭到破坏的景象。

尽管新政府对攻击大庄园的问题相当不满，但由于农民已经发动起来，现在绝大多数农民都有了自己的身份和地位，以往的土地占有制度已经被摧毁，新政府不得不开始行动了。1953年1月，玻利维亚新
215 政府成立了土地改革委员会（Agrarian Reform Commission），这个委员会包括革命工人党和革命左派党成员。到8月3日，该委员会颁布了一个激进的土地改革法令。该法令宣布，没收所有大庄园主的土地，并以25年补偿债券的形式赔偿给土地所有者，并保证将这些前大庄园土地通过他们的工会和社区（comunidades）分给印第安人，但前提条件

是个人无权出售这些土地。最终的结果证明,那些债券简直就是废纸一堆,因为事实上这等于毫无补偿的没收。政府力图挽救乡村地区仍然存在的那些资本集中的部门,不论其现状如何,当然,这不包括已经被农民夺取的资本雄厚的农庄。但是,在印第安人居住的高原地区,几乎所有的土地都已经被印第安人夺取,同时,他们马上起来反对给予任何补偿。因此,那里的土地也等于是被毫无补偿地没收了。唯一例外的地方就是人烟相对稀少的圣克鲁斯地区以及诸如南部蒙蒂亚古多(Monteagudo)这样的中等规模的庄园,那里农业资本相对雄厚,而且没有印第安人居住。免此一劫的还有辛提河谷(Cinti Valley)地区的小规模葡萄园。全国各地几乎一样,到处都在废除大庄园制度,消灭大庄园主阶级,当时,土地基本上都转到印第安农民手中了。

与此同时,由城市劳工和矿工提供的印第安人协会组织的监护结束了,在农村地区,农民领导人开始成为主要掌权者。尽管在印第安人当中本来就存在许多具有竞争力的集团和区域性协会,但农民政治领导最重要的中心还是位于的的喀喀湖地区的阿查卡奇社区(Achacachi)和科恰班巴河谷地区的乌库雷纳的普埃布洛社区(the pueblo of Ucureña)。其中,前者成为艾玛拉农民组织的中心,后者是克丘亚人的社区中心。通常,这些农民组织内部的领导人之间会存在分歧,而且政府当局又收买了这些组织,农民们根本不可能摆脱自己协会组织的控制,并且从 1952 年直到现在,这些农民组织仍是国家主要政治力量的源泉。由于印第安人对土地问题的解决比较满意,所以从一开始他们就成为玻利维亚国家比较保守的政治力量,而对于他们先前的城市工友则漠不关心。在接下来的两代人中,他们主要关注的仍然是自己的事务,如为他们社区提供的健康和现代教育设施是否到位、土地所有权是否得到保证等。

帕斯·埃斯滕索罗机敏地意识到这种全新的、保守的政治力量对 216
玻利维亚国家的重要性。随着帕斯·埃斯滕索罗的威望在过去曾经支持他的中产阶级当中逐渐下降,他开始依靠激进的玻利维亚中央工会和不断发展的工人组织。他认识到,必须在农民当中建立新的中心势力，并发展自己所在政党的右翼力量。在接下来的 25 年中，帕斯·埃斯滕索罗的这些想法取得了巨大成效，玻利维亚农民成为中央政府保守力量的依托。而且一旦这种政府与农民之间的联盟建立起来，就不会像早年民族主义者革命运动党那样遭到破坏，甚至可以回到极右翼的军事政权时代。

国家政权崩溃、矿产的国有化、大庄园制度的覆灭以及政府资源大量转移给社会福利的规划，所有这一切都对国民经济和政府收入产生了致命的打击。接管矿产使政府财政资源枯竭，土地改革又使农村减少了对城市的粮食供应，因此，要防止饥荒的发生，就必须进口粮食。解决这些问题的唯一方式就是增加国家的货币发行量，这样做的结果是，玻利维亚在 1952—1956 年间的通货膨胀创世界之最。当时，生活必需品的花销上涨了 20 倍，年通胀率高达 900%。

民族主义者革命运动党政府通过货币贬值来资助革命，实际上是让中产阶级为革命买单。由于固定租金被取消，城市不动产一夜之间化为乌有，中产阶级突然发现，他们最根本的利益遭到了严重威胁。中产阶级失去了其大部分收入，使他们立即产生了对政府的敌视。本来，中产阶级是民族主义者革命运动党的核心和支持者，到后来，城市中产阶级开始大规模背弃民族主义者革命运动党政府。同时，中产阶级又不想支持革命工人党和革命左派党，在这种情况下，他们开始支持过去的一个小党，即玻利维亚长枪党(Bolivian Falangista Party, the FSB)。

作为一个带有法西斯主义烙印的保守的天主教政党，玻利维亚长枪党是由一些被流放到智利的玻利维亚人于 20 世纪 30 年代在智利圣地亚哥天主教大学建立的。如同早期成立的革命工人党这个相对来说比较小的政党一样，玻利维亚长枪党得到教会的强有力支持，并持有温和民族主义者的立场。由于玻利维亚长枪党具有一定的吸引力，1952 年以前，该党还能够与支持民族主义者革命运动党政府的中心组织和右翼组织相抗衡，同时，该党对教会的立场使它失去了绝大多数追随者，在玻利维亚教会中的地位也因此而受到削弱。但是在 1952 年后，民族主义者革命运动党政府使中产阶级的收入锐减，实际上这部分收入流入到普通阶级的腰包,而玻利维亚长枪党的神职人员被忘到脑后,因此,该党在城市中心地区重新崛起并成为最强大的政党。玻利维亚长枪党的重新崛起在第一届帕斯·埃斯滕索罗政府的中期选举中得到了充分体现,即便是在1956年总统选举中,玻利维亚长枪党的势力也是如此。在那次总统选举中,该党有效地控制了城市,并成功地获得1952年前民族主义者革命运动党支持者中的绝大多数人的支持。

但是,由城市激进分子、有组织的工人以及农民组成的民族主义者革命运动党联盟还是取代了原来具有坚强后盾的中产阶级,并使政党在选举中获胜。尽管中产阶级失利,但民族主义者革命运动党拒绝向社会主义革命迈进一步。该党顽固地强调自己的合法性和与旧政府的关系,在将三大矿业公司国有化的同时,在掌政期间还尽一切可能来吸引外资并保护私有财产。在土地改革中,该政权确实以一种重要的方式侵犯了一些私有财产权,但该党还试图维持圣克鲁斯地区作为扩展私人投资的主要区域的地位。最终,伴随着玻利维亚矿业集团和玻利维亚国家石油垄断公司的成立,政府成为国民经济中唯一最大的生产者,并建立了一种"国家资本主义"经济模式,这种政府发展集团(原文中使用的CBF一个缩写词无从查找,但翻译者理解此词应该为表示玻利维亚政府领导下的国家垄断集团。——译者注)为私有工业的发展提供了大量的运行资本。

由于面临经济崩溃,政府无力解决人民的温饱问题,缺少资金来维持雄心勃勃的福利制度和提出的改革方案,于是,民族主义者革命运动党决定向美国寻求经济援助。早在1953年6月,在美国政府的强大压力之下,帕提诺的威廉·哈尔威公司的冶炼家们(Patiño's Patino William Harvey)曾经拒绝与英国合作冶炼玻利维亚锡,但政府仍同意向帕提诺、豪克斯切尔德和阿拉马尤三家公司提供赔偿。当年7月,玻利维亚与美国签订矿石购买协定,同时宣布双方都同意,美国对玻利维亚的援助增加一倍,并依据美国公共法第480款马上向玻利维亚海运价值500万美元的粮食。玻利维亚是第一个接受食品出口保证的拉美国家。10年之后,玻利维亚获得了美国总价值1亿美元的援助,因此 218

而成为当时接受美国援助最多的唯一拉美国家，也成为当时世界上人均受益最高的国家。到 1958 年，玻利维亚政府财政赤字的 1/3 都由美国政府直接支付。

对于美国来说，决定对玻利维亚政府实行援助也是充满矛盾的。当时，正值极端保守的国务卿约翰·福斯特·杜勒斯(John Foster Dulles)和总统德怀特·艾森豪威尔(Dwight Eisenhower)当权，他们将自己置身于冷战思维中考虑国际问题。出于对所有的革命政权充满敌对心理，美国共和党政府本应该是最不可能愿意向玻利维亚政府提供援助的政府。但是，由于在危地马拉和圭亚那建立了激进政权，美国十分担心会失去对西半球局势的控制。他们确信，如果不接受玻利维亚的援助请求，必将会导致玻利维亚也建立激进政府。面对冷战时期美国在拉美地区绝对霸权的第一次挑战，艾森豪威尔政府感到，支持民族主义者革命运动党政府是避免玻利维亚革命落入共产主义怀抱的唯一办法。玻利维亚实际上成为美国在拉美地区援助计划的示范区域之一，在杜鲁门政府四点援助计划的影响下，也取得了很大成效。因此，美国驻玻利维亚大使馆也赞成继续援助玻利维亚，并承认帕斯·埃斯滕索罗政府为唯一合法政府，美国大使馆认为，该政权是阻止共产主义接管玻利维亚的唯一力量。最终，由于美国在玻利维亚矿产公司和农业的投资数目较少，没收法令的实施没有一条会影响到美国公司的利益，所以美国国务院也没有对承认玻利维亚当局提出反对意见。

美国提供的大量援助在当时对于稳定玻利维亚经济起到了关键作用。按照美国公共法第 480 款给玻利维亚的船运食品解决了该国对食物的迫切需求，帮助玻利维亚政府度过了土地改革期间所遇到的粮食危机。毫无疑问，如果没有美国的援助，一旦城市发生粮荒，玻利维亚政府就无法沉着应对农民问题。同时，美国的援助也为玻利维亚建立
219 现代道路机制和连接整个国家提供了关键性的资金。美国的援助对圣克鲁斯地区的发展也至关重要，因为后来这个地区在玻利维亚国民经济中具有重要地位。在卫生和教育体系中投入大量资金也是将玻利维亚那落后的社会服务体系发展成为现代服务机制的一种重要手段。最

后,正是那十分重要的不寻常资金注入引导玻利维亚政府的正常运行,才使玻利维亚现政府能够维护社会稳定,如果没有美国的援助,这在当时是根本无法实现的。要不是那笔援助资金保证了政府的运行,帮助玻利维亚人民解决了衣食住行问题,该国资金短缺的问题必将导致比事实上玻利维亚 1952 年之后所经历的还要恐怖得多的历史。

但是,这笔援助资金的获得也不是毫无代价的,因为美国政府通常需要玻利维亚支持其海外私人公司的运行。这就意味着,玻利维亚不但要按照美国的不断要求削减玻利维亚中央工会的势力,终止矿业工人与政府之间的联合,还要做出一些妥协和让步,例如偿还从 20 世纪 20 年代到新投资时期的违约债券,石油法规条款也要向美国利益倾斜。尽管美国对玻利维亚政府提供了巨大支持,但却拒绝了玻利维亚政府提出的资助玻利维亚国家石油垄断公司的一切努力。这对于玻利维亚来说再明显不过了,只有制定出有利于美国的私人投资的石油法规条款,美国私人资本才会进入玻利维亚的石油行业。1953 年 10 月,在美国的帮助下,玻利维亚制订了新的石油法规条款。到 50 年代末,大约有 10 家美国公司在玻利维亚运行,其中最重要的要数 1955 年建立的海湾石油公司(Gulf Oil Company)。此外,当巴西国有石油公司(Petrobras)建议玻利维亚政府应当对先前存在的协约和新的自由行为规范做出让步时,却遭到了玻利维亚政府的严词拒绝。

在多数情况下,那些亲美国资本或是国际上亲美国的决议对于玻利维亚政府是没有任何制约作用的,但是,强迫玻利维亚政府接受货币稳定的决议则完全是另一回事,因为这中间伴随着美国国家政治干预的因素。在帕斯政权后期,民族主义者革命运动党已经初步形成两大派别,一个是以西莱斯·苏亚索(Siles Zuazó)为代表的右翼中产阶级,另一个是莱钦和玻利维亚中央工会领导的左翼劳工联盟。到底是支持哪一方的问题摆在帕斯面前,最后,他基本上在派系之间充当了中派领导者的角色。该党中还有一个温和派。温和派接受各种社会改革,但却要求政权维护中产阶级的基本利益。也正是该党内部的温和派要求 220
经济现代化,甚至以不惜牺牲革命的一些目标为代价。考虑到革命初期的破坏阶段已经结束以及国民经济的停滞状态,温和的保守派因素在该党中占据主导地位是不可避免的。尽管民族主义者革命运动党中两大派别在意识形态上存在巨大分歧,但在温和派咄咄逼人的势头面前,他们毫不迟疑地联合在一起。因此,当帕斯任期期满时,大家一致同意西莱斯接任总统职位,在西莱斯下台后,莱钦则瞄准了第三届总统位置。作为担任总统的一个协议,西莱斯接受了让劳工部长管理农民事务的建议,并同意由努夫洛·查韦斯·奥尔蒂斯(Nuflo Chavez Ortiz)为副总统。

有证据表明,在 1956 年 6 月的选举期间,民族主义者革命运动党不费吹灰之力地动员起势力强大的农民队伍和工人联盟,所以该党获得 79 万张选票,占绝对多数。但是,已经处于穷途末路的中产阶级还有 13 万张选票,他们主要是一些城市市民和白人,玻利维亚长枪党获得了这些人的支持,因此成为第二大政党。为了重新获得难以驾驭的中产阶级的支持,同时也是为了进一步推行他的发展思想,西莱斯政权决定接受国际货币基金组织按照国家财政政策所进行的指导。考虑到国民经济举步维艰的局势,如果没有美国的援助,玻利维亚政府将无法存在的现实,做出一些让步也算是无奈之举。当时,摆在西莱斯政权面前的有 3 条道路可以选择:第一条道路是使经济完全社会化以提供所需资本,这在意识形态上是政府极不愿意做的;第二条道路是继续实行通货膨胀政策,直到经济完全崩溃,或者导致长枪党叛乱来推翻现政权;第三条道路是接受美国提出的条件,以最小的代价,吸收援助以实行社会改革。结果,他们选择了最后一条道路。

到 1956 年年末,美国制订的“稳定计划(Stabilization Plan)”出炉,玻利维亚在国际货币基金组织帮助下于 1957 年 1 月接受该计划。该计划要求玻利维亚政府平衡预算、停止对矿工的食品补贴、维持工资低
221 水平增长、制定单一汇率,并采取一切措施限制政府支出和各种花销。按照当时的标准来衡量,稳定计划确实有些极端,它希望在一两年的时间里就能够使玻利维亚实现稳定货币,没有通货膨胀。但该计划还是成功了。结果表明:在该计划实施后,玻利维亚货币得到了稳定,政府

赤字减少,玻利维亚矿业集团取得了更加满意的预算平衡。到 20 世纪 60 年代早期,玻利维亚已经不需要美国直接的赤字补贴。此后,大量国外私人资本在各届政府时期纷纷以贷款和投资的形式进入玻利维亚。矿业生产率确实得到提高,同时也取得了稳定经济所需的内部结余和投资资本。

但玻利维亚为稳定计划所获得的成就付出了高昂的代价。美国政府坚持认为,不管政治后果如何都要坚决推行该计划。当时,左翼政党强烈反对西莱斯政权。副总统努夫洛·查韦斯辞职,尽管莱钦领导了多次矿业大罢工,但玻利维亚矿业集团建立的专门为该集团从业人员服务的机构"普尔佩里阿斯"还是被关闭了。在这种情况下美国大使馆坚信,现在是孤立并消灭胡安·莱钦的时候了,因为莱钦已经成为他们的眼中钉。如同西莱斯从来就没有使用武力手段来对付矿工,却通过自己的绝食和以辞职相威胁使得玻利维亚中央工会对他的几乎所有的要求都做出了让步一样,他也从来没有坚决地拒绝过该党中的左翼。1960 年,考虑到保持稳定与紧缩开支是保证左翼胜利、镇压势力渐强的右翼与长枪党的唯一政策,西莱斯竟然同意由莱钦和玻利维亚中央工会接替他领导政府。但是,美国在不断对玻利维亚政府施加压力,一系列冷战事件的发生对美国自由派产生了重大影响,那些曾经在美国民主党政府时期担任美国驻玻利维亚大使的人强烈反对左翼势力。莱钦和西莱斯都希望结束这种敌对状态,于是他们在第三届总统任期上达成和解。帕斯再次成为总统,莱钦任副总统。莱钦甚至专程去华盛顿,象征性地接受了冷战时期处于最糟糕状况的美国。同时,他还同意在矿业上结束工人与政府之间的合作,这些做法所换来的是德国与美国政府在玻利维亚矿业集团的联合投资,及所说的三角计划(Triangular Plan)。

与西莱斯不同的是,维克多·帕斯·埃斯滕索罗在他的总统第二 222
任期(1960—1964)就强烈反对玻利维亚中央工会与矿工权力的持续存在。因此,他重新武装起军队,并向美国声称这是为了镇压共产主义叛乱。他允许美国军人进入玻利维亚军队的指挥机构,并在地方军队的训练中灌输其“内部颠覆”与暴动乱思想。帕斯还防止民兵组织重新武装起来，并尽其可能加强军队，使其远远超过市民和工人民兵的力量。但在这一点上，西莱斯和莱钦联合起来与该党决裂，因此民族主义者革命运动党暂时销声匿迹。当帕斯发现只有军队和农民支持自己的时候，决定推举一个具有领袖地位的将军雷内·巴尔里恩托斯(René Barrientos)为副总统候选人，并试图竞选第三届总统。

1964 年的总统选举还是帕斯获胜，但是左翼和民族主义者革命运动党核心人物都强烈反对，长枪党仍是他的宿敌。因此，军队再次掌权已经不可避免。1964 年 11 月，就在总统选举的几个月之后，军队发动政变，罢免了帕斯，经过那场不流血的变故，政府落到了以副总统巴尔里恩托斯为首的军政府手中。军队重新回到了国家政治中来，从 1964 年一直到 1982 年，玻利维亚国民政府中的主宰就是军队。因此，民族革命这一历史时代结束了，接下来是漫长的叛乱时期。

在接下来的 18 年期间，玻利维亚社会中的各种团体和机构相互争斗，以夺取民族革命时期空缺出来的主导权。军队、农民、有组织的工人以及传统的、新兴的政党都行动起来夺取权力。在这场长期、艰苦、残暴的斗争中，涌现出了更加世故的政治体制和更为复杂的社会，但为那场斗争所付出的代价对于所有参与者来说都是高昂的。尽管民族主义者革命运动党反对派领导人认为推翻帕斯·埃斯滕索罗只是暂时的过渡，但现实却是在 1964 年出现了一个新的政治时代。曾经在民族主义者革命运动党的支持下当权的年轻军官们现在要与农民结成一个混
223 杂的联盟，并反对民主政治和有组织的工人。这些军官们声称，军队具有权威的政府其合法性才是进入现代化的唯一途径，这在当时的拉丁美洲是一种十分流行的理念。各种政府中也有许多人到富裕阶层以及当地权威精英那里寻求支持，因为富裕阶层权威精英们认为，军队会比原来的民族主义者革命运动党政府对自己更有利。

但是，国家体制在变化，军队内部的意识形态冲突和个人官衔提升造成的混乱经常发生，如同智利、阿根廷和巴西那些传统的、等级制森严的军事组织一样，在玻利维亚所出现的军队官员等级比任何其他拉

美国家都要复杂得多。因此,在军政府统治时期,人们的观点急剧变化,政权不断地更迭,新的、无法预测的人物频繁出现,这些都成为这个时期玻利维亚的突出现象。但是,尽管变化迅速,似乎毫无秩序,却存在着一系列基本不变的法则,那就是几乎没有出现缓和的迹象。各种联盟都是建立在军队接受国民革命期间的社会和经济改革基础之上的,或者是对土地改革和发动农民持肯定态度的。正是这种共识和对农民的积极认可才使这些新的军事政权成为半平民政权,这种政权是难以言表的,但又是充分运行的农民与军队联盟。所有这些特点在这些军事政权首次出现时就一览无遗,接下来即将建立的雷内·巴尔里恩托斯政权把这些特点推到极致,在未来的岁月中所有的军政府都没有背离这些标准。

巴尔里恩托斯政权一上台就表明他对有组织的工人与左翼的绝对敌视。该政权在基督教民主党(Christian Democrats)和长枪党中寻求城市的支持,以建立新的政府党。但是,新政权从一开始就给予革命改革以大量的支持,这些改革都关乎农民的利益,例如土地改革和普选权等等。在新政权所颁布的第一批法令中,有一条是后来所有不论左翼还是右翼政权都支持的法令,那就是宣布支持土地改革并迅速分发土地。同时,新政权还全力支持福利制度、农村教育问题以及农民协会。这就意味着农民武装得到保留,政府接受他们的保护。实际上,巴尔里恩托斯政权成为继维克多·帕斯·埃斯滕索罗之后在乡村最受欢迎的 224
政权。作为克丘亚民族的当地发言人,巴尔里恩托斯是农民联盟的领导人,他曾经以大肆贿赂农民而著名,并博得了农民们的支持。这样做的结果是使城市反劳工势力、保守的军政府与印第安农民联合起来。简而言之,这样一个强大的联盟无可匹敌,只有猖獗的腐败和军队的不稳定性才能使其本身难以自保。

巴尔里恩托斯政权成功地解散了玻利维亚矿工工会联合会,解雇了玻利维亚矿业集团的大约 6 000 名矿工,甚至在 1967 年 6 月的圣胡安夜(San Juan)在卡塔维-西格罗 XX 矿(Catavi-Siglo XX)对罢工矿工进行了大屠杀。巴尔里恩托斯暂时成功地铲除了矿业联盟运动,但他并没有清除其潜在力量。在 20 世纪 40 年代，玻利维亚的劳工已经变得非常激进，并成功地抵制了军政府在 1964 年之后的一次又一次的干预和镇压。但是，由于差不多天天都有军队在矿山，才使得盛极一时的劳工运动受到孤立和暂时的控制，这在玻利维亚 1952 年以来的历史上还是第一次。

1966 年，国际市场锡价的总体上涨，国外资本的输入，劳工人员和工资的强制性缩减，都使玻利维亚矿业集团受益匪浅。此后又开始出现了生产和价格上的长期发展，结果使玻利维亚矿业集团成为政府税收的重要来源。同时，在私人矿产上也发生了根本性的变化。最后，由于民族主义者革命运动党的各届政府都实行了特殊津贴和其他补助方式支持矿产，中小型矿业也增加了产量，其中中型矿业尤为重要，中型矿业的锡产量占玻利维亚 20 世纪 60 年代末期锡出口的 1/3。因此，不仅玻利维亚矿业集团本身扩大了力量，而且随着新兴的中等规模矿主成为私人企业的强大力量使整个矿业都变得极为复杂了。1965 年，玻利维亚政府颁布了外国资本自由投资法规。根据这个法规，美国钢铁公司(United States Steel)可以从玻利维亚矿业集团租用马蒂达锌矿(Matilda)，海湾石油则得到了进一步的补偿。所有这些经济的发展都有利于巩固巴尔里恩托斯的政治地位。在 1966 年总统选举中，他有能力将强大的农民联合政党、新兴富有集团、保守的长枪党政客以及政
225 府中的一些幕僚统统组织到一起，形成了一个巨大的联盟。尽管巴尔里恩托斯获得了压倒多数的胜利，似乎已经使左派反对党完全瓦解了，然而工人对政权的敌视并没有减弱，拉巴斯政府开始面临武装叛乱问题，这是 1952 年以来第一次发生的类似事件。

在巴尔里恩托斯政权期间，许多小型的主要以城市知识分子为主的游击队组织活动频繁，从全国局势来看，暴动的最主要来源与国外势力有关。1966 年，阿根廷革命者切·格瓦拉(Ché Guevara)来到玻利维亚，并在圣克鲁斯省建立了基地。很显然，与其说切·格瓦拉想在玻利维亚建立游击队总部，不如说他对在阿根廷和巴西建立总部更感兴趣。尽管他与玻利维亚共产党有过接触，但他并不想和矿工接触，也不

想与他们并肩作战。然而,恰恰就在这个时候,矿产是玻利维亚军队包围的中心,暴力与冲突几乎每天都在发生。同时,切·格瓦拉仅仅是想在玻利维亚悄悄地建立一个完全与世隔绝的训练中心,以为他日后的其他冒险活动做准备。

1967 年 3 月,就在切·格瓦拉来到玻利维亚一年以后,他和同伙与玻利维亚军队在南卡胡阿朱(Nancahuazu)发生第一次交火。在美国的强力支持下,巴尔里恩托斯和他的军队总司令奥范多将军(Ovando)粉碎了这次动乱。到了 4 月,切·格瓦拉与陪同他的法国记者雷吉斯·德布雷(Regis Debra)一起被俘,到了 10 月,动乱已经得到完全控制,切·格瓦拉被处以死刑。因此,巴尔里恩托斯不但成功地粉碎了左派的武装反抗,还在农民和中产阶级中维持着普遍的支持力。毫无疑问,在巴尔里恩托斯 1969 年 4 月死于空难之前,他仍然控制着整个国家。尽管他的政府问题颇多,统治腐败、他最亲密的朋友兼内务部长阿格达斯上校(Colonel Arguedas)倒戈,以及其他种种问题,但这都不影响巴尔里恩托斯是一位出色的政治家,如果健在的话,他肯定还能够获得第二次总统选举的胜利。

但是,在巴尔里恩托斯突然去世以后,支持巴尔里恩托斯的军官们却没有维持他的意识形态和政治地位的能力,他们只能分裂和腐败。尽管他们具有共同的政治背景和经历,但他们的政治倾向分歧很大,因此,他们共同经历的历史对未来的政治地位没有任何指导意义。所有 226
这些分析都在巴尔里恩托斯被取代后的政权更迭中得到了验证。从 1969 年至 1982 年,一个接一个的军事政权不断出现,他们的政治色彩五花八门,既有极左派,也有改革派和反动的右派。政府政策也完全由掌权军官个人和自己的主张来决定,根本无法反映出军队本身的内在统一性。在这个时期南美洲的大部分国家里,对平民社会来说,军官之间的合作与政策的一致很具有普遍性,但这在玻利维亚却没有发生。

奥万多将军在 1965 年的政变中是巴尔里恩托斯的同谋,也是军队总参谋长,最终在 1969 年 9 月夺取政权。奥万多具有民族主义者革命运动党温和改革派的传统特点,实际上他正准备慢慢地使政府与左派妥协。1969 年 10 月,奥万多将玻利维亚海湾石油公司收为国有,1970 年年初,又承认玻利维亚中央工会和玻利维亚社会主义长枪党合法化,允许莱钦回到权力岗位,军队也从矿产地区撤军,这是自从 1964 年以来的首次撤军。他还试图动员刚刚复兴的民族主义者革命运动党中的老左派支持自己。然而,直到最后,奥万多既没有动员起巴尔里恩托斯所取得的那样广泛的支持,也没有组织成统一的政党体系来支持他的政权。同时,尽管奥万多作为总参谋长和作为总统执掌政权已经 8 年有余,但军队对奥万多并不满意。在这种情况下,野心不断的军队开始按照军官们自己的意志为所欲为了。这样做的结果就是:1970 年 10 月,胡安・何塞・托雷斯(Juan José Torres)替代奥万多的职位。胡安・何塞・托雷斯也是前总参谋长。从 1970 年 10 月至 1971 年 8 月被推翻,托雷斯成为玻利维亚历史上最激进也是最左倾的将军。

虽然年轻时的托雷斯曾经是长枪党成员,积极投身于反对切・格瓦拉的战斗中,并在他自己掌控政权之前一直支持军队的行动,但他却以一位理想主义的左派政治家面孔出现在世人面前,并想要将奥万多的"民主开放"扩展开来,发动更为激进的工人和左派政客参加到革命当中来。所以他执政的第一个举措就是接受苏联和东欧国家对玻利维亚矿业集团的经济援助。苏联和东欧国家在过去曾经好几次提出给玻
227 利维亚这种援助,但迫于美国的压力,民族主义者革命运动党和前军政府一直都在推脱。托雷斯还为建设锡熔炉而签署了一些协议,使自由的玻利维亚第一次不再依靠欧洲和美国的熔炉来提炼矿石。最后,苏联人对玻利维亚矿业集团提供的援助几乎与美国相等,他们各提供大约 2.5 亿美元左右的援助。

托雷斯还取消了玻利维亚矿业集团与美国矿业公司签署的从萨塔维废矿石里提炼锡的特殊协议,并废除了该集团与美国钢铁公司共同经营马蒂达锌矿的协议。尽管这种反对美国公司的做法并不是没有先例,但托雷斯比过去有过之而无不及,他驱逐了玻利维亚各地的美国和平队员(Peace Corps,美国"和平队"是根据美国前总统约翰・肯尼迪签署的命令于 1961 年 3 月 1 日成立的,其宗旨是"巩固和平,增进各国

人民之间的了解”。“和平队”虽自称是非政治性组织,但它却接受美国国务院的资助,其活动又受美国总统办公厅的直接管辖。美国“和平队”的成员是流动的,具备条件的美国人都可以参加。40 多年来,共有 16.5 万美国人当过“和平队”成员,其足迹遍布世界上 135 个国家。目前,它有 7 000 多名成员在全球的 76 个国家工作。据介绍,美国“和平队”肩负着三大任务:第一,向愿意接受美国“和平队”的有关国家提供援助,帮助提高该国的教育和职业水平;第二,使受援国民众更多地了解美国和美国人民;第三,让美国民众更好地了解其他国家及其人民。——译者注),使他们肩负的使命付诸东流。这些反美议案在玻利维亚得到了广泛支持,但也引起了美国的强烈反对,自从 1952 年以来,美国第一次发现自己与玻利维亚完全疏远了。

事实说明,托雷斯之所以能够采取这种极端的反抗措施,说明当时的玻利维亚经济条件已经今非昔比了。从 20 世纪 70 年代初期以来,玻利维亚开始收获自从 1952 年起由民族主义者革命运动党实施的经济和社会投资所带来的经济回报。玻利维亚现代化道路体系的兴建、圣克鲁斯地区农业的发展以及在玻利维亚矿业集团尤其是玻利维亚国家石油垄断公司的巨额投资,再加上国际上矿物质价格的上扬,都使玻利维亚国民经济有了稳步提高。伴随而来的是,国民文化素质的提高和公共教育的发展,1952 年之前对农村人口限制的废除又使人力资源获得解放。玻利维亚政府不再像以前那样直接依靠美国进行政府投资甚至是提供发展所需要的资金。由于国际资金来源与在矿石发展和商品农业上私人资本的开始运作,使得玻利维亚政府发现,他们相对来说不再完全依靠美国慷慨解囊了。

但是,托雷斯要在国家政治前卫线上建立一个左派联盟的所有努
力却没有取得什么成效。由于玻利维亚共产党分裂成亲莫斯科派和亲 228
中国派,革命左派党也分裂成无数的小派系,玻利维亚中央工会,莱钦和他们的支持者们在政策上无法统一,并担心中产阶级同盟者们提出越来越激进的观点。同时,巴尔里恩托斯统治时期的经历也使他们在与势力强大的农民协会结盟时顾虑重重。但是,在 1970 年早期,玻利

维亚中央工会的确建立起一个政治议会(political assembly),目的在于寻求与原来的民族主义者革命运动党左翼联合起来,这也为日后建立所谓的公民议会(Popular Assembly)奠定基础。这个公民议会在1970年6月成立,目的是取代议会。虽然公民议会就设在国会大楼里,但是该议会既没有经过合法的公众投票,也没有取得任何在玻利维亚立法的权力。公民议会最终由218名代表组成,其中农民联盟的代表只有23名,而劳工联盟的代表人数高达123名,其中玻利维亚社会主义长枪党一个党就占去了38个席位。同时,公民议会还吸收了所有的主要左派组织,再加上一个新兴的强力政党——玻利维亚革命左派运动党(Movimiento de la Izquierda Revolucionaria,革命左派运动党),该组织是由原基督民主党和原民族主义者革命运动党中的大学校园成员所组成的。但是,左派与劳工们都无法保证与相对来说并不稳定的托雷斯政府充分合作。尽管公民议会用极其挑衅的议案来威胁右派和中间派,但最终也没有取得立法权。而且,政府拒绝向工人提供武器,也坚决不反对军队的权力和权威。

公民议会所引起的不安使平民转而支持军队发动政变来结束政治混乱。1970年1月,军事学院(Colegio Militar)领导人乌戈·班塞尔(Hugo Banzer)上校试图发动政变夺取政权,但由于军队表示忠于政府而未能得逞。在接下来的几个月里,公民议会支持工人接管《日记》(El Diario),并占领小矿产以及一些圣克鲁斯地区的大庄园,这些矿产和大庄园本来归亲共产党的组织所有。因此,当班塞尔试图在1971年8月发动第二次政变时,左派就无力阻止他了。由于班塞尔取得了帕斯·埃斯滕索罗老右翼和民族主义者革命运动党中间派以及长枪党的支持,这使其获得了圣克鲁斯地区精英们在经济上的资助,因为这些社会精英一直对愈演愈烈的农业改革所带来的威胁而感到惶恐不安。推翻托雷斯政权并不是完全没有遭到抵抗。尽管托雷斯拒绝向工人打开
229 军火库,但工人和学生都反对军政府,而忠诚的军队试图保卫总统的安全结果使1971年的班塞尔政变成为自1952年叛乱以来最血腥的一次政变。

班塞尔开始统治玻利维亚的时期恰好是国际矿物质价格体系发生变化的时期,这对国民经济产生了深远的影响。1970—1974年间,玻利维亚出口额几乎增长了3倍(由2.26万美元增长到6.5万美元)。由于20年前已经进行了大量投资并造成了经济结构的巨大变化,这些新的财富得到了充分的利用,玻利维亚出现了经济繁荣的新景象。当时,不但对中等矿业新的投资力度加强了,非锡矿物质的出口增加了,而且圣克鲁斯地区的产品收获了巨额剩余,玻利维亚历史上第一次成为蔗糖和棉花产品的出口国。当时,城市建设欣欣向荣,生产制造业也显著发展。

与此同时,政府在教育上连续20年的重要投资也取得明显成效。现在,一些技术专家在政府各个部门中成长起来,因此而形成的自主生产机构成为政权和企业新的力量源泉。此外,新兴的职业性和服务性部门的出现表明,新的区域精英已经崛起。在这方面,圣克鲁斯城市的迅速发展十分显著。该城市已经从40年代玻利维亚的第四大城市一跃而成为70年代的第二大城市,并成为现代化的先进大都市,它不但是连接玻利维亚各地的交通枢纽,也是通往外界的纽带,每天都有国际航班在这里起降。圣克鲁斯的发展给玻利维亚国家和区域权利集团带来了巨大变化。由于国家在圣克鲁斯地区对石油、农业的大量投资,使其人口迅速增长,其中大部分是白人和克里奥尔人(即混血人)。这些人要求获得更多的国家决策权已经在所难免,这在玻利维亚历史上是第一次除传统的高原、山区以及河谷地区以外出现的又一个国家经济和政治权力中心。

班塞尔政权继续推行前人所实行的农业改革,鼓励向低地地区进行的殖民活动。但是与先前的政权、军政府或平民政府相比,现政权都能够保证向农民分发更多的土地,使其获得更大的利益。因此在 230
1953—1980年之间,有3 100万公顷的土地分给了43.4万个无地的农民家庭。1964—1980年期间,81%的土地分给了62%的家庭,仅班塞尔政权所分配的土地就占其中的一半以上,使半数无地家庭得到了实惠。尽管班塞尔政权使军队与农民的联盟得到加强,但他还是第一个在国民政治生活中大大缩减农民重要性的将军，这在很大程度上是因为农民提出的要求在不断变化。农村人口的增长以及此后出现的土地持有权的分散，加上农民越来越意识到他们是为城市市场提供产品的生产者，都对农村人口的变化起到显著的作用。农民们不再满足于已经获得的土地所有权，而是要求政府在信贷、价格方面给予支持以提升他们在市场上的影响力。因此，1974 年 1 月，在科恰班巴河谷地区发生农民与军方的对立和屠杀行为也就不足为怪了，这是自 1952 年以来第一次农民与军方的对立，其原因就在于农民反对政府控制食品价格。

班塞尔政权也接受了反民主的思想，这在当时的拉丁美洲大陆很是流行。巴西模式成为玻利维亚军政府学习的榜样。有人认为，民主统治最终会导致社会动乱，只有通过"剥夺"老百姓的政治权力才能够取得经济的发展，经过仔细的监护和"控制性"参与才能实现"现代化"。军事干涉已经不再被看成是临时事务了，而是被认为是实现长期民主政治的一种选择。几乎是在刚一上台，班塞尔就宣布玻利维亚中央工会和玻利维亚社会主义长枪党非法，官方否认传统的民族主义者革命运动中各个党派左翼的存在，因此许多人遭到拘禁，玻利维亚革命左派运动党领导人遭到流放，民族主义者左派革命党(Partido Revolucionario de la Izquierda Nacionalista, PRIN，即民族主义者革命运动党中的西莱斯-莱钦派)领导人命运也是如此。政府还精心策划了暗杀和严刑拷打。

班塞尔上台之后立即着手解决在托雷斯统治时期发生的与美国的冲突，一个新的更加自由的投资法案从而出台，因此，玻利维亚可以再
231 次寻求获取大量的美国援助，以加强军队的人员和物资建设。但是对于班塞尔政权来说，玻利维亚与苏联和东欧建立新的关系也已经变得十分重要，这是班塞尔政权曾经回绝建立的关系，但现在玻利维亚政府接受了这些社会主义国家向其提供长期援助以发展锡和其他矿产的冶炼工作。班塞尔政权还在玻利维亚与阿根廷之间传统联盟的关系上来了一个 180 度大转弯，主张与巴西建立新的伙伴关系。为了表示圣克鲁斯地区的长期利益对外开放，所有产品对巴西市场敞开，玻利维亚签署了一系列重要的国际性经济协议，这些协议更有利于巴西超过阿根

廷参与玻利维亚的自然资源建设,包括圣克鲁斯地区的天然气和铁矿石开发。

班塞尔试图建立一个国家政党,因此强迫他的两个盟友——长枪党和民族主义者左派革命党中的帕斯·埃斯滕索罗派——在参加政府之前与他的“玻利维亚左派阵线(Frente)”联合成一个派别。对于班塞尔来说,这样做等于建立一个全民性的右翼军政府,但这是他根本不希望见到的,因此,到 1974 年年底,他宣布实行一个当时称之为“自动打击(auto-golpe)”的措施,使自己的整个统治发生了完全相反的转变,即建立一个全部由军人组成并排除所有政党的政府,这一政府是建立在技术专家和政见不一的前政治家支持的基础之上的。于是,班塞尔解散了民族主义者革命运动党,流放了帕斯·埃斯滕索罗,并宣布不论是中间派还是右翼派,一切政党均为非法。现在,军队的统治无需对任何民主做出让步了。

与传统决裂的决定显然是基于国内、国际两个重要因素而做出的。首先也是最重要的因素就是,1973 年 9 月,在智利推翻阿连德(Allende)政权之后代之而起的是皮诺切特(Pinochet)政权。这等于是明确地对班塞尔说,非民主统治与反政党政权已经成为这一地区的统治模式。第二个因素就是国民经济超常发展的影响,尽管政府是非民主的政府,但正是这种经济的超常发展才赢得了人们对该政权的普遍支持。1973—1974 年间,国际市场上的锡价格几乎翻了一番,结果导致玻利维亚国民出口量也翻了一番,这在玻利维亚历史上创造了前所未有的利润。
而且,国际市场上石油价格突然上扬,玻利维亚原来石油出口量相对较 232
少,这种价格上涨给玻利维亚带来了巨大的商机,它的石油出口量剧增,在 1974 年,玻利维亚石油出口已经占其出口总量的 25%。到 70 年代末,尽管石油出口停止了,但从更长远角度看,玻利维亚开始转而出口储藏量非常丰富的天然气,该国从 1972 年第一次出口天然气,到 1974 年已达到其出口总量的 4%,在接下来的岁月里,这个数字还在稳步增长。1971 年,玻利维亚也开始出口成品锡,1974 年成品锡的出口量已经占其出口总量的 9%。这意味着传统的锡矿石出口与未经加工的矿物质出口由原来60年代的90%的出口量下降到70年代中叶的50%。最后,玻利维亚的农产品出口始于1970年,先是白糖,而后是棉花,接下来逐年稳步增长,到1974年,这类农产品出口量已经占其出口总量的6%,但这个时期农产品出口项目还很少。1970—1976年间,玻利维亚农产品出口的增长速度占第二位,平均每年增长49%,仅次于天然气出口,当时它的天然气出口平均每年增加50%。

70年代早期经济的繁荣似乎表明,玻利维亚出口与经济增长已经发生了长期的变化,而不是由于国际价格的剧烈变化所带来的传统性短期繁荣。现在,圣克鲁斯的农产品出口已经成为长期项目,在白糖价格下降的情况下,该城市转而出口棉花,这表明玻利维亚已经具备了应付世界需求任何变化的能力。同时,有证据说明,玻利维亚的天然气出口面向邻国,主要是阿根廷和巴西,而且这一市场在未来还会稳步增长。最后,非锡矿石价格的长期上涨趋势,还有锡制成品的出口似乎都表明整个国家未来的经济前景会相当可观。玻利维亚的贸易伙伴也在不断变化,它已经不必像以前那样依靠任何一个贸易伙伴。拉美自由贸易地区占玻利维亚出口量的1/3,欧洲占20%,美国仅占1/3,其余为亚洲国家。此外,玻利维亚的进口也呈多样化发展,随着拉美自由贸
233 易地区国家以及亚洲国家在玻利维亚进口货物中所占比重的增加,西欧与美国显得不那么举足轻重了。

有利的贸易平衡中不同寻常的增长带来了建筑业的空前繁荣。拉巴斯和圣克鲁斯地区的大城市里到处点缀着摩天大楼,说明这两个城市地区的建筑也发生了翻天覆地的变化。圣克鲁斯机场得到彻底改造,还建起了国际机场,更为突出的是,道路交通体系已经从拉巴斯延伸到奥鲁罗,并达到大湖区。在科恰班巴省,柏油马路已经突破查帕尔(Chapare)边界,这也为现代非法毒品交易创造了条件。

然而,繁荣很快就消失了,班塞尔无法控制正在深刻变化的玻利维亚社会。国家预算恶性膨胀,腐败现象愈加严重,这些问题迫使他将玻利维亚货币贬值40%,这是自1956年货币稳定法案颁布以来货币的首次贬值。通货膨胀导致动乱,限制工资成为解决问题的权宜之计。

尽管在主要矿区都驻扎了军队,并允许玻利维亚社会主义长枪党和玻利维亚中央工会进行监视,但罢工和暴力事件还是时有发生。到了1976年初期,全国性罢工终于发生了,班塞尔不得不关闭大学。政府无法镇压各地工会活动,在与智利就出海口问题进行的谈判失败之后,政府又失去了大部分中产阶级民族主义者的支持。尽管班塞尔绞尽脑汁、不惜一切代价地要想出方案拯救颓势,其中也包括以玻利维亚的领土来换取港口的提议,但智利的皮诺切特一意孤行、油盐不进。到1976年年底,玻利维亚与智利的所有谈判全部停止。最后,玻利维亚的中上层阶级更愿意将自己的利益交给一个民主的政党体制而不是一个自己不了解的军政府,但在其他拉丁美洲国家,中上层阶级都是那种军政府得以存在的市民基础。考虑到政府的腐败现象和军官们的官僚作风,市民中的精英们再也不能相信一场反班塞尔的军事政变会奏效,因为他们无法预知班塞尔之后的下一位领导人会是怎样一个人,是托雷斯式的,还是巴尔里恩托斯式的,还是又一个班塞尔?人们不得而知。

1977年年初,班塞尔承诺要在1980年举行总统选举。同年11 234
月,也就是他颁布法令的第三年,所有的官方政令都被废除,军队也不再拥护班塞尔,所以他被迫宣布不再参加总统的竞选,年底,又宣布总统选举会提前在1978年举行。但这一切还是远远不够,因为人们不久又提出赦免流放在外的348位工联和政治领导人等要求。在这些要求遭到班塞尔拒绝以后,1977年12月月末,矿业联盟领导人的妻子们在拉巴斯大教堂发起绝食运动。教会全力支持这场运动,1月初,来自全国的1 000多人加入到这场绝食运动中。绝食者提出了对所有的人实行特赦和结社自由等一系列要求。鉴于绝食者的势力如此强大,班塞尔被迫屈服,并与支持这场运动的人权组织签订了正式协议。

被释放的流放者们在回来之后从政府监管人手中夺取了对各个工会的领导权,几天之内,玻利维亚社会主义长枪党和玻利维亚中央工会都在不改变领导人的情况下进行重组。这种情况自1971年政变以前直到现在一直没有改变。罢工、劳工抗议以及如火如荼的政治运动使班塞尔不得不放弃继续留任的一切借口。于是,他宣布佩雷达·阿斯布恩(Pereda Asbun)将军将成为他的继任者,新政权将重建民主。站在反对立场上的是埃尔南·西莱斯·苏亚索(Hernan Siles Zuazo),他是军官们及新成立的左派与中间派政党提出的总统候选人。1972 年,西莱斯离开了帕斯领导的民族主义者革命运动党,在智利流亡期间建立了自己的民族主义者革命运动党(MNRI)或者叫左翼民族主义者革命运动党。在 7 月选举前夕,西莱斯·苏亚索的左翼民族主义者革命运动党与玻利维亚革命左派党以及其他一些组织联合起来形成了一个松散的选举联盟,叫做“民主与公众联盟(Democratic and Popular Unity, UDP)”。令军方感到惊讶的是,选举表明,农民已经不再是一个政治利益一致的集团。许多农民和城市平民支持西莱斯,政府发现选举并不是向有利于他们的方向发展,于是军队决定发动政变,佩雷达开始短暂的军政府统治。

佩雷达政府只持续了几个月,11 月,在戴维·帕迪利亚将军(David Padilla)的领导下又一次发动政变。这个军政府不但提倡自由选举,而且宣布政府不代表任何一个正式候选人,也不支持任何一个平民代表。因此,在玻利维亚近代史上,开启了政治上极富创新精神的年
235 代。在接下来的 4 年时间里例行举行的 3 次总统选举中,国民投票的老形式发生了巨大变化,引领出全新的、更为复杂的玻利维亚政治体制,这种政治体制一直沿用至今。从 1978 年直到现在,玻利维亚一改过去那种由农民支持的大众新政党统治的体制,变成了在由城乡投票者组成的复杂联盟支持下的众多政党相互竞争的局面。这种多党竞争局面的形成表明,玻利维亚已经进入了现代选举机制。

在国民选举上出现的这种新的多样性体现了社会和经济的深刻变化。正如 1976 年人口普查所显示的那样,玻利维亚引进的社会福利制度(包括医疗和教育)正在充分地发挥着作用。覆盖全国人口实行的医疗保险,在玻利维亚就意味着死亡率下降到最低水平。随着死亡率的下降,出生率的上升(大约是 44‰),人口迅速增长。尽管在 70 年代末,婴儿死亡率较高,但在 50 年代之后,人口的增长率达到 2.6%,

1950 年玻利维亚的总人口为 270 万，到 1976 年增加到 460 万。

另外，这些新增长的人口大部分生活在城市里，并受到良好的教育。1950 年，居住在城镇的玻利维亚人口仅占总人口的 34%，到 1976 年，这个数字达到 50%，其中人口在 2 000 人以上的城镇占这个比例中的 42%。1950 年，只有 31%的学校适龄人会读书写字，1976 年这一数字上升到 67%。10 岁到 14 岁间的儿童有 80%在上学。最后，会讲西班牙语的人口比例不断上升，到 1976 年，西班牙语首次成为玻利维亚的主要语言。在登记在册的 460 万人口中，有 160 万人只讲西班牙语，而另外 170 万人讲双语，这两种人加在一起占总人口的 72%。尽管农村地区的人口出现了前所未有的增加，但讲单一印第安语言的人现在已经减少了。在这两年的人口普查中，只讲克丘亚语的人由原来的 98.8 万人下降到 61.2 万人，讲艾玛拉语的人也由原来的 66.4 万人下 236
降到 31 万人。由于讲双语的人数量增加了，才导致 1976 年西班牙语在玻利维亚成为绝大多数人的语言，这也证明学校教育在乡村地区发挥了作用。正如数字统计所表明的那样，不仅讲西班牙语的克里奥尔人口迅速增长，更为重要的是，广大农村地区的印第安农民也开始大量使用西班牙语，同时还使用其传统的印第安语。

因此，1979 年选举是玻利维亚选民受教育程度较高、读写能力较强、同时也是玻利维亚历史上讲西班牙语人数最多的一次选举。维克多·帕斯·埃斯滕索罗和他重组的民族主义者革命运动党，以及西莱斯和他的民主与公众联盟都获得了工人和农民的支持。而且新兴的职业阶级也建立了新的政党和联盟来表达他们的特殊需求。突然间，新、老政党发现他们处在一个左派、右派和中间派的平衡当中。即便是先前备受鄙视的班塞尔也成功地组成了自己的政党，并获得重要地区的支持，要将自己转化成民族平民政治家，这在拉美国家是很少见的实例。

这种非常复杂的政治分野说明为什么在 1979 年 7 月大选中西莱斯和帕斯·埃斯滕索罗会成为反对党的领袖，为什么另外一个民族主义者革命运动党时代的老政治家瓦尔特·格瓦拉·阿尔塞(Walter

Guevara Arze)会作为一个妥协的候选人再次出现在政治舞台上，一旦这两位领导人针锋相对地出现在选举当中，那场选举必将剑拔弩张。但是，在那些新的年轻领导人为公开竞选准备妥当之前，他们宁可支持那些年长的老英雄们。1979 年的选举是超乎寻常的，那是玻利维亚历史上最真实的选举之一，大约有 160 万玻利维亚人参加投票，在全国各地的各个政党和政治联盟都显示了自己的力量，而且圣克鲁斯的反班塞尔阵营实际上已经不复存在了。

尽管帕斯·埃斯滕索罗因得到多数党派的支持而获得大选的胜利，但是这些党派并不赞成同一个候选人，特别是班塞尔和他的新政党，还在被其他政党考虑为无可替代的政治伙伴。预料到可能会发生更加激烈的斗争，国会最后决定来年再进行选举，并任命瓦尔特·格瓦拉·阿尔塞为新的选举之前的临时代理总统，瓦尔特·格瓦拉·阿尔塞当时是参议院议长，也是西莱斯和帕斯·埃斯滕索罗的老朋友。这
237 是自从 1964 年以来玻利维亚第一届当选的平民政权，但是，瓦尔特·格瓦拉·阿尔塞政府只存在了几个月，在 1979 年 11 月发生的军事政变中，该政权被军人集团暂时推翻。这时，全国范围内的政治反对派表现出了强烈的不满，政治斗争越来越激烈，暴力事件和罢工造成 200 多人死亡，军政府被迫在几个星期之内就退出政治角逐。一个名字叫做莉迪亚·盖莱尔·特哈达(Lydia Gueiler Tejada)的平民作为妥协的产物走上了政治舞台。她是玻利维亚历史上第一位女总统，也是拉丁美洲历史上少有的几位之一。盖莱尔的当选也表明人民要求平民政权的强大愿望。1979 年 11 月的政变没有得到任何一个政党的支持，帕斯·埃斯滕索罗曾经支持过军事政变，因此他也曾经受到人民的谴责，但那是在前两次大选中的事。在多年后进行的第三次全国大选中，即 1980 年 6 月的大选，埃尔南·西莱斯·苏亚索和他领导的民主与公众联盟获得了胜利。

但是，盖莱尔的平民政权不但是短命的，而且付出了高昂的代价，做出了很多让步，其中包括对路易斯·加西亚·梅萨(Luis Garcia Meza)将军领导的军事集团做出让步。他们拒绝支持西莱斯再次当选

总统,所以在 1980 年 7 月,军队不顾所有平民政党和组织的反对,再次夺取政权。玻利维亚再次回到早期班塞尔式的独裁统治当中,但是,不但强大的工会联盟没有被破坏,平民政党体系也照样保存下来了。如同以往一样,新的军政府立即宣布所有政党和组织为非法,但那些组织还是在平民当中具有相当大的势力。军政府的两年统治引起了人民的强烈反抗,其中包括罢工、游行示威和绝食抗议,这些斗争使军政府完全失去了民众基础。同时,军队集团简直腐败到了极点,他们甚至直接参与新近兴起的国际毒品交易,最后,军队官僚主义官员更是气急败坏,他们于 1981 年 1 月在拉巴斯暗杀了革命左派运动党(Movimiento de la Izquierda Revolucionaria,MIR)的 9 位领导人,并效仿当时的阿根廷模式组织了准军事敢死队。1981 年 8 月,梅萨军事政权走向极端,他们甚至雇佣第二次世界大战期间国际上臭名昭著的法西斯分子意大利人彼尔·路易吉·帕格里埃(Pier Luigi Pagliai)和德国人克劳斯·巴维耶尔(Klaus Barbier)。

平民对军政府的不断反抗,公众对军队腐败问题的曝光,70 年代 238
末无法解决的经济问题,这些都在不断地困扰着军政府,最终,该政府也失去了军官集团的信任。所有这些经济问题都是因为国家依赖自治政府各个机构的能力。在班塞尔执政 7 年之后,政府各个部门乱作一团,尽管玻利维亚的出口额由班塞尔执政初期的 2 亿美元上升到结束时的 7 亿美元,但政府在发展项目上的投资达到国家预算的 48%,这是一个不寻常的数字,而且这些资金的大部分也被严重滥用。总之,自治政府的 3 个主要自治机构——玻利维亚国家石油垄断公司、玻利维亚矿业集团和国家冶炼局(the national smelting agency,SNAF)——都超负荷运营并滥用资金,结果带来了难以避免的经济灾难。到处是产量下降,负债累累,公司停滞不前。到 1980 年,外国人所持玻利维亚公债已经达到 30%。最后,玻利维亚的主要出口产品的国际价格开始下降,狼这回真的来了。在 20 世纪 70 年代的前几年,玻利维亚主要出口产品年增长率达到 6%,而到了 1977—1978 年间,根本就没有什么增长可言了。从 1978 年开始,玻利维亚国内生产总值实际上已经出现下降,下一年达到负增长,这是自 20 世纪 50 年代晚期以来玻利维亚历史上的第一次负增长。进入 80 年代以后,玻利维亚国民生产的危机仍在继续,最糟糕的年下降率发生在 1982—1983 年间,那年下降了 6.6%。从此,玻利维亚进入了历史上最长的萧条时期,那场危机一直持续到 20 世纪 90 年代。在那场政治和经济危机中,暴戾贪婪的军政府犯了一个玻利维亚国家无法承受的时代错误,而他们却又根本没有能力掌控如此动荡的社会。

第九章　多种族民主国家的建立(1982—2002)

1982 年 9 月,最后一届军政府被迫辞职,人们决定重新召开 1980 239
年选举产生的国会,然后带来的是玻利维亚军政府统治时代的结束。重新召开的国会立刻在 1982 年 8 月选举埃尔南·西莱斯·苏亚索(Siles Zuazo)为总统,民主政治体制的恢复也一气呵成。在新政府中,左派代表人物是西莱斯·苏亚索,他是民族主义革命运动党重建进步派的领导人,这一派与中间联盟的传统劳工领导人、玻利维亚中央工会领导人、新的农民阶级领导人、左派的各个党派以及由副总统海梅·帕斯·扎莫拉(Jaime Paz Zamora)领导的由激进知识分子组成的革命左派运动党联合在一起。右派和中间派就是 1979 年、1980 年大选中产生的那些政党,所有政党都发展迅速,成为国家未来 10 年的主要政治力量。居于核心地位的是维克多·帕斯·埃斯滕索罗(Victor Paz Estenssoro)领导的历史上的民族主义革命运动党(MNR),这是该党内部老中间派和右派的联合体,另外还有一派现在虽然独立于民族主义革命运动党之外,但却继续给予维克多·帕斯·埃斯滕索罗强有力支持的印第安领导人。最后是班塞尔(Banzer)在军事政权统治末期建立的民族主义者民主行动党(Acción Democrática Nacionalista, AND),1979 年 4 月,该党又扩大了规模,将长枪党以及重建的革命左

派党纳入其中。令很多人惊讶的是，这一政党要比想象的更有潜力，它
不仅使乌戈·班塞尔成为合法的强有力的平民领袖，还在班塞尔的大
240 旗下聚集了许多新的经济精英，例如，私人矿业企业家、圣克鲁斯地区
的大农场主以及从国民革命 25 年来涌现出来的高级技术专家。班塞尔设法成功地使自己远离 1979—1982 年时期的军事集团，并不断地支持民主进程，因此而成为平民政治体制的重要支柱。军事集团统治时期耽误了年轻一代平民政治领袖的出现，自然也为国民革命时期的老领袖提供了最后一次领导机会。20 世纪 80 年代前半期的领导人就是 20 世纪 50 年代的领导人，但后半期年轻的政治家开始接管国家政治。

西莱斯做出了一个令人震惊的决定，他废除了那个在阿根廷军官和国外法西斯分子的帮助下建立起来的玻利维亚最后一个军政府。很快，德国法西斯盖世太保头目克劳斯·巴维耶尔(Klaus Barbie)被遣送法国，恐怖主义分子彼尔·路易吉·帕格里埃(Pier Luigi Pagliari)则被转交给了意大利政府。同时，阿根廷人也被驱逐出去，玻利维亚政府很快从军队中清除了那些更具有独裁倾向的领导人。这样一来，玻利维亚举国上下和国际舆论对这届政府的措施大加赞赏。

但是，西莱斯·苏亚索政权接管玻利维亚政权时该国的经济破败不堪，人们预料在未来的几年间形势会变得更加糟糕。尽管反对党领导者向来是以正直诚实而著称，但西莱斯·苏亚索是一个无能之辈，一个拙劣的政治妥协者。在他当选的几个月里，他就疏远了革命左派运动党以及其他的主要支持者，而且也没有能力解决严重衰败的经济问题。这些因素加在一起必然严重损坏该政府的声誉，尽管这个平民政府的合法性是毋庸置疑的。

70 年代末，欧佩克(OPEC，石油输出国组织)石油价格的膨胀结束了，玻利维亚矿产和石油产量下降，再加上军事集团统治时期对国家管理不善，结果造成了公共事业部门陷于瘫痪和私人经济严重萧条。1980—1984 年年间，玻利维亚农产品产值下降 11%，进口额下降 25%，这种情况的出现是由于农产品本身的生产受到了 1983 年严重干旱的影响。1983 年，在世界矿产价格高昂而利润微小的情况下，玻利

维亚的外债高达30亿美元,这个数字在拉美国家中虽然是比较低的, 241
但对玻利维亚来说却是难以承受的。因为,这一数字相当于玻利维亚国内生产总值的80%,为了偿还这笔债务,玻利维亚只能将1984年出口总额的36%付给人家。更为值得一提的是,玻利维亚的锡生产在20世纪首次出现严重而又长期的下降。尽管在70年代平均每年的产量还能达到3万吨,或者说在1970—1974年间还能保持在2万吨以上,但在1984年产量却下降到不到2万吨并持续下滑。1983年,碳氢化合物,即天然气,首次取代锡成为玻利维亚的主要出口产品,同年,巴西超过玻利维亚成为拉美最大的锡生产国,玻利维亚锡产量下降到只占世界总产量的6%。到了80年代末期,玻利维亚的锡产量下降到每年1万吨,这个数字仅相当于巴西上升时期锡产量的一半,1986年,如米提亚矿(Mineria Mediana)和芝卡矿(Mineria Chica),那些中小规模的私人矿的产量首次超过玻利维亚矿业集团。可以说,玻利维亚历史上锡的时代在80年代后半期正式结束了。而到了1990年,锌则成为玻利维亚最有价值的出口产品。

尽管国际市场对可卡因的需求在不断增长,但这种高额获利的出口还是难以补偿矿产业经济的萧条和国外援助资金的欠缺。与此同时,尽管国家税收减少了,但玻利维亚政府还是无力控制消费。对于西莱斯政府来说,唯一的解决方法就是印刷更多的钞票。1980—1984年间,玻利维亚流通中货币量增长了1 000%。在这种情况下,物品价格随之疯涨,1984年5月,玻利维亚进入高通货膨胀期,每月价格增长率达到50%,而在70年代,平均增长率仅为4.7%,通胀率也只有15.9%。在80年代那10年间,价格增长下降到平均每年2.3%。1983年,通货膨胀率首次达到3位数,1984年达到2 177%。在1985年的上半年,通货膨胀率猛增到8 170%。

在这样严重财政赤字危机下,西莱斯·苏亚索很快就发现他自己
已经失去了民众的支持,大部分政治盟友也开始纷纷离政府而去,这是 242
不可避免的。1983年1月,帕斯·萨莫拉辞去副总统职位,革命左派运动党退出政府。西莱斯还失去了莱钦、玻利维亚中央工会以及民族

主义革命运动党中许多老盟友的支持。尽管西莱斯·苏亚索自行绝食使他成功地实施了1957年策略,甚至被军方绑架,后来也由于广大人民的反对而化险为夷,但是西莱斯还是没有能力治理国家,或是有效地实施任何稳定政策。考虑到现在的僵局,有人说服从1982年开始担任总统职务的西莱斯尽早辞职,因为他的任期实际上是从1980年开始的,所以他也同意在1985年7月举行大选。

1985年大选为老党派,尤其是通常所说的历史悠久的民族主义革命运动党和民族主义者民主行动党,提供了一次加强实力的绝好机会,但这也给许多新党派成为独立实体以天赐良机,这些党派是在西莱斯掌政以后形成的民主派和左派的联盟。在已经形成的左派政党中,帕斯·萨莫拉(Paz Zamora)建立的革命左派运动党和20世纪70年代由马塞洛·基罗加·圣克鲁斯(Marcelo Quiroga Santa Cruz)建立的“玻利维亚第一社会主义者党(Partido Socialista - 1)”成为当时两个最为重要的政党。但是,从未来发展的角度来看,更为重要的是图帕克卡塔里革命运动党(the Movimiento Revolucionario Tupac Katari)的出现。该党公开表示自己是代表土著人的政党,并声称握有全国2%选民的选票。多年以来,玻利维亚中央工会一直疏远印第安领导人,而印第安人的领导人一直与军事-农民联盟左派思想有关联,但实际上,一个全新的自治印第安人的领导层已经发展起来了。早在20世纪60年代初期,在传统的乡村协会中,年轻的领导人就成长起来了,特别是在过去讲克丘亚语的艾玛拉人中间更多一些。1974年发生的对科恰班巴的包围以及接踵而来的军方对农民的大屠杀,都促使这些新人登上了历史的舞台。1976年,艾玛拉农民在拉巴斯地区组织了图帕克卡塔里运动。70年代末期,该运动接管了官方政府控制的大部分农民协会,并组织了自己的“玻利维亚农工协会联合会(United Syndical Confederation of PeasantWorkers of Bolivia, CSUTCB)”。1981年,卡塔里运动(Katarista)夺取了艾玛拉农民协会的领导权,并在玻利维亚中央工会中获得代表席位。同年,玻利维亚中央工会破天荒地第一
243 次任命一个名叫赫那罗·弗洛雷斯(Genaro Flores)的印第安农民领

袖为该工会的领导人,他也是卡塔里运动的成员。玻利维亚中央工会的这种巨大转变使农民领袖、政府工人和城市工会会员取代了先前很有政治地位的矿业工人而成为全国工会组织,不但现在是这样,而且后来一直没有改变。现在,那些新的印第安人领袖提出了一系列要求,其中主要涉及对他们在农产品价格、信用、教育和健康医疗方面的待遇平等问题,甚至要求尊重他们的传统文化。同时,他们还就重新认证玻利维亚民族认同的依据、现代社会中印第安人的角色以及强调种族问题如同阶级问题一样重要等问题提出了一系列建议。尽管很快出现了一些新建的组织与表示要求政治权力的土著农民和城镇梅斯蒂索阶级组织相互竞争,但这些新的土著运动在此后几年间很快地强大起来并具有了独立性。如果这样发展下去人们将会发现,玻利维亚政治舞台上在 20 世纪 90 年代将出现一个新的、最突出的、强有力的、群众性的政党。

但是在最后,传统政党拥有了治理这个新兴的政治运动的能力,并用传统的非土著人或者梅斯蒂索阶级的政治领导人从上层引导该运动的发展。20 世纪 80 年代早期的玻利维亚还出现了一个复杂的政治体制。在这个体制中,没有一个政党处于支配地位。从 1985 年以来,每次选举中的选民通常都会分成左、中、右 3 派,而且每一个派别都是多党参加其中而组成的政治联盟。按照玻利维亚宪法规定,总统选举要由新选举产生的议会进行第二轮投票才能决定,但需要绝对多数才能获胜。从上届西莱斯政权以来,还没有一个候选人获得过绝对多数票。因此每次总统选举后都会发生一系列艰难的协商才能决定总统人选,这些协商通常主要是在民族主义革命运动党、革命左派运动党(原文为 MR,但该书通篇并没有 MR,只有 MIR,因此,本书翻译者认为应该为革命左派运动党。——译者注)和民族主义者民主行动党之间进行,但也给小党派和小组织很大权力。这样就使许多参加某一党派的人由联盟安排为总统候选人并当选。这样做的结果也迫使所有政党要对印第安农民负责,因为他们占选民的大多数。尽管这些农民既贫穷又很少有人识字,但由于他们在政治上已经动员起来了,而且组成了强有力的协会,因此大多数人积极参加投票。这样做的结果还使讲艾玛拉语和克丘亚语的候选人也参加到竞选中来,他们要么组成全民性的政党,要么干脆组成各种族群体政党。

1985 年选举是新的选举制度代替军事政权的典型例子。大约 140 万人参加投票,乌戈·班塞尔获得了多数选票。但是,新国会却是中间派和左派政党占据支配地位,按照玻利维亚总统选举由国会第二次投票来决定的原则,他们选择 77 岁高龄的维克多·帕斯·埃斯滕索罗第四次担任总统职务。而在 60 年代早期先前的任期中,他的统治是建立在军队与农民联盟基础之上的。同时,他很可能还与 80 年代早期的军
244 事行动(military *golpe*)有关,帕斯·埃斯滕索罗在农民当中是一位了不起的人物,直到现在人们仍把他的名字与 1953 年的土地改革联系在一起。无论是对于他的政敌也好,还是朋友也好,这个似乎都已经是过往烟云,但人们却惊讶地发现,在 20 世纪最后几十年中,他是最有活力也是最具影响力的平民政治家。帕斯·埃斯滕索罗摒弃传统,接受激进的改革,而且反应敏捷,不久他就成为国民政治生活中占据支配地位的人物,这与他的第一届总统任期的风范不谋而合。毫无疑问,他所实行的最令人印象深刻的法令就是 1985 年中期实行的新经济计划(New Economic Plan of mid-1985)。在这项计划中,帕斯·埃斯滕索罗采用了许多民族主义者民主行动党的提案,甚至安排与他们签署非正式的协议,这项经济计划在结构上是传统的,但其内容却是不同寻常的。与同时代的阿根廷和巴西政府相比,他们在面对同样的经济问题时,是采取经济学家所称谓的"非正统休克"(heterodox shock,非正统休克为 20 世纪 80 年代拉丁美洲国家兴起的新结构主义理论中对付通货膨胀和高额外债的一种经济理论,是拉美经济委员会"依附理论"的翻版。——译者注)来对付难以控制的通货膨胀以及国际债务危机,但是帕斯·埃斯滕索罗却采用传统的"正统休克(orthodox shock)"的疗法。他所采取的措施有:货币贬值、流通汇率、放宽公共行业价格、实行新税收以及有效地募集资金、大量削减政府开支等。结果导致国民经济立刻更加衰退,但通货膨胀一夜之间下降到两位数。

令所有人惊讶的是,帕斯·埃斯滕索罗采用经济自由主义的原则,

拒绝经济民族主义者和国家资本主义者的意识形态,这开创了玻利维亚的历史先河。他拒绝经济民族主义和国家资本主义有两方面原因:第一,在现代玻利维亚历史上,高度通货膨胀的冲击已经是第二次了,这次危机严重破坏了国民经济的运行机制;第二,建立在锡业基础之上的国有矿产结构已经全面崩溃并付出了昂贵代价,而这种产业结构现在已经不复存在了。这两件事的影响在社会上是无法消除的,这远比33年前帕斯·埃斯滕索罗接管的社会更复杂,更变幻莫测。在外来专家的帮助下,几个月后,帕斯·埃斯滕索罗实行传统的正统经济休克疗法,就类似于教科书中所列举的保守的经济政策一样。

1985年8月29日,玻利维亚政府开始实施21060号法案,国家货 245
币实行贬值,一个统一、自由的汇率开始建立起来,所有的价格和工资调控全部停止,公共行业的价格普遍提高,政府开支大规模缩减,政府雇员的实际工资进行了削减。法案中唯一的一项非正统条款是暂时停止偿还玻利维亚的外债。由于物价上涨,投资停滞,这使经济陷入严重萧条时期。由于国家实行封锁,公众罢工的企图未能实现,普遍希望尽快结束过度通货膨胀的愿望也支持帕斯·埃斯滕索罗实行经济改革。伴随着惊人的财政赤字,人们迎来了税收的重大改革,其中似乎能找到70年代的"马斯格雷夫委员会"(Musgrave Commission of 1970s,理查德·阿贝尔·马斯格雷夫是20世纪最主要的政治经济学家之一,全球著名的现代财政学[公共经济学]家。作为战后伟大的经济学家和思想家,理查德·马斯格雷夫被誉为现代财政学的真正开拓者之一,是现代财政学之父,曾经担任过玻利维亚的财政顾问。——译者注)顾问团提出的许多税收建议条款的影子。强制附加税(value-added tax)很快开始执行,国家再一次开始积聚剩余资金。

紧接着,帕斯·埃斯滕索罗开始对国家官僚主义机构开刀。由于天然气代替锡而成为国家的主要出口产品,尽管玻利维亚生产的锡投入大、品质差,但玻利维亚矿业集团根本就不在意。正是帕斯·埃斯滕索罗最初建立了玻利维亚矿业集团这一机构,现在他又下令解散这个曾经红极一时的国家机构。对玻利维亚矿业集团的改革也就意味着削弱劳工工会的力量。在1985—1987年间,工人的数量由3万缩减到7 000人。甚至玻利维亚国家石油垄断公司也被迫解雇4 000名工人,使其人数缩减到5 000人。这不仅削弱了玻利维亚矿工工会联合会的力量,也使玻利维亚矿工工会联合会在国家政治经济生活中不再发挥重要作用,这是自从20世纪40年代以来的第一次。这些变化导致玻利维亚矿工工会联合会领导人胡安·莱钦的退野,并于次年不再担任玻利维亚中央工会的任何职位。自1944年以来,作为民族主义革命运动党3位主要领导人之一的莱钦的退出表明,他们开始失去了有组织劳工运动的领导权。力量大减的玻利维亚矿工工会联合会由托洛斯基派玻利维亚革命工人党领导人接管。同时,由赫那罗·弗洛雷斯领导的农民核心联合组织“玻利维亚农工协会联合会”现在成为玻利维亚中央工会中唯一最重要的组织。

在这样的关键时刻,国际锡矿市场上的持续危机帮了帕斯·埃斯
246 滕索罗的大忙。1985年10月,由32个国家组织发起的国际锡业理事会(the International Tin Council)出于保护锡价的目的而宣告解体,进而国际锡市场崩溃。在将近半年的时间里,伦敦矿业市场上没有锡买卖发生,即便是世界最大的锡生产国马来西亚,也被迫关闭了100个锡矿,解雇了4 000名工人。按照世界标准,玻利维亚生产的锡质量差,而投入高,根本就没有市场。既然玻利维亚锡矿石成本高,20世纪70年代才投入生产的冶炼厂效果不佳,玻利维亚所冶炼的锡如同其毫无进展的矿石生产一样根本找不到市场。结果导致这个投入巨大的联合产业在20世纪80年代末完全破产。无论政府如何努力,玻利维亚也无法在产品过剩的世界市场上卖掉自己的锡产品。因此,来自全国各界的绝食斗争、全国总罢工、设置路障以及各种抗议活动对矿工来说也都无济于事。因此当帕斯·埃斯滕索罗镇压抗议,并将领导人投入监狱时,也几乎没有遇到什么强烈反抗。

但是以经济增长、社会苦难加剧为代价的所谓的新经济计划,还是在政治和财政上取得了成功。失业率攀升到20%以上,传统的矿业中心奥鲁罗和波托西地区陷入了严重的经济衰退。但是,如同20世纪

50 年代一样,美国的援助对于缓解玻利维亚政府所面临的危机起到了关键作用。同时,非法的、同步发展的古柯经济上涨却为玻利维亚缓解休克疗法所带来的影响提供了宝贵的资金。虽然古柯叶是自殖民地时期之前就已经存在的玻利维亚人的主要国内农产品,这种产品主要在拉巴斯地区的永加斯河谷地带生产,但到 70 年代却慢慢成为主要出口产品,这是因为世界市场对可卡因的需求在不断增加,可卡因主要是从古柯叶中提炼出来的。于是,在玻利维亚东部热带低地地区,又兴建了新的古柯生产基地。

20 世纪 50 年代开始的首批现代道路交通建设使生活在高地的大量农民移居到查帕雷(Chapare)的亚马孙河山脚地区,这里是科恰班巴省东部的热带低地地区,大量高原地区的农民迁移到这些处女地,古柯也是这里的传统农产品之一。由于查帕雷的产品要比永加斯生产的古柯叶含有的生物碱高一些,因此对于安第斯山脉当地印第安人消费者 247
来说,查帕雷的产品更经济实惠一些。当然,最初移居到这来从事农耕的科恰班巴移民并不都是古柯生产者,但是,查帕雷的古柯叶确实是生产可卡因的理想产品。20 世纪 70 年代,吸食可卡因成为世界经济发达地区吸毒者的一种时尚,尤其是美国人的时尚。这种情况为玻利维亚的可卡因生产带来了繁荣发展的时期,玻利维亚生产的可卡因占世界总产量的 1/3 以上。由于查帕雷的古柯叶在国际市场的需求要远远高于国内市场的需求,而且其地理位置又远离传统的城市中心,在 70 年代中期,查帕雷地区成为用来进行非法可卡因出口的古柯叶的主要供应地。古柯不仅是当地的土特产品,而且还是一个劳动密集型的产业,主要在小农场中加工生产。据估计,在那里的产品中,有 2/3 是在大约 6 公顷的土地上生产出来的,甚至很可能还不到 6 公顷。这些农民拥有的小块土地被组合成殖民地,小土地拥有者要听命于大农民协会。因此,在现代玻利维亚历史上,第一次出现小农生产者支配主要出口产品的状况。考虑到农产品劳动密集的特点以及强大的农民协会运动,国际商人也愿意将古柯种植交给农民,但仅限于他们自己对产品进行加工和出售。尽管在 20 世纪 80 年代中期,玻利维亚商人可以将农民生产的古柯叶加工成可卡因膏,但在世界市场上出售的最后结晶化与商品化的产品还是掌控在哥伦比亚的中间商手中。查帕雷、贝尼及其邻近地区、圣克鲁斯的许多城市,以及科恰班巴都成为这种新的出口贸易的中心。而永加斯还继续生产古柯叶来满足国内印第安人传统消费者的需求。

尽管要估价这种“秘密”经济的规模与重要性确实存在很多问题,因为这种经济主要以非正式的或是未经注册的形式出现在市场上,但是很明显,即便是最保守的估计,80 年代中期玻利维亚的古柯出口虽不比合法出口更重要,至少也要一样重要。据估计,在 1984 年,玻利维
248 亚可卡因出口是其合法的 7.24 万美元出口额的两倍以上。虽然另有人估计第二年的统计数据仅为这个数字的一半,但仍能与整个出口额度持平,因为实际产量是随着出口量的增加而提高的。在 1976 年,玻利维亚只有 1.2 万公顷的土地用于种植古柯叶,到 1985 年,耕种面积增长到 6.6 万公顷,同时期古柯叶产量也由不到 1.5 万吨增长到 15.3 万吨。1986 年,仅查帕雷地区就在大约 4 万到 4.5 万公顷的土地上生产出 10 万吨古柯叶。这时,最保守的估计也有 25 万农民在耕种这种作物。毫无疑问,古柯叶的生产已经成为玻利维亚最重要的农产品,尽管甚至查帕雷地区也有一些农民在种植其他作物。

但是,玻利维亚的可卡因出口也面临严峻的国际控制,尤其是来自美国的压力。在美国看来,在与玻利维亚之间的关系中,毒品战(the Drug War)比冷战更重要,这成为玻利维亚与美国关系自 20 世纪 80 年代一直到现在的基本问题。然而,同样重要的还有来自其他毒品生产国的竞争。毒品生产的规模不但在邻国秘鲁在扩大,而且在哥伦比亚,农民也第一次开始生产古柯叶。到 20 世纪 90 年代初期,古柯叶价格的下降和竞争的加剧以及国际控制的加强,使玻利维亚的古柯叶生产大幅下降。1992 年,玻利维亚古柯叶的种植下降到 4 万公顷。相比之下,秘鲁却在使用 11.3 万公顷的土地种植古柯,哥伦比亚的种植面积也达到 8.9 万公顷。到 90 年代末,玻利维亚的生产还在继续下降,1999 年,玻利维亚只有大约 1.4 万公顷在种植古柯,只生产 70 吨可卡

因。相比之下,哥伦比亚则生产 300—400 吨,秘鲁为 175—240 吨。考虑到价格与产量的下降,可卡因不再是玻利维亚国家出口的主要产品。 249
到了 20 世纪 90 年代末,玻利维亚政府的干预使非法可卡因出口从 1997 年占国内生产总值的 4%,下降到 2000 年的仅占 0.4%。根据玻利维亚政府的说法,该国非法生产作物的种植面积已经缩减到只有 2 000公顷。

毫无疑问,在 20 世纪 80 年代,古柯和可卡因的出口对于玻利维亚的经济发展发挥了极为重要的作用,玻利维亚政府也确实曾经千方百计地鼓励国民经济中这种秘密产品收益进行再投资。在 20 世纪 80 年代,这些收益也确实是玻利维亚国民经济增长的唯一主要来源,特别是在新的增长产业如天然气和经济作物刚刚开始成为重要产业的情况下。尽管玻利维亚经济在 20 世纪 90 年代开始再次增长,但增长率相对较低。但是,在 20 世纪 90 年代,人们也深刻地认识到国民经济的重组与政府采取的政策及投资息息相关。两个新的发展领域,由玻利维亚国家石油垄断公司与几家外国私人公司联合开发的天然气和农产品(全部是大豆产品)最终成为玻利维亚的主要出口产品。由玻利维亚国家石油垄断公司与巴西石油公司(Brazil's Petrobras),共同铺设的从圣克鲁斯到圣保罗工业中心的天然气管道于 1999 年完成,并在 21 世纪初期开始全面运行。同时,巴西西部大豆种植面积已经穿越边境扩展到玻利维亚的圣克鲁斯,大豆成为玻利维亚唯一值钱的出口产品。在 2000 年,大豆出口额已经占玻利维亚总出口额的 16%,是锡出口的两倍。更让人惊喜的是,玻利维亚农民种植大豆的生产效率接近巴西,巴西在当时是世界上大豆生产效率较高的国家。玻利维亚传统高原地区农民在 2000 年种植土豆的每公顷收益与美国种植土豆的农民收益相比,按照世界贸易组织的统计,其产量仅为美国的 16%。因此,从 20 世纪 50 年代中期开始,拉巴斯政府实行的公路建设以及农业信贷伴随着非法可卡因出口所获得的利润使玻利维亚这个世界上农业最落后的国家之一,最终也能够实现农业现代化。(见图 9-1)

250

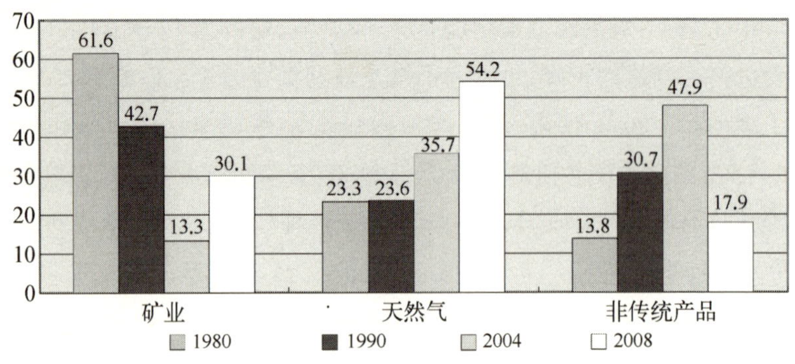

图 9-1 玻利维亚出口价值变化表，1980—2008

资料来源：胡梅莱斯，杜拉杜尔（Humérez & Dorador），《玻利维亚经济增长估算，1960—2004》，第8—9页，另见BCB，出口价值，Http：//www. bcb. gov. bo/index. php? =estadisticas/sector-externo（3/2010）

尽管20世纪50年代以来圣克鲁斯（Santa Cruz）已经成为更加重要的大农场商品粮生产地区，但是到了20世纪90年代晚期，玻利维亚
251 西北大豆生产的前锋还是扩展到圣克鲁斯地区，这使得圣克鲁斯地区成为农产品的主要国际出口地。现在，大豆成为玻利维亚更有价值的出口产品，在2008年，大豆出口的价值占玻利维亚全部出口产品的5%，大豆与蔗糖、葵花籽和热带木材出口占玻利维亚出口总量的十分之一。令人印象深刻的是，玻利维亚农产品生产者的生产效率已经接近豆农，而玻利维亚豆农的生产效率在世界上是首屈一指的。令人遗憾的是，玻利维亚国家或者个人调查者几乎没有对传统的高原农产品生产地区进行调查推广，因此才使高原地区种植土豆得以长期存在和发展，而玻利维亚的土豆生产效率在2008年仅相当于美国土豆生产者的12%。自20世纪50年代以来，拉巴斯政府向道路建设和农业生产贷款，加之可卡因的非法贸易，最后，玻利维亚建立了现代农业部门，但这对该国传统的农业产品几乎没有任何影响。

甚至在玻利维亚传统的矿产出口地区也发生了基本变化，锌已经成为玻利维亚唯一最重要的传统出口矿产，在2000年，尽管玻利维亚是世界上矿产很少的国度，但锌出口量是锡的两倍。玻利维亚银的出口甚至比其他矿产品更为重要。然而，尽管玻利维亚的银生产远不及秘鲁和巴西,但在20世纪的最后20年当中,也稳定在1万到2万吨的产量,因为白银比其他矿产在国际市场上更值钱。

在冶炼工艺落后的情况下,玻利维亚还出口一些成品锡。尽管传统的矿产出口继续下滑,天然气出口却快速增长,这意味着玻利维亚矿产品出口绝大部分还是由非再生资源所组成。尽管天然气生产在玻利维亚发展缓慢,天然气在2001年仍然成为国家的主要出口产品,到2008年快速地发展到占玻利维亚出口产品总价值的45%。而锌产品则下降到11%,锡产品下降到仅占3%。玻利维亚的可再生产品和非传统出口产品也有稳定的发展,这些产品包括木材、腰果、咖啡、蔗糖、棉花以及大豆油。到2008年,大豆油和菜油出口占玻利维亚出口总值的8%。这种新兴工业品在20世纪90年代和21世纪头10年增长成 252
为玻利维亚充分发展的产品,这意味着玻利维亚经济已经开始出现了20世纪60年代以来从未有过的发展,在20世纪90年代和21世纪头10年达到了拉丁美洲国家的平均水平。

尽管玻利维亚在21世纪前几年的出口快速增长超过翻了一番的程度,但该国家到2008年在商品和劳务出口上仍然在拉丁美洲国家处于垫底的水平,跟中美洲国家海地的水平不相上下,且落后于洪都拉斯和巴拉圭。因此,尽管天然气和大豆等新的财富资源有所增长,玻利维亚仍然是一个贫穷国家。同时,玻利维亚国家人均收入从1990年的730美元增加到2008年的1 723美元(见图9-2),尽管如此,玻利维亚在拉丁美洲最贫穷国家中仍排名第三,前两名是海地和尼加拉瓜,该国家还要接受大量的外国援助,尽管这种援助已经大为减少。到1999年末,玻利维亚中央政府收入的30%来自外援,按照2010年的预算,由于增加了印花税和版税以及移民汇费,这个数字已经减少了3%。

如同经济结构继续变化和演进一样,在过去的20年间,玻利维亚的政治结构也在不断地变化。从治理国家的角度来说,多党制度的建立、强有力的立法制度的崛起、地方自治和地区政治重要性的增加以及多党合作的体制等已经成为玻利维亚政治演进的新因素,这是毫无疑问的。军政府统治结束以后,为争取基本人权的斗争已经削弱了国家

253
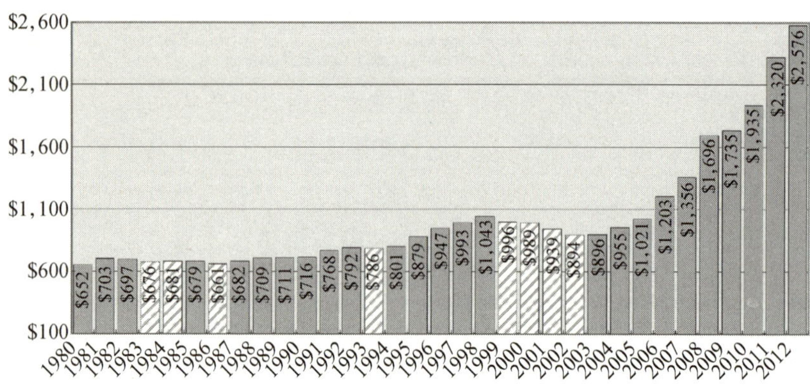

图 9－2　玻利维亚国内生产总值中人均收入（按现行美元计算）1980—2012（附加下降年限）

资料来源：联合国数据库，2014 年 2 月 13 日，见：http：//www. data. un. org/Data. aspx？ d＝SNAAMA&f＝grID％3A101％3BcurrID％3AUSD％3BpcFIag％3A1

政治生活中的革命左派和激进派。同时，不论在旧有的走下坡路的劳工联合会和矿工工会中，还是在新产生的正在崛起的农民组织中，激进左派的基础都已经被瓦解。1971 年，卡塔里运动及其艾马拉权利计划得到快速发展，甚至比高原当地辛迪加（sindicatos）的势力还要大，继而控制了新的、强有力的 1979 年建立的农民联合会——玻利维亚工农联合辛迪加同盟（Confederación Sindical Unica de Trabajadores Camperinos de Bolivia，CSUTCB）。不久，玻利维亚工农联合辛迪加同盟开始成为玻利维亚中央工会的支柱，最后获取其领导权，同时将其斗争目标从仅仅关心阶级利益的单一要求转移到种族和阶级问题的双
254 重斗争目标。虽然一些工会仍旧保持激进的左派观点，多数是由教师工会控制的托洛斯基主义者，但绝大多数人还是接受了更加温和的主张。

此外，原有的民族主义革命运动党（MNR）、班塞尔的民族主义者民主行动党（ADN）和新建立的革命左派运动党（MIR）都没有能力在国会或者总统竞选中获得绝对多数，结果迫使各党制订了多党协议以求实现国家治理，并组建玻利维亚历史上最合理的过渡政府。具有重要意义的选举法庭的建立同样产生了玻利维亚民主史上最具欺骗性的

所谓自由选举。所有这些变化确立了一种参与竞争的各个政党之间的协商和政治妥协的气候,同时,有关后军政府时代如何实行统治的讨论开始发生。最后,玻利维亚共和国建立以来最重要的政府体制变化呼之欲出。

在这些变化中,许多情况早在西莱斯统治时期就已经出现了,在维克多·帕斯·埃斯滕索罗时期继续发酵,维克多·帕斯·埃斯滕索罗最后一届政府对于新一代领导人登上玻利维亚政治舞台同样具有推波助澜的作用。在那些领导人当中,最重要的是曾经在美国接受教育的贡萨洛·桑切斯·德·洛萨达(Gonzalo Sánchez de Lozada),这个新矿主的儿子在后1952时期出现在玻利维亚的政治舞台上。最后,他成为参议院领袖,然后获得规划部长职位还成为政府经济团队领导人。事实证明,桑切斯·洛萨达是帕斯·埃斯滕索罗旧派系的可怕对手,该派系在1980—1981年深深卷入纳塔斯克·布希(Natasch Busch)的血腥统治当中。

帕斯·埃斯滕索罗与其从前的竞争对手乌戈·班塞尔密切合作,因为民族主义者民主行动党在执行他的经济计划。由于这两个党控制着国会,对于民族主义革命运动党政府来说,就很容易控制立法以及军队,同时控制玻利维亚依靠工人反对派控制的其他势力。但是,对他自己的党来说,这是要花费高额代价的。虽然桑切斯·洛萨达最后掌控了具有悠久历史的民族主义革命运动党,在1989年5月的竞选中成为该党的候选人,但当时他必须面对强大的由乌戈·班塞尔领导的反对势力和势力不断增长的新建立的革命左派运动党,后者已经脱离了更具有攻击性的反劳工的民族主义革命运动党政权。

1989年总统选举是玻利维亚政治变革过程中的一个重要里程碑。 255
它标志着自20世纪40年代以来新一代的政治领导人开始掌控国家的政治生活。这是在1952年革命之后,3个政党的总统候选人第一次在国家政治生活中占据主要位置。莱钦已经退出了劳工运动,西莱斯在人民心目中早已失去信誉,帕斯·埃斯滕索罗年岁太大无法继续执政,在老一代中,只有班塞尔是60年代末期登上政治舞台的。尽管班塞尔在总票数上赢得了1985年的大选，但这一次他位于桑切斯·洛萨达之后，屈居第二。1989年总统大选最大的赢家是革命左派运动党，该党在1985年的竞选中只获得9%的选票，但这次宣称获得了20%的选票。考虑到革命左派运动党的强大力量，班塞尔最后放弃了大选，并与革命左派运动党达成协议，共同选举海梅·帕斯·萨莫拉(Jaime Paz Zamora)为共和国的总统。通过这一法案，班泽尔第一次将后革命时期的左派带到政治舞台上来。

这次选举也表明，政党的分立与政治喜好在国家政治生活中由来已久。1980年和1985年的大选趋势在1989年又再次上演。首先，两个人民大众性的党派都恰恰是在1989年大选前夕刚刚建立的，这一点十分重要，一个是祖国意识党(Consciousness of the Fatherland, CONDEPA)，该党是传媒大亨卡洛斯·帕尔恩克(Carlos Palenque)在1988年建立的，主要政治基础源于拉巴斯以及讲艾玛拉语的印第安人和科罗人；另一个是公民团结联盟(Unión Cívica Solidarid, UCD)，由啤酒大亨马克斯·费尔南德兹(Max Fernandez)在1989年建立，政治基础源于圣克鲁斯地区。这两个党派在大选中都表现出色，但令人印象深刻的还是3大主要政党，即民族主义革命运动党、民族主义者民主行动党以及革命左派运动党。他们在社会各个阶级和全国各党派中，都获得了多数选票。这次大选也看到了基于印第安人权利的组织也在不断兴起，并发挥重要作用。革命初期那种一党执政的局面已成过去。
256 尽管各个组织可以一起投票，但是他们将票数分给各个政党，这也就意味着农民与军队的联盟似乎无法在现存的社会制度中再继续存在下去了。

1989年大选还表现出一个无可争议的事实：那就是这3大政党没有一个会对帕斯·埃斯滕索罗提出的新经济计划提出异议，也没有提出解散国家资本主义体制的主张。革命左派运动党甚至还承诺尊重经济稳定计划，但拒绝支持重建原来的国家企业，尽管他们这样做使自己失去了极左派的支持，并导致该派加入到“自由玻利维亚运动党(Movimiento Bolivia Libre, MBL)”当中去了，同时，该党还极力强调国家经济的增长与发展问题。革命左派运动党也不像其他老政党那样激进,尽管它与班塞尔保守的民族主义革命运动党走得很近。他们都接受了帕斯·埃斯滕索罗提出的新经济计划,并主张继续减少国家对锡业的干涉,支持经济向国内国际资本开放。他们也不再支持玻利维亚中央工会和玻利维亚矿工工会联合会。但是,革命左派运动党时代留给人们深刻印象的是,尽管它放弃了工会运动,但政党并没有失去它的根基,并继续代表一部分左派力量。尽管革命左派运动党分裂会影响 20 世纪 90 年代政治的发展,但随着新纪元的到来,革命左派运动党又恢复了原有的支持,甚至成为埃尔阿尔托这个科罗人聚居城市的重要政党。

尽管革命左派运动党政府存在很多执政问题,但是该党执政期间也是思想辩论、政治重组、以及重新考虑社会和经济秩序特征的时期。有关制定发展教育和其他领域的计划,关于确保总统选举的可行性、中央集权制以及其他先前无可争议的问题等,在革命左派运动党执政时期都展开了激烈的辩论。政府也成功地逮捕并羁押了军事独裁者路易斯·加西亚·梅萨(Luis Garcia Meza)将军,理由是他在 1980 年使用暴力手段推翻平民政府,这是能够成功羁押先前军事独裁统治时期领导人的少数民主政府之一。1990 年,来自低地地区 12 个印第安部落的 800 多名印第安男人、妇女和儿童从贝尼示威游行到拉巴斯,要求保护他们的土地,防止被非印第安人占用或剥削。玻利维亚农村劳工唯 257
一协会第一次与这些新的代表瓜拉尼(Guarani)的土著组织和其他以前被忽视的政党合作。城市政治也显得极为重要,因为许多城市都由新崛起的全国性政党所接管。因此,祖国意识党以其“教父(Compadre)”帕伦克(Palenque)的名义,并在当时该党的实际领袖雷梅迪奥·洛萨(Remedio Loza 又被称为科罗罗扎 cholita Remedio)的领导下,在 1989 年和 1991 年包围拉巴斯市政府。而且,雷梅迪奥·洛萨在 1989 年是第一个被选入议会的总是身着传统科罗服装的人,自 1997 年卡尔罗斯·帕伦克(Carlos Palenque)逝世后,雷梅迪奥·洛萨就一直领导这个重要党派。

1993 年大选使民族主义革命运动党又重新回到权力的宝座上，贡萨洛·桑切斯·洛萨达获得 34%的选票。民族主义革命运动党不得不依靠农村的卡塔里运动来赢得大选，作为回报，副总统的位置给了该运动中的一个名叫维克托·乌戈·卡德纳斯(Victor Hugo Cardenas)的领导人。艾玛拉农民运动的这一胜利不但是事实，而且具有象征性意义，它使人们越来越在政治上和象征性上认可科罗人和其他印第安人的重要性。不仅是副总统夫人在政治和社交场合使身着印第安人传统服装成为一种时尚，而且在 1994 年还对 1967 年宪法进行了相当具体的修改，在宪法第一条款中加入了以下内容：玻利维亚是自由、独立、主权国家，它也是具有多种族和多文化的国家，这些内容在玻利维亚共和国的历史上都是第一次得到官方认可。同时，这届政府还颁布了一系列的法律，这些法律不但承认印第安人土著社区(comunidades indigenas)的合法性，而且还承认农民协会和农民工会(sindicatos campesinos)的合法性。该宪法不但保证艾柳阶级(*ayllus*)和印第安人社区(communidades)传统的土地所有权，而且还保证他们继续行使当地的传统法，明确保证承认社区财产属于传统农村社区(*propiedades communarias*)所有。

1993—1997 年，桑切斯·洛萨达政权赞同玻利维亚是新兴的多种族国家的观点，并在国家机构和政治活动中做了些许改革。随着 1994 年全民参与法(the Law of Popular Participation 1994)和 1995 年反中央集权法(the Law of Decentralization 1995)的颁布，民族主义革命运
258 动党试图改变玻利维亚国家中央集权的特点，政府赋予市政当局更多的经济和政治自治权。但是，在法律颁布之前，所存在的市政当局并不多，而且都在中心城市。在这种情况下，政府宣布成立 311 个市政府，每个市政府都有自己的市长和城镇委员会，所有的政府官员都由选举产生，这样一来，享有自治权力的市政府遍布全国各地。也就是说，乡村和城市到处都是市政当局。通过这一法案的实施，地方选举产生的官员由原来的 262 人增加到 2 900 人。同时，这些新的地方政权也受到由登记在册的地方基层组织组成的委员的监督。在接下来的 3 年时

间里,政府正式建立13 827个这样的组织委员会,其形式多种多样,从城市居民委员会到农民协会,都是这种组织,当地语言称之为sindicatos。这些委员会被赋予监督地方政府的权力,而且有权力在地方官员渎职的情况下提出弹劾动议。

最后,这些新选举产生的地方政府在玻利维亚历史上第一次被赋予重大经济权力。现在的市政当局自己控制自己的预算,并控制国家税收的20%,这一数字根据人口的多少而有所增减。政府建立重要的研究机构来帮助市政当局,并将大量外国援助的资金投入到这一活动中来。1994年颁布的教育改革法使地方政府可以掌控地方教育,有设置非核心课程的权利,可以掌控基础设施建设以及学校供给。

非常奇怪的是这个时期玻利维亚的政治与行政变化。人们估计,1994年全民参与法颁布以后,在1 624名行政市长和当选议员中,农民或者说土著占了其中几乎三分之二,玻利维亚的国家政治开始进入一个主要政党被迫以参与地方政治为主要参政途径的时代。在后来的市政选举中,很多来自小地方且比较激进的党当选。这就瓦解了原有的民族主义党。事实上,那些新组建的市政府取消了3 000个赞助人岗位(patronage jobs,这种赞助人是西方国家二级选举制度中的重要人物,在各级选举中具有相当大的代表性。——译者注),这一做法甚至对全国性的政党来说也极为重要。政府还决定,通过把代表权分割给 259
多数全国性政党来扩大民主,就像美国的体制一样。无论这一决定所面临的短期问题是什么,毫无疑问,这是玻利维亚历史上最具有深远历史意义的政治和行政变革之一。

但是,桑切斯·洛萨达政权还是将20世纪80年代开始的新自由经济政策继承下来,手段是通过国有公司私有化,这是富有重要意义的。在1992年,一部私有化法被通过,为此政府付出了很大努力。过去国有的那些小公司绝大多数都被卖给私人投资者,但那些大规模的政府公司则通过资金组合的方式被卖掉。这就意味着,国家只保留了这种公司资产的50%,而另外的50%卖给了私人集团,这些私人集团还将负责公司的管理。那些私有化了的公司包括:玻利维亚国家石油垄断公司(Yacimientos Petroliferos Fiscales de Bolivia),该公司控制着玻利维亚的石油和天然气,此外还有玻利维亚国家电力公司(ENDE)、控制全国铁路的 ENFE、负责全国运输的 ENTEL 以及国家航空公司(LAB)。

在那场私有化运动中,最具影响力的是 1996 年玻利维亚国家石油垄断公司的私有化。由于私有化,该公司雇员立即从 6 000 人缩减为 2 000人,最后,该公司在其残存阶段放弃了石油和天然气的开采、生产和运输。参加私有化合同签署的有多家外国公司,既有私人公司,又有国有公司,石油和天然气开发的投入锐减。围绕这些合同和该公司的作用问题的分歧在玻利维亚此后几年中引发了一系列的政治冲突。

作为私有化和非集权化的一个后果,民族主义革命运动党在 1997
260 年的选举中只获得了 18% 的选票,而民族主义者民主行动党获得 21%,革命左派运动党获得 20%,真可谓悲惨至极。毫不奇怪,由于落后于民族主义者民主行动党的革命左派运动党在后来的国会选举中转而支持民族主义者民主行动党,乌戈·班塞尔当选为玻利维亚总统。因此,从前的独裁者和将军重回玻利维亚总统宝座,任期 5 年,这是执行 1994 年宪法修正案规定的时限。这里,既没有庇隆(Perón)平民党的模式,也没有强势军官的支持。班塞尔是一个由军事独裁者转变为政治家的特殊例证,因为他领导了一个可尊敬的中右翼政党(center-right party)。不论他的行政管理才能如何,毫无疑问,班塞尔代表了一个拉丁美洲国家过去一个世纪中唯一的一个现象。但是,由于患病在身,加之经济增长率的下滑,班塞尔被迫在 2001 年年中辞职,副总统豪尔赫·基罗加(Jorge Quiroga)接任总统职位。

在 2002 年 6 月的大选中,再次出现了领先的候选人得票不到 280 万选票的四分之一,经过第二轮投票后才选出贡萨洛·桑切斯·洛萨达为总统,这是他第二次当选总统,因此,对于民主主义者革命运动党来说,这似乎又是一次新一代领导人重回政坛的挑战。但是,历史证明,这次选举是现代玻利维亚政治史的转折点,自 1985 年以来的政党统治行将结束。在此时期,由于议会政府的重要性不断增加,玻利维亚的总统体制令人瞩目地开始温和起来，与此同时，两院立法制得到重新确立，这使得引导选民问题更加敏感。在有效加强和延伸地方自治政府或者加强参议院和国会权力之间的选择上，玻利维亚开始脱离其传统的中央集权主义和总统至上的政治制度，确立这种制度的各个政党则随之而走向消失。班塞尔的民族主义者民主行动党和革命左派运动党在这次选举中作为全国性的政党地位都走向衰落，一个来自新建立的政党的土著艾马拉领导人，第二次参加民主主义者革命运动党，获得了四分之一的选票。

这是自 20 世纪 70 年代以来，图帕克卡塔里运动发生和随后祖国意识党(CONDEPA)一反常态地发展起来并使得玻利维亚土著政党崛起的高峰。土著政党第一次有条不紊地进入政坛是在 20 世纪 80 年代晚期和 90 年代初期。90 年代中期，玻利维亚国家在“大众参与 261
(Participacion Popular)”旗帜下的改革甚至导致更多的农村土著和梅斯蒂索领导人进入政界。最后，一个新的土著政治活动中心在远离通常的高原和科恰班巴河谷地区出现了。这一“可卡因种植者运动(cocalero movement)”是美国对毒品政策宣战的结果。在 20 世纪 80—90 年代，玻利维亚出现的大规模可卡因毒品走私曾经导致美国对玻利维亚政治的大肆干涉，同时导致玻利维亚政府与可卡因种植者及当地的农民联盟之间经常发生暴力冲突。不论是传统的还是新兴的运动，都有助于解释玻利维亚群众动员起来反对更加激进的新自由主义政治的根源，这种政治自 1985 年以来一直由各个传统政党实行。

在 20 世纪 90 年代激进的艾马拉组织代表自身利益参与竞选的同时，特别是在 1998 年成为玻利维亚工农联合辛迪加同盟领导人的菲利普·奎斯普(Felipe Quispe)领导下，出现了一些最为引人注目的新兴运动，其中之一是查帕里地区(Chapare)埃沃·莫拉莱斯(Evo Morales)领导下的可卡因种植者运动。1988 年，莫拉莱斯曾经接管了一个重要的地区辛迪加联盟，叫做热带可卡因种植者联盟(Federación de Cocaleros del Trpóico)。莫拉莱斯及其追随者建立了组织，名为普韦布洛人主权大会(the Asamblea por la Soberanía de los Pueblos)，并很快成为社会主义运动党(the Movimiento al Socialismo)。以当地农民辛迪加组织为基础,该党不但在那些种植可卡因的地区获取地方行政权,而且在整个科恰班巴都取得政权。1997 年,莫拉莱斯本人以压倒多数当选为高原地区国民大会成员,另外 4 个土著领导人在同年也当选为议会成员,这些人全部都来自科恰班巴。尽管于 2002 年被驱逐出议会,但莫拉莱斯及其政党当年还是以仅次于民族主义者革命运动党的成绩,震动了玻利维亚总统竞选时期的传统政治格局。事实上,在 2002 年大选中,有三分之一的席位被两个土著政党所获得,即莫拉莱斯的社会主义运动党和菲利普·奎斯普的土著帕查库提运动党(the Movimiedto indio Pachakuti),社会主义运动党甚至取得了 8 个参议员
262 席位。这些新的土著领导人现在就经济和社会问题提出了一系列特殊要求,涉及城镇穷人和农村广大民众。他们还建议改变玻利维亚政治经济的特点,重回国家控制国家资源的时代,实行新的种族认同原则,改变土著人在玻利维亚现代社会中的角色。

这场运动不但导致在玻利维亚全国和地方新的政党和压力集团的发展,而且开创了一个在玻利维亚街头和公路上举行群众暴力抗议活动的新时期,而这个时代恰恰开始于 2000 年 1 月科恰班巴河谷发生"水战(Water War)"的总统选举之前。当地政府试图将公共和商务水利工程私有化,将其卖给一个叫做比克泰尔(Bechtel)的北美跨国公司,结果引发了更大规模的抗议。在当地发生大规模群众运动 3 个月以后,包括总罢工和克丘亚农学家发言人(the Quechua-speaking agriculturalists)的重要参与,政府被迫放弃了河谷地区水利系统私有化的主张。尽管政府放弃私有化平息了抗议活动,这仍是第一个具有重大意义的群众运动,它将迫切的经济需求与大量有关政府政策的争论以及土著组织更大的政治权利要求联系在了一起。

后 1985 年的私有化政策使得玻利维亚现代天然气工业向外国公司敞开了大门,甚至那些外国公司中有许多并不是私人公司,而是国有公司,结果导致这个时期的第二个问题的发生。第二届桑切斯·洛萨达政府试图掌握玻利维亚国家石油天然气垄断公司控制以外的天然气

资源,希望将玻利维亚的天然气卖到大西洋彼岸的国际市场上去,并决定修建一条跨域安第斯山脉到智利港口的天然气管道,结果引发了2003年的天然气战争,农民和梅斯蒂索人举行的反对民族主义革命运动党及其领导人的大规模群众暴力活动不断发生。利用智利领土铺设天然气管线和继续将这一极其重要的自然资源私有化的设想是1996年油气法(the Hydrocarbone Law)的基本蓝图,是导致玻利维亚出现民族主义和左翼运动的关键因素,这些运动把矛头直接指向政府的涉及自然资源的私有化政策。2003年9月,在拉巴斯和科恰班巴发生城市民众的抗议活动,此后在至关重要的瓦利萨塔(Warisata)的艾马拉高原中心地区发生大规模农民运动。10月13日,为阻止抗议者,政府 263
对埃尔阿托(El Alto)与拉巴斯之间的交通实行封锁,为此,桑切斯·洛萨达动用了军队,结果导致无数赤手空拳的抗议者死伤,然后是更大范围的道路封锁,政府发动埃尔阿托市民封锁了拉巴斯市,并增加了警力,与群众的暴力活动相对抗。不论上层精英阶级怎样同情民族主义革命运动党,持续的封锁和白天的群众抗议活动还是导致首都经济几乎崩溃。2002年10月17日,桑切斯·洛萨达辞去总统职务并离开玻利维亚,副总统卡洛斯·梅萨(Carlos Meza)成为已经发生了极大变化的玻利维亚的总统,尽管他既没有全国性政党的支持,又没有地方性组织的帮助,仅仅是一个媒体工作者和历史学家。基于玻利维亚所发生的突然的频繁的变故,梅扎没有在传统的拉巴斯总统官邸宣誓就职,而是选择了在埃尔阿托的梅斯蒂索市开始了其总统生涯。

第十章　梅斯蒂索人和土著精英的崛起(2002—2014)

264 2002 年大选受到沉重的打击,因为梅斯蒂索人和土著组织策划了声势浩大的对抗选举的行动,这也是有史以来颇具成效的对抗活动;因此一些骨干力量在这次运动中得到了锻炼,丰富了斗争经验,最终成立了由梅斯蒂索人和土著精英阶层领导的章程严谨、组织有力的群众性政治党派。到 2005 年总统大选为止,绝大部分的传统党派皆被一个新兴的名为社会民主党(Poder Democráticoy Social, PODEMOS)的非土著政党所取代。然而,莫拉莱斯和他领导的社会主义运动党(MAS)却成为全国范围内最为独树一帜、举足轻重的党派。2005 年 12 月,社会主义运动党和另一个土著人政党,即帕查库提运动党(MIP 原书中对该党没有详细说明,根据译者查证,MIP 为 the *Movimiento Indio Pachakuti* 的缩写,是为帕查库提运动党。——译者注)共获得 290 万登记选票中的 160 万张,即总数为 56%的选票。因此,在短短不到 3 年的时间里,所有的传统政党都失去了先前的重要地位并被那些秉持非土著运动以及多样性的土著党派所取代;其中最重要的是由埃沃·莫拉莱斯领导的社会主义运动党,它最终于 2005 年取得了大选的胜利,由此产生了共和国历史上第一位公开承认自己是土著人的总统。

不仅政治党派在2002年以后发生了改变,一些新的地区联盟也在这个地方割据更加严重的国家里不断涌现出来。慢慢地伴随地方差异,一个新的政治版图在玻利维亚介乎中部高原地带和东部及南部低地平原地带之间形成,包括贝尼、潘多、圣克鲁斯和塔里加,这些地区被玻利维亚人称为月亮舆论区(the *media luna group*, 因这个地区在地图上与其他省份对应形成半月形而得名)。拉巴斯和其他高原省份的土著军事领导人与那些蕴藏丰富石油、天然气的、由非土著 265
集团控制的商业化农庄的边缘地区之间的紧张关系催生了一种新的政治现实。这种政治现实并不意味着所有全国性政党参与所有地区的竞争,也不意味着每一地区城市和农村之间的区域矛盾就不是另外的分歧的焦点。另外,这些中部核心地带和边远省份都会随每年即将到来的选举而转换角色,所以地区性的集团具有相当的流动性,甚至民族区域也不是完全按地理概貌而界定。从没有任何地区一心谋划政治独立,并且每一次的地区间的冲突最终都湮没在两个地区集团之间的相互妥协中。但是,不管这种区分如何不精确,都清楚地表明了在传统的精英阶层和一个已经在中央政府执掌权力的新兴土著精英阶层之间一种新型政治现实的存在。这一点在2005年的总统选举中通过显示社会主义运动党在哪些竞选省份的成与败就已经得到了证明。

遍布全国的梅斯蒂索人和土著精英阶层的兴起可追溯到半个世纪前的1952年民族革命时期。毫无疑问,这起事件对可预料的和不可预期的后果都产生了广泛而深远的影响。源自早期革命的两个最重要且影响持久的法律是土地改革法和成年人选举权法(无论识字与否),这在共和国历史上尚属首次。1953年8月颁布的土地改革法成功地没收了所有高原地区大庄园主的土地并把这些前庄园主的土地通过地方工会和行政自治区(*sindicatos* and *comunideades*)授予当地的印第安农民工,但附带一项限制性的条款:土地不能私自买卖。唯一没有被国家没收的是人口稀少的圣克鲁斯地区的土地,这些地处西南部河谷地区的中等规模大庄园,例如:蒙特阿古多(Monteagudo)和盛行小型葡萄园的西尼河谷地区(Cini Valley),这些地区是资金短缺的农业地带，而且少有印第安居民，因此劳动力匮乏。不论哪里，大庄园的经营模式都被废除，大庄园主阶级都被摧毁殆尽，土地如今都已明确地转到了当地印第安农民的手中。截至 1993 年，4 400 万公顷土地，相当于玻利维亚全国土地面积的 40%的 83.1 万份地契颁给了 626 998 人。有关此次改革，还要提及分别在 20 世纪中叶和 20 世纪 80 年代再次发生
266 的两次恶性通货膨胀时期，这进一步削弱并且在很多方面摧毁了长久以来在小村庄和农村社区中占主导地位的传统的白人精英的社会地位。这些精英皆被新兴的梅斯蒂索人所取代。也就是说，进入劳动力市场的印第安人接受了城市的准则，他们拥有双语交流的能力，在全国范围内进入小城镇和一些大城市生活。梅斯蒂索人现在成为玻利维亚农村和迅速发展的大都市之间的中间人。

图 10-1　2005 年总统选举获胜党所在省

资料来源：CNE 公告 3：7，2007 年 11 月，地图 7，第一页

赋予土著人选举权同样具有重要的历史意义。该法律是 1952 年民族主义革命运动党政权时期的首批法案之一,法律规定在全国范围内废除选举需要具备识字能力的条款,从而确立了普选的体制。总而言之,印第安农民阶层被赋予了选举权,因此拥有选举权的民众的数量从 1951 年的 12.6 万人迅速增加到 1956 年的 99.5 万人,到 1964 年大选时人数一度达到了 130 万。虽然广大印第安人或许仍将付出几代人的努力才能赢得属于自己的独立自主的政治权益和地位,但是历届政 267
府,无论是军政府还是文官政府都不得不采取措施来满足民众对上学、住房、电力、卫生及基本的经济资助的诉求。尽管在满足印第安民众的基本诉求时,政府的行动效率令人不甚满意,民众的要求也会随着时间的推移而变化,但其对国民的政治生活的改变确实是广泛而深入的。

1953 年以来如火如荼地进行的土地改革使所有的印第安农民和大量农民工从长期令他们禁锢于土地的奴役中解放出来。仅这一项法律就促成了有史以来最大规模的穷困农民工的务工浪潮。奔向发展更加迅速的中心城市的这股移民浪潮给教育、就业以及民众福祉提供了新的机遇。与此同时,四通八达的公路网和面向全国开放的市场给广大农村带来了新的财富。政府及公共机构确保对基础设施建设给予充分的支持,并为民众追求更好的健康环境和完善的教育体系提供有力保障。事实上,来自高原地区的移民在进入东部低地平原地区生活后,都会享受相关组织提供的这种服务。

为履行就公民的健康医疗和生活福利所做的郑重承诺,后 1952 时期的历届政府都实行或者深化了早期在医疗和教育领域发起的行动,并最终对社会和人口统计方面产生了重大影响。因此早期在卫生和医疗服务方面的努力已经降低了国民整体死亡率,由后 1952 年时期历届政府实施的在医疗领域的投资使婴幼儿的死亡率和概约死亡率也极大下降(见图 10 - 2 及 10 - 3)。

根据对 2011 年在诊所或医院范围内出生的 83%新生婴儿所做的全国家庭调查统计,最新的玻利维亚国家统计局(INE)统计的玻利维亚婴儿死亡数据表明,截至 2013 年,每千名新生婴儿的死亡率降到了

268

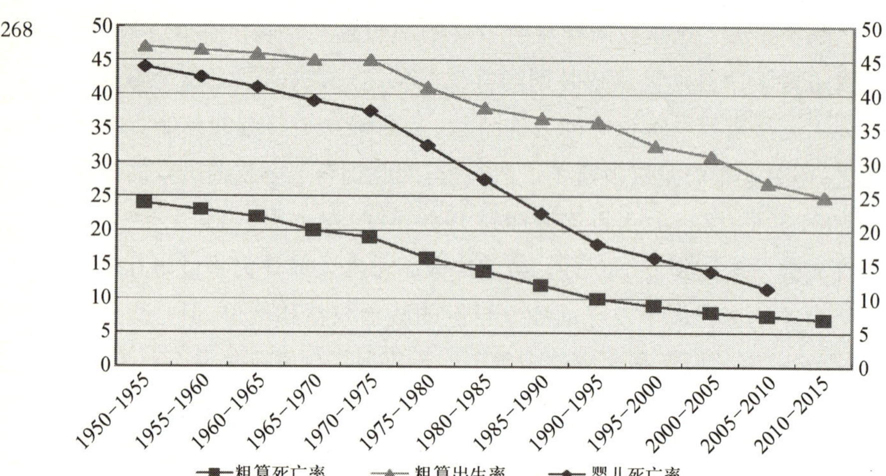

图 10-2　玻利维亚出生率和死亡率(粗算),1950—1955 至 2010—2015

资料来源:CNE,图 2.01.19

269

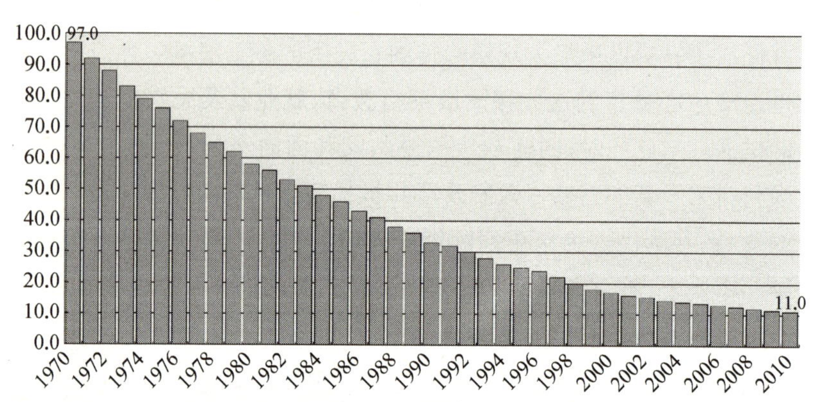

图 10-3　玻利维亚儿童死亡率(14 岁以下),1970—2010(每千人)

资料来源:华盛顿卫生状况与发展研究所,2010 年 6 月

28 人。另外,相对而言,新生婴儿和出生后婴儿的死亡率的重要性正
在发生转变。1970 年,出生后婴儿死亡率占婴儿总死亡率的 55%。到
2010 年,这个数字仅为 47%,这表明了一个积极的变化——出生后的
270 婴儿死亡率与经济和社会的因素紧密相关。然而,婴儿、女性及少儿死
亡率依照美洲的标准仍然高居不下。整体死亡率的逐步下降以及新生
婴儿死亡率的进一步降低都反映了正在逐步改善的死亡率的变化和婴

幼儿生存的现状,这一切都对玻利维亚人的人均寿命产生了重要的影响。

20世纪50年代以来,玻利维亚人均寿命迅速增长。在1951年,男性人均寿命仅为38岁,女性人均寿命为42岁。而1976年大革命后的首次普查表明,男女性的人均寿命均增加了10年。20世纪80年代和90年代初期的经济危机和经济萧条并没有反映在人口统计的指数上。到2010年,男女人均寿命自1950年以来的60年里已经令人不可思议地增加了26年,并预计按每5年增长的速度到本世纪中叶将达到当代拉丁美洲的平均指数。

尽管这只是整体趋势的一部分,并且使玻利维亚成为美洲人均寿命比较低的国家之一,但贫富差距却下降了。与拉丁美洲整体的人均寿命相比较,玻利维亚人的预期寿命已经极大地缩短了这个差距,从1950年的男女人均寿命差为11年到2010—2015年的7年(见图10-4)。

婴幼儿死亡率的下降主要得益于政府实施的医疗卫生计划,尤其 271
是近几十年实施的大规模的免疫接种计划。迟至1980年,3岁以下的儿童只有10%—15%接受过疫苗接种。到2008年一个实施范围更加广泛的免疫接种惠及80%—90%的儿童,且此次接种几乎包括所有主

272

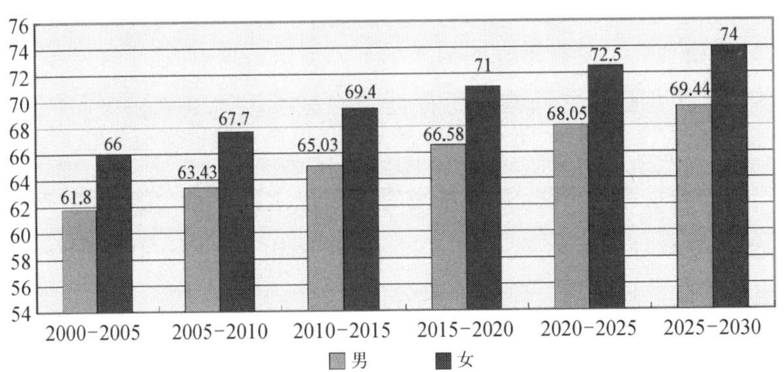

图10-4　玻利维亚人期望寿命中估计性别变化,2000—2005至2025—2030

资料来源:玻利维亚国家统计局,图2.01.31

见:http://www.ine.gov.bo/indica/aspx? d1=0307&d2=6

271 要的接种疫苗。另外，政府的免疫接种计划无论是对富庶的城市居民还是贫困的农村人口都非常高效、成功。因此，2009 年生活在城市中的 83%的 3 岁以下儿童得到了脊髓灰质炎的疫苗接种，同时 84%的农村儿童也得到了同样的接种。尽管产前咨询和助产服务发展缓慢，但稳步完善，总体上显著地降低了婴幼儿死亡率。根据卫生部报告，2010 年 5 岁以下的婴幼儿只有不到 16%的死亡率，而因传染性疾病导致的死亡率还不到 10%。事实上，当时全国上下最大的两种致命疾病是心脏病和恶性肿瘤，这两种疾病也多发生在发达的工业社会。随着越来越多的家庭饮用自来水以及先进的滤水技术的广泛普及最终有效遏制了肠道细菌性紊乱症状，这一当时堪称使儿童致命的最大的健康杀手。然而，在 1976 年多达三分之二的玻利维亚家庭没有饮用自来水，这种状况到 2011 年下降到三分之一多一些。另外，到现在有超过 48%的家庭使用室内水井。

尽管不同地区、不同阶层和不同种族在死亡率和出生率方面一直存在显著差异，但是毫无疑问这种情况在所有的民族中都是相近的。接着，人们不禁要问，这些变化的背后究竟有多少是由后全国革命时代政府的因素所导致的还有多少是由整体美洲的多种变化所促成的。在某些方面，这两种影响都在可比较的世界性的人口统计数据中体现出来了。令人不解的是就死亡率和人均寿命方面与其他国家相比较而言，玻利维亚仍然处在最差的国家水平。但是，这种存在于玻利维亚与
273 整体拉美平均指数之间的差距在过去的这段时间里明显在不断缩小（见图 10－5）。

由于死亡率的下降、教育水平的相应提高以及避孕措施的广泛普及，最终导致玻利维亚 20 世纪 70 年代晚期和 20 世纪 80 年代初期人口出生率的急剧下滑。玻利维亚与世界其他发展中国家一样，意外怀孕的数量在过去的 50 多年里已经大大减少，尽管对于玻利维亚而言，这种下降的趋势以世界标准指数衡量，未免来得晚了些。妇女在可生育时期最大的平均出生指数是 6.5 个孩子，这与 20 世纪 70 年代的指数是持平的，但是之后，出生率却急速下降到了 3.4 个孩子。据玻利维

亚国家统计局相关数据表明,玻利维亚的人口出生率在2035—2040年才会低于基本人口替换率(见图10－6)。

人口的死亡率和出生率的下降显而易见对人口的长远增长和发展产生了影响。由于死亡率在人口出生率下降以前就开始显著降低,因此引发了人口爆炸性的增长。然而,事实上20世纪80年代早期的人口增长率每年低于2%,到了90年代,这一数字达到了每年2.7%,

274

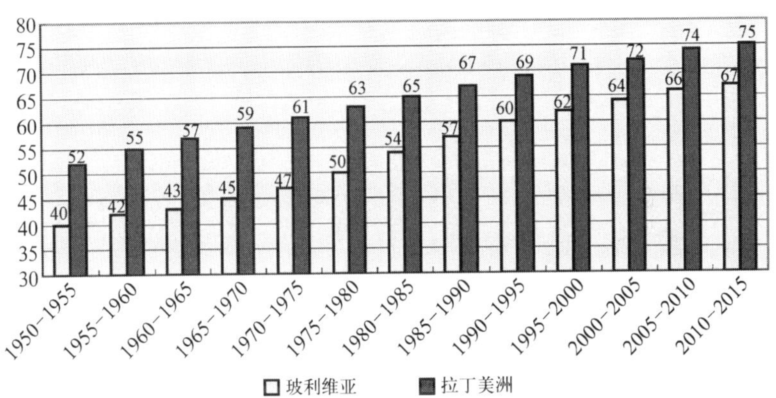

图10－5　玻利维亚和拉丁美洲男女两性期望平均寿命,1950—1955至2010—2015

拉丁美洲经济委员会,年标准……2009,图:1.1.0

275

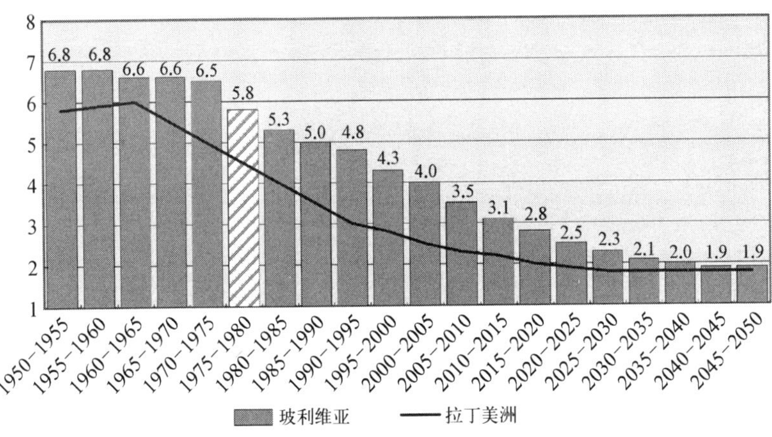

图10－6　玻利维亚和全拉丁美洲总生产率,1950—1955至2045—2050

拉丁美洲经济委员会,年标准……2009,图:1.1

273 2009年又降到了2%，据估计从现在开始直到本世纪末，玻利维亚的人口增长率将会一直保持下降的趋势。但是，90年代出现的高人口出生率意味着当时玻利维亚人口是以每年25.7的递增速度增长的，这是缘于自80年代末以来，玻利维亚人口出生率一直高于拉美整体的出生率。据1950至1990年的人口普查，人口从300万增长到640万，2001年普查显示在原有基础上又增长了200万人口，据当时估计到2012年，全国人口会超过1 000万。这种人口增长趋势意味着玻利维亚拥有世界上最年轻的人口群。虽然下降的人口出生率和不断延长的人口平均寿命正在逐步改变着人口结构，全国人口的平均年龄从1992年18岁增长到2010年的21.9岁。因此，根据联合国拉丁美洲经济委员会(CEPAL)的调查，玻利维亚拥有美洲地区最为年轻的人口群体，对比拉丁美洲其他国家和地区15岁以下的人口占总人口数的28%这一平均指数，玻利维亚到2010年这一数字为35%。通过观察不同性别的年龄分布可以看出，20世纪50年代以来显示年龄构成的金字塔形状分布图转变成了2012年出现的发达工业化国家才可见的代表低人口出生率和死亡率的年龄分布的初始形成的坛状结构图(见图10－7及图10－8)。

276

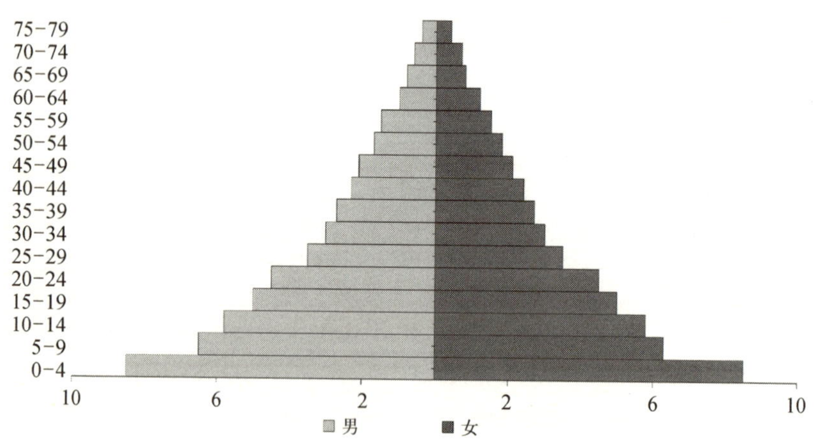

图10－7　1950年玻利维亚人口年龄金字塔表(270万)

拉丁美洲经济委员会，拉美人口中心人口处，第66号人口统计公告，玻利维亚(2000)

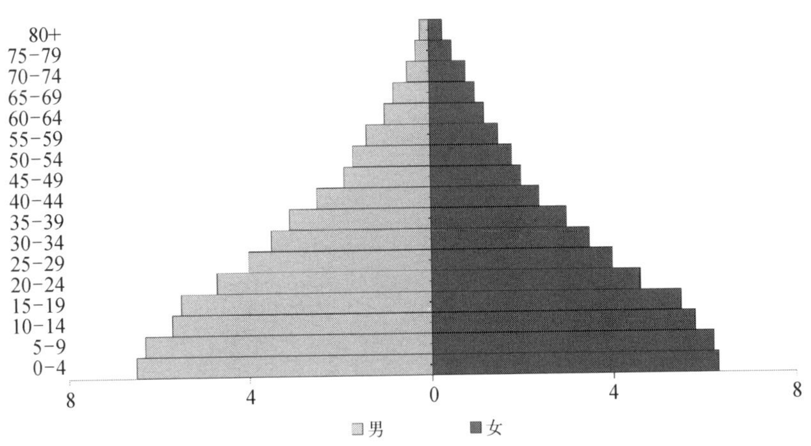

图 10-8　2010 年玻利维亚人口年龄金字塔表(1 040 万)

资料来源:玻利维亚国家统计局,图 2.01.01,玻利维亚总人口……2005—2010,2010 年 3 月

如果玻利维亚一直保持在人口出生率和死亡率最高水平的国家行 277
列,这就意味着相较于其他国家玻利维亚的人口变化更加缓慢,但是在
国民读写能力方面的发展却恰恰相反。玻利维亚国民的读写能力和教
育方面,相对于过去大为改观,以至于从影响国民素质和人力资源的发
展的因素来看,玻利维亚已经不是拉丁美洲最为贫穷的国家。尽管人
们一再呼吁国家提高对教育的投资和增加超过国内革命以前的学生入 278
学人数,毫无疑问过去的 50 年里,在教育和国民的读写能力方面的进
步和发展是最大的。在 1950 年,玻利维亚全国仅有四分之一的孩子上
小学,然而到 2010 年净入学率的比例已经上升到 87%。不管现行制
度有何问题,总体目标仍是实现教育全民化,至少要普及小学教育,并
且不断提高中学在校就读人数。这也意味着,一定时期内接受教育的 279
平均时间从 4 年延长至 9 年,并且还在稳定增加。到 2011 年,尚未接
受教育的人数比例下降到了 9%(根据当年全国家庭调查显示,4%在
城市,19%在农村地区)。正如人们预期的,更加年轻的一代人接受教
育的时间比全国的平均水平要高出很多。

大部分社会状况和经济调查显示,玻利维亚人口当中非土著人口比土著人口更加富庶,也更加健康,但与那些数据不同的情况是,在小

学教育方面，两者之间却没有本质差异。截至本世纪初，总人口中高达93%的土著和非土著年龄在6—9岁的孩子都接受小学教育(唯有农村地区儿童入学比例呈现出倾向非土著人口的少许差异，非土著儿童的入学率为90%，土著儿童入学率为87%)。全国范围内15—19岁的青少年完成学业的比例几乎相等，非土著学生完成学业的人数比例为85%，而土著学生完成学业的人数比例为75%。显而易见的是，在高等教育阶段，两个民族甚至是男女学生之间的教育程度存在很大差异。然而，玻利维亚政府长期以来已经做出了巨大的努力向全体国民提供平等教育的机会。那么当前的形式表明，有越来越多的学生开始进入中学学习。

教育领域的所有发展都对国民文化素质产生了正面影响。由于玻利维亚存在复杂的语言种类，使国民获得更高的文化素质已经是一项巨大的成就。1950年，大部分人都不讲西班牙语，更别提学习和掌握其他语言。在1951年，15岁以上的人口当中只有不到30%的人有读写能力，但是到了1976年，这个数据已经攀升到了67%，到2011年为92%。实际上，在过去长达61年里，玻利维亚已经从整个拉丁美洲文化素质垫底的国家一跃超过了秘鲁和巴西，与南美洲的厄瓜多尔相当，并且根据联合国拉丁美洲经济委员会文化程度调查数据显示，玻利维亚人民受教育的程度超过了大部分的中美洲国家。

280 当前玻利维亚几乎所有的儿童都上学，这对社会的各个方面都产生了广泛而深远的影响。尤其对国民学习使用的语言的影响更是立竿见影。根据1976年的统计，西班牙语最终成为全国人口使用的多数语言。在这一时期，尽管只讲西班牙语的人仅占全部人口的42%，6岁以上的人口中83%的人都讲西班牙语；但是，占人口总数62%的人们都声称自己是土著人。这意味着，通过教育，土著人都具备了使用两种语言的能力，包括读、写能力。2001年的调查显示，370万讲印第安语的人口中，有74%的人具有讲西班牙语的双语能力。有必要指出的是，和克丘亚族人相比，同时运用西班牙语和本族语使艾玛拉人能力更强。这也是艾玛拉人拥有更强的政治斗争能力的原因所在。在所有130万

艾玛拉人中,有 80%的人具有双语沟通能力,而在 200 万的克丘亚族
人里,仅有 69%的人有双语能力。各种调查表明,以印第安语为母语
的有文化的语言使用者都经历了一个渐变的过程。直到 20 世纪 90 年
代,人们不断从讲一种土著语言的单语言能力向双语言能力转变,这种
现象在当时极为普遍;然而,到了本世纪,人们又开始从双语能力向主
讲西班牙语的单语言能力转变。这就解释了那些声称自己是土著人而
又具备讲西班牙语的单一语言能力的起因。所以,能讲土著语言的人
口仍然为数众多。印第安人的人口数量的迅速增加意味着讲印第安语
的人从 1950 年的大约 180 万上升到 1992 年的 400 万。但是,2001 年
的统计却显示这个数字下降到了 370 万人。虽然农村人口以前所未有
的速度增长,但是具有单一语言能力的印第安人人数持续减少。到
2001 年,克丘亚族单一语言使用者下降到 63.2 万人,艾玛拉人中的具
有单一语言能力的人人数降到 26.3 万人。另外,2001 年这些单一语
言使用者主要是农村人,他们大都分散生活在广大农村地区(只有不到
10%和 17%分别来自两个不同种族的人生活在人口超过 2 000 人的城
镇或城市中)。与此同时,尽管到了 20 世纪 90 年代,双语教育体制得 281
以推行,拥有双语能力的人的数量仍然开始下降,因为有越来越多的土
著人放弃了他们的本族语。西班牙语于 1976 年获得的多数语言的地
位证明了学校教育对广大农村的影响。从这些数据可以看出,不但梅
斯蒂索人的人口数量大量增加,更重要的是,乡村地区的广大农民在很
大程度上坚持讲传统的土著语的同时也开始使用西班牙语。

虽然很多人已经不会讲本族语,但是声称自己是土著人的却不在少数。占 2001 年人口总数 45%的人要么是讲土著语言的单一语言使用者,或是讲土著语和其他语言的双语使用者,据估计,玻利维亚全国大概有 540 万(或占全部人口的三分之二)的土著人口。据一份 2005 年面向全国的家庭调查报告显示,占全国人口总数 53%的人自认为是土著人,而只有 42%的人能够讲土著语。尽管一些土著人融入了非土著人当中,同时讲土著语的单一语言使用者和具有双语能力的人的数量在减少,但是当时大部分土著人对民族身份仍具有极强的心理情结。

另外,哪怕几乎没有讲单一语言的人生活在城市地区,那些自称是克丘亚人和艾马拉人的实际上主要是城市居民。最后,据 2007 年面向全国的家庭调查报告显示,母语是土著语的人口中有 79%的人具有读写能力。在城市地区,这一数字是 87%,农村地区为 73%。那些不论生活在城市还是农村,即使他们都讲一种土著语言且自我认定为土著人的主要都是讲西班牙语和有读写能力的人,这样的事实说明广大土著人民虽说贫困程度仍然很高,却已经高度融入主流社会和国家组织中。

玻利维亚逐渐发展的城镇化建设不仅对语言和文化素质的提高有推动作用而且对其全国人口的健康医疗和人口普查的结果都有着广泛
282 而深远的影响。从 1950 年最初的乡村社会形态发展以来,整个国家已经在过去的 60 年里过渡成为一个主体为城镇化的社会。在 1950 年,只有 20%的人生活在人口超过 2 万人的城镇,据 2001 年的普查结果显示,超过半数的人口生活在城市中心地区。仅拉巴斯-埃尔阿尔托(La Paz-EL Alto)和克鲁斯(Cruz)两座城市,1950 年就有 36.4 万人,占当时人口总数的 12%。到 2010 年,这一数字迅速上升为 340 万,也就是占大约 1 000 万玻利维亚总人口的三分之一。预计到 2010 年全国人口的三分之二都将生活在城市。全国人口城镇化的进程也进一步促进了生活水平的全面提高。每一份反映健康医疗、社会福利以及文化教育的普查指数都表明城市居民的生活条件明显好于乡村地区。①

所有这些变化都源于异常活跃、繁荣发展的出口型经济。从 90 年代末直到 2014 年,由于出口国际市场的天然气的需求量增加,玻利维亚在此期间的出口贸易额上涨了 4 倍。1996 年出台的油气法允许外国国有石油公司的投资进入玻利维亚,尤其来自玻利维亚最大出口商品的贸易伙伴巴西这一新兴市场。从那时开始直到 2005 年,玻利维亚出口商品的贸易额及其所赚的财富有了极大的增加。与此同时,国际市场的原材料价格的上扬,直接导致玻利维亚出口额快速增长,也使其

① 原著者于 2015 年 3 月对本书作了修改,修改部分为原书 276 页—283 页的内容,故现原书页码(即本版边码)276—283 页之间相隔或有参差。——译者注

国际储备连续增多。多年来第一次,玻利维亚实现了政府财政支出的盈收状态。

但是,主导出口的天然气产业并不是唯一快速发展的领域。由于中国工业化建设及对各种矿产品的需求日渐增多,推动和加速了玻利维亚锡、银、锌、黄金、铅以及其他传统金属产品的出口量,并且使国际市场原材料的价格始终保持了极高的水平。与此同时,非传统领域的产品尤其是低地平原地区的畜牧业达到了国际先进的生产水平,农业生产的一些领域也实现了现代化。

由国际市场上偏高的商品贸易价格引发的繁荣的出口业务、日渐增多的政府税收以及政府对私人企业生产的石油和其他多种矿产品征收的提成费,这一切极大地增加了政府的财政收入,使玻利维亚国际储备金不断增加并且持续保持政府财政支出项的盈收状态。政府成功地避免这种种利好对国内商品价格的左右和影响,并保持低通货膨胀。尽管自2004年以来,进口贸易额也快速增长,但国家一直保持对外出口贸易的顺差。凭借充足的资金,埃沃·莫拉莱斯政府通过有条件的现金交易不仅增加了财政支出的额度,还提高了针对教育、医疗和社会福利方面的投资。

虽然在过去的10年,历经国内生产总值3倍增长的经济发展的蜜月期(从2000年的人均989美元到2013年的人均2 868美元),玻利维亚政府自2006年以来,在发展新工业领域方面的确做出了切实的努力,但试图对地方经济进行转型的尝试,困难重重,收效甚微。包括:经济发展多样化、新能源的开发和增加就业。因此,尽管拥有丰沛的外汇储备,天然气产业仍然要么停滞不前,要么发展缓慢。且不论国家资本主义的发展模式合适与否,倘若没有受教育水平高、收入丰厚的国家官僚机构,要想实施对国家的有效管理只会浪费各种资源。因此,尽管玻利维亚获得了比以往更高的国内生产总值和财富,其经济结构和国家对传统出口税收的过分依赖没有丝毫改变。据统计,48%的国家预算来自税收、商品提成费和对石油天然气企业征收的种种费用。另外,对天然气产业征收提成费的做法对当地的经济有很大影响。虽然圣克鲁斯从多年来的石油出口中获益丰厚，但是塔里加(Tarija)却是从天然气出口贸易中收益最大的一方，其在2011年获得的来自天然气贸易的提成收入就占总收入的62%。尽管许多省份的地区经济发展表现良好，但是中央政府在过去的10年里却收获了新的财政收入的来源，并提高了政府财政支出的份额。近期的政府的财政支出主要投在了诸如城乡基础建设，占总投资额的37%，另有三分之一投资于矿藏开发，还有几乎四分之一的收入投在了社会发展的其他领域。政府的实际财政支出一直在不断增长，从2003年的6.41亿美元到2011年的大约33亿美元。

尽管矿产品出口贸易在国民经济中一直占有重要地位，但是自上世纪末以来使国家发生翻天巨变的却是现代天然气工业的发展。随着通往巴西的输气管道的建成，玻利维亚成为其邻国最大的油气输出国，并且通过与巴西马托格罗索(Matto Grosso)进行的大豆贸易，后者已与圣克鲁斯展开经贸合作，使玻利维亚与巴西的经济往来更加紧密。尽管玻利维亚人均国内生产总值仍然落后于整体经济增长率，其迅速增长的国内生产总值却甚为可观。估计在1990—2010年间，玻利维亚的经济增长了2.5倍，人均收入增长了1.5倍。虽然发展过程中出现过周期性的波动，但是玻利维亚的经济并未受到20世纪末的世界经济危机的影响，相反，2005年后，由于国际出口商品价格达到新高，其经济再次快速发展起来。

天然气出口额从2002年的2.66亿美元上升到2011年的38亿美元，占当时玻利维亚全部出口商品额的43%，实际的产品出口总量从90年代末1亿立方英尺上升到2005年4亿立方英尺，并从当年起一直持平于或略微超出当时的水平。截至2013年，天然气生产总量的大约20%被国内消费，阿根廷消费的天然气约占四分之一，55%以上的天然气输送到了巴西。虽然政府一再鼓励在家庭、汽车和工业领域使用天然气，但其致力于扩大产量的努力却称不上成功。玻利维亚国家石油垄断公司(YPFB)已经通过对传统气田进行深度开采提高了油气的产量，但是对新能源的开发却没有丝毫进展。大约70%的产量都来自被称为“megacampos”的 3 个地区,其中包括圣阿尔比尔托(San Alberto)、萨巴洛(Sabalo)和马尔加里塔(Margarita)。非传统出口商品尽管一直在不断发展,但其仅占玻利维亚出口商品总量的一少部分。大豆的出口贸易额已经在 2002—2011 年间增长了两倍,也仅仅占全部出口额的 7%,巴西坚果占 3%。原料金属和精加工金属产品以及天然气占 2011 年全部出口额的四分之三。事实上,相较于拉丁美洲其他国家,玻利维亚出口的产品多为粗加工产品,占全部出口产品总量的 92%。

迄今为止,令许多经济学家费解的是,为什么玻利维亚无法用所积累的财富对改革国家经济结构、开辟新的产业以及增加就业施加影响。尽管社会主义运动党政府曾试图强力推行工业化,但是自 2005 年以来,工业化进程却举步维艰。另外,玻利维亚现行的政策也不利于直接引入外资且政府一直以来都未能填补对当地经济发展来说急需的巨大财政亏空。其结果导致产生畸形经济形态,据玻利维亚政府社会和政治经济分析部(UDAPE,本书译者没有准确查证该西班牙文缩写,但从查到的内容看,应该是该部门。——译者注)调查,这种经济形态在 2011 年经济活动活跃的城市人口中占 59%的比例。据估计,玻利维亚在所有拉美国家中是拥有最大规模的畸形经济形态的国家——包括缺乏上岗资格的从业工人,没有资质注册的地下矿工以及大量从事毒品交易和毒品种植的人。

尽管纵观整个拉丁美洲,玻利维亚人的收入分配极度不平等,但是近年来,似乎有了很大的转变。由于存在有条件现金转账和当地合法的畸形经济形态的横向发展等因素,显示发展失衡的基尼指数持续下跌。根据世界银行显示,代表收入分配的基尼指数在 2008 年时就处在高位。但是根据玻利维亚政府的信息所示,基尼指数在过去几年里持续下降,到 2010 年已经降到了 0.5 以下。尽管这一指数按世界标准,仍然代表着居高不下的发展失衡的现状,显而易见的是,玻利维亚已经不在本地区发展极端不平衡国家之列。

在过去的几十年里,玻利维亚的贫困率持续下降。城乡地区的各种贫困景象已大为改善。由全国家庭调查报告所界定的极端贫困人口的比例在农村地区已经由 1999—2011 年的 59%下降到 41%,在城市地区降到了 11%。但是,全国整体贫困水平(极度贫困和贫困)仍然很高。截至 2011 年,估计仍有 45%的玻利维亚人处在贫困线上,21%的人生活在极端贫困状态下。

283 由于居高不下的贫困率,近年连续出现的政治、经济的混乱状态以及不断上升的文化素质,在过去 20 年里,玻利维亚发生大规模的移民潮。曾经表现为季节性的通往阿根廷的移民现象,现如今则更为常态化。从 20 世纪 80 至 90 年代以来,一些移民开始奔向美国,紧随其后的是在 2000 年以后,大量移民去往西班牙。截至 2008 年,这股奔向西班牙的玻利维亚移民人数最高达到了 23.6 万余人,其后,人数下降到 16.5 万人。现如今,大约有 3.2 万人生活在阿根廷,另有 9.9 万人定居在美国,而生活在巴西的大概有 2 万余人。玻利维亚政府 2012 年所做的人口普查显示,总共有 56.2 万余人生活在海外。这些身居海外的玻利维亚人在过去的几十年里,一直不断向国内汇款。这些汇款于 2007 年最高占玻利维亚国内生产总值的 7.4%,其中大部分款项来自生活在阿根廷和美国的玻国海外移民。这一数字仅相当于占国内生产总值的 1.5%的外资。由于近年来世界经济的不景气,尽管海外汇款仍然很重要,但它已经下降到不足国内生产总值的 5%。

与同期国际上发生的移民潮一样,玻利维亚国内的民众迁徙对近年来玻利维亚的发展同样至关重要。始于 20 世纪下半叶的城镇化给国内人口的分布带来诸多的变化和广泛的影响。在 20 世纪初,当时玻利维亚经济活动的主要中轴线就是拉巴斯-奥鲁洛-波托斯(La Paz-Oruro-Potosi),一条纵贯南北的经济发展区,也是当时玻利维亚国家最具发展活力的核心地带。这里是云集矿藏开发、商业贸易和农林牧耕的中心。而圣克鲁斯却是锁关闭塞、一片萧条的景象,科恰班巴相对来说也呈现半封闭、落后的经济走势。随着采矿业的迅速衰败,尤其是 20 世纪中期以后,繁荣的商业核心地带开始向东由拉巴斯发展到包括拉巴斯省、科恰班巴省和圣克鲁斯省,而原来的奥鲁洛-波托斯-苏克雷

(Oruro-Potosi-Sucre)经济发展的核心地带却深陷衰退的窘境。现在，国家的经济活动主要集中在连接拉巴斯-埃尔阿尔托、科恰班巴和圣克鲁斯三个城市(La Paz-El Alto, Cochabamba 和 Santa Cruz)以及这些 284
地区的相关省份的东北-西南经济走廊。在 2009 年，这三个省的利税达到国家整体税收的 93%，占 2000 年全国国内生产总值的 71%。这三个省还拥有最先进、发展最快的城市。以波托斯和奥鲁洛为首的旧矿开采的中心地区的发展一直停滞不前，该地区的城乡人口现在在全国范围是最为贫困的。据近期政府的调查显示，这两个曾经最富庶的采矿大省的 80%的人口都处在贫困线以下，并且超过 60%的人口生活在极端贫困中，甚至本地区的城市人口环比其他城市也要更加贫困些。然而，波托斯、楚奎萨卡和科恰班巴在 1950 年拥有的人口数占全国人口的 34%，该数据大体与 1900 年的相当，另据 2001 年的调查显示，三个省的人口仅占全国人口的 20%。1950 年圣克鲁斯市人口占全国人口的 10%，体现了与 1900 年相当的重要地位，截至 2001 年拥有全国人口的四分之一。拉巴斯、科恰班巴和圣克鲁斯三个城市现在的人口数量从 1950 年的将近占全国人口的一半增长到 2001 年调查统计的 70%，根据估计，到 2010 年，这个数字将会达到全国人口的 72%。

相对全国人口而言，农村地区的人口数量虽然已经急剧下滑，除了一些新兴农耕地区以外，玻利维亚的农业仍旧处于极其落后状态。就在 1976 年，仍有 54%的男性从事农业生产，但是现在从业人口仅为 2007 年的农业人口的 34%。然而，在当时农民效率更加低下，且农业仅占国内生产总值的 13%。特别是在高原地区和东部河谷地区，当地大部分农业项目仍然是传统低产的食品加工农业。然而，在过去的 50 年里，玻利维亚低地平原地区已经有了彻底的转变。过去的几十年里，在圣克鲁斯地区，经济作物已经成为新兴主流的农业物种。在 1980 年，经济作物占了所有种植的农作物的 12%，这其中包括：棉花、糖、大豆和葵花籽。截至 2008 年，这一比例上升到 47%，几乎等同所有玻利 285
维亚耕种的各种谷物和块根作物的总量。在圣克鲁斯低地平原地区耕种的经济作物，例如：大豆和葵花籽，其产量接近世界水平。但是，玻利维亚高原地区农作物的产量要比临近的秘鲁高原地区的产量低,其原因是玻利维亚在农业研究和拓展项目方面的投入要比拉丁美洲其他国家少。在玻利维亚,传统农业仍旧占有绝大多数劳动力,农民们仍旧从事着低成本、低效率的劳动。按照联合国粮食及农业组织(FAO)的统计,在2012年,玻利维亚的传统的安第斯农作物每公顷的收成也要比邻国秘鲁低,玻利维亚农民藜麦的每公顷收入仅达到秘鲁农民的一半,而土豆的收入则仅相当于秘鲁农民每公顷收入的三分之一。事实上,在2013年,玻利维亚农业的总收成仅仅略高于1999年的水平,只有个别的与经济作物相关的部门除外,而这些部门当时还没有经历重大的发展,这主要指的是现在圣克鲁斯和临近的河谷地区的农业区。可见,玻利维亚作为一个农业国仍然是拉丁美洲比较落后的国度。

从本书中对玻利维亚近半个多世纪社会和经济发展的分析来看,玻利维亚显现给人们的主要是伴随着政治变革的持久贫穷和相对落后的经济,而教育和卫生确实得到了突飞猛进的发展。但是,这种持续性贫困和生活标准部分的改善在拉丁美洲十分普遍,而且基本都伴随着重大的社会制度变革。如果说玻利维亚经济的缓慢发展并没有推动社会发展,那么城镇移民和农村农民以及城镇梅斯蒂索政治势力的崛起则带来了完全不同的政府统治,这些政府又要求改善社会条件。现在唯一可以肯定的是玻利维亚社会是一个“梅斯蒂索化了的社会(mestizaje)”,这个社会历经了半个世纪的社会革命和两个阶段的恶性通货膨胀,极大地摧毁了传统白人经济势力。玻利维亚平民阶级受教育的时间得到延长,生活期望得到增强,使得他们有能力参与国家政治生活中的自治活动。新世纪以来,玻利维亚相对平衡的政治与社会发生了极大变化,精英集团的经济实力明显增长。在过去的10年间,梅斯蒂索人口的政治势力不仅在传统的和激进的政党中有所增加,而且在政府中也不少见,特别是梅斯蒂索人口占主体的城镇埃尔阿尔托逐渐变成了玻利维亚第二大的城市。1988年,本来是工人阶级集聚区的拉巴斯郊区的埃尔阿尔托成为一个独立的城市,该城市由新兴的梅斯蒂索精英掌控。当时这个高海拔的城镇只拥有30.7万人,相当于拉巴斯一半大小,绝大多数人操双语讲话,与周边的艾马拉农村社区密切相连,刚刚建立的时候仅仅是玻利维亚第四大城市;到了 2001 年人口统计则表明,该城市已经拥有 69.5 万人,其中 86%是土著人,成为玻利维亚第三大城市;到 2005 年,该城市已经拥有 87.2 万人口,并取代拉巴斯成为玻利维亚第二大城市。虽然埃尔阿尔托比拉巴斯更加贫穷,居住条件更加恶劣,但那里居住的人比起高原地区的农村移民来说却拥有更高的生活水准,因此成为梅斯蒂索阶级进行社会动员时难得的重要力量。该城市还是土著人与非土著人之间相互交往的中心,因为那些操西班牙语的人甚至愿意与占多数的艾马拉人建立联系。

同时,由于区域经济与中心城市的整合,再加上旧式西班牙乡绅的覆灭,社会上出现了更为有权势的梅斯蒂索精英阶层。在这些社会精英阶层、社会经济地位处于不断上升趋势的梅斯蒂索人中,紧接着又出现了第二代,他们都是接受过高等教育的职业人士。而一些梅斯蒂索人显然很早就接受过高等教育,他们是屈指可数的少数人,但在当时,他们被迫放弃了自己的语言、文化、出身,适应"白人"的文化规范。这些受过高等教育的梅斯蒂索人,人数并不多,现在似乎有了可以保留自身民族特色的机会,他们自称为土著人,有时甚至讲土著印第安语和西班牙语。这些城市精英自称是梅斯蒂索人,他们是艾马拉人、克丘亚人或是其他土著印第安人的后裔,而拒绝"白人"身份认同。这对玻利维亚的社会与政治形势产生深远影响。拒绝白人的身份认同的现象在拉丁美洲发展史上比较特殊,这也意味着即便会讲土著语的人数在减少,
梅斯蒂索人受教育程度在提升,但其土著身份认同对国家政治格局仍 287
起着关键和不断变化的作用。

纵观 2002 年选举和 2005 年 12 月的总统大选,土著阶层和梅斯蒂索人史无前例地调动了玻利维亚民众的积极性。2003 年爆发所谓"天然气战(Gas War)",紧接着在 10 月桑切斯 · 洛萨达政府垮台,之后是仅维持 6 个月的卡洛斯 · 梅萨总统的统治。考虑到这种新的民众力量,梅萨总统在埃尔阿尔托梅斯蒂索人聚居区宣誓就职,其就职典礼并没有在传统的拉巴斯市区总统官邸举行。尽管梅萨总统可以通过与抗

议者的直面对峙而撤离警察和军队，但他还是不能完全消除封锁。如果他不能完全控制国会，那么他只好被迫辞职。2005 年 6 月，最高法院法官爱德华多·罗德里格斯·韦尔特斯(Eduardo Rodriguea Veltzé)被议会推举(appointed)为临时总统(acting president)。政治格局相对平稳不到两年时间。尽管大部分选举之前的研究报告显示，埃沃·莫拉莱斯是很好的总统候选人，但大家一致认为，大选之后，总统与议会的和解会导致大量土著人的抗议。基于此，大部分精英认为最好是让莫拉莱斯大获全胜，这样就可以实现大选之前的评估，结果莫拉莱斯获得 56%的选票，他是后军事统治时期以来第一位获得超过半数选票的玻利维亚总统。在 2005 年的 290 万合法选票中，莫拉莱斯获得 150 万选票，帕查库提运动党仅仅获得 6.2 万张选票。在 27 个参议院议员席位中，社会主义运动党获得 12 个，在 130 个众议院代表席位中，社会主义运动党获得 72 个。

埃沃·莫拉莱斯的当选成为比当初的设想更为激进的社会变革。有人期待着有更多的土著人和梅斯蒂索政治领导人登上拉巴斯政府的权力舞台。事实也正在预料之中。考虑到玻利维亚长期以来存在的古柯产品问题的争端，以及莫拉雷斯与查帕雷生产者工会(the Chapare producers unions)的关联，人们期待消灭古柯的政策会有所松动，甚至
288 期望以此摆脱美国而使玻利维亚更加具有独立性。一切正如意料之中，甚至出现驱逐美国大使的行为。但人们所始料未及的是，自 20 世纪 90 年代以来国家一直实行的私有化政策在莫拉莱斯政府却走向终结。莫拉莱斯政府逐渐地小心翼翼地将石油与天然气生产收归国有，接管所有的远程通信业务和所有电力公司。甚至通过合作企业，取消了退休金规划，重建国有航线公司。按部就班地将两家瑞士冶炼厂收归国有，使国家进一步控制矿产资源，其中包括铁矿石和锂。经过国有公司的创建和复兴，国家逐渐而平稳地成为国民经济的主导，这在拉美国家中还是不多见的，因为在 20 世纪 90 年代的新自由时代，很多国家都拒绝极端政策。莫拉莱斯政府创立新的国民经济体制的所作所为，其思想很多都来源于埃沃政府时期的副总统阿尔瓦维·加西亚

(Alvaro Garcia)。此人并非土著人,而是一位激进的专业学者,从莫拉莱斯执政初期就一直致力于国有经济的社会化进程问题。

将由大量外国公司开采的石油与天然气矿藏收归国有是玻利维亚经济国有化的重要举措。那些外国公司很多都是其他国家的国有公司,其中就包括巴西石油公司。2006 年 5 月 1 日,莫拉莱斯政府收回了所有主要外国公司的天然气所有权。在过去,玻利维亚国家石油垄断公司一直就是石油与天然气开采与发展的被动合作伙伴,现在可以主动掌管矿藏及其开采设备。原本在玻利维亚运行的所有外国公司拥有的当地运营权的 50%,现在已经被玻利维亚国家石油垄断公司接管。外国公司仍旧可以使用开采设备,但国家只会支付运营花销的 18%,国家享有收益的 32%,玻利维亚国家石油垄断公司享有 32%,其余的 18%则作为特许权使用费上缴国库,这样有效地将国家享有的石油与天然气的获利份额提高到 50%。2007 年 5 月,政府宣布退出世界银行,但宣称支持跨国公司。2008 年 5 月,意大利通信公司 Telecom 被收归国有。这家公司自 1995 年以来一直拥有玻利维亚通讯公司
50%的股份并垄断玻利维亚的通信业务。2010 年 5 月,玻利维亚所有 289
电力公司收归国有。

随着国民经济国有化和不断增加收取特许权使用费,国家税收大幅提高。而且自 2003 年以来玻利维亚一直处于贸易顺差状态,因此积累了大量外汇储备。但是,持续不断的外国公司国有化也严重影响了外国资本在玻利维亚的直接投资数量。2000 年初,外国投资开始减少,现在国外援助资金和海外工人汇款也在减少。1999 年,外国资本投资占国内生产总值的 12.6%,到 2012 年减少到 3.9%,这对国民经济发展具有长期的负面影响。由于矿产资源和石油出口受世界价格影响较大,国有公司和为数不多的私人生产商所缴纳的税收是否足以取代外国投资的空缺,从国民经济的长远发展来看,人们还不十分清楚。

同时,由于缺乏重点投资,尤其是劳动密集型生产,这使玻利维亚拥有美洲最大的非正式劳动力市场。2007 年,估计有 88%的人口没有加入任何社会养老计划,82%的人口没有享受玻利维亚传统的 13 个月

工资待遇(*aguinaldo*),这一制度只有在正规生产部门工作的正式人员才能享受到。2007 年,只有 27%的玻利维亚人拥有税收识别号码(NIT)。尽管眼下在不断增加,但玻利维亚政府还没有能力提供大量的工作机会来改变现状。

290 除了国有化政策而外,莫拉莱斯政府还将土地优先交给贫苦人民使用。尽管 1953 年的农业改革已经将大部分高地和主要河谷土地归还给土著人,但大部分低地还没有被开发、耕种。在后 1953 年时期,圣克鲁斯、贝尼省和潘多省区域的土地开始现代化农业生产和殖民化,使得新的大庄园区域迅速崛起,由于这些土地是自由使用的,因此可以随意贿赂给有权势的精英阶层。尤其是在军事政权统治下,大片土地被授予私人业主,那些土地中有很多被废弃。从桑切斯·洛萨达政府第二任期开始,玻利维亚政府就已经认识到必须遏制这种腐败制度。无论是出于还居住在低地区域的土著居民以公道,还是为了经济农业区域的经济发展,都需要那些被废弃了的、被一些私人拥有的土地。2002 年,玻利维亚政府颁布新的土地改革法令,意在清理废弃土地,将其归还给处于低地地带的印第安人以及具有生产力的私人农场主。这一项目得到莫拉莱斯新政府的充分执行,从 2006 年至 2009 年中期,3 100 万公顷的土地分给 15.4 万人,将土地分给土著人的比例是 2006 年前的 5 倍,很多印第安土著人得到了土地,这使莫拉莱斯政府经济获得繁荣发展。

社会主义运动党新政府还致力于重新调整玻利维亚的国际政治活动。自第二次世界大战之后,玻利维亚就一直处于美国的控制之下,莫拉莱斯政府改变了这种形势,摆脱了美国的影响。这使莫拉莱斯政府可以积极、独立地与各国土著集团开展外交活动,他们的结盟伙伴遍布世界各地,从中美洲到北欧。同时,他们也在国际环境保护运动中发挥积极作用。毫无疑问,莫拉莱斯政府在国际事务中的表现比玻利维亚先前任何一届政府都更为积极主动,也是玻利维亚历史上第一个不受美国影响的政权。

如果说莫拉莱斯政府的国有化运动和外交政策令人赞叹,那么另一个令人惊讶的举措是社会主义运动党和莫拉莱斯制定了新宪法。该宪法极大地拓展了多民族政权的概念，并极力消除中央集权，这是莫拉莱斯领导的政党及其支持者早在 2005 年之前就已经确定的方针路线。291
由于现有的宪法大会代表是独立选举产生，宪法大会要比国会更为激进、更具有代表性。几乎半数代表是 40 岁以下。34％的代表是女性，56％的代表与土著人有关联。显然，此次代表大会制定的宪章一定是代表过去几十年来土著激进领导人的意愿。经过艰难的辩论，2008 年新宪法成文，2009 年，经公民投票确立，2010 年正式生效，这标志着玻利维亚历史上第一次由各个省自己选举省长和立法机构人员。

2009 年宪法规定了省、地区、社区和城市的自治权力，这不仅保证了土著集团政府的传统权力，也进一步加强了非集权化的政治格局。最为重要的是，宪法条文不仅是梅斯蒂索与土著领导人在过去 40 年中为争取国家和白人精英接受自己的要求的特别精彩的表述，也是白人精英社会意愿的表达。总而言之，宪法是他们作为公民尊严与价值最充分的表现，尤其是那些家族史可以追溯到玻利维亚被西班牙占领前的人。不仅仅高地的土著人和低地的印第安人，甚至非裔玻利维亚人，他们的传统的社区权力与信仰、作为人的基本权利与尊严，都在宪法条文中得到伸张，这表明，他们的这些权力都得到了国家的认可。

2009 年宪法宣布，玻利维亚是统一国家，国家建立在民主、非集权、区域自治的基础之上。区域自治涵盖广泛，包括省政府、市、区、种族集团和社区的自治。宪法第五条款规定，国家的官方语言为西班牙语以及其他 37 种土著语，要求国家与区域政府使用两种语言，一种是西班牙语，另一种是依据当地情况而使用的土著语；第 98 条款规定，维系统一国家的基础就是多种文化并存(interculturality)，贯穿整个宪章的主要思想就是一再强调，要尊重个人和社区，无论他们的服饰和信仰 292
原则是什么。实际上，宪法颁布以后，从官方角度就应该称玻利维亚为“多民族玻利维亚国(Estado Purinacional de Bolivia)”。

宪法第 21 条款规定，保障公民权利，如隐私、荣誉、自我形象、尊严以及自我身份认同。新宪章禁止歧视公民的语言、种族、肤色、性别、宗教信仰或任何其他人类特征。新宪法还雄心勃勃地特别提出,玻利维亚是一个社会福利国家,国家要为所有公民提供水、食物、免费医疗、养老金、住房和教育保障。宪法还提出,国家要保护公民的所有生存环境。实际上,宪法有很多条款都规定要保护环境以及与现代人们普遍关注的环境问题息息相关,如生物多样性问题。除了一贯反对节制生育之外,宪法也意识到在遗产和个人关系上,例如第63条款第二项中规定:合法夫妻享有平等权利。

宪法第30条款规定:国家不但保护社区土地权归传统土著社区所有,还尊重甚至是促进他们传统的生活习俗、医药、仪式、象征以及服饰文化(30条款Ⅸ),允许土著人基于他们特殊的生活习俗而形成独特的政治、司法和经济体系(30条款,190—192)。宪法还规定,传统文化是国家遗产(98—101条款),国家保障传统文化以及多语言教育(30条款)。随着自治的扩大,国家也允许土著原始社区(*originatios*)宣布自治,完全独立于他们所属的城市或是省级政府。所有濒临灭绝的土族人或是社区,或是与世隔绝的团体受到宪法保护,如果他们愿意,甚至允许他们继续与世隔绝。

293 与1917年墨西哥宪法相比较,1938年玻利维亚宪法显然是一部“社会宪法”。私有财产权(不论是个人所有的还是社区所有的)也要受到一定的限制,实现私有财产权不能无视国家的整体利益(条款56)。宪法规定,国家有权直接参与经济生活,可以从事生产,提供服务(316款)。宪法规定,玻利维亚国家资本优先于外国资本,所有外国投资都毫无例外地要完全符合玻利维亚法律(320条款)。除了保护传统的所有矿藏所在的土地权利之外,宪法专门规定,玻利维亚的石油和天然气既不属于国家,也不属于玻利维亚石油与天然气垄断公司(359—368条款)。最后,宪法规定,美国在玻利维亚的驻军安置要根据反古柯斗争的各种不同情况而定,并明令禁止在玻利维亚本土建立任何外国军事基地(10条款)。

除了公民年满18岁就有投票权之外,宪法规定,在总统大选中,旅居海外的玻利维亚人也有投票权,同时也允许土著人用他们的传统方式选举领导人。如果选举遵照“平等、一致、直接、秘密、自由和自愿”的原则,国家法律则不予干涉(26 条款)。宪法规定,公民有罢工和劳资双方就工资等问题进行集体谈判的权利。宪法最后规定,自 1995 年开始的玻利维亚非集权制的政治体制最终以省长和立法机构的选举而确立(277—299 条款)。宪法允许自治区存在,甚至可以建立自治土著社区,但他们的权力要等到宪法实施之后才能制定具体条文(289—296 条款)。

莫拉莱斯政府一边修改宪法,一边极力扩展早期的社会福利制度。政府尤为重视国有化进程中出现的收入分配问题。政府已经做出极大努力去实施收入再分配计划。此项计划早在桑切斯·洛萨达第二届政府时期就已经开始了。20 世纪 90 年代开始实行的团结基金(BONOSOL)养老计划被改变成为尊严基金(Renta Dignidad),也就是
所有 65 岁以上的玻利维亚人,不管他们有没有参加养老计划,政府都 294
无偿向他们提供最低养老金。截至 2012 年中期,有 92 万玻利维亚人得到了这笔养老金。在拉丁美洲,普遍存在的社会福利计划就是朱安西·托平托基金(Bono Juancito Pinto),政府为有小孩上学的家庭提供有条件现金支付。胡安娜·阿祖尔杜伊基金(Bono Juana Azurduy)计划则为怀孕的妇女提供医疗帮助、每季度一次产检和产后帮助,意在减少母婴死亡率。前几项福利计划由政府出钱资助,胡安娜·阿祖尔杜伊基金主要由泛美发展银行资助。无论是从覆盖率还是从所占国内生产总值比例上,以上社会福利政策都具有重要的社会意义。例如,在 2010 年,尊严基金占国内生产总值的 1.9%,朱安西·托平托基金占 0.3%,胡安娜·阿祖尔杜伊基金占 0.2%,在 2012 年,朱安西·托平托基金为全国 170 万中学生提供了现金补助。到 2012 年,玻利维亚全国有 68.3 万名母亲得到胡安娜·阿祖尔杜伊基金的现金补助。根据玻利维亚外交部经济金融出版中心(the Ministerio de Economia y Finanzas Públicas)的统计,到 2012 年中,所有福利政策覆盖了 330 万玻利维亚人,约占全国人口的 31%。但是,这些项目所提供的资助资金并不是从私有化项目中得到的,大部分资金源于各种行业重新国有

化所交付的税收。

当时，莫拉莱斯政府在时机把握上还是很幸运的。例如，中国对原材料需求的不断增加，国际市场的基本矿产价格居高不下，导致玻利维亚政府的国家税收持续增长。在总统卢拉(Lula)领导下的巴西政府同情莫拉莱斯政权，这才使得玻利维亚天然气矿藏国有化得以完成，并基本上没有发生冲突，而且，如果不再大规模执行新的开采计划或者增加新设备，玻利维亚国家石油垄断公司仍可以向巴西出口天然气。国际大环境对于玻利维亚的发展也是非常有利的。自本世纪初以来，由于美国将其关注点集中在中东，所以基本放弃了对拉丁美洲的积极干预政策。最后，在拉美国家中除了巴西之外，委内瑞拉和厄瓜多尔政府也
295 同情玻利维亚，阿根廷和巴西政府都倾向于偏左或者持中立立场，智利政府在大多数情况下也是如此，此上情况表明，这些拉丁美洲国家在国际政坛上给玻利维亚以极大的自由空间，玻利维亚政府将外国公司收归国有的过程中并没有受到上述国家的直接干涉，因为被玻利维亚国有化的很多公司都属于这些拉丁美洲国家。在国际上，玻利维亚邻国所采取的积极的反美活动也没有损害玻利维亚的利益。

但是，玻利维亚并不是没有付出代价。社会主义运动党及其领导人一直希望通过攻击现存的民主制度来实现他们追求的革命社会。人们还不清楚，社会主义运动党捍卫他们的社会和经济改革还将走多远。同时，该党内部还存在不断的政治冲突。最后，他们所进行的自然资源的开发与国有企业重建付出了高昂的经济代价。由于失去了外国资本的直接投资，国家资本市场没有足够的能力维持长久的经济发展。政府已经失去或者驱逐了一些技术专家，也削弱了管理机构，当时，玻利维亚非常需要这些管理机构采取有效的措施来实行国有化政策。

近年来，玻利维亚政府号召公正地对待过去民主选举产生的总统所实行的经济政策，这说明玻利维亚政府已经预感到来自曾经的精英们的威胁，而且政府也不愿意与反对派谈判。2010 年 4 月选举以后，发生了对全国选举法庭的有效性和重要性的攻击，当时，选举结果并不是执政党想要达到的，社会主义运动党内部还出现了某种独裁主义倾

向。最后,执政党不断地在全省和城市级别上削弱反对派领导人势力的活动表明,这届玻利维亚政府在以常规方式实行民主政策的过程中还面临着很大困难。

自2002年大选以来,旧的政治体制的瓦解,新的、复杂的地方政治组织的建立,行政首脑与立法官员来自不同的社会利益集团,使得玻利维亚国家政治比以往更加复杂。旧政党瓦解了,新的联盟出现了,并不断地对社会主义运动党提出挑战。从全国范围看,社会主义运动党仍然占据优势地位,该党在2009年的总统大选和宪法会议上获得将近三分之二的选票。但是从全国立法和省级立法层面上看,社会主义运动党并不占有优势,不得不与其他党派分享权力。在2009年的总统大选中,形成了一个叫做"玻利维亚进步计划—国家团结党(Plan Progreso para Bolivia-Convergencia Nacional, PPB-CN)"的最大反对党(该党2009年9月由"玻利维亚进步计划"、"玻利维亚自治党"和"民族主义革命运动"合并而成),这是一个右翼联盟,领导人为曼弗雷德·雷耶斯·比利亚(Manfred Reyes Villa)。在那次竞选中玻利维亚进步计划—国家团结党获得26%的选票,并获得大量国会议席,其中,特别重要的是该党获得了议会众议院136个席位中的37个,36个参议员席位中的10个。在省级范围内,也有很多地方政党与社会主义运动党分享权利。近来成立的地方政党中,有很多政党并不局限于一个省的势力范围,如绿党(Partido Verde de Bolivia)和无畏党(Movimiento Sim Medo)。无畏党的总部在拉巴斯,在2010年的地方选举中,获得拉巴斯和欧鲁罗两省的基层政权。尽管社会主义运动党仍旧保持着玻利维亚第一大党的地位,在绝大多数选民支持下还继续在玻利维亚执政,但在省市基层政权,社会主义运动党要与大量地方政党分享权力,而且很多省和重要的城市还在反对党的控制之下。因此,尽管社会主义运动党是执政党,并有能力赢得总统选举的胜利并控制国会,但社会主义运动党总是面临来自地方利益集团的反对,玻利维亚的社会主义运动党似乎也没有像墨西哥的宪政革命党(Partido Revolucionario Institucional PRI)和巴西的劳工党(Partido dos Trabalhadores PT)那样,成为全国大一统政党。

随着土著人和梅斯蒂索人越来越具有独立性，在政治利益上越来越忠诚于地方组织，社会主义运动党本身也开始逐渐被削弱，该党在中心城市的控制和一些传统中心地区的支持方面都遇到了麻烦。因此，在 2010 年 4 月的省级和城市选举中，反对派在埃尔阿尔托城获胜并占领拉巴斯。在高原地带，社会主义运动党在与反对派争夺全国政党候
296 选人的较量中也不是胜券在握。此外，该党还失去了对圣克鲁斯、塔里加和贝尼 3 个省的行政权。但是，尽管受到种种挫折，甚至失去了对“月亮舆论区”各个省的控制权，社会主义运动党仍然是值得尊敬的第二大党。在低地地带，也是经济农业区域和石油、天然气矿藏储备的中心腹地，社会主义运动党具有牢固的基础。尽管在政治运动中受到不可避免的削弱，社会主义运动党仍然是由土著人领导的强大的全国性的政党。莫拉莱斯本人也是一位充满活力和领袖魅力的国家领导人，近来赢得多数选民的拥戴和支持。尽管 2009 年宪法规定了总统连任的时间限制，但埃沃·莫拉莱斯和阿尔瓦罗·加西亚(Álvaro García)宣称他们组建的第一届政府是在宪法规定之前就已经成立了，因此他们组织参加了 2014 年 10 月的第三次连任竞选并获得了 61%的选票。

玻利维亚政治史大事年表

公元前 2500 年	乡村农业开始出现
公元前 1800 年	陶瓷业开始出现
公元前 800 年	查文,第一个泛安第斯文明
公元前 100 年	区域国家:早期提阿胡纳科文明形成
公元 600—1200 年	提阿胡纳科文明国家(形成中期)
1400s	艾玛拉王国兴起
1460s	印加征服艾玛拉王国以及科拉苏尤产生
1470	艾玛拉王国反抗印加人
1532	西班牙人来到秘鲁
1537	曼科印加叛乱
1538	西班牙人开始在玻利维亚定居
1545	波托西地区发现银矿
1558	查尔加斯检审庭对区域独立统治开始
1560s	玻利维亚边疆区域的最后定居
1572—1576	托雷多访问上秘鲁:米达劳工、银矿石水银混合物以及强迫印第安人重新定居的开始
1580s	的的喀喀湖地区科帕卡巴纳圣母神庙建立
1584	第一部艾玛拉语法出版

1624	丘基萨卡大学成立
1650s	波托西地区长达100年之久的白银出口危机开始
1695	奥鲁罗附近发现银矿
1734	贡品税扩展到外来人和亚纳科纳
1751	班科·圣卡罗斯在波托西地区建立以购买矿石
1776	布宜诺斯艾利斯建立里奥拉普拉塔,查尔加斯检审庭脱离秘鲁而成为独立总督区
1780—1782	图帕克·阿玛鲁在上、下秘鲁叛乱。图帕克·卡塔里、托马斯·卡塔里以及安德雷斯·阿玛鲁领导在上秘鲁叛乱;克里奥尔人、科罗人以及印第安人在奥鲁罗地区的叛乱中只有多种族运动
1784	查尔加斯检审庭任命行政官员并成为行政管理机构
1796	西班牙与英国开战;对上秘鲁影响严重的国际贸易危机开始
1808	法国入侵西班牙,王室政府倒台
1809	丘基萨卡地区的社会精英暴乱(5月25日)拉巴斯地区为争取独立开始平民暴乱(7月16日)
1809—1825	上秘鲁独立战争开始
1809	里奥拉普拉塔独立(5月25日)。查尔加斯检审庭重新归利马以及秘鲁总督控制
1824	阿亚库乔战役。苏克雷率领哥伦比亚军队于12月在下秘鲁击败最后一支忠于西班牙王室的军队
1825	上秘鲁解放,玻利维亚宣布独立(8月6日)
1825—1828	在安东尼奥·何塞·苏克雷的领导下第一届共和国政府宣布成立,罗马天主教会国有化
1829—1839	安得雷斯·圣克鲁斯统治政府
1841	印加维战役结束。秘鲁、玻利维亚相互参与彼此的内政

1841—1847	何塞·巴利维安政府统治时期
1847—1855	贝尔苏,曼纽尔·伊希多罗政府
1850s	现代银矿业的开始
1860s—1870s	智利人在玻利维亚阿塔卡马省发现矿藏,其中包括海鸟粪、银和硝酸盐
1864—1870	梅尔加雷霍,马里亚诺政府。玻利维亚政府与国外政府和企业进行艰难的协商
1879	智利人入侵玻利维亚的太平洋港口,太平洋战争开始
1880	塔克纳战役(5 月 26 日)太平洋战争以玻利维亚的惨败而告终,通过新宪法,这部宪法成为新文明时代的基本宪章
1880—1899	保守党掌控平民政府。银矿矿主控制整个政府和国会
1899	自由党联盟革命推翻保守党和苏克雷独裁政府,首都拉巴斯成为所有政府活动的基地
1899—1903	在阿克雷边界,橡胶工人搞分裂叛乱,最终使边界被迫割让给巴西
1899—1920	自由党掌控政府,其领导人为伊斯马尔·蒙特斯
1902	锡代替了银,成为玻利维亚最有价值的出口产品,并占总出口额的 50%
1902—1934	共和党掌控政府,在 20 世纪 20 年代,锡出口额达到历史最高水平,经济大萧条也达到历史顶点。主要领导人有萨维德拉、赫尔南多·西莱斯和丹尼尔·萨拉曼卡
1932—1935	由于查科边界争端而与巴拉圭发生战争。这是玻利维亚历史上最惨痛的失败
1936—1939	戴维·托罗和左翼民粹党领袖杰尔曼·布希联合掌控军政府,即众所周知的“军事社会主义”

1937	玻利维亚标准石油公司国有化,以及玻利维亚国家石油公司诞生
1939—1943	恩里克·佩纳兰达开始保守的平民统治
1942	民族主义者革命运动党成立
1943—1946	瓜儿维拉·比利亚罗维尔领导下的激进军事民族主义者革命运动党政府
1944	第一次成功建立国家矿工工会组织玻利维亚矿工工会联合会
1945	召开第一届全国农民代表大会
1946	比利亚罗维尔被推翻之后,玻利维亚矿工工会联合会发表激进宣言
1946—1952	平民-军事保守政权统治时期
1952	民族主义者革命运动党四月民族大革命
1952—1964	民族主义者革命运动党领导人维克多·帕斯·埃斯滕索罗和埃尔南·西莱斯·苏亚索领导下的平民政府。矿产国有化以及玻利维亚矿业集团建立。1953 年土地改革,全民选举权,玻利维亚中央工会建立
1967	1994 年修正宪法
1964—1970	雷内·巴里恩托斯和奥万多·阿尔弗雷多领导下的民粹军政府
1965—1967	切·格瓦拉在玻利维亚
1970—1971	胡安·何塞·托雷斯领导下的激进民粹军政府以及“公众集会”政权的建立
1971—1978	乌戈·班塞尔领导下的保守军事政权的统治
1978—1979	过渡军事政权以及平民政党的政治重组
1979—1980	全国大选以及西莱斯·苏亚索领导新、老政党左派联盟出现
1980—1982	大批平民反对反动军事政权的统治

1982—1985	推举埃尔南·西莱斯·苏亚索为平民政权的总统，但政府面临高度通货膨胀时期
1985—1989	1985年8月29日维克多·帕斯·埃斯滕索罗组阁,对经济实行激进的“正统休克疗法”
1989—1993	杰米·帕斯·萨莫拉和革命左派运动党政府统治
1993—1997	贡萨洛·桑切斯·洛萨达和民族主义者革命运动党掌权。颁布公众参与以及废除中央集权的法律
1997—2001	乌戈·班塞尔和民族主义者民主行动党掌权
1995	社会主义运动党建立,埃沃·莫拉莱斯在1997年进入议会
2002—2010	埃沃·莫拉莱斯第一届政府,天然气和电力国有化,玻利维亚石油垄断公司和玻利维亚矿业集团重建,迪哥尼达德计划和其他有条件的现金转让项目
2009	玻利维亚(多民族国家)新宪法颁布
2010	埃沃·莫拉莱斯第二届政府

表　　格

表一　1846—2001 年全国人口普查统计的玻利维亚主要区域以及首府城市人口分布

区　域	首府	1846	1900	1950	1976	1992	2001
拉巴斯地区	拉巴斯	412 867 42 849	426 930 52 697	948 446 321 073	1 484 151 654 713	1 900 786 1 118 870	2 350 466 1 487 248
科恰班巴地区	科恰班巴	279 048 30 396	326 163 21 881	490 475 80 795	730 358 205 002	1 110 205 397 171	1 455 711 778 422
奥鲁罗地区	奥鲁罗	95 324 5 678	86 081 13 575	210 260 62 975	311 245 124 121	183 422 645 889	202 010 709 013
波托西地区	波托西	243 269 16 711	325 615 20 910	534 399 45 758	658 713 77 334	645 889 112 078	709 013 133 268
丘基萨卡	苏克雷斯	156 041 19 235	196 434 20 907	282 980 40 128	357 244 62 207	453 756 131 769	531 522 194 888
圣克鲁斯地区	圣克鲁斯	78 581 6 005	171 592 15 874	286 145 42 746	715 072 256 946	1 364 389 697 278	2 033 739 1 114 095
塔里加地区	塔里加	63 800 5 129	67 887 6 980	126 752 16 869	188 655 39 087	291 407 66 900	391 226 135 651
贝　尼	特尼尼达德	48 406 3 194	25 680 2 556	119 770 10 759	167 969 27 583	276 174 57 328	362 521 75 285

（续表）

区　域	首府	1846	1900	1950	1976	1992	2001
潘　多	科维哈	1 560	7 228	19 804	34 490	38 072 10 001	52 525 20 987
全国合计		1 378 896	1 663 610	3 019 013	4 647 816	6 420 792	8 274 325

注释：拉巴斯市的统计数据也包括新建城市 El Alto 的人口，El Alto 是近来才从拉巴斯市分离出去的。1992 年，拉巴斯市人口为 713 378 人，El Alto 市人口为 405 492 人。2001 年，El Alto 统计人口为 694 749 人，拉巴斯市为 792 499 人。

潘多省在 1992 年前没有城市中心。在 1976 年，科维哈只有人口 1 726 人。

表二　1550—1909 年玻利维亚白银产量和出口量每 10 年统计数据

年　　限	年平均产量	年输出量最多数	年输出量最少数
1550—59	278 055	379 244	207 776
1560—69	241 348	284 443	216 516
1570—79	278 093	613 344	114 878
1580—89	750 073	865 185	668 517
1590—99	803 272	887 447	723 591
1600—1609	762 391	844 153	624 666
1610—19	666 082	746 947	620 477
1620—29	590 900	646 543	536 473
1630—39	598 287	793 596	530 674
1640—49	520 859	619 543	463 799
1650—59	461 437	523 604	424 745
1660—69	362 425	398 459	321 889
1670—79	343 478	380 434	289 216
1680—89	370 646	409 338	326 904
1690—99	290 526	375 459	236 935
1700—1709	198 404	226 186	178 087
1710—19	152 696	198 682	114 314

（续表）

年　　限	年平均产量	年输出量最多数	年输出量最少数
1720—29	145 555	200 693	119 576
1730—39	140 186 e	169 707	82 811
1740—49	92 119 e	111 947	81 081
1750—59	123 864 e	126 957	115 373
1760—69	142 114	158 883	117 323
1770—79	170 381	242 067	150 764
1780—89	378 170	416 676	335 848
1790—99	385 283	404 025	369 371
1800—1809	297 472	317 416	194 535
1810—19	208 032	338 034	67 347
1820—29	156 110	177 727	132 433
1830—39	188 319	228 154	169 035
1840—49	191 923	256 064	142 029
1850—59	201 482	224 313	189 573
1860—69	344 435 e	391 304	312 174
1870—79	955 629 e	1 150 770	391 304
1880—89	1 111 568 e	1 660 804	597 686
1890—99	1 655 762	2 630 907	1 202 927
1900—1909	799 791	1 288 452	385 522

数据来源：彼得·贝克韦尔l,“1550—1735年波托西地区登记银产量”《斯塔特拉丁美洲经济社会史年鉴》12（1975年）(Jahrbuch für geschichte von Staat, Wirtschaft Gesellschaft lateinamerikas)，表一，92—97；欧内斯特·拉克，《总指南》(Guia general de) 表二(续)。

《玻利维亚第一年》，(Bolivia, Primer Año, 苏克雷，1865)，第170—171页有关1755—1859年部分；兰伯托·西尔拉，“波托西白银提取声明，1556—1800”(“Manifesto” de la plato extraida del cerro de Potosi, 1556—1800)(布宜诺斯艾利斯，1971年)，第35—37页有关1735—1754年部分：阿道夫·塞特比尔，《贵金属的生产和价值之间的比率，从发现美洲至今有关黄金和白银的统计》Edelmetall-produktion und werthverhältniss zwischen gold und silber seit der entdeckung Amerika's bis zur gegenwart（哥达，1879年），第78—79页有关1860—1875年部分；《矿业统计数据，技术与贸易》第一卷(1892年)，第207页第二卷(1893年)，第333页和第七卷(1898年)第203页有关1876—1884年部分；《玻利维亚共和国地理、

全国移民统计资料和地理宣传》(Oficina Nacional de Inmigración, Estadística y Propaganda Geográfrica, Geografia de la república de Bolivia，拉巴斯，1905 年)，第 354—355 页有关 1895—1905 年部分；沃尔特・戈梅斯，《玻利维亚经济发展研究，1900—1970》(la Mineria en el el desarrollo económico de Bolivia，1900—1970，拉巴斯，1978 年)，第 218—220 页有关 1905—1909 年部分：

注释：字母“e”表示估计的产量。1859 年后，所有的数字都由千克换算成马克，换算率为 230 克等于 1 马克。由于 1734—1755 年间没有产量数据可循，我使用了西尔拉的税收数据。用 5.2 的乘数来转换玻利维亚货币单位比索，再转换成银马克，这一数字在拉克的产量数据和西尔拉的税收报单中有关 1756—1760 年为最高值。

表三　玻利维亚 1900—2000 年的锡产量

年　限	年平均产量	年最大出口量	年最少出口量
1900—9	14 909	21 342	9 739
1910—19	24 710	29 100	21 324
1920—29	33 216	47 191(1929)	19 086
1930—39	25 864	38 723	14 957(1933)
1940—49	38 827	43 168	33 800
1950—59	28 861	35 384	18 013
1960—69	24 705	29 961	19 718
1970—79	29 731	32 626	25 568
1980—89	19 013	29 801	8 128(1987)
1990—99	15 423	18 600	11 417

数据来源：沃尔特・戈梅斯，《玻利维亚经济发展研究，1900—1970》；詹姆斯・W. 维基和彼得・赖克，《拉美数据摘要》(洛杉矶，1980 年)，第十卷，第 255 页有关 1971—1976 年部分；美国内务部，矿产年鉴，1978—1979(华盛顿 DC，1980)，第一卷，第 926 页有关 1977—1979 年部分；玻利维亚中央银行对外部，1980—1988，(拉巴斯，1989 年)，第 43 页有关 1980—1988 年部分。

表四　玻利维亚社会经济基本指数

指　数	数　量	年　份
人口(百万)	8 274	2001
平原(每平方公里千人)	1 099	1999
人口密度(每平方公里)	8	1999
城市	58%	2000

(续表)

指　　数	数　量	年　　份
年平均人口出生率	2.3%	1995—2000 c
婴儿成活率	4.4	1995—2000 c
0—14岁儿童占人口百分比	39.6%	2000 c
居民每千人估量出生率	33.2	1995—2000 c
居民每千人估量死亡率	9.1	1995—2000 c
每100,000出生婴儿中母亲死亡人数	390	1990—1998 c
寿命(以年为计算单位)	62	1999 b
每1 000出生婴儿死亡人数	60.6	2000
每1 000出生儿童中死亡人数	25	1999 b
儿童体重过轻所占百分比	6%	2000
5岁以下儿童营养不良所占百分数	8%	2000
一岁以下儿童第三次接种白喉-百日咳-破伤风人数所占百分比	89%	2000
一岁以下儿童第三次接种骨髓灰质炎人数所占百分比	89%	2000
一岁以下儿童接种BCGN人数所占百分比	95%	2000
健康专家关注的出生儿童人数所占百分比	63%	2000
没有得到医疗看护的人口所占百分比	22%	2000
人类发展指数在联合国排名分数	0.652	1999
性别发展指数在联合国排名分数	0.557	1999
收入不平衡的基尼系数	0.42	1990 un
贫困人口所占百分比	51.5	1999
极度贫困人口所占百分比	23.6	1999
国内生产总值(百万美元)	8 281	2000
人均国民收入(美元)	994	2000
出口价值(货物与服务 百万)	1 457	2000

（续表）

指　　数	数　量	年　　份
进口价值（百万美元）	1 848	2000
贸易平衡(百万)	(392)	2000
出口美国数量所占比例	24%	2000
总外债（百万美元）	4 574	2000
从事农业人口所占比例	43.2%	1997
从事工业人口所占比例	18.4%	1997
从事服务业人口所占比例	38.4%	1997
按照可扩展身份验证协议人口在非正式部门所占比例	51.3%	2000 u
全部外援（百万美元）	569	1999 b
外国援助人均数额	70	1999 b
外援占国内生产总值比例	7.0%	1999 b
外援用于中央政府开销比例	29.6%	1999 b
全部出口额的负债率	30.2%	1998 b
有饮用水房屋所占比例	71%	1998
有卫生设施房屋所占比例	65%	1998
有照明设施的房屋所占比例	71%	1997 c
文盲所占比例	14.4%	2000 c
学龄人口数量（百万）	1 578	1999
接受初等教育人口所占比例	95%	1990—2000
接受中等教育人口所占比例	37%	1990—2000
完成学业的平均年限（20 年或更多）	7.3	1999
城市人口	9.4	1999
乡村人口	3.1	1999
大部分人口所讲语言(6 年或以上)西班牙语	58.3%	2000
艾玛拉语	15.7%	2000

（续表）

指　　数	数　量	年　　份
克丘亚语	22.9%	2000
古阿拉尼语	0.6%	2000 b
其他本族语	0.4%	2000
外语	2.0%	2000
估计乡村土著人口（百万）	2.1	2000
少数民族人口所占比例克丘亚人	27.2%	1999
艾玛拉人	22.5%	1999
瓜拉尼人	1.2%	1999
莫杰诺	1.5%	1999
丘基塔诺	1.7%	1999
奥特罗	2.9%	1999
努尼	42.9%	1999
信奉天主教人口所占比例 %	85	1992
信奉新教人口所占比例 %	11	1992

注释：如果没有标示，所有数字均来自“国家统计研究所”。带有字母“c”的所有统计数据来自《拉丁美洲和加勒比统计，2000 年》。带有字母“b”的所有统计数据来自世界银行《世界发展指数，2001 年》。带有字母“u”的所有统计数据来自玻利维亚《经济评估，2000 年》；带有字母“un”的所有统计数据来自联合国发展规划署《世界收入不均数据库》，第一卷，2000 年 9 月 12 日。

参考书目

一、概述

玻利维亚史曾经得到其本国几代传统历史学家很好的研究，他们对玻利维亚国家的发展进行了多种描述。其中最重要和最有影响的早期历史学家及其著作有：Alcides Arguedas, *Historia general de Bolivia* (La Paz, 1922); and Enrique Finot, *Nueva historia de Bolivia* (Buenos Aires, 1946)。最近的总体研究玻利维亚史的几本新著作包括：José de Mesa, Teresa Gisbert, and Carlos D. Mesa Gisbert, *Historia de Bolivia* (4th ed. rev.; La Paz: Editorial Gisbert y Cia, 2001); Clara López Beltrán, *Biografia de Bolivia, un estudio de su historia* (La Paz, 1993); and Alberto Crespo, José Crespo Fernández, and Marí Luisa Kent Solares, eds., *Los bolivianos en el tiempo: Cuadernos de historia* (2d ed.; La Paz, 1995)。将玻利维亚历史发展总体描述与秘鲁进行比较研究的学者及其著作是：Magnus Mörner in *The Andean Past: Land, Societies and Conflicts* (New York, 1985)。试图对玻利维亚国家历史进行有选择的研究的学者和论著以及相关文章有：Xavier Albó and Josep M. Barnadas, *Manual de bibliografía: introducción a los estudios bolivianos contemporaneous, 1960 –1984* (Cuzco, 1987); Brooke Larson, "Bolivia

Revisited: New Directions in North American Research in History and Anthropology," *Latin American Research Review* 23: 1 (1988), and Hervert S. Klein, "Recent Trends in Bolivian Studies," *Latin American Research Review*, 31: 1 (1996)。对玻利维亚档案进行介绍的著作是: Rossana Barragán, *Guía de archivos para la historia de los pueblos indígenas en Bolivia* (La Paz, 1994)。最后,需要提及的还有几份重要的玻利维亚全国性刊物,其中包括: *Historia Boliviana*, edited by Josep Barnadas from 1981 to 1986; *Historia y cultura* (La Paz, 1973 -), the *Anuario* of the Archivo y Biblioteca Nacionales de Bolivia (Sucre, 1995 -); *Data*: *Revista de Instituto de Estudios Andinos y Amazónicas* (La Paz, 1991 -); and *Historias* (La Paz, 1997 -)。

比较专门性的对玻利维亚史给予某种该领域中有说服力介绍的学者及其论著是:Luis Peñaloza, *Nueva historia económica de Bolivia* (7 vols.; La Paz, 1981 - 7);对玻利维亚史进行图说并提供许多重要相关统计数据的学者和著作是: Eduardo Arze Cuadros, *La economía de Bolivia ... 1492 - 1979* (La Paz, 1979)。对玻利维亚历史上有组织的劳工运动进行描述的学者和著作是: Guillermo Lora, *History of the Bolivian Labour Movement, 1848 - 1971* (Cambridge, 1977)。对玻利维亚知识分子思想史描述的学者和著作是: Guillermo Francovich, *La filosofía en Bolivia* (Sucre, 1945);其中对玻利维亚历史学家进行较好介绍的学者和著作是:Valentín Abecia Baldivieso, *Historiografía boliviana* (2d ed.; La Paz, 1973)。对玻利维亚政治思想研究的学者和论著有:Mario Rolón Anaya, *Política y Partidos en Bolivia* (3rd rev. ed.; La Paz, 1999),该著作内容中对玻利维亚政党活动及其表现进行了最完整的介绍。在这方面可供参考的论著还有:Guillermo Lora, *Documentos politicos de Bolivia* (rev. ed., 2 vols.; La Paz, 1987)。近年来还有学者的论著和论文中首次介绍了现代玻利维亚选举活动,见: Salvador Romero Ballivián, *Geografía electoral de*

Bolivia (2d ed.; La Paz, 1998) *Geografía electoral de Bolivia asívotan los bolivianos* (La Paz, 1993)。对玻利维亚共和国政府结构进行逐年分析的学者和著作是:N. Andrew N. Cleven, *The Political Organization of Bolivia* (Washington, DC, 1940),该著作也是很有用的。对玻利维亚地方政府近年来主要行政管理改革进行比较有趣的研究著作之一是:Merilee S. Grindle, *Audacious Reforms: Institution Invention and Democracy in Latin America* (Baltimore, 2000),这方面也可以参考:Horst Grebe López, et al., *Las reformas estructurales en Bolivia* (La Paz, 1998)。对20世纪50年代以前玻利维亚所有宪法都进行了编辑和分析的学者和著作是:Ciro Felix Trigo, *Las constituciones en Bolivia* (Madrid, 1958);对玻利维亚宪法思想进行考察的是:Hormando Vaca Díez, *Pensamiento constitucional boliviano, 1826 - 1995* (La Paz, 1998)。两部很有参考价值的著作对玻利维亚在印第安人和农村地区立法文献进行编撰:José Flores Moncayo, *Legislación boliviana del indio, recopilación 1825 - 1953* (La Paz, 1953) and Abraham Maldonado, *Derecho agrario, historia-doctrina-legislación* (La Paz, 1956)。

玻利维亚复杂的国际关系史研究队伍相当庞大,著作也十分丰富,其中最著名的是:Balentín Abecia Baldivieso, *Las relaciones internacionales en la historia de Bolivia* (2d ed., 2 vols; La Paz, 1986);近年来比较重要的学者著作也可以看:Eduardo Arze Quiroga, *Las relaciones internacionales de Bolivia, 1825 -1990* (La Paz, 1991)。对玻利维亚与英国亲密关系进行描述的学者和著作是:Roberto Querejazu Calvo, *Bolivia y los ingleses, 1825 -1948* (La Paz, 1971);对该问题进行分析的学者和论著是:León Enrique Bieber, *Las relaciones económicas de Bolivia con Alemania, 1880 -1920* (Berlin, 1984),该著作是玻利维亚与外国经济关系研究的典型论著。关于玻利维亚与智利之间有争议的关系问题可参考智利人的观点及其研究著作:Francisco Antonio Encina, *Las relaciones entre Chile y Bolivia, 1841 -1963* (Santiago, 1963),有关玻利维亚与美国之间关系的研究著作将在下面进行说明。

对玻利维亚文学进行不同视角的研究也是相当有用的,这主要有:Enrique Finot, *Historia de la literature boliviana* (4th ed. rev. ; La Paz, 1975); and Fernando Diez de Medina, *Literatura boliviana* (Madrid, 1954). Javier Sanjinés C. has surveyed recent literature in two works, *Tendencias actuales en la literature boliviana* (Balencia, Spain, 1985) and *Literatura contemporánea y grotesco social en Bolivia* (La Paz, 1992)。对玻利维亚小说研究的作品中最突出的还是奥古斯都·古兹曼的两部论著: *La novela en Bolivia* (La Paz, 1955)以及他为泛美联盟撰写的著作: *Diccionario de la literature latinoamericana. Bolivia* (Washington, DC, 1955);另外还有一些作品对玻利维亚文学进行总体描述: Teresa Gisbert, *Literatura virreinal en Bolivia* (La Paz, 1963), and Perla Zayas de Lima, *La novella indigenista boliviana de 1910－1960* (Buenos Aires, 1985)。但对玻利维亚造型艺术的描述并不多见,但在: José de Mesa and Teresa Gisbert 一些著作中对美洲被征服前、殖民地时代和民族革命时期有所介绍。对玻利维亚建筑进行很好介绍的是: *Bolivia: Monumentos históricos y arqueologicos* (Mexico, 1970)。描写玻利维亚现代绘画艺术的是: Pedro Querejazu, ed., *Pintura boliviana del siglo xx* (Milan, 1989);有关戏剧的描述有: Mario Soria, *Teatro boliviano en el siglo xx* (La Paz, 1980);有关电影的描述有: Alfonso Gumucio, *Historia del cine en Bolivian* (La Paz, 1984); and José Sánchez-H, *The Art and Politics of Bolivian cinema* (Lanham, MD, 1999)。

在玻利维亚有无计其数的私人进行宗教事务方面的历史记载,其中不乏一些资料收集和大部头的概览,但只有唯一的一部玻利维亚教会史,那就是: López Menendez, *Compendio de la historia eclesiastica de Bolivia* (La Paz, 1965)。建制性记载比较详尽的还有关于军队历史的描述: Julio Diaz A., *Historia del ejército de Bolivia, 1825－1932* (La Paz, 1940); James Dunkerley, *Orígenes del poder military en Bolivia*: *Historia del ejército 1879 – 1935* (La Paz, 1987); and Gary Prado Salmon, *Poder y fuerzas armadas, 1949 – 1982* (La Paz, 1984)。医学方面的研究有: Juan Manual Balcazar, *Historia de medicina en Bolivia* (La Paz, 1956)。但是,十分重要法律方面的职业性研究却不多见。有关技术方面的记载见于: Manuel E. Contreras, *Tecnología moderna en los Andes minería e ingenería en Bolivia en el siglo XX* (La Paz, 1994)。

矿业及其不寻常的蕴藏和开采地区问题的历史在玻利维亚具有重要的地位,得到了玻利维亚国内和其他国家地理学和地质学学者的重视,有关这方面的文字描述见: Jorge Muñoz Reyes, *Geografía de Bolivia* (3rd ed.; La Paz, 1991) and in Federico E. Ahlfeld, *Gelolgía de Bolivia* (3rd ed.; La Paz, 1972)。另外,最新的也是最好理解的相关描述是: Ismaed Montes de Oca, *Geografía y recursos naturals de Bolivia* (3rd ed.; La Paz, 1997)。近年来,有人试图重新复制玻利维亚的土壤和气候图,以便进行更现代性的评论,这很有意思,见: the Ministerio de Asuntos Campesinos y Agropecuarios, *Mapa ecologico de Bolivia* (La Paz, 1975); 有一个英国人的研究对玻利维亚土壤进行了更加传统和更加重要的分析: Thoma T. Cochranc, *Potcncial agricola del uso de la tierra de Bolivia* (La Paz, 1973)。下面的著作对玻利维亚生态地区进行了考察: C. E. Brockman, ed., *Perfil ambiental de Bolivia* (La Paz, 1986)。对玻利维亚商业分布及其赖以存在的植物进行分析虽然很有限但却很有用: Gover Barja Berrios and Armando Cardozo Gonsalvez, *Geografía agrícola de Bolivia* (La Paz, 1971)。在这方面,由于其统计数据广泛,玻利维亚政府在20世纪初期所进行的统计描述也很重要,这些资料见: Oficina Nacional de Inmigración Estadística y Propaganda Geografíca, *Sinopsis estadística y geográfica de la república de Bolivia* (2 vols.; La Paz, 1903); *Geografía de la república de Bolivia* (La Paz, 1905); and *Diccionario geográfico de la República de Bolivia* (4 vols.; La Paz,

1890－1904)。一本有趣的玻利维亚政治地理学是关于玻利维亚边疆问题的,这本书是: J. Valerie Fifer, *Bolivia: Land, Location and Politics since 1825* (Cambridge, 1972)。还有学者对玻利维亚城镇地理位置进行了考察: Wolfgang Schoop, *Ciudades bolivianas* (La Paz, 1981)。当前,还有一些学者研究玻利维亚的空中和卫星拍摄的地图以及国内相关地图进行比较深入的研究,比较有用的见: the Instituto Militar de Geografía and the Instituto Nacional de Estadística。卫星地图的讨论和索引见: Lorrain E. Giddings, *Bolivia from Space* (Houston, 1977)。相关历史地图比较少见,主要有: Ramiro Condarco Morales, *Atlas histórico de Bolivia* (La Paz, 1985)。有关探测的主要文字见: Manuel Frontaura Argandona, *Descubridores y exploradores de Bolivia* (La Paz, 1971)。有关地区动物的研究有两本主要著作: Raynond A. Paynter, *Ornithological gazetteer of Bolivia* (2d ed.; Cambridge, MA, 1992) and Sydney Anderson, *Mammals of Bolivia Taxonomy and Distribution* (New York: Bulletin 231, American Museum of Natural History, 1997)。有关森林的详细研究见: Timothy J Killeen, Emilia García E., and Stephan Beck, *Guía de arboles de Bolivia* (La Paz and St. Louis, 1993)。

关于玻利维亚人口发展变化的研究见: Asthenio Averanga Mollinedo, *Aspectos generales de la población boliviana* (3rd ed.; La Paz, 1998);有关人口问题的其他研究还有玻利维亚国家统计局、近年来联合国相关机构公布的有关玻利维亚的出版物相关玻利维亚国内出版物涉及的与人口相关的著述有:Renata Forste, "The Effects of Breastfeeding and Birth Spacing on Infant and Child Mortality in Bolivia," *Population Studies*, 48: 3 (Nov. 1994), pp. 497－511。最后,有关玻利维亚高原地区生活的学术著作还有:Paul T. Baker and M. A. Little, eds., *Man in the Andes: A Multidisciplinary Study of High-Altitude Quechua* (Stroudsburg, PA, 1976)及发表在 the *American Journal of Physical Anthropology* 上的相关研究。

二、前殖民地时期和殖民地时期

现代玻利维亚历史研究中最引人注目的发展是对前哥伦布时代历史的关注和殖民地时代社会和经济历史的研究,这些研究著作中绝大多数是由历史学家和人类学家所进行的,二者相互配合,对玻利维亚历史进行了新的阐释。关于玻利维亚地区早期人类及其演进的历史见:S. J. Fiedel, *Prehistory of the Americas* (2d ed.; Cambridge, 1992),对于玻利维亚文明社会的演进见:Luis G. Lumbreras, *The peoples and Cultures of Ancient Peru* (Washington, DC, 1974), and Karen Olsen Bruhns, *Ancient South America* (Cambridge, 1994)。根据安第斯山考古最新发现所进行的现代历史回顾见:Terence N. D'Altroy, "Recent Research on the Central Andes," *Journal of Archeological Research*, 5: 1 (1997), pp. 3-73。对被征服前玻利维亚当地历史发展的早期研究见:de Dick Edgar Ibarra Grasso, *Prehistoria de Bolivia* (2d ed.; La Paz, 1973); Arthur Posnansky, *Tiahuanacu* (2 vols.; New York, 1945);相关争论性研究见:Carlos Ponce Sanjines, *Descripción sumaria del template semisubterraneo de Tiwanaku* (La Paz, 1964) and *Tiwanaku: espacio, tiempo y cultura* (La Paz, 1972)。有关玻利维亚国内外考古工作者在玻利维亚进行的大规模洞穴挖掘工作的情况是在进行了几十年的封闭性工作后于最近才刚刚完成,最新的研究集中在提瓦纳库和高原地区农业发达文明的研究成果,见:Alan L. Kolata, *The Tiwanaku: Portrait of an Andean Civilization* (Cambridge, 1993), and the volume he edited, *Tiwanaku and Its Hinterland Archaeology and Paleoecology of an Andean Civilization* (Washington, DC, 1996)。还有关于大湖地区北部提瓦纳库定居点的相关研究以及玻利维亚青年考古工作者关于这个问题的研究成果,见:Juan Albarracín-Jordán, *Tiwanaku, arqueología regional y dinámica segmentaria* (La Paz: Plural Editores, 1996); Juan Albarracín-Jordán and James Edward Mathews, *Asentamientos prehispánicos del Valle de Tiwanaku* (La

Paz: Producciones CIMA, 1990)。关于被征服前艾马拉诸王国的研究见: John Hyslop, "El area Lupaca bajo el dominio incaico. Un reconocimiento arqueológico," *Histórica* (Lima) 3: 1(1979), and "An Archeological Investigation of the Lupaca Kingdom and Its Origins" (Ph. D. diss., Columbia University, 1976)。有一本玻利维亚种族史的著作,见: Catherine J. Julien, *Hatunqolla: A View of Inca Rule from the Lake Titicaca Region* (Berkeley, 1983)。高原地区建筑物历史调查的著作见: Marc Bermann, *Lukurmata Household Archaeology in Prehispanic Bolivia* (Princeton, 1994)。有关被征服前艾马拉群体控制问题的著作见: Patrice Lecoq, "*Uyuni prehispanique*" *archéologie de la cordillera Intersalar(Sud-Ouest Bolivien)* (Oxford, 1999);还有一些新的著作论述了河谷问题: Alvaro Higueras-Hare, "Prehispanic settlement and land use in Cochabamba, Bolivia" (Ph. D. diss., University of Pittsburgh, 1996)。

对于西班牙征服美洲之前安第斯山文明特点及其最突出的成就方面的研究见约翰·穆拉的诸多研究著作,其中最重要的代表是: John Murra, *Formaciones politicos y económicos en el mundo andino* (Lima, 1975), "An Aymara Kingdom in 1576," *Ethnohistory* 15: 2 (1968), and his editing of Garcí Diez de San Miguel, *Visita hecha a la provincial de Chuquito (1576)* (Lima, 1964) and most recently of a *Visita de los valles de Sonqo en los yunka de coca de La Paz [1568 - 1570]* (Madrid, 1991)。有关的的喀喀湖地区艾马拉诸王国的最新实地考察研究见: Franklin Pease, *Del Tawantinsuyu a la historia del Peru* (Lima, 1978);对科恰班巴实地考察的研究见: José M. Gordillo and Mercedes del Rio, *La visita de Tiquipaya (1573) análisis etno-demográfico de un pardon toledano* (Cochabamba, 1993)。对玻利维亚印加时期历史的相关著作见: John Murra, Alfred Metraux, J. H. Rowe, Sally Falk Moore, R. T. Zuidema, Maria Rostworowski de Diez Canseco, Waldemar Espinoza Soriano, Franklin Pease, Nathan

Wachtel 的相关著作。另外,Craig Morris 有关秘鲁发展的论著也对了解玻利维亚在科恰班巴地区的经历具有一定意义。对于科恰班巴地区在印加帝国的重要特殊作用进行研究的著作见:Nathan Wachtel, "The Mitimas of the Cochabamba Valley: The Colonization Policy of Hyana Capac, "in George A. Collier, et al., *The Inca and Aztec States, 1400 -1800* (New York, 1982);关于印加和艾马拉时代其他种族作用问题见:Thierry Saignes, *En Busca del Poblamiento Etnico de los Andes Bolivianos* (siglos XV y XVI)(La Paz, 1986)。

有关西班牙征服美洲的主题早已经引起了广泛的注意,相关研究的英文著作从 19 世纪就已经开始出版了,其中最为典型的作者和论著是:William H. Prescott, *The History of the Conquest of Peru*。这中间最近的作品是:John Heming, *The Conquest of the Incas* (New York, 1970);而 Nathan Wachtel's *The Vision of the Vanquished* (New York, 1977)则提供了有关西班牙征服美洲问题相当形象地重构了印第安人视角的认识。

在过去 30 年里,学术界对西班牙征服玻利维亚前后的所有历史内容都有重要的研究成果。那些新的研究成果在概述某一种特定的安第斯山种族史的法语杂志 *Annales, E. S. C.* (Paris)33(1978)中进行了全面概述,这一成果已经被约翰·穆拉翻译为英文出版,名为 *Anthropological History of Andean Polities* (Cambridge, 1986)。该书包括:studies on the Uru by Nathan Wachtel and on the complex ethnic relations in the Larecaja Valley by Thierry Saignes, along with the study by Thérèse Bouysse-Cassagne on Aymara belief systems. These insights she developed more fully in her study *La identidad aymara: Aproximación histórica (siglo XV, siglo XVI)* (La Paz, 1987). Thérèse Bouysse-Cassagne also reconstructed sixteenth-century Amerinadian languages in Bolivia, which appeared as a chapter in Noble David Cook, ed., *Tasa de la visita general de Francisco de Toledo* (Lima, 1975)。对西班牙征服时期主要高原地带

印第安人语言重构研究中最全面的是：Alfredo Torero, "Lenguas y pueblos altiplanicos en torno al siglo XBI, "*Revista Andina* 5：2 (1987)。

对南美洲边疆问题研究的最早著作是：Thierry Saignes, "Une Frontière fossile: la cordillera chiriguano au XVIe siècle"(2 vols.; 3rd Cycle doctorate, Université de Paris, 1974); *Los andes orentales: historia de un olvido* (La Paz, 1985)；还有他的 *Ava y Karai: Ensayos sobre la frontera chiriguano* (*siglos XVI - XX*) (La Paz, 1990)。此外还可参考一本经典研究著作：William Denevan, *The Aboriginal Cultural Geography of the Llanos de Mojos of Bolivia* (Berkeley, 1966)。最近的研究著作有：Ana Maria Lema and Mario Alvarado, *Pueblos indígenas de la amazonía boliviana* (La Paz, 1998), and *Espacio, etnias, frontera atenuaciones políticas en el sur del Tawantinsuyu siglos XV - XVIII* (Sucre, 1995)。还有一些研究者从比较的视角来看该问题，其中包括：F. M. Renard Casevits, Thierry Saignes, and A. C. Taylor, *Al este de los Andes: relaciones entre las sociedades amazónicas y andines entre los siglos xv y xvii* (2 vols.; Quito, 1988); and in Pilar García Jordán, Pilar, *Fronteras, colonización y mano de obra indígena, Amazonia andina* (*siglo XIX -XX*) *la construcción del espacio socio-económico amazónico en Ecuador, Perúy Bolivia* (*1792 -1948*) (Lima, 1998)。对于在西班牙征服后高原地区非艾马拉和非克丘亚种族的研究也早就开始了，主要见：Carmen Beatriz Loza, "Los Quirua de los valles paceños: una tentative de edentificación en la época prehispánica, "*Revista Andina*, no. 2(Dec. 1984). The extensive literature on the Uru was examined by Harriet E. Manelis Klein, "Los urus: el extraño pueblo del altiplano, "*Estudios Andinos* 3：1(1973)；另外，还有学者进行了档案和人种志研究，见：Nathan Wachtel *Le retour des ancêtres les Indiens Urus de Bolivie, XXe - XVIe siècle essaid' histoire regressive*

(Paris, 1990);该学者还探索了该种族集团的相关主题研究,见:*Gods and Vampires Return to Chipaya* (Chicago, 1994)。

对于西班牙殖民地美洲农民人口的主题研究在玻利维亚存在时间不长的评论性杂志 *Avances* (2 vols.; La Paz, 1978)中有所体现,其中包括下列作者写的比较重要的论文:Tristan Platt, Roberto Choque, and Silvia Rivera. Recently,他们的文章论述了印第安人部落酋长的经济和社会作用问题,这些论文后来在下面这本新著作中重新刊印出来:Roberto Choque Canqui, *Sociedad y economia colonial en el sur andino* (La Paz, 1993);另外,此问题的文章还可见:John Murra, "Aymara Lords and Their European Agents at Potosí," *Nova Americana*, I (1978); Brooke Larson, "Caciques, Class Structure and the Colonial State in Bolivia," *Nova Americana* II (1979); Thierry Saignes in *Cacques, Tribute and Migration in the Southern Andes* (University of London, Institute of Latin American Studies, Occasional Papers, no. 15, 1985); Silvia Arze and Ximena Medinaceli, *Imágenes y presagios el escudo de los Ayaviri*, *Mallkus de Charcas* (La Paz, 1991) and, most recently, Laura Escobari de Querejazu, *Caciques, yanaconas y extravagantes: La sociedad colonial en Charcas, s. XVI–XVIII* (La Paz, 2001)。还有学者考察了印第安人早期暴动和反西班牙人运动的情况,见:Thierry Saignes "'Algun día todo se andará': Los movimientos étnicos en Charcas (siglo xvii)," *Estudios Andinos* 2(1985)。最后,在玻利维亚东部低地区域的主要边疆问题,包括莫尼卡斯、丘基托斯和大查科等地区,是主要新的研究内容,前两个地区的研究见:José Chávez Suárez, *Historia de Moxos* (2d ed.; La Paz, 1986), and Alcides Parejas Moreno in several volumes: *Historia del oriente boliviano: Siglos xvi y xvii* (Santa Cruz, 1979), *Historia de Moxos y Chuquitos a fines del siglo xviii* (La Paz, 1976), Virgilio Suárez Salas, *Chuquitos, Historia de una utopia* (Santa Cruz, 1992); David Block, *Mission Culture on the*

Upper Amazon: *Native Tradition*, *Jesuit Enterprise and Secular Policy in Moxos*, *1660 - 1880* (Lincoln: University of Nebraska Press, 1994); and Pedro Querejazu and Placido Molina Barbery, *Las Misiones jesuiticas de Chiquitos* (La Paz, 1995)。有关南部查科印第安人边疆地区的考察见: James Schofield Saeger, *The Chaco Mission Frontier*: *The Guaycuruan Experience* (Tuscon, AZ, 2000) and by Eric Langer in a series of articles: "Mission Land Tenure on the Southeastern Bolivian Frontier, 1845 - 1949," *Americas*, 50: 3 (Jan. 1994), pp. 399 - 418; and "Caciques y poder en las misiones franciscanas entre los Chiriguanos durante la rebellion de 1892," *Siglo XIX* (Monterrey), vol. 15 (Jan./June 1994), pp. 82 - 103。

对玻利维亚来说,殖民地美洲人口史问题的最初修正性研究著作见: Nicolás Sánchez-Albornoz, *Indios y tributes en el Alto Perú* (Lima, 1978),相关人口增长和国内分化问题在该著作中进行了比较专门的研究。还有一些学者利用美洲印第安人的贡品清单研究了当地人的分布和土地所有情况,其中包括: Daniel Santamaría, "La propiedad de la tierra y la condición social del indio en el Alto Peru, 1780 - 1810," *Desarrollo Económico*, 66 (1977) and his *Haciendas y campesinos en el Alto Peru colonial* (Buenos Aires, 1988); Brooke Larson, "Hacendados y campesinos en Cochabamba en el siglo xviii," *Avances* 2 (1978); and Herbert S. Klein, *Haciendas and Ayllus*: *Rural Society in the Bolivian Andes in the 18th and 19th* Centuries(Stanford, 1993);有关农村劳动力的一些票据和文献收集对该问题研究相当有价值,见: Silvio Zavala, *El servicio personal de indios en el Perú* (3 vols.; Mexico, 1978 - 1980);还有两位学者对农村地产进行了详尽分析: René Danilo Arze Aguirre, "Las haciendas jesuítas de La Paz(siglo XVIII)," *Historia y cultura* (La Paz) I, (1973) and Nadine Sebill, *Ayllus y baciendas* (Ls Paz, 1989)。

最近的有关西班牙殖民地社会的一些主要文献集以及研究著作

见：Josep M. Barnadas, in *Charcas, originies históricos de una sociedad colonial, 1535 -1565* (La Paz, 1973),该学者考察了西班牙殖民地前几十年检审庭的作用。还有一个更有说服力的对16世纪作为一个整体进行研究的概述性研究，见：Eduardo Arze Quiroga, *Historia de Bolivia ... siglo* XVI (La Paz, 1969)。另外，还有学者对城镇政治史进行了重要的系列研究，见：Alberto Grespo：*Historia de la ciudad de La Paz, siglo* XVI (Lima, 1961);*El corregimiento de la Paz, 1548 -1600* (La Paz, 1972); and *La Guerra entre vicuñas y vascongados, Potosí*, 1622 - 1625(Lima, 1956)。该学者还与其他学者们共同发表了一部有关城镇社会和经济史汇编，见：Alberto Grespo et al., *La vida cotidiana en La Paz durante la Guerra de independencia, 1800 -1825* (La Paz, 1975)。对殖民地丘基萨卡城镇史研究的最新重要补充性研究是对17世纪城镇生活的叙述，见：Lic. Pedro Ramirez del Aguila, *Noticias políticas de indias* [*1639*] (Sucre, 1978)。城镇印第安人妇女作用问题也得到了研究，见：Luis Miguel Glave, "Mujer indígena, trabajo doméstico y cambio social en el virreinato peruano del siglo XVII: la ciudad de La Paz y el sur andino en 1684, "*Bulletin de l'Institut Francais Etudes Andines* 16: 3 - 4(1988); and Ann Zulawski, " Social Differentiation, Gender and Ethnicity: Urban Indian Women in Colonial Bolivia, 1640 - 1725, " *Latin America Research Riview* 25: 2(1990)。

西班牙殖民地矿区和波托西本身的研究在殖民地时期就已经成为热门研究课题，论著多如牛毛，但其中绝大多数直到现代才得到印刷出版，其中包括Lewis Hanke的著作。在这些著作中，最重要的有：Luis Capoche, *Relación general de la villa imperial de Potosí* (Madrid, 1959); Bartolomé Arzans de Orsua y Vela, *Historia de la villa imperial de Potosí* (3 vols.; Providence, Ri, 1965: eds. Lweis Henke and Gunnar Mendoza); and Pedro Vicentr Cañete y Dominguez, *Guía bistórica geografíca, fisica ... de Potosí* (Potosí,

1952)。在 Arzans 重印的著作中由一些学者发表了一些重要的文章，其中包括：Gunnar Mendoza, Lewis Hanke, José de Mesa, and Teresa Gisbert,这些文章讨论了城市历史的问题。Hanke 还在一本著作中概述了波托西城市历史：*The Imperial City of Potosí* (The Hague, 1956)。玻利维亚前国家档案员还就波托西及其领导地位问题写了好几本著作,其中包括：Gunnar Mendoza, *El Doctor don Pedro Vicente Cañete* (Sucre, 1954)和一本文献集：*Guerra civil entre vicuñas y vascongados y otras naciones en Potosí, 1622 - 1645* (Potosí, 1954)。对于 17 世纪冶金家和殖民地时代不同科学家的最近研究见：Josep barnadas, *Alvaro Alonso Barba (1569 - 1662)* (La Paz, 1985)。对殖民地矿业现代研究主要由 Peter Bakewell 进行。他发表的两部重要论著以及大量重要的有关科学技术的论文,其中包括：*Miners of the Red Mountian: Indian Labour in Potosí, 1545 - 1650* (Albuquerque, 1984); *Silver and Entrepreneurship in Seventeenth Century Potosí* (Albuquerque, 1988); "Registered Silver Production in Potosí District, 1550 - 1735, "*Jahrbuch für geschichte von staat, Wirtschaft und Gedellschaft lateinamerkas* 12 (1975): "Technological Chang in Potosí: The Silver Boom of the 1570s, " *Ibid.*, 14(1977): "Los determinantes de la producción minera an Charcas y en Nueva España durante el siglo XVII,"*HISLA* 8 (1986)。另外还有其他一些论文进行了比较视角的研究,其中包括：Marie Helmer, *Cantuta recueil d'articles parus entre 1949 et 1987* (Madrid, 1993) David H. Brading and Harry E. Crodd, "Colonail Silver Mining; Mexico and Peru, "*Hispanic American Historal Review* 52: 2 (1972)。有关钱币印刷问题的最新研究成果见：Arnaldo J. Cunietti-Ferrando, *Historia de la Real Case de Moneda de Potosídurante la dominación hispánica, 1573 - 1825* (Buenos Aires, 1995)。有关殖民地和共和国时期硬币问题的研究见：Arie Kwacz, *Monedas, medallas y billetes de Bolivia* (La Paz, 1999)。有关米达

劳役制度问题的研究见：Alberto Crespo，"La mita de Potosí，" *Revista Histórica* (Lima) 22 (1955－1956)；Thierry Saignes，"Notes on the Regional Contribution to the Mita in Potosí，in the Early Seventeenth Century，" *Bulletin of Latin American Research* 4：1 (1985)； and Jeffrey Cole， *The Potosí Mita，1573 － 1700：Compulsory Indian Labor in the Andes* (Stanford，1985)；有关奥鲁罗矿区自由劳动力的论著见：Ann Zulawski，*They Eat from Their Labor：Work and Social Change in Colonial Bolivia* (Pittsburgh，1995)。另外，还有两部重要的著作对殖民地晚期矿业问题进行了重要研究：Rose Marie Buechler，The Mining Socitety of Potosí (Ann Arbor，1981)；and Enrique Tandeter，*Coercion and Market Ailver Mining in Colonial Potosí，1692－1826* (Albuquerque，1993)。此问题另见：Buechler's articl "Technical Aid to Upper Peru：The Nordenflict Expedition，" *Journal of Lation American Studies*，5 (1973)。

有关18世纪对米达制问题的论争问题的考察见：Rose Marie Buechler，"El Intendente Sainz y la 'mita nueva' de Potosí，" *Historia y Cultura* (La Paz) 3 (1987)，另外，Tanderter的著作也对该问题进行了探讨。有关这些论争的问题在下面关于18世纪佩德罗·卡内特矿业法的著作中体现出来：Pedro Cañete，*Codigo Carolina* (ed. E. Martire；3 vols.；Buenos Aires，1973－1974)。关于阿尔托秘鲁矿的地区经济冲击问题的研究见下面权威性的理论著作：Carlos Sempat Assadourian，*El sistema de la economia colonial. Mercado interno，regiones y espacio economico* (Lima，1982)。关于波托西特殊贸易问题的考察见：Carlos Sempat Assadourian，*El tráfico de esclavos en Cordoba de Angola a Potosí siglos XVI－XVII* (Cordoba，Argentina，1966)；and Nicolás Sánchez-Albornoz，"La saca de mulas Salta al Peru，1778－1808，" *Anuario del Instituto de Investigaciones Historicas* 8 (Rosario，1965)。对涉及阿尔托秘鲁地

区市场及其精英间的冲突问题的典型研究见：Guillermo Cespedes del Castillo, *Lima y Buenos Aires, repercusiones económicas y políticas de la creación del virreinato del Plata* (Sevilla, 1946)；另外，关于地区之间和国际贸易形式的研究见：Laura Escobari de Querejazu, *Producción y comerico en el espacio sur andino, siglo XVII, Cusco-Potosí* 1650－1700 (La Paz, 1985); and Enrique Tandeter et al., "El mercadeo de Potosí a fines del siglo XVIII, "关于市场问题还可以参考 Olivia Harris 编写的一个选集当中(详见下文)。

关于西班牙皇室收入和玻利维亚殖民地财政结构问题的最近研究见：Tibor Wittman, *Estudios históricos sobre Bolivia* (La Paz, 1975); Herbert s. Klein, *The American Finanaces of the Spanish Empire*, 1680－1809 (Albuquerque, 1998); Clara López, *Estructura económica de una sociedad colonial*: *Charcas en el siglo XVI* (La Paz, 1988); and John J. TePaske, "The Fiscal Structure of Upper Peru and Financing of Empire, "in Karen Spalding ed. *Essays in the Political, Economic and Social History of Colonial Latin America* (New York, DE, 1982)。另外，相关财政记录本身在下面文献中也进行了再体现："Upper Peru, " volume 2 of John J. TePaske and Herbert S. Klein, *Royal Treasuries of the Spanish Empire in America* (3 vols.; Durham, NC, 1982)。

对于非矿业经济的研究见：Mary Money, *Los obrajes, el traje y el comercio de ropa en la Audiencia de Charcas* (La Paz, 1983); and that of a La Paz merchant fortune done by Herbert S. Klein, "Accumulation and Inheritance among the Landed Elite of Bolivia: The Case of Don Tadeo Diez de Medina, "*Jahrbuch für geschichte von staat, wirtschaft und gesellschaft Lateinamerikas* (Köln) 22 (1985)。但是，现存的相关资料很少见，如果说有，主要是关于建筑业的研究方面，城镇中心地区的建筑物以及教堂的研究相当精彩，要么是非熟练劳动的产物，要么完全相反。关于当地贸易和贷款问题，或者关

于城镇经济生活的众多方面。关于价格历史的问题后来得到广泛重视,其中第一部著作是:Enrique Tandeter and Nathan Wachtel, *Precios y producción agraria*: *Potosí y Charcas en el siglo XVIII* (Buenos Aires, 1984)。

在殖民地晚期社会的主要内容之一是发生在18世纪80年代大规模的农民暴动,即著名的图帕克·阿马鲁暴动。关于该暴动最完整的政治和军事事件故事还要数下面经典著作:Boleslao Lewin, *La rebellion de Túpac Amaru* (Buenos Aires, 1957)。关于该重要运动起因的最新解释见:Oscar Cornblit, *Power and violence in the colonial city Oruro from the mining renaissance to the rebellion of Tupac Amaru* (*1740 -1782*) (Cambridge, 1995) and Nicholas A. Robins, *El mesianismo y la rebelion indígena la rebelion de Oruro en* 1781 (La Paz, 1997) and those found in Alberto Flores Galindo, ed. , *Túpac Amaru Ⅱ - 1780*, Antologia(Lima, 1976), and Scarlett O' Phelan, *La gran rebelión en los Andes de Túpac Amaru a Túpac Catari* (Cuzco, 1995)。另外的解释见下面关于进口商品强迫性出卖制度研究著作:Jürjen Golte, *Repartos y rebeliones. Túpac Amaru y las contrwdicciones de la economía colonial* (Lima, 1980)。关于发生在奥鲁罗的梅斯蒂索(混血人)—印第安人响应性暴动的特点研究见:Fernando Cajías, "Los objetivos de la revolucíon indígena de 1781: El caso de Oruro," *Revista Andina* Ⅰ: 2(Dec. , 1983), and the siege of La Paz and its leader Tupac Catari, was examined by María Eugenia del Valle de Siles beginning with an edition of the 1781 report of Francisco Tadeo Diez de Medina, *Diario del alzamiento de indios conjurados contra la ciudad de ... La Paz*, 1781 (La Paz, 1981): and most recently her *Historia de la rebelión de Tupac Catari*, *1781 -1782* (La Paz, 1990)。

关于玻利维亚殖民地社会那超乎寻常的艺术创造性研究见一些历史艺术研究者的论著:José de Mesa and Teresa Gisbert。这些学者或单独或合作地出版了一些丛书对画家、雕刻家、设计师以及各种各样的艺术家及其作品的形成进行了描述，其中最重要的是他们联合编写的：*Holguín y la pintura altoperuana del virreinato* (La Paz, 1956), *Escultura virreinal en Bolivia* (La Paz, 1972), (*La Paz, 1972*), *Bitti: Un printor manerista en sudamérica* (La Paz, 1974), and *Arquitectura andina, 1530 –1830* (La Paz, 1997)。特雷萨·吉斯伯特(Teresa Gisbert)还单独在最近出版了一本纪念性著作对殖民地印第安人艺术进行了描述：*Iconogafía y mitas indígenas en el Arte* (2th ed.; La Paz, 1994)；有关印第安人和非印第安人艺术的看法可见最新著作：*El paraíso de los pájaros parlantes la imagen del otro en la cultura andina* (La Paz, 1999)，该书的作者还研究土著纺织艺术：Teresa in Teresa Gisbert, Silvia Arze, and Marta Cajias, *Arte Textil y mundo andino* (La Paz, 1987)。最后，对于普通读者而言，现在有两部著作为他们提供了相当精彩的关于艺术方面的介绍，见：Tereas Gisbert, *Boliviaian Masterpieces: Colonial Painting* (La Paz and Houston, 1994), and Pedro Querejazu, *Potosí Colonial Treasures and the Bolvian City of Silver* (New York, 1997)。

关于玻利维亚殖民地社会的研究还有一个多世纪以来相当丰富的文献收集和整理，其中最重要的是：Pedro de Angelis, ed., *Colección de obras y documentos relativos a la historia Antigua y moderna de las provincias del Rio de la Plata* (6 vols.; Buenos Aires, 1836 – 37): Marcos Jimenez de la Espada, ed., *Relaciones geográficas de indias: Peru* (4 vols, ; Madrid, 1881 – 1897): Victor M. Mauritua, ed., *Juicio de limites entre el Perúy Bolivia* (12 vols., Barcelona, 1906 – 1907); Roberto Levellier, ed., *La Audiencia de Charcas. Correspondencia de Presidentes y Oidores* (3 vols., Madrid, 1918 – 1922)。最后，还有一些历史学家的论文也可供参考：Hunberto Vazquez Machicado gathered together in, *Obras completas* (7 vols., La Paz, 1988) deal with the colonial period。

三、19 世纪早期

有关玻利维亚独立战争和共和国早期社会在最近一些年内也有一些专题作品发表,其中不乏对以前的研究进行修正的论著。其中包括:René Danilo Arze Aguirre, Participación popular en la independencia de Bolivia(La Paz, 1979), provides the crucial popular background to the elite study by Charles Arnade, *The Emergence of the Republic of Bolivia* (Gainesville, FL, 1957)。对这个时期一些事件进行详细考察的著作见: Estanislao Just, *Comienzo de la indenpendencia en el Alto Perú los sucesos de Chuquisaca* , 1809 (Sucre, 1994);关于某一个地区冲突的研究见: Eduardo Arze Quiroga, *Bolivia, el proceso de lucha inicial por la independencia la insurrección de Cochabamba , 1808 - 1815* (La Paz, 1998)。关于该时期的宣传资料见: Vitaliano Torrico Panozo, *El pasquín en la independencia del Alto Perú* (Mexico, 1997);独立运动参与者的日记已经被翻译和编辑出版,见: Nataniel Aguirre, Sergio Gabriel Waisman, and Alba María Paz-Aoldán, *Juan de la Rosa memorirs of the last soldier of the independence movement* (New York, 1998)。另外,最近的研究著作见: Jorge Ailves Salinas, *La Independencia de Bolivia* (Madrid, PL, 1992)。关于苏克雷的重要作用问题在下面著作中得到了相当好的描述: William Lee Lofstrom, *El Mariscal Sucre en Bolivia* (La Paz, 1983);还有一部非常有趣味的研究著作是: Thomas Millington, *Debt Politics After Independence. the Funding Conflict in Bolivia* (Gainesville, PL, 1992)。关于圣·克鲁斯的复杂作用问题见: Philip T. Parkerson, *Andrés de Santa Cruz y la Confederación Peru-Boliviana 1835 -1839* (La Paz, 1984),还可见流行的传记: Alfonso Grespo, *Santa Cruz , el condor indio* (Mexico, 1944)。

这个时期还有几卷文献出版,见: Carlos Ponce S. snd R. A. Garica, eds. , *Documentos para la Historia de la Revolución de 1809*

(4 vols., La Paz, 1953 - 1954); and Vicente Lecuna, ed., *Documentos referents a la creación de Bolivia* (2 vols.; Caracas, 1975)。关于这个十分重要时期的关键信息还可以参考当代一些旅行记录如：Alcide D' Orbigny, *Vayage dans L' amérique meridionale* (9 vols.. Paris, 1844); and Edmond Temple, *Travels in Various Parts of Peru* (2 vols.; Philadelphia, 1833)。关于玻利维亚的早期统计信息资料中最重要的是下面经典研究：José Maria Dalence, Bosquejo estadístico de Bolivia (Chuquisaca, 1851), supplemented by John Barchlay Pentland, *Report on Bolivia, 1827* (Royal Historical Society, 4th Camden Series, vol. Ⅰ 3; London, 1974) — a more complete edition in Spanish was published as *Informe sobre Bolivia* (Potosí, 1975)。最后，关于玻利维亚19世纪城镇生活很多有趣的文献已经由众多秘鲁学者进行了整理：Pablo Macera, *Fuentes de historia social Americana*[*Bolivia*] (7 vols. to date; Lima, 1978)。

要理解独立运动时期那复杂的政治和国际关系历史，比较早的研究著作见：Jorge Basadre, *Peru, Chile y Bolivia independiente* (Barcelona, 1948); 另有至今还是一部经典作品的：remains the classic work, *Los caudillos letrados ... (1828 -1848)* (Barcelona, 1923); *Le plebe en acción (1848 - 1857)* (Barcelona, 1924); *La dictadura y la anarquía (1857 - 1864)* (Barcelona, 1926); *Los caudillos barbaros ... (1864 -1872)* (Barcelona, 1929)。所有这些历史著作都被多次再版，包括：Aguilar edition of his *Obras Completas* (2 vols., Mexico, 1957), Vol. Ⅱ。该时期最新的研究见：Victor Peralta Ruiz and Marta Irurozqui Victoriano, *Por la Concordia, la fusion y el unitarismo: Estado y caudillismo en Bolivia, 1825 - 1880* (Madrid, 2000)。此外，还有一些19世纪当地统治者和领袖人物本人作为作者的研究成果，例如：Ramón Sotomayor Valdes, *Apuntes para la historia de Bolivia bajo la administración del general D. Augustin Morales* (La Paz, 1898), and José Maria

Santivanez, *Vida del General José Bollivian* (New York, 1891); or the most recent manuel Carrasco, *José Bollivian, 1805 – 1852* (Buenos Aires, 1960)。对于玻利维亚人著名战役的详尽描述见：Fernando Kieffer Guzmán, *Ingavi batalla triunfal por la soberanía* (La Paz, 1991)。但是,对于整个独立运动重要性的研究,例如某些领导人的研究还少有其重要的传记和成果面世。这个时期重要政治事件主要参见：Gabriel René Moreno, *Matanzas de yañez* (2d ed.; La Paz, 1976)。

对玻利维亚早期经济和社会历史的研究要比政治领域的研究要早许多,其中,主要政府财政方面的研究见：Casto Rojas, *Historia financiera de Bolivia* (La Paz, 1916), 该著作是 Millngton 在这方面研究的补充。在共和国早期财政中印第安人部落的至关重要的作用得到了下面学者和著作的考察：Jorge Alejandro Ovando Sanz, *El tributo indígena en las finanzas bolivianas del siglo XIX* (La Paz, 1986), 该著作可以看成为 Sánchez-Albornoz, Greushaber, Klein, and Tristan Platt, *Estado Tributario y librecambio en potosí (siglo XIX)* (La Paz, 1986), and the study by Eric Langer, "EL liberalismo y la abolición de la comunidad indígena en el siglo xix," *Historia y Cultura* 14(1988)的补充。另外,有关财政方面的统计研究见：Erwin P. Grieshaber, "Survival of Indian Communities in Nineteenth-Century Bolivia: A Regional Comparison," *Journal of Latin American Studies*, 12: 2(Nov. 1980); and his "Resistencia indígena a la venta de tierras comunales en el departamento de La Paz, 1881 – 1920, "Data(La Paz) Ⅰ(1991)。在共和国早期地区经济在南美各个共和国中具有重要作用的是玻利维亚的硬币,这方面具有开拓性研究的著作是：Antonio Mitre, *El monedero de los Andes: Región económica y moneda boliviana en el siglo xix* (La Paz, 1986); 以及 Gustavo A. Prado Robles, "Efectos económicos de las adulteración monetario, "in Rossana Barragán, et al., *El siglo XIX*:

Bolivia y América Latina (La Paz, 1997), pp. 299 – 328,后者还包括一些对 19 世纪早期商业和贸易问题的早期研究。最初试图复兴矿业的分析见：Enrique Tandeter, " Potosí y los ingleses a fines de 1826," *Historia y Cultura* 3 (1978): and William *Lofstrom*, *Damaso de Uriburu, a Mining Entrepreneur in Early 19th-Century Bolivia* (SUNY Buffalo, Special Studies, no. 35, 1973)。另外,还有一部相当完整的早期玻利维亚沿海地区发展的经济和社会史著作：Fernando Cajias, *La provincial de Atacama, 1825 – 1842* (La Paz, 1975);同时,有关印第安人部落问题的统计表格中呈现了拉巴斯市印第安人人口的分析,见：Rossana Barragán, *Espacio urbana y dinámica etnica, La Paz en el siglo xix* (1990)。

四、19 世纪晚期

直到最近,学界关注玻利维亚早期历史较多而 19 世纪后半期的历史则很少有人研究。有关这个时期政治历史中的绝大多数问题可以参考：Herbert S. Klein, *Parties and Political Change in Bolivia, 1880 – 1952* (Cambridge, 1969); in Marta Irurozqui, *La armonía de las desigualdades élites y conflictos de poder en Bolivia, 1880 – 1920* (Madrid, 1994); and in the works of Basadre and Arguedas. 这个时期具有领导地位的政治理论家马里亚诺(Mariano)发表了：*Obras Completas* (7 vols. ; La Paz, 1932 – 1934),对于这个时期政治变故问题的有趣概述可参见下面的编目：Nicanor Aranzaes, *Las revoluciones de Bolivia* (La Paz, 1918)。对于 19 世纪晚期玻利维亚社会、经济和政治思想并不系统而有所间断的描述见：Daniele Demelas, *Nationalisme sans nation? La Bolivie auxxix-xx siècles* (Paris, 1980)。但是,对于这个时期玻利维亚重要的政治生活甚至某人的传记或者从政活动则很少见到。当然,这不等于玻利维亚这个时期的历史上没有杰出的政治行为,也不是说玻利维亚在这个时期不是拉丁美洲最突出的超凡行为体之一,关于这一点可参见：Armando

Chirveches, *La candidature de Rojas* (La Paz, 1909)。

对于19世纪玻利维亚矿业的杰出分析见：Antonio Mitre, *Los patriarcas de la plata. Estructura socio-económica de la minería boliviana en el siglo xix* (Lima, 1981)。这个时期还留下了几位具有领袖地位的矿主的可信传记，见：Ernesto Rück, *Biografía de Don Avelino Aramayo* (Potosí, 1891); A. Costa du Rels, *Felix Avelino Aramayo y suépoca, 1846 - 1929* (Buenos Aires, 1942); Jaime Mendoza, *Gregorio Pacheco* (Santiago de Chile, 1924)。但是，这些传记通常并不涉及其经济生活的内容。恰恰相反，经济生活的许多方面，例如国内市场、地区贸易和国家财政方面都被忽略了。但这个时期最后还是发生了交通行业的革命，见：Harold Blakemore, *From the Pacific to La Paz the Antofagasta (Chili) and Bolivia Railway Company, 1888 - 1988* (London, 1990), and a survy of the primary literature is given in Edgar A. Vaides, *Catálogo de folleteria de ferrocarriles de repositario nacional* (La Paz, 1980)，而城市中心地区现代化的问题还基本上没有开始。

与这个时期经济事务被忽略相反的，人们对此时期社会历史的复兴进行了研究。有关当地印第安人政治孤立的传统说法遭到了开拓性研究的挑战，见：Ramiro Condarco Morales, *Zarate "El Temible" Wilke: Historia de rebellion indígena de 1899* (2th rev. ed.; La Paz, 1982)；更为精彩的研究成果见：Marie-Danielle Demelas, "Jacqueries indiennes, politique créole, la guerre civile de 1899," *Caravelle* 44(1985)。接下来又有人对这种主张提出批评，后者认为，19世纪大庄园占统治地位的玻利维亚农村确确实实是与市场经济相隔离的。但是，这后一种思想又受到下面两部重要著作的挑战：Sillvia Rivera, "La expansion del latifundio en el altiplano boliviano: elementos para la caracterizacion de una oligarquía regional," *Avances* 2 (1978); and Erwin P. Greishaber, "Survival of Indian Communities in Nineteenth-Century Bolivia: A regional Comparison," *Journal of Latin American Studies* 12:

2(1980)。还有一些著作对玻利维亚主要农村地区所发生的演进进行了详细的描述，其中可参见的有：Brooke Larson, *Colonialism and Agrarian Transformation in Bulivia, Cochabamba, 1550 - 1900* (Princeton, 1988); Erick D. Langer, *Economic Change and Rural Resistance in Southern Bolivia, 1880 - 1930* (Stanford, 1989); and Tristan Platt, *Estado boliviano y ayllu andino: Tierra y tributo en el Norte de Potosí* (La Paz, 1982)。有关19世纪艾柳阶级内部结构及其模式的变化可参见：Klein, *Hacienda y Ayllus*。最后，对于19世纪80年代以后农民社区完全被摧毁的看法提出挑战的论述可参见简短但却极其具有挑战性的论文：Gustavo Rodrígennas, *Expansión del latifundio o supervivencia de comunidades indígenas? Cambios en la estructura agrarian boliviana del siglo XIX* (IESE, Universidad Mayor de San Simon, Covhabamba, 1983)。另外，还有一些学者对某当地社会名流或者叫精英进行了研究，其中包括：Pérez Torrico, El estado oligárquico y los empresarios de Atamaca (1871 - 1878) (La Paz, 1944); Gustavo Rodríquez O. *Poder central y proyecto regional, Cochabamba y Santa Cruz en los siglos XIX y XX* (La Paz, 1993) and his *La construcción de una region. Cochabamba y su historia siglos*。

五、20世纪初期

进入20世纪以后，玻利维亚历史研究开始全面展开。在20世纪前几十年间，玻利维亚出现了知识爆炸，在小说和社会学著作中，都出现了对种族社会的尖锐批评，其中包括Alcides Arguedas的作品，而Franz Tamayo, *La creación de una pedagogía nacional* (La Paz, 1910)则更加系统地介绍了土著人思想的发展，这些作者实际上对他们自己所生活的社会提出了挑战。在这方面的一个突出描述参见：Guillermo Francovich, *El pensamiento boliviano en el siglo xx* (2d ed.; La Paz, 1966), Díez de Medina and Finot previously cited。对于整个20世纪初期都进行了描述的著作,涉及经济、政治和社会历史等各个方面的论著可参见: Fernando Campero Prudencia, Bolivia en siglo XX(La Paz, 1999)。

学术界对于自由主义时代的研究很少,所见到的只有: Juan Albarracín Millán, *El poder minero en la administración liberal* (La Paz, 1972)。对于使玻利维亚自由主义者掌握政权的1899年暴乱研究的最近著作是: Luis Antezana Ergueta, *La guerra entre La Paz y Chuquisaca (1899)* (La Paz, 1999),该著作是对较早的一部著作的补充;另一部著作是: Condarco Morales on the Indian leadership in revolt cited above。有关这个时期的政治传记十分流行,玻利维亚作家们早就已经注意到20世纪20—30年代政治领导人,因此书写了大量十分优秀的传记,其中之一是: Benigno Carrasco, *Hernando Siles* (La Paz, 1961), 还有: David Alvestegui, *Salamanca, sugravitacion sobre el destino de Bolivia* (3 vols.; La Paz, 1957 - 1962)。对这个时期总体评价的著作见: Klein, Parties and Political Change, 以及他们的两部著名论著,一部是 Augusto Cepedes 的两卷本现代玻利维亚史 *El dictador suicida*, 40 *años de Bolivia* (Santiago de Chile, 1956),其中第一卷中前3章为 Porfirio Díaz Machicado, Historia de Bolivia. Saavedra, 1920 - 1925 (La Paz, 1954), Historia de Bolivia, Guzman, Siles, Blanco Galindo, 1925 - 1931 (La Paz, 1955)。这个时期重要的印第安人暴动也得到了考察,见: Roberto Choque and Esteban Ticona, *La sublevación y massacre de* 1921 (La Paz, 1996);另外还有一部部头较大的专著研究了高原地区艾马拉社区印第安人暴动情况,见: *Jesús de Machaqa: La marka rebelde*。

这个时期经济史的内容所得到的研究比前一个时期的经济史研究更加充分。锡业发展情况最终得到了全面分析,见: Walter Gomez, *La minería en el desarrollo económico de Bolivia, 1900 - 1970* (La Paz, 1978)。另见给人印象深刻的历史重构著作: Antonio Mitre, *Bajo un cielo estano fulgor y ocaso del metal en Bolivia* (La Paz, 1993) 以及他的

El enigma de los hornos la economía política de la fundición de estaño el proceso boliviano a la luz de otras experiencias (La Paz, 1993)。早期锡业详细微观分析研究见：Pedro Aniceto Blanco, *Monografía de la industria minera en Bolivia* (La Paz, 1910); Herbert S. Klein, "The Creation of the Patino Tin Empire", "*Inter-American Economic Affairs* 19: 2(*1965*),"该文以西班牙语重新发表,见：*Historia Boliviana* 3: 2 (1983); 另见：Donaciano Ibañez C., *Historia mineral de Bolivia* (Antofagasta, 1943)。对于锡矿矿主的传记参见：Charles F. Geddes, *Patiño: The Tin King* (London, 1972); Alfonso Crespo, *Los Aramayo de Chichas: Tres generaciones de mineros bolivianos* (Barcelona, 1981); and Helmut Waszkis, *Dr. Moritz(Don Mauricio) Hochschild, 1881 - 1965* (Frankfurt, 2001)。早期锡业劳工经济学的研究专论见：Manuel E. Contreras, "Mano de obra en la mineria estanifera de principios de siglo, 1900 - 1925, "*Historia y Cultura* (La Paza)8(1985), 另外他还发表了"La mineria estanifera boliviana en la Primera Guerra Mundial , " in Raul Espana-Smith et al., *Mineria en Bolivia* (La Paz, 1984)。早期锡业发展研究还可参见：John Hillman, "The Emergence of the Tin Industry in Bolivia, " *Journal of Latin American Studies* 16 (1984); 另外可参见其发表在国外的一些论文："Bolivia and the international tin cartel, 1931 - 1941, "Ibid. 20: 1 (May 1988); "Bolivia and British Tin Policy, 1939 - 1945, "Ibid, 22: 2 (May, 1990), and in K. E. Knoor, Tin Under Control (Stanford, 1945)。锡业矿主们的政治作用问题也得到了研究，见：Albarracin and William Lofstrom, Attitudes of an Industrial Pressure Group in Latin America, the "*Associación de Industriales Mineros de Bolivia*, "1925 - 1935 (Ithaca, NY 1968)。这个时期非矿业经济问题也开始得到研究,见：María Luisa Soux, *La coca liberal: Producción y circulación a principios del siglo XX* (La Paz, 1993) and Antonio Mitre, *Los bilos de la memoria ascension y crisis de las casas comerciales alemanas en Bolivia 1900 - 1942* (La Paz, 1996)。最后，马努尔·康特里拉斯条约铁路问题(Manuel Contreras treats the railroads)见其论文："Bolivia, 1900 - 1939: Mining, Railways and Education, " in vol. I of Enrique Cárdenas et al., *An Economic History of Twentieth Century Latin America* (2 vols.; London, 2000)。

对这个时期玻利维亚国民经济进行了很好的总体评价的著作见：W. L. Schurz, Bolivia, *A Commercial and Industrial Handbook* (Washington, DC, 1921)，以及 Paul Walle, *Bolivia, Its People and Resources* (New York, 1914)。对经济或国家经济政策的专门研究可参见：Charles A. McQueen, *Bolivian Public Finance* (Washington, DC, 1925)，最近的研究见：Carmenza Gallo, *Taxes and State Power: Political Instability in Bolivia, 1900 - 1950* (Philadelphia, 1991)。在外国贷款方面的研究可见下面杰出的研究著作：Margaret A. Marsh, *Bankers in Bolivia: A Study in American Foreign Investment* (New York, 1928)。在银行史研究的许多论著中，很实用的研究是：Julio Benavides, *Historia bancaria de Bolivia* (La Paz, 1955)。有关玻利维亚橡胶产业短暂繁荣问题的考察见：Valerie Fifer, "The Empire Builders: A History of the Bolivian Rubber Boom and the Rise of the House of Suarez, " *Journal of Latin American Studies* 2: 1 (1970)。

由于锡业增长对玻利维亚社会发展变化产生了相当的影响，相对来说城市现代化和大庄园扩展的实现并没有得到学者们的特别关注，因此这个问题还有待深入探讨。1900 年，玻利维亚实行了第一次人口普查，这也是该国家最好的一次全国人口普查，关于这个问题可参见：Oficina Nacional de Immigración, Estadística y Propaganda Geográfica, *Censo nacional de la población de la republica de Bolivia, O septiembre de 1900* (2 vols.; La Paz, 1902 - 1904)。玻利维亚政府官方还公布了大量相关地理研究，这些研究涉及 19 世纪 80

年代以来玻利维亚发展变化的节奏和自由化的有效性，政府的各个部门几乎都公布了国家相关社会和经济统计数据。

六、20 世纪 30 年代—现在

查科战争带来了无数的文字记载，从小说到回忆录，有关该战争中的个人经历和战斗情况都有很多可参考的内容。其中带有总体性描述的著作可见：Roberto Querejazu Calvo, *Masamaclay: Historia, política, diplomática y military de la guerra del Chaco* (3rd ed.; La Paz, 1975)。对英语读者来说，对查科战争本身历史描述以及战争背后外交争夺的介绍可参考：David H. Zook, Jr., *The Conduct of the Chaco War* (New York, 1960)。有关查科战争政治及其战后激进军事政权的详尽研究可参见：Céspedes, Díaz Machicado, and Klein，以及 Augusto Céspedes 的现代史第二卷 *El presidente colgado* (La Paz, 1971)，还有 Porfirio Diaz Machicado, *Historia de Bolivia Penaranda*, 1940－1943 (La Paz, 1958)后两卷。对于德国军事顾问重要作用问题的研究见：Leon E. Bieber, "La politica military alemana en Bolivia, 1900－1935," *Latin American Research Review*, 29: 1 (1994), pp. 85－106。对于军事社会主义政权的详细研究可见：Ferran Gallego Margaleff, *Los origenes del reformismo military en América Latina la gestión de David Toro en David Toro en Bolivia* (Barcelona, 1991)，以及 *Los orígenes del reformismo military en América Latin la gestión de German Busch en Bolivia* (Barcelona, 1992)。对于那场战争中的财政问题见：Manuel E. Contreras, "Debt, Taxes, and War: The Political Economy of Bolivia, c. 1920－1935," *Journal of Latin American Studies*, 22: 2 (May 1990)。对于那场战争对玻利维亚国内的影响问题，包括查科老兵的口头历史回忆，最好的研究著作是：René Danilo Arze Aguirre, *Guerra y conflictions sociales. El caso rural boliviano durante la campana del Chaco* (La, Paz, 1987)。

对于查科战争后崛起的所谓查科一代的问题，以及20世纪30年代以来玻利维亚重要的社会历史变迁问题得到玻利维亚和外国的许多学者的考察，但他们的研究视角完全不同：Sergio Almaraz, *El poder y la caida. El estaño en la bistoria de Bolivia* (2d ed.; La Paz, 1969); René Zavaleta Mercado, *El poder dual en America Latina. Estudio de los casos de Bolivia y Cbile* (Mexico, 1974) and *La nacional-popular en Bolivia* (Mexico, 1986)。外国学者的论著包括：Robert J. Alexander, *The Bolivian National Revolution* (New Brunswick, NJ, 1958); James Malloy, *Bolivia, the Uncompleted Revolution* (Pittsburgh, 1970); and Christopher Mitchell, *The Legacy of Populism in B Olivia, from the MNR to Military Rule* (New York, 1977)。最近的相关政治描述见：James Dunkerley, *Rebellion in the Veins: Political Struggle in Bolivia, 1952 - 1982* (London, 1984); James Malloy and Eduardo Gamarra, *Revolution and Reaction: Bolivia, 1964 - 1985* (New Brunswick, NJ, 1988); Jean Pierre Lavaud, *L'instabilité politique de I' Amérique latine le cas bolivien* (Paris, 1991); Catherine M. Conaghan and James M. Malloy, *Unsettling Statecraft: Democracy and Neoliberalism in the Central Andes* (Pittsburgh, 1994)；另外还有一本论文集，作者为Crabtree和Whitehead，引证在下文。

对于玻利维亚20世纪政治信仰的了解也是很重要的，有几本论著已经问世，这些论著对玻利维亚思想模式进行了论述。在这些著作中，有3本是最重要的，参见：indigenista declaration of Franz Tamayo in 1910, Tristan Marof's *La tragedia del altiplano* (Buenos Aires, 1934), and Carlos Montenegro, *Nacionalismo y coloniaje* (3rd ed.; La Paz, 1953)。

现代玻利维亚政党的研究也很详尽。其中对于玻利维亚革命民族主义者党历史最完整的研究见：Luis Peñaloza, *Historia del Movimiento Nacionalista Revolucionario, 1941 - 1952* (*La Paz*, 1963)和Luis

Antezana E., *Historia secreta del Moviemiento Nacionalista Revolucionario* (7 vols. La Paz, 1984 - 1988)。对革命工人党的研究见：Guillermo Lora, *José Aguirre Gainsborg*, *fundador del POR* (La Paz, 1960)。对其他马克思主义政党还没有充分的研究著作,但 1952 年以后所有该党领导人的大量传记都存在,也有少数几部相关重要著作问世,对人民党候选人和团体的研究最近也有一些有趣的论著,例如：Fernando Mayorga, ed. *Ejrmonias Democracia resprenstativa y liderazgos locales*: *Percy Fernandez*, *Mandred Reyes Villa*, *Monica Medina* (La Paz, 1997)。对于特定时期或事件的研究很有价值,见：Philippe Labrevuex, *Bolivia bajo el Che* (Buenos Aires, 1968), 以及 Che Guevar 有关这个时期的论述,其论著载 Juan Maestre Alfonso, ed., *Bolivia*: *Victoria o muerte* (Madrid, 1975)。对于 Che 被处决问题的考察见：Henry Butterfield Ryan, *The Fall of Che Guevara*: *A Story of Soldiers*, *Spies*, *and Diplomats* (New York, 1998)。托雷斯政权时期的内务部长曾经写下了这个时期非常完整的相关数据,见：Jorge Gallardo Lozada, *De Torres a Banzar*, *diez meses de emergencia en Bolivia* (Buenos Aires, 1972)。对于这个时期军事领导人的背景和意识形态问题见：Jean-Pierre Lavaud, "L'art du coup d'etat: Les militaries dans la societe bolivienne (1952 - 1982)," *Revue francaise de Sociologie* 30: 1(1989)。他还对一些有名的反对者进行了详尽的分析,这些反对派人物有助于我们了解军事政权垮台的原因,见：*La dictature empêchée la grève de la faim des femmes de mineurs*, *Bolivie 1977 - 1978* (Paris: CNRS, 1999)。

与领导人和各个政党研究著作十分少见完全相反的是,对于工人农民的政治运动引起学者们的广泛注意,除了 Guillermo Lora 早期劳工运动史研究外,现在的主要研究著作见：Zulema Lehm and Silvia Rivera, *Los artesanos libertarios y la etica del trabajo* (La Paz, 1988), 该著作对 20 世纪上半期无政府主义者进行了考察。玻利维亚中央劳工联盟最近得到了深入研究,见：Jorge Lazarte Rojas, *Movimento obrero y procesos politicos en Bolivia* : *bistoria de la C.O.B., 1952 -1987* (La Paz, 1989), 另见: John H. Magill, *Labor Unions and Political Socialization*: *A Case Study of Bolivian Workers* (New York, 1974)。矿工无产者的演化及其工会化和激进化的过程见: Gustavo Rodríguez, *El socavón u el sindicato ensayos bistóricos sobre los trabajadores mineros*, *siglos XIX - XX* (La Paz, 1991); Rene Zavaleta M. "Forma clase y forma multitude en el proletariado minero en Bolivia," in Rene Zavaleta M., ed., *Bolivia*, *boy* (Mexico, 1983); Lawrence Whitehead, "Sobre el radicalismo de los trabajadores mineros en Bolivia," *Revista Mexicana de Sociología* 42: 4(1980) and his "Miners as Voters : The Electoral Process in Bolivia's Mining Camps," *Journal of Latin American Studies* 13 (1981)。矿工在其妻子所写的传记中也得到特殊描述,见: Domitila Barrios de Chungara, *Let Me Speak*! (New York, 1978), and an unusual anthropological study by June Nash, *We Eat the Mines and the Mines Eat Us* (New York, 1979)。该矿工的妻子还引用了他的自传中的话,见: Juan Rojas and June Nash, *I Spent My Life in the Mines*: *The Story of Juan Rojas*, *Bolivian Tin Miner* (New York, 1992)。其他自传还有: Sofía Velasques; see Hans Buechler and Judith-Maria Buechler, *The World of Sofia Velasquez*: *The Autobiography of a Bolivian Marker Vendor* (New York, 1996); Manuela, Ari, Manuela Ari: *An Aymara Woman's Testimony of Her Life*, edited by Lucy T. Briggs and Sabine Dedenbach Salazar Sáenz (Bonn, 1995), and Pedro Condoni and Francoise Estival, *Nous*, *les oubliés de l'Altiplano témoignage de Pedro Condoni* [*i.e.*, *Condori*], *paysan des Andes boliviennes* (Paris, 1996). For the life of an Austrian Jewish family that arrived in Bolivia in the late 1930s, see Leo Spitzer, *Hotel Bolivia*: *The Culture of Memory in a Refuge from Nazism* (New York, 1998)。

对于玻利维亚农民的研究比对工人的研究还要多。最早的著作为：Silvia Rivera, *Oprimidos pero no vencidos: Luchas del Campesinado aymara y qbecbwa de Bolivia*, *1900 - 1980* (La Paz, 1986)。有关科恰班巴河谷和高原农民集中的关键地区研究见：Jorge Dandler, *El sindicalismo campesino en Bolivia: Los cambios estructurales en Ucurena* (Mexico, 1969)，还有：Xavier Albo, Achacabi: *Medio siglo de lucha campesina* (La Paz, 1979)，这两部著作都是出色的人类学家所写的历史和当代研究论著。对于农民工会中当代政治和意识形态发展变化的研究见 Xavier Albo 所写大量论文和选集当中，以及他的"De MN Ristas a Kataristas: Campesinado, estado y partidos, 1953 - 1983," *Historia Boliviana* 5: 1 (1985); *Javier Hurtado*, *El Katarismo* (La Paz, 1986); and Diego Pacheco, *Elindianismo y los indios contemporaneous en Bolivia* (La Paz, 1992)。对于克丘亚动员的研究见：Jose Antonio Rocha, *Con el ojo de adelante y con el ojo de atras ideologia etnica*, *el poder y lo politico entre los quechua de los valles y serranias de Cochabamba* (*1935 - 1952*) (La Paz, 1999)；以及 Felix Patzi Paco, *Insurgencia y sumisión movumientos indígeno-campesinos*, *1983 - 1998* (La Paz, 1999)。对于印第安人意识形态前现代时期的整体讨论见：Josefa Salmón, *El espejo indígena el discurso indigenista en Bolivia*, *1900 - 1956* (La Paz, 1997)。对于农民团体和政治活动社会背景的研究著作也相当多。

玻利维亚与美国之间的关系紧张而又复杂，在 20 世纪，这种关系对玻利维亚的发展具有最大影响力，有关这种情况的研究见：Bryce *Wood*, *The Making of the Good Neighbor Policy* (New York, 1961), and Cole Blaiser, *The hovering Giant: U. S. Responses to Revolutionary Change in Latin America* (Pittsburgh, 1976)。相关最新研究成果见：Kenneth Lehman, *Bolivia and the United States: A Limited Partnership* (Athens, GA, 1999)。有关玻利维亚对美国外

交关系的专门研究见：James W. Wilkie, *The Bolivian Revolution and United States Aid Since 1952* (Los Angeles, 1969) 和 Eduardo Gamarra, *Entre la droga la democracia*: *La cooperaciom entre Estados Unidos — Bolivia y la lucha contra el narcotrafico* (*La Paz*, *1994*)。

自从20世纪20年代以来,玻利维亚经济就成为现代相关研究的一个特殊的选题。20世纪20—50年代玻利维亚经济史总体研究中最突出的成果是：the United Nations Economic Commission from Latin America, CEPAL, *El desarrollo económico de Bolivia* (Mexico, 1957)，对此研究加以补充的论著是：Cornelius H. Zondag, *The Bolivian Economy*, *1952 -1965* (New York, 1966)。尽管对玻利维亚现代时期还没有总体上的认识,但有关某种经济发展问题的专门研究已经不计其数。关于20世纪50年代玻利维亚经济稳定措施问题,该稳定措施计划参与者之一 George Jackson Eder 进行了专门研究,参见他写的专著：*Inflation and Development in Latin America: A Case History of Inflation and stabilization in Bolivia* (Ann Arbor, 1986)。有关债务危机对玻利维亚造成的影响问题见：Oscar Ugarteche, *el estado deudor. Economía política de la derda*: *perúy bolivia*, *1968 -1984* (lina, 1986)和 Robert Devlin and Michael Mortimore, *Los bancos transnacionales*, *el estado y el enderdamiento externo de boliva* (santiago de chile, 1983)。有关20世纪80年代"正统"震荡问题的研究("orthodox" shock of the 1980s)见：Juan Antonio Morales and Jeffrey D. Sachs, "Bolivias economic crisis," in Jeffrey D. Sachs, ed, *Developing Country Debt and the world economy* (chicago, 1989); Jeffrey Sachs, "The Bolivian Hyperinflation and Stabilization," *American Economic Association*, *Papers and Proceedings* 77: 2 (May 1987), 和 Oscar R. Antezana Malpartida, *Analisis de la Nueva Política Económica* (La Paz, 1988)。对于非正规经济的形成及其规模问题见：Samuel Doria Medina, *La economia informal en Bolivia*,

(La Paz, 1986)。

有关玻利维亚当代卫生与贫困问题的研究相当多。关于 20 世纪 70 年代开始的贫困总体背景分析见：N. Thomas Chirikos et al., *Human Resources in Bolivia* (columbus, oh, 1971); USAID Mission to Bolivia, *Bolivia Health Sector Assessment* (La Paz, 1975);另见 20 世纪 80 年代联合国儿童基金会赞助出版的两卷本著作：Rolando Morales Anaya, *Desarrollo y pobreza en Bolivia: Analysis de la situacion del niño y la mujer* (La Paz, 1984) and *La crisis economica en Bolivia y su inpacto en las condiciones de vida de los niños* (La Paz, 1985)。最近的研究数据见：Instituto Nacional de Estadistica, *Encuesta nacional de demografía y salud*, 1998 (La Paz, 1999)。玻利维亚有众多作者和政府官员都对该国贫困问题进行了探究,成果斐然,可参见的有：Rolando Morales Anaya, Bolivia — *política económica, geografía y pobreza* (La Paz, 2000), Naciones Unidad, *Donde estamos el 2000? Remontando la pobreza: Ocho cimas a la vez*. (La Paz, 2000). Data on poverty will be found in republica de Bolivia, Ministerio de Desarrollo Humano. *Mapa de pobreza: una guia para la accion social* (2d ed; La Paz, 1995) and on social conditions at the local level in PUNDP [UNDP] and UDAPSO, *Indices de desarrollo humano y-otros indicadores sociales en 311 municipios de Bolivia* (La Paz, 1997)。

对于矿业问题的研究已经引证的著作有 Walter Gomez 对 1970 年以前的研究,近年来的补充研究有：Mahmood Ali Ayub and Hideo Hashimoto, *The Economics of Tin Mining in Bolivia* (Washington, 1985)。现代时期私有矿产业的崛起问题研究见：Manuel E. Contreas and Mario Napoléon Pacheco, *Medio sidio siglo de minería mediana en Bolivia, 1939 -1989* (La Paz, 1989)。对于 20 世纪 50 年代玻利维亚矿业问题的论争和矿业劳资合作问题见：Amado Canelas O., *Mito y realidad de COMIBOL* (La Paz, 1966), 还有 Sinforosa

Canelas R., *La burocracia estrángula a la COMIBOL* (La Paz, 1960)。对于矿业税收结构问题的详尽研究见：Malcolm Gillis, ed., *Taxation and Mining. Nonfuel Minerals in Bolivia and Other Countries* (Cambridge, MA, 1978)。比较早期的研究著作 Sergio Almaraz, *El petroleo en Bolivia* (La Paz, 1958)，对玻利维亚石油和天然气业问题进行了杰出的描述，相关补充研究见：Carlos Miranda Pacheco "Del descubrimento petrolífero a la explosíon del gas," in Campero Prudencio, ed., *Bolivia en el siglo XX*。

对于玻利维亚国家财政结构的详细研究有众多学者所进行，参见：Richard Musgrave, ed., *Fiscal Reform for Bolivia* (Cambridge, MA: Harvard Law School, 1981)。对于1952年以后玻利维亚经济政策的有趣概括描述见：Melvin Burke, *Estudios criticos sobre la economía boliviana* (La Paz, 1973)，另见 Carter Goodrich, *The Economic Transformation of Bolivia* (Ithaca, NY, 1955)。有关玻利维亚农业部门的研究见：E. Boyd Wennergren and Morris D. Whitaker, *The Status of Bolivian Agriculture* (New York, 1975)，该著作主要研究的是1952年以来玻利维亚农业生产问题。有关玻利维亚改革前经济结构和大庄园产品问题的研究见：Edmundo Flores, "Taraco: monografía de un latifundio del altiplano boliviano," *Eltrimestre Económico* 22: 2 (1955)；还有 Paul Robert Turovsky, *Bolivian Haciendas Before and After the Revolution* (Ph. D. diss, University of California at Los Angeles 1980)；最新的论著见：Jane Benton, *Agrarian Reform in Theory and practice: A Study of the Lake Titicaca Region of Bolivia* (Aldershot, 1999)。对于1953年农业改革所带来的玻利维亚经济和社会形式巨大变化的问题现代有许多研究成果，含概了玻利维亚所有主要地区。在这些著作中，有一本书是很好的导论性著作，见：William J. McEwen, *Changing Rural Society: A Study of Communities in Bolivia* (New York, 1975)。对个别地区进行专门研究的更详尽的成果见：William E. Carter,

Aymara Communities and the Bolivian Agrarian Reform (Gainesvile, FL, 1964); Roger A. Simmons, *Palca and Pucaca: A study of ... Two Bolivian Haciendas* (Berkeley, 1974); Daniel Heyduk, *Huayrapampa: Bolivian Highland Peasants and the New Social Order* (Ithaca, NY, 1971); Kevin Healy, *Caciques y patrones: Una experiencia de desarrolo rural en el sud de Bolivia* (Cochabamba, 1983); Barbara Leons, "Land Reform in the Bolivian Yungas, "*America Indígena* (Mexico)27: 4, (1967); Melvin Burke, "Land Reform and Its Effect upon Production and Productivity in the Lake Titicaca Region, "*Economic Development and Cultural Change* 18 (1970); Dwight B. Heath et al., *Land Reform and Social Revolution in Bolivia* (New York, 1969); Dwight B. Health, "New Patterns for Old: Changing Patron-Client Relations in the Bolivian Yungas, "*Ethnology* 12 (1973); Daniel Heyduk, "The Hacienda System and Agrarian Reform in Highland Bolivia: A Re-evaluation, " *Ethnology* 13: *I* (1974); and a series of recent articles by Richardo Godoy, "Ecological Degradation and Agricultural Intensification in the Andean Highlands, "*Human Ecology* 12: 4 (1984); Benjamin S. Orlove and Ricardo Godoy, "Sectorial Fallowing Systems in the Central Andes, "*Journal of Ethnobiology* 6; *I* (1986), and his joint essay with Jonathan Morduch; and David Bravo, "Technological adoption in rural Cochabamba, Bolivia, "*Journal of Anthropological Research*, 54: 3 (Fall, 1998)。

克丘亚和艾马拉农民向东部低洼地带移民的问题是最近 30 年来玻利维亚农村社会的一个重要变化,尽管这种移民对高原与河谷地区人口增长并没有直接关系。对这一复杂运动的专门研究还很少见到,但相关博士论文已经有好几篇了。最有趣的研究是: Ras Henkel, "The Chapare of Bolivia: A Study of Tropical Agriculture in Transition "(ph. D. diss., Universith of Wasconsin, 1971); Hernan

Zeballos, "From the Uplands to the Lowlands: An Economic Analysis of Bolivian Urban-Rural Migration "(ph. D. diss , University of Wasconsin, 1975); and Conneie Weil and Jim Weil, *Verde es la esperanza colonizatión, comunidad y coca en la Amazonia* (Cochabamba, 1993). The most recent work on migrations to the Santa Cruz region are by Leslie Gill, *Peasants, Entrepreneurs, and Social Change: Frontier Development in Lawland Bolivia* (Boulder, CO, 1987); Ally Maclean Stearman, *Camba and Kolla: Migration and Development in Santa Cruz, Bolivia* (Gainesville, FL, 1985); and Michael Redclift, "Sustainability and the Market: Survival Strategies on the Bolivian Frontier, "*Journal of Development Studies* 23 (1986)。高原与河谷群体也早已成为社会学家和社区发展研究者研究的主题。毫无疑问,在最近30年间,这一研究的主要成果是由两个耶稣会研究组织完成的,这两个组织是拉巴斯农民状况调查中心(CIPCA of La Paz)和苏克雷联合装备公司(ACLO of Sucre)。城镇移民是拉巴斯农民状况调查中心调查统计数据的主要来源,所做的调查结果见: Xavier Albó, Tomas Greaves, and Godofredo Sandoval, *Chukiyawu, la cara Aymara de La Paz* (4 vols. ; La Paz, 1981 - 1987)。埃尔阿尔托市及其混血人口研究见: Godofredo Sandoval and M. Fernanda Sostres, *La ciudad prometida: Pobladores y organizationes sociales en El Alto* (La Paz, 1989);另见相关概述研究著作: Mauricio Antezana Villegas, *El Alto desde El Alto-II* (La Paz, 1993);同时, Lesley Gill 还研究了该城市的许多方面历史,见近期出版的两部专著: *Precarious Dependencies: Gender, Class, and Domestic Service in Bolivia* (New York, 1994), and *Teetering on the Rim: Global Restructuring, Daily Life, and the Armed Retreate of the Bolivian State* (New York 2000)。

20世纪后半期的玻利维亚也成为人类学研究的主题,其中涉及美洲印第安人的所有历史内容。例如,对当代艾马拉人口研究中,比较早一些的研究成果见：Weston La Barre, *The Aymara Indians of the Lake Titicaca Plateau, Bolivia* (Washington, DC, 1948)；另见：Harry Tschopik, "The Aymara," in the *Handbook of south American Indians* (5 vols; Washington, DC, 1946), vol. II; Hans and Judy Buechler, *The Bolivian Aymara* (New York, 1971)，后面这些著作都是对早期研究的重要补充，对当代艾马拉农民生活进行了大量新研究。使用新资料对该问题的最好的唯一入门研究见：Xavier albó, ed., *Raices de America: el mundo Aymara* (Madrid, 1988)。对艾马拉文化各个方面特点的研究包括较早出版的有关宗教信仰方面的著作见：William Carter, "Secular Reenforcement in Aymara death ritual," *American Anthropologist* 70: 2 (1968); Jacques Monast, *L'Universe religieux des aymaras de Bolivie* (Cuernavaca, 1966)，这些研究引用了 Murra 所写的更早一些出版的人类学著作：艾马拉人宗教仪式问题最近得到考察，见 Thomas Alan Abercrombie, *Pathways of Menory and Power: Ethnography and History among an Andean People* (Madison, WI, 1998)，还有 Tristan Platt, *Los Guerreros de Gristo cofradías, misa solar, y guerra regenerativa en una doctrina Macha (siglos XVIII -XX)* (La Paz, 1996)。有关艾马拉人之间亲属关系问题的研究见：Xavier Albó, Esposas, *suegros y padrinos enter los aymaras* (2d ed.; La Paz, 1976)；有关其社区问题的研究见较早出版的著作：William Carter and Mauricio Mamani, *Irpa Chico, individuo y comunidad el la cultura Aymara* (La Paz, 1982)。有关高原地区一些小城镇里艾马拉人医疗与信仰相互混合在一起的体制分析见：Libbet Crandon-Malamud, *From the Fat of Our Souls: Social Change, Political Process, and Medical Pluralism in Bolivia* (Berkeley, 1991)，同时，有关艾马拉定居在农村城镇的历史研究见：J. R. Barstow, "An Aymara Class Structure: Town and Community in Carabuco" (ph. D. diss., University of Chicago, 1979)。在波托西北部有一个讲多种语言的艾马拉群体，对该群体的研究见：*Olivia*

Harris, *To Make the Earth Bear Fruit: Essays on Fertility, Work and Gender in Highland Bolivia* (London, 2000)和 Ricardo Godoy, *Mining and Agriculture in Highland Bolivia* (Tuscon, AZ, 1990)。对艾马拉语言问题的概述性研究著作见：Lucy Briggs, "A Critical Survey of the Literature on the Aymara Language, "*Latin American Research Review* 14: 3 (1979); Juan de Dios Yapita and Lucy Briggs, "Aymara Linguistics in the Past 22 years, "*Latin American Indian Literatures Journal* 4: 2 (Fall 1988); Harriet E. Manelis Klein and Louisa Stark, eds., *South American Indian Languages: Retrospect and prospect* (Austin, 1985); 相关问题最近的研究成果是 Lyle Campbell, *American Indian Languages: The History Linguistics of Native America* (New York, 1997)。对艾马拉语言问题的研究还有一套文献汇集，见：Martha J. Hardman, *The Aymara Language in Its Social and Cultural Context* (Gainesville FL, 1981)。另见：Xavier Albó and Layme P., Felix, eds., *Literatura aymara antología* (La Paz, 1992)。

玻利维亚的克丘亚人口也已经开始得到深入研究，尽管比秘鲁的相关研究略微逊色一些。一本相当好的社会语言学研究成果是：Xavier Albó, *Los mil rostros del quechua: Sociolinguística de Cochbamba* (Lima, 1974)。上面著作引用了 Dandler and Simmons 对科恰班巴河谷讲克丘亚语社区的成果资料，同时还有 John F. Goins, *Huayculi: Los indios quechua del Valle de Cochabamba* (Mexico, 1967)和 Maria L. Lagos, *Autonomy and power: The Dynamics of Class and Culture in Rural Bolivia* (philadelpha, 1994)。Tristan Platt 还对克丘亚人语言中的符号体系问题进行了分析，见：*Espejos de maiz* (La Paz, 1976)，还有 Murra volume 的一篇论文以及上述著作中对波托西北部地区这些群体历史演进的相关论述。有关波托西克丘亚群体的最近研究成果见：Roger Neil Rasnake, *Domination and Cultural Resistance: Authority and Power among an Andean people*

(Durham, NC, 1988)。

高原地区居住的卡拉瓦拉印第安人实行一种特殊的医疗方式,对此问题早就有许多研究,最近的研究主要有3本著作: Joseph W. Bastien, *Mountain on the Condor, Metaphor and Ritual in an Andean Ayllu* (St. Paul, MN, 1978); and *Healers of the Andes: Kallawaya Herbalists and Their Medical plants* (Salt Lake City, 1987); Drum and Stethoscope: *Integrationg Ethnomedicine and Biomedicine in Bolivia* (Salt Lake City, 1992); and Louis Girault, *Kallawaya, curanderos itinerantes de los andes* (la Paz, 1987)。另见: Gerardo Fernández Juárez et al. *Medicos y yatiris salud e interculturalidad en el altiplano aymara* (La Paz, 1999)。

东部边疆地区低地印第安人长时间以来就引起了许多人种学家的注意,对该地区的经典性研究从20世纪初期就开始了,见: Erland Nordenskiold, *The Ethnography of South America Seen from Mojos in Bolivia* (2d ed.; New York, 1979)。还有一些经典研究成果,见: A. Holberg, Nomads of the Long Bow. *The Siriono of Eastern Bolivia* (Washington, DC, 1950)。对该地区特殊群体的研究还有: Harold Schefer and Floyd Lounsbury, *A study in Structural Semantics: The Siriono Kinship System* (Englewwood Cliffs, NJ, 1971)。Jürgen Riester对低地区域人也进行了许多研究,见: *En busca de la Loma Santa* (La Paz, 1977)。and Los Guarasug' we: Crónica de susúltimos días (La Paz, 1977)。对于那里众多群体人口和语言的总体论述见: Pedro Plaza Martinez and Juan Carvajal Carvajal, *Etnias y lenguas de Bolivia* (La Paz, 1985),以及世界银行和联合国的一些调查报告。

玻利维亚民俗问题早已经被许多学者所关注,可参见的有: M. Rigoberto Paredes, Mitos, *supersticiones y supervivencias populares de Bolivia* (La Paz, 1920); Jesus Lara, *Leyendas quechua* (La Paz, 1960); Enrique Oblitas Poblete, *Magica, hechiceria y medicina popular boliviana* (La Paz, 1971); and Gustavo Adolfo Otero, *La piedra magica, vida y costumbres de los indios callahuayas de Bolivia* (Mexico, 1951), 但相关问题的多产作家并不多。对于英语读者来说,请见: Weston La Barre, "Aymara Folktales," *International Journal of American Linguistics* 16 (1950)。

对玻利维亚人口社会状况的总体历史描述还很缺乏,但某些领域或者某些专门问题已经引起了人们的注意。例如,对于贫困和卫生问题、当代玻利维亚农村社会动员问题见: Jonathan Kelley and Herbert S. Klein, *Revolution and the Rebirth of Inequality: A Theory Applied to the Bolivian National Revolution* (Berkeley, 1981)。对于城镇人口中的社会结构和劳动力市场问题的研究成果见 Albó on La Paz and Sandoval on El Alto 的一些著作,另外还可以参见: Roberto Casanovas Sainz and Antonio Rojas Rosales, *Santa Cruz de la Sierra: Crecimiento urbano y situación ocupacional* (La Paz, 1988); Silvia Escobar de pabón and Carmen Ledo Carcia, *Urbanización, migraciones y empleo en la ciudad de Cochabamba* (La Paz, 1988); Miguel Urquiola S., *Participando en el crecimiento: Expansión económica, distribución del ingreso y pobreza en al área urbana de Bolivia: 1989 - 1992 y proyecciones* (La Paz, 1994); and Rolando Anaya Morales, *Desarrollo humano en las moutañas: Informe del desarrollo humano de la ciudad de la Paz* (La Paz, 1995)。

对于玻利维亚农民人口食用古柯问题的研究比较深入,见: William Carter et al., *Coca en Bolivia* (La Paz, 1980); 对于古柯的整体研究见: *America Indígena* (Mexico)38: 4(1978)。可卡因问题涉及历史研究的众多领域,其中绝大多数问题还存在争议。相关问题的研究论文有: Deborah Pacine and Christine Franquemont, eds., Coca amd Cocaine: *Effects on People and Policy in Latin America* (Boston, 1986); Gonzalo Flores and José Blanes, Donde va el Chapare(Cochabamba, 1984); Harry Sanabria, *The Coca Boom and*

Rural Social Change in Bolivia (Ann Arbor, 1993); and Harry Sanabria, and Madeline Barbara Léons, eds. *Coca, Cocaine, and the Bolivian Reality* (Albany NY, 1997)。有关传统永加斯地区古柯发展的人种学研究见：Alison Spedding, *Wachu wachu cultivo de coca e identidad en los Yunkas de La Paz* (La Paz, 1994)，对于传统古柯行业历史的有价值研究见：María Luisa Soux, *La coca liberal producción y circulación a principios del siglo XX* (La Paz, 1993)。

上面已经提到了一些比较重要的论文集，一些论文集包括了玻利维亚 1952 年以来的政治、经济和社会发展，其中包括：James M. Malloy and Richard S. Thorn, eds., *Beyond the Revolution: Nolivia Since 1952* (Pittsburgh, 1971); J. Lademan, ed., *Modern Day Bolivia: Legacy of the Revolution and Prospects for the Future* (Tempe: Center for Latin American Studies, Arizona State University, 1982); Fernando Calderon and Jorge Dandler, eds., *Bolivia: La fuerza histórica del campesinado* (Cochabamba, 1984); and, most recently, John Crabtree and Laurence Whitehead, eds., *Towards Democratic Viability: The Bolivian Experience* (New York, 2001). Special issues on Bolivia have appeared in *Problemes d'Amerique Latines* (Paris), 62(1981), *Caravelle* (Toulouse) 44 (1985); *Cahier des Amerique Latines* (Paris), Nouvelle Série, vol. 6 (1987); *Journal of Latin American Studies* (London), vol. 32 (2000); and *Journal of Latin American Anthropology* (Washington, DC)5: 2(2000). Others contain primarily historical and ethnographic studies and include: J. P. Deler and Y. Saint-Geours, eds., *Estados y naciones en los Andes* (2 vols.; Lima, 1986); Brooke Larson et al., *Ethnicity, Markets, and Migration in the Andes at the Crossroads of History and Anthropology* (Durham, NC, 1995)。

从上面的概述可以看出，有证据表明，玻利维亚所经历的历史不但得到了玻利维亚国内学者的注意，而且引起了外国学者的兴趣。因为我最初的目的是给读者提供一个基本问题的入门式分析,因此没有限定某一研究专题。我也引用了许多著作和文章的内容,但这些著作和文章同时也为读者提供了进一步深入了解某一问题的资源。最后,期望我的评论能为感兴趣的学者提供某种帮助,使他们了解哪些工作已经做过了,哪些问题在玻利维亚历史研究中还存在研究空间。

索　　引

（索引条目后数字为原书页码，即本书边码）

C

D

H

N

O

Q

R

S